2024 전기핵심완성 시리즈 **5**

2024
국가기술자격
검정시험대비

전기설비 기술기준

전기기사 **필기**

조성환 편저

ENGINEER
ELECTRICITY

머리말

"전기설비"란 발전 · 송전 · 변전 · 배전 · 전기공급 또는 전기사용을 위하여 설치하는 기계 · 기구 · 댐 · 수로 · 저수지 · 전선로 · 보안통신선로 등 기타의 설비를 말한다. 그리고 전기설비기술기준은 전기설비의 안전한 사용 및 감전보호를 위한 법 기준이다.

과거 일본 전기설비기술기준을 인용한 「전기설비기술기준 및 판단기준」은 국제적으로도 통용되지 않고 WTO/TBT 환경에서 적합하지 않아 국내의 경우, 국제기준에 부합하기 위한 일환으로 2021년부터 「전기설비기술기준 및 판단기준」을 폐지시키고 새로이 KEC(Korea Electric – Technical Code: 한국전기설비규정) 기준이 적용되고 있다는 것은 우리 전기인들이 잘 알고 있는 주지의 내용이다.

KEC의 내용은 국내 전기설비의 설계 · 시공 · 감리 · 검사 및 유지관리에 적용되고 있을 뿐만 아니라 전기기사(산업기사) 및 기능사 시험에 필수항목으로 적용되고 있으며, 매 회차 건축전기설비기술사 시험에서도 출제되고 있다. 이러한 현실을 반영하여, 기사 및 산업기사의 과년도 핵심 기출문제를 철저히 분석하여 기존에 출제된 주요 문제를 중심으로 KEC의 Code 내용 중 주요 핵심 내용을 압축 편집하여 기사, 산업기사에도 완벽히 대응될 수 있도록 책자를 구성하였다. 특히 별도의 과년도 4년치의 기사 기출문제를 KEC 내용으로 이해하기 쉽게 해설하였다.

이 책자는 KEC 기준 변경된 지 수년이 지났지만, 아직 어떠한 시중 책자도 KEC 기준으로 완벽하게 정리된 책자가 없는 현실에서, 본 저자가 약 10여 년 대학에서 전기설비기술기준 및 KEC를 강의한 경험과 약 20년간 건축전기설비기술사를 강의한 경험을 바탕으로 제1장 공통사항부터 제5장 분산형전원설비까지 KEC 기준으로 보다 쉽게 KEC를 이해하고 공부할 수 있도록 작성하였기에 기사 및 산업기사 시험에도 완벽한 수험서가 될 것이라 감히 자부한다.

최선을 다해 KEC 기준을 편저하고 기사 및 산업기사 문제를 바탕으로 충실히 작성했다고 하나 혹여 틀린 부분이나 잘못된 부분은 넓은 마음으로 해량(海諒)해주시고 기탄없는 교시와 충고를 아울러 해주시길 부탁드립니다.

끝으로 전기기사 및 산업기사 시험에 응시하는 모든 수험생의 합격을 기원하며, 이 책이 출판될 수 있도록 애써 주신 도서출판 예문사 임직원 여러분께도 심심한 감사의 마음을 전합니다.

편저자 조성환

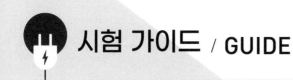

시험 가이드 / GUIDE

❶ 전기기사 개요

전기를 합리적으로 사용하는 것은 전력부문의 투자효율성을 높이는 것은 물론 국가 경제의 효율성 측면에도 중요하다. 하지만 자칫 전기를 소홀하게 다룰 경우 큰 사고의 위험이 있기 때문에 전기설비의 운전 및 조작·유지·보수에 관한 전문 자격제도를 실시하여 전기로 인한 재해를 방지하고 안전성을 높이고자 자격제도를 제정하였다.

❷ 시험 현황

① 시행처 : 한국산업인력공단

② 시험과목

구분	시험유형	시험시간	과목
필기 (CBT)	객관식 4지 택일형 (총 100문항)	2시간 30분 (과목당 30분)	1. 전기자기학 2. 전력공학 3. 전기기기 4. 회로이론 및 제어공학 5. 전기설비기술기준
실기	필답형	2시간 30분 정도	전기설비설계 및 관리

② 합격기준

- 필기 : 100점을 만점으로 하여 과목당 40점 이상, 전과목 평균 60점 이상
- 실기 : 100점을 만점으로 하여 60점 이상

❸ 시험 일정

구분	필기접수	필기시험	합격자 발표	실기접수	실기시험	합격자 발표
정기 1회	24.1.23. ~24.1.26.	24.2.15. ~24.3.7.	24.3.13.	24.3.26. ~24.3.29.	24.4.27. ~24.5.12.	1차 : 24.5.29. 2차 : 24.6.18
정기 2회	24.4.16. ~24.4.19.	24.5.9. ~24.5.28.	24.6.5.	24.6.25. ~24.6.28.	24.7.28. ~24.8.14.	1차 : 24.8.28. 2차 : 24.9.10.
정기 3회	24.6.18. ~24.6.21.	24.7.5. ~24.7.27.	24.8.7.	24.9.10. ~24.9.13.	24.10.9. ~24.11.8.	1차 : 24.11.20 2차 : 24.12.11

※ 자세한 내용은 한국산업인력공단 홈페이지(www.q-net.or.kr)를 참고하시기 바랍니다.

❹ 검정현황

연도	필기			실기		
	응시	합격	합격률(%)	응시	합격	합격률(%)
2022	52,187	11,611	22.2	32,640	12,901	39.5
2021	60,500	13,365	22.1	33,816	9,916	29.3
2020	56,376	15,970	28.3	42,416	7,151	16.9
2019	49,815	14,512	29.1	31,476	12,760	40.5
2018	44,920	12,329	27.4	30,849	4,412	14.3

도서의 구성과 활용

STEP 1 **핵심이론**

- KEC의 Code의 주요 핵심 내용을 압축 편집하여 구성한 핵심이론을 제공합니다.
- 전기설비기술기준 및 KEC의 공통사항부터 분산형전원 설비까지 전 내용을 제공합니다.

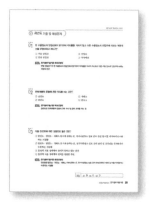

STEP 2 **단원별 과년도 기출 및 예상문제**

- 전기기사 및 산업기사의 과년도 기출문제를 철저히 분석하여 구성한 단원별 기출 및 예상문제를 제공합니다.
- 문제 아래 해설을 배치하여 빠른 학습이 가능하도록 구성했습니다.

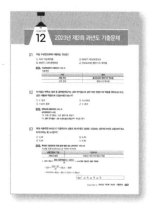

STEP 3 **과년도 기출문제**

- 2023년 포함, 2020~2023년 기출문제를 수록하였습니다.
- 2022년도 2회 이후 CBT로 출제된 기출문제는 개정된 출제기준과 해당 회차의 기출 키워드 분석 등을 통해 완벽 복원하였습니다.

CBT 모의고사 이용 가이드

STEP 1 ▶ 로그인 후 메인 화면 상단의 [CBT 모의고사]를 누른 다음 시험 과목을 선택합니다.

STEP 2 ▶ 시리얼 번호 등록 안내 팝업창이 뜨면 [확인]을 누른 뒤 시리얼 번호를 입력합니다.

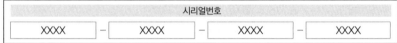

STEP 3 ▶ [마이페이지]를 클릭하면 등록된 CBT 모의고사를 [모의고사]에서 확인할 수 있습니다.

시리얼 번호

S137-PZ33-1E20-36F2

목차

PART 04 전기철도설비

PART 05 분산형전원설비

목차

전기기사 핵심완성 시리즈

01

공통사항

전기기사 핵심완성 시리즈 − 5. 전기설비기술기준

CRAFTSMAN
ELECTRICITY

CHAPTER 01 총칙(KEC 100)

1. 목적(KEC 101)

한국전기설비규정(Korea Electro-technical Code, KEC)은 전기설비기술기준 고시에서 정하는 전기설비의 안전성능과 기술적 요구사항을 구체적으로 정하는 것을 목적으로 한다.

2. 적용범위(KEC 102)

한국전기설비규정은 다음에서 정하는 전기설비에 적용한다.
(1) 공통사항
(2) 저압전기설비
(3) 고압ㆍ특고압전기설비
(4) 전기철도설비
(5) 분산형전원설비
(6) 발전용 화력설비
(7) 발전용 수력설비
(8) 그 밖에 기술기준에서 정하는 전기설비

일반사항(KEC 110)

simple is the best 전기기사 이론파트는 본 내용으로 충분합니다.

1. 적용 범위(KEC 111.1)

1) 인축의 감전에 대한 보호와 전기설비 계통, 시설물, 발전용 수력설비, 발전용 화력설비, 발전설비 용접 등의 안전에 필요한 성능과 기술적인 요구사항에 대하여 적용한다.

2) 전압 구분

구분	교류	직류
저압	1[kV] 이하	1.5[kV] 이하
고압	1[kV] 초과 7[kV] 이하	1.5[kV] 초과 7[kV] 이하
특고압	7[kV] 초과	

⚡ 과년도 기출 및 예상문제

★★☆
01 전압의 종별에서 교류 600[V]는 무엇으로 분류하는가?

① 저압　　　　　　　　　　　② 고압
③ 특고압　　　　　　　　　　④ 초고압

> **해설** **적용범위**(KEC 111.1)
> 교류전압 기준
> 가. 저압 : 1[kV] 이하
> 나. 고압 : 1[kV] 초과 7[kV] 이하
> 다. 특고압 : 7[kV] 초과
> → 교류 1[kV] 이하이므로 저압으로 분류

★☆☆
02 전압의 구분에 대한 설명으로 옳지 않은 것은?

① 전압은 저압, 고압, 특고압의 3종으로 구분한다.
② 저압은 직류는 1[kV] 이하, 교류는 1.5[kV] 이하이다.
③ 고압은 저압을 넘고 7[kV] 이하이다.
④ 특고압은 7[kV]를 초과하는 것이다.

> **해설** **적용범위**(KEC 111.1)
> 저압 기준 → 교류 1[kV] 이하, 직류 1.5[kV] 이하

★☆☆
03 KEC 기준의 전압의 범위와 관련하여 교류전압 범위로 옳은 것은?

① 저압은 600[V] 이하　　　　② 저압은 1[kV] 이하
③ 고압은 600[V] 초과, 7[kV] 이하　④ 특고압은 7[kV] 이상

> **해설** **적용범위**(KEC 111.1)
> 교류전압 기준
> 가. 저압 : 1[kV] 이하
> 나. 고압 : 1[kV] 초과 7[kV] 이하
> 다. 특고압 : 7[kV] 초과

정답 | 01 ①　02 ②　03 ②

★☆☆
04 다음 중 국내의 전압 종별이 아닌 것은?

① 저압   ② 고압
③ 특고압   ④ 초고압

> **해설** **적용범위**(KEC 111.1)
> → 전압의 구분 : 저압, 고압, 특고압으로 구분

★☆☆
05 KEC 기준의 전압의 범위와 관련하여 직류전압 범위로 옳은 것은?

① 저압은 1.0[kV] 이하   ② 고압은 1.0[kV] 초과, 7[kV] 이하
③ 고압은 1.5[kV] 초과, 7[kV] 이하   ④ 특고압은 7[kV] 이상

> **해설** **적용범위**(KEC 111.1)
> 직류전압기준
> 가. 저압 : 1.5[kV] 이하
> 나. 고압 : 1.5[kV] 초과 7[kV] 이하
> 다. 특고압 : 7[kV] 초과

★☆☆
06 한국전기설비규정(KEC)에서 정하는 전기설비 적용 범위에 해당되지 않는 것은?

① 저압 · 고압 · 특고압전기설비   ② 전기철도설비 및 분산형전원설비
③ 발전용 화력설비 및 수력설비   ④ 분산형전원설비 및 통신설비

> **해설** **적용범위**(KEC 102)
> 가. 공통사항
> 나. 저압전기설비
> 다. 고압 · 특고압전기설비
> 라. 전기철도설비
> 마. 분산형전원설비
> 바. 발전용 화력설비
> 사. 발전용 수력설비
> 아. 그 밖에 기술기준에서 정하는 전기설비

정답 | 04 ④   05 ③   06 ④

2. 용어 정의(KEC 112)

(1) **가공 인입선** : 가공전선로의 지지물로부터 다른 지지물을 거치지 아니하고 수용장소의 붙임점에 이르는 가공전선

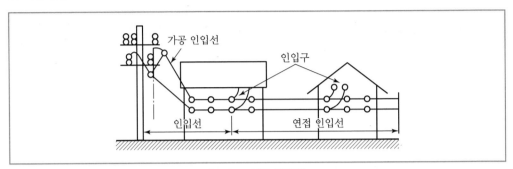

[그림-1. 가공 인입선]

(2) **가섭선(架涉線)** : 지지물에 가설되는 모든 선류

(3) **지중 관로** : 지중 전선로 · 지중 약전류 전선로 · 지중 광섬유 케이블 선로 · 지중에 시설하는 수관 및 가스관과 이와 유사한 것 및 이들에 부속하는 지중함

(4) **접근상태**

① **제1차 접근상태** : 가공 전선이 다른 시설물과 접근하는 경우에 가공 전선이 다른 시설물의 위쪽 또는 옆쪽에서 수평거리로 가공 전선로의 지지물의 지표상의 높이에 상당하는 거리 안에 시설됨으로써 가공 전선로의 전선의 절단, 지지물의 도괴 등의 경우에 그 전선이 다른 시설물에 접촉할 우려가 있는 상태

② **제2차 접근상태** : 가공 전선이 다른 시설물과 접근하는 경우에 그 가공 전선이 다른 시설물의 위쪽 또는 옆쪽에서 수평거리로 3[m] 미만인 곳에 시설되는 상태

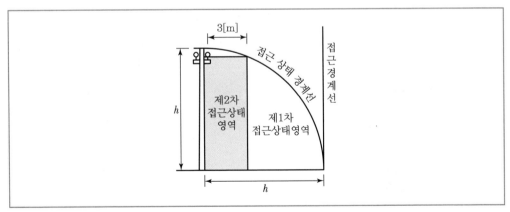

[그림-2. 1, 2차 접근상태]

(5) 관등회로 : 방전등용 안정기 또는 방전등용 변압기로부터 방전관까지의 전로

(6) 분산형전원

① 중앙급전 전원과 구분되는 것으로서 전력소비지역 부근에 분산하여 배치 가능한 전원

② 상용전원의 정전 시에만 사용하는 비상용 예비전원은 제외하며, 신·재생에너지발전설비, 전기저장장치 등을 포함함

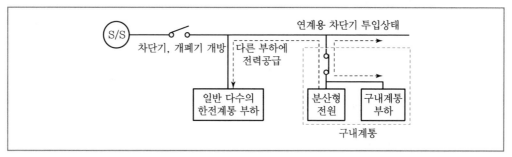

[그림-3. 단독운전 예]

(7) 단독운전 : 전력계통의 일부가 전력계통의 전원과 전기적으로 분리된 상태에서 분산형전원에 의해서만 운전되는 상태

(8) 단순 병렬운전 : 자가용 발전설비 또는 저압 소용량 일반용 발전설비를 배전계통에 연계하여 운전하되, 생산한 전력의 전부를 자체적으로 소비하기 위한 것으로서 생산한 전력이 연계계통으로 송전되지 않는 병렬 형태

(9) 계통연계 : 둘 이상의 전력계통 사이를 전력이 상호 융통될 수 있도록 선로를 통하여 연결하는 것으로 전력계통 상호 간 송전선, 변압기 또는 직류-교류변환설비 등에 연결하는 것

(10) 전기철도용 급전선 : 전기철도용 변전소로부터 다른 전기철도용 변전소 또는 전차선에 이르는 전선

(11) 전기철도용 급전선로 : 전기철도용 급전선 및 이를 지지하거나 수용하는 시설물

(12) 등전위본딩(Equipotential Bonding) : 등전위를 형성하기 위해 도전부 상호 간을 전기적으로 연결하는 것

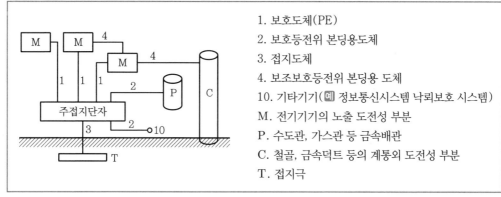

1. 보호도체(PE)
2. 보호등전위 본딩용도체
3. 접지도체
4. 보조보호등전위 본딩용 도체
10. 기타기기(예 정보통신시스템 낙뢰보호 시스템)
M. 전기기기의 노출 도전성 부분
P. 수도관, 가스관 등 금속배관
C. 철골, 금속덕트 등의 계통외 도전성 부분
T. 접지극

[그림-4. 등전위본딩의 구성도]

(13) **등전위본딩망**(Equipotential Bonding Network) : 구조물의 모든 도전부와 충전도체를 제외한 내부설비를 접지극에 상호 접속하는 망

(14) **노출도전부**(Exposed Conductive Part) : 충전부는 아니지만, 고장 시에 충전될 위험이 있고, 사람이 쉽게 접촉할 수 있는 기기의 도전성 부분

(15) **계통외도전부**(Extraneous Conductive Part) : 전기설비의 일부는 아니지만, 지면에 전위 등을 전해줄 위험이 있는 도전성 부분

(16) **접지도체** : 계통, 설비 또는 기기의 한 점과 접지극 사이의 도전성 경로 또는 그 경로의 일부가 되는 도체

(17) **접지시스템**(Earthing System) : 기기나 계통을 개별적 또는 공통으로 접지하기 위하여 필요한 접속 및 장치로 구성된 설비

(18) **접지전위 상승**(EPR, Earth Potential Rise) : 접지계통과 기준대지 사이의 전위차

(19) **보호도체**(PE, Protective Conductor) : 감전에 대한 보호 등 안전을 위해 제공되는 도체

(20) **보호등전위본딩**(Protective Equipotential Bonding) : 감전에 대한 보호 등과 같이 안전을 목적으로 하는 등전위본딩

(21) **리플프리**(Ripple-free) **직류** : 교류를 직류로 변환할 때 리플성분의 실횻값이 10[%] 이하로 포함된 직류

(22) **스트레스전압**(Stress Voltage) : 지락고장 중에 접지부분 또는 기기나 장치의 외함과 기기나 장치의 다른 부분 사이에 나타나는 전압

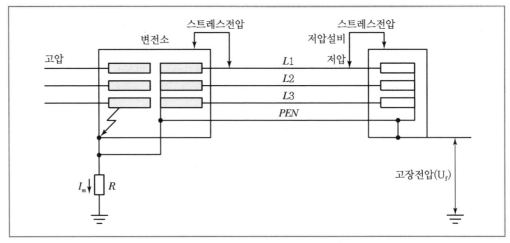

[그림 - 5. TN - a 계통의 스트레스 전압도]

(23) **양수발전소** : 수력발전소 중, 상부조정지에 물을 양수하는 능력을 가진 발전소

(24) **피뢰시스템**(LPS, Lightning Protection System) : 구조물 뇌격으로 인한 물리적 손상을 줄이기 위해 사용되는 전체시스템을 말하며, 외부피뢰시스템과 내부피뢰시스템으로 구성

(25) **내부 피뢰시스템**(Internal Lightning Protection System) : 등전위본딩 및/또는 외부피뢰시스템의 전기적 절연으로 구성된 피뢰시스템의 일부

(26) **외부피뢰시스템**(External Lightning Protection System) : 수뢰부시스템, 인하도선시스템, 접지극시스템으로 구성된 피뢰시스템

(27) **피뢰등전위본딩**(Lightning Equipotential Bonding) : 뇌전류에 의한 전위차를 줄이기 위해 직접적인 도전접속 또는 서지보호장치를 통하여 분리된 금속부를 피뢰시스템에 본딩하는 것

(28) **수뢰부시스템**(Air－termination System) : 낙뢰를 포착할 목적으로 돌침, 수평도체, 메시도체 등과 같은 금속 물체를 이용한 외부피뢰시스템의 일부

(29) **인하도선시스템**(Down－conductor System) : 뇌전류를 수뢰부시스템에서 접지극으로 흘리기 위한 외부피뢰시스템의 일부

(30) **서지보호장치**(SPD, Surge Protective Device) : 과도 과전압을 제한하고 서지전류를 분류하기 위한 장치

(31) **충전부**(Live Part) : 통상적인 운전 상태에서 전압이 걸리도록 되어 있는 도체 또는 도전부를 말하며 중성선을 포함하나 PEN 도체, PEM 도체 및 PEL 도체는 포함하지 않음

(32) **PEN 도체**(protective earthing conductor and neutral conductor) : 교류회로에서 중성선 겸용 보호도체

(33) **PEM 도체**(protective earthing conductor and a mid－point conductor) : 직류회로에서 중간선 겸용 보호도체

(34) **PEL 도체**(protective earthing conductor and a line conductor) : 직류회로에서 선도체 겸용 보호도체

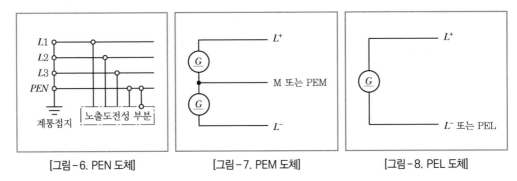

[그림－6. PEN 도체]　　　[그림－7. PEM 도체]　　　[그림－8. PEL 도체]

3. 안전을 위한 보호(KEC 113)

1) 감전에 대한 보호(KEC 113.2)

(1) 기본보호 : 일반적으로 **직접접촉을 방지**하는 것으로, 전기설비의 충전부에 인축이 접촉하여 일어날 수 있는 **위험으로부터 보호**될 것. 기본보호는 다음 중 어느 하나에 적합하여야 함
　① 인축의 몸을 통해 전류가 흐르는 것을 방지
　② 인축의 몸에 흐르는 전류를 위험하지 않는 값 이하로 제한

(2) 고장보호
　고장보호는 일반적으로 **기본절연의 고장에 의한 간접접촉을 방지**하는 것임
　① 노출도전부에 인축이 접촉하여 일어날 수 있는 위험으로부터 보호될 것
　② 고장보호는 다음 중 어느 하나에 적합할 것
　　가. 인축의 몸을 통해 고장전류가 흐르는 것을 방지
　　나. 인축의 몸에 흐르는 고장전류를 위험하지 않는 값 이하로 제한
　　다. 인축의 몸에 흐르는 고장전류의 지속시간을 위험하지 않은 시간까지로 제한

2) 과전압 및 전자기 장애에 대한 대책(KEC 113.6)

(1) 회로의 충전부 사이의 결함으로 발생한 전압에 의한 고장으로 인한 인축의 상해가 없도록 보호하여야 하며, 유해한 영향으로부터 재산을 보호해야 함

(2) 저전압과 뒤이은 전압 회복의 영향으로 발생하는 상해로부터 인축을 보호하여야 하며, 손상에 대해 재산을 보호해야 함

(3) 설비는 규정된 환경에서 그 기능을 제대로 수행하기 위해 전자기 장애로부터 적절한 수준의 내성을 가져야 한다. 설비를 설계할 때는 설비 또는 설치 기기에서 발생되는 전자기 방사량이 설비 내의 전기사용기기와 상호 연결 기기들이 함께 사용되는 데 적합한지를 고려해야 함

⚡ 과년도 기출 및 예상문제

★★★
01 "관등회로"라고 하는 것은?

① 분기점으로부터 안정기까지의 전로
② 스위치로부터 방전등까지의 전로
③ 스위치로부터 안정기까지의 전로
④ 방전등용 안정기로부터 방전관까지의 전로

> **해설** **용어 정의(KEC 112)**
> 관등회로는 방전등용 안정기(방전등용 변압기를 포함)로부터 방전관까지의 전로를 말한다.

★★☆
02 전기철도용 변전소로부터 다른 전기철도용 변전소 또는 전차선에 이르는 전선을 무엇이라 하는가?

① 급전선
② 전기철도용 급전선
③ 급전선로
④ 전기철도용 급전선로

> **해설** **용어 정의(KEC 112)**
> "전기철도용 급전선"이란 전기철도용 변전소로부터 다른 전기철도용 변전소 또는 전차선에 이르는 전선

★★★
03 다음 중 "제2차 접근상태"를 바르게 설명한 것은 어느 것인가?

① 가공전선이 전선의 절단 또는 지지물의 도괴 등이 되는 경우에 당해 전선이 다른 시설물에 우려가 있는 상태를 말한다.
② 가공전선이 다른 시설물과 접근하는 경우에 당해 가공전선이 다른 시설물의 위쪽 또는 옆쪽에서 수평거리로 3미터 미만인 곳에 시설되는 상태를 말한다.
③ 가공전선이 다른 시설물과 접근하는 경우에 가공전선이 다른 시설물의 위쪽 또는 옆쪽에서 수평거리로 3미터 이상에 시설되는 것을 말한다.
④ 가공 선로 중 제1차 접근 시설로 접근할 수 없는 시설로서 제2차 보호 조치나 안전시설을 하여야 접근할 수 있는 상태의 시설을 말한다.

> **해설** **용어 정의(KEC 112)**
> 가공 전선이 다른 시설물과 접근하는 경우에 그 가공전선이 다른 시설물의 위쪽 또는 옆쪽에서 수평거리로 3[m] 미만인 곳에 시설되는 상태

정답 | 01 ④ 02 ② 03 ②

★★★
04

"제2차 접근상태"라 함은 가공전선이 다른 시설물과 접근하는 경우에 그 가공전선이 다른 시설물의 위쪽 또는 옆쪽에서 수평거리로 몇 [m] 미만인 곳에 시설되는 상태를 말하는가?

① 2
② 3
③ 4
④ 5

> 해설 **용어 정의**(KEC 112)
> 제2차 접근상태란 가공전선이 다른 시설물과 접근하는 경우에 그 가공전선이 다른 시설물의 위쪽 또는 옆쪽에서 수평거리로 3[m] 미만인 곳에 시설되는 상태

★★☆
05

"리플프리(ripple – free) 직류"란 교류를 직류로 변환할 때 리플성분의 실횻값이 몇 [%] 이하로 포함된 직류를 말하는가?

① 3
② 5
③ 10
④ 15

> 해설 **용어 정의**(KEC 112)
> 리플프리(Ripple – free) 직류란 교류를 직류로 변환할 때 리플성분의 실횻값이 10[%] 이하로 포함된 직류

★★★
06

"지중관로"에 대한 정의로 가장 옳은 것은?

① 지중선로 · 지중 약전류 전선로와 지중매설지선 등을 말한다.
② 지중선로 · 지중 약전류 전선로와 복합케이블선로 · 기타 이와 유사한 것 및 이들에 부속되는 지중함을 말한다.
③ 지중선로 · 지중 약전류 전선로 · 지중에 시설하는 수관 및 가스관과 지중매설지선을 말한다.
④ 지중선로 · 지중 약전류 전선로 · 지중 광섬유 케이블선로 · 지중에 시설하는 수관 및 가스관과 기타 이와 유사한 것 및 이들에 부속하는 지중함 등을 말한다.

> 해설 **용어 정의**(KEC 112)
> 지중관로란 지중선로 · 지중 약전류 전선로 · 지중 광섬유 케이블선로 · 지중에 시설하는 수관 및 가스관과 기타 이와 유사한 것 및 이들에 부속하는 지중함 등

정답 | 04 ② 05 ③ 06 ④

★☆☆
07 뇌전류를 수뢰시스템에서 접지극으로 흘리기 위한 외부 피뢰시스템의 일부를 말하는 것은?

① 인하도선시스템   ② 접지극시스템
③ 등전위시스템   ④ 접속설비시스템

> **해설** **용어 정의**(KEC 112)
> 인하도선시스템(Down-conductor System)이란 뇌전류를 수뢰부시스템에서 접지극으로 흘리기 위한 외부피뢰시스템의 일부

★☆☆
08 서지보호장치(SPD)의 설명으로 옳은 것은?

① 지락보호 및 감전보호   ② 과도 과전압 제한 및 서지전류 분류
③ 단락보호 및 기기보호   ④ 직격뢰 보호

> **해설** **용어 정의**(KEC 112)
> 서지보호장치(SPD, Surge Protective Device)는 과도 과전압을 제한하고 서지전류를 분류하기 위한 장치임

★☆☆
09 겸용 보호도체의 종류에 해당되지 않는 도체는 다음 사항 중 어느 것인가?

① PEB 도체   ② PEN 도체
③ PEM 도체   ④ PEL 도체

> **해설** **용어 정의**(KEC 112)
> 가. PEN 도체 : 교류회로에서 중성선 겸용 보호도체
> 나. PEM 도체 : 직류회로에서 중간선 겸용 보호도체
> 다. PEL 도체 : 직류회로에서 선도체 겸용 보호도체

정답 | 07 ①   08 ②   09 ①

CHAPTER 03 전기설비기술기준

1. 제1조(목적 등)

「전기사업법」제67조 및 같은 법 시행령 제43조에 따라 발전·송전·변전·배전 또는 전기사용을 위하여 시설하는 기계·기구·댐·수로·저수지·전선로·보안통신선로 그 밖의 시설물의 안전에 필요한 성능과 기술적 요건을 규정함을 목적으로 한다.

2. 제3조(정의)

(1) **발전소** : 발전기·원동기·연료전지·태양전지·해양에너지발전설비·전기저장장치 그 밖의 기계기구(비상용 예비전원을 얻을 목적으로 시설하는 것 및 휴대용 발전기를 제외)를 시설하여 전기를 생산하는 곳

(2) **변전소** : 변전소의 밖으로부터 전송받은 전기를 변전소 안에 시설한 변압기·전동발전기·회전변류기·정류기 그 밖의 기계기구에 의하여 변성하는 곳으로서 변성한 전기를 다시 변전소 밖으로 전송하는 곳

(3) **개폐소** : 개폐소 안에 시설한 개폐기 및 기타 장치에 의하여 전로를 개폐하는 곳으로서 발전소·변전소 및 수용장소 이외의 곳

(4) **급전소** : 전력계통의 운용에 관한 지시 및 급전조작을 하는 곳

(5) **전선로** : 발전소, 변전소, 개폐소, 이에 준하는 곳, 전기사용장소 상호 간의 전선(전차선을 제외) 및 이를 지지하거나 수용하는 시설물

(6) **연접 인입선** : 한 수용장소의 인입선에서 분기하여 지지물을 거치지 아니하고 다른 수용 장소의 인입구에 이르는 부분의 전선

(7) **약전류전선** : 약전류 전기의 전송에 사용하는 전기 도체, 절연물로 피복한 전기 도체 또는 절연물로 피복한 전기 도체를 다시 보호 피복한 전기 도체

(8) **약전류전선로** : 약전류전선 및 이를 지지하거나 수용하는 시설물(조영물의 옥내 또는 옥측에 시설하는 것을 제외)

(9) **광섬유케이블** : 광신호의 전송에 사용하는 보호 피복으로 보호한 전송매체

(10) **광섬유케이블선로** : 광섬유케이블 및 이를 지지하거나 수용하는 시설물(조영물의 옥내 또는 옥측에 시설하는 것을 제외)

(11) **지지물** : 목주·철주·철근 콘크리트주 및 철탑과 이와 유사한 시설물로서 전선·약전류전선 또는 광섬유케이블을 지지하는 것을 주된 목적으로 하는 것

(12) **조상설비** : 무효전력을 조정하는 전기기계기구

(13) **전력보안 통신설비** : 전력의 수급에 필요한 급전·운전·보수 등의 업무에 사용되는 전화 및 원격지에 있는 설비의 감시·제어 계측·계통보호를 위해 전기적·광학적으로 신호를 송·수신하는 제 장치·전송로 설비 및 전원 설비 등

⚡ 과년도 기출 및 예상문제

★★★
01 한 수용장소의 인입선에서 분기하여 지지물을 거치지 않고 다른 수용장소의 인입구에 이르는 부분의 선을 무엇이라고 하는가?

① 가공 인입선　　　　　　　　　② 인입선
③ 연접 인입선　　　　　　　　　④ 옥측배선

> **해설** **전기설비기술기준 제3조(정의)**
> 연접 인입선이란 한 수용장소의 인입선에서 분기하여 지지물을 거치지 아니하고 다른 수용 장소의 인입구에 이르는 부분의 전선

★★★
02 전력계통의 운용에 관한 지시를 하는 곳은?

① 급전소　　　　　　　　　　　② 개폐소
③ 변전소　　　　　　　　　　　④ 발전소

> **해설** **전기설비기술기준 제3조(정의)**
> 급전소란 전력계통의 운용에 관한 지시 및 급전 조작을 하는 곳

★★☆
03 다음 전선로에 대한 설명으로 옳은 것은?

① 발전소・변전소・개폐소 및 이에 준하는 곳, 전기사용장소 상호 간의 전선 및 이를 지지하거나 수용하는 시설물
② 발전소・변전소・개폐소 및 이에 준하는 곳, 전기사용장소 상호 간의 전선 및 전차선을 지지하거나 수용하는 시설물
③ 통상의 사용 상태에서 전기가 통하고 있는 전선
④ 통상의 사용 상태에서 전기를 절연한 전선

> **해설** **전기설비기술기준 제3조(정의)**
> 전선로란 발전소・변전소・개폐소, 이에 준하는 곳, 전기사용장소 상호 간의 전선(전차선 제외) 및 이를 지지하거나 수용하는 시설물

정답	01 ③　02 ①　03 ①

★☆☆

04 "조상설비"에 대한 용어의 정의로 옳은 것은?

① 전압을 조정하는 설비를 말한다.

② 전류를 조정하는 설비를 말한다.

③ 유효전력을 조정하는 전기기계기구를 말한다.

④ 무효전력을 조정하는 전기기계기구를 말한다.

> **해설** **전기설비기술기준 제3조(정의)**
> 조상설비란 무효전력을 조정하는 전기기계기구

정답 | 04 ④

CHAPTER 04 전선(KEC 120)

1. 전선의 식별(KEC 121.2)

상(문자)	색상
L1	갈색
L2	흑색
L3	회색
N	청색
보호도체	녹색 – 노란색

2. 전선의 종류(KEC 122)

1) 절연전선(KEC 122.1)

저압 절연전선	(1) 「전기용품 및 생활용품 안전관리법」의 적용을 받는 것 (2) KS에 적합한 것 　① 450/750[V] 비닐절연전선 　② 450/750[V] 저독성 난연 폴리올레핀절연전선 　③ 450/750[V] 저독성 난연 가교폴리올레핀절연전선 　④ 450/750[V] 고무절연전선
고압 · 특고압 절연전선	KS에 적합한 또는 동등 이상의 전선을 사용하여야 한다.

2) 케이블

특고압 케이블 (KEC 122.5)	(1) 특고압 전로의 다중접지 지중 배전계통에 사용하는 동심중성선 전력케이블은 다음에 적합할 것 　① 최대사용전압은 25.8[kV] 이하일 것 　② 도체는 연동선 또는 알루미늄선을 소선으로 구성한 원형 압축연 선으로 할 것 　③ 절연체는 동심원상으로 동시압출(3중 동시압출)한 내부 반도전층, 절연층 및 외부 반도전층으로 구성하여야 하며, 건식 방식으로 가교할 것 　　가. 내부 반도전층은 흑색의 반도전 열경화성 컴파운드를 사용 　　나. 절연층은 가교폴리에틸렌(XLPE) 또는 수트리억제 가교폴리에 틸렌(TR– XLPE)을 사용 　　다. 외부 반도전층은 흑색의 반도전 열경화성 컴파운드를 사용 　④ 중성선 수밀층은 물이 침투하면 자기부풀음성을 갖는 부풀음 테이프를 사용 　⑤ 중성선은 반도전성 부풀음 테이프 위에 형성하여야 하며, 꼬임방향은 Z 또는 S – Z으로 꼬이도록 할 것

	⑥ 외피
	가. 충실외피를 적용한 충실 케이블은 중성선 위에 흑색의 폴리에틸렌(PE)을 동심원상으로 압출 피복할 것
	나. 충실외피를 적용하지 않은 케이블은 중성선 위에 흑색의 폴리염화비닐 (PVC) 또는 할로겐 프리 폴리올레핀을 동심원상으로 압출 피복할 것

3. 전선의 접속(KEC 123)

접속하는 전선의 전기저항을 증가시키지 아니하도록 접속할 것

(1) 나전선 상호 또는 나전선과 절연전선 또는 캡타이어 케이블과 접속하는 경우
  ① 전선의 세기를 20[%] 이상 감소시키지 아니할 것
  ② 접속부분은 접속관 기타의 기구를 사용할 것

(2) 절연전선 상호 · 절연전선과 코드, 캡타이어 케이블과 접속하는 경우
  ① 접속되는 절연전선의 절연물과 동등 이상의 절연성능이 있는 접속기를 사용할 것
  ② 접속부분을 그 부분의 절연전선의 절연물과 동등 이상의 절연성능이 있는 것으로 충분히 피복할 것

(3) 코드 상호, 캡타이어 케이블 상호 또는 이들 상호를 접속하는 경우 : 코드 접속기 · 접속함 기타의 기구를 사용할 것. 다만 공칭단면적이 10[mm²] 이상인 캡타이어 케이블 상호를 접속 시 접속 부분을 (1) 및 (2) 규정에 준하여 시설할 것

(4) 알루미늄(AL) 전선과 동(Cu) 전선을 접속하는 접속부분에 전기적 부식이 생기지 않도록 할 것

(5) 전선을 접속할 때에는 구조, 절연저항 및 내전압, 기계적 강도, 온도 상승, 내열성에 적합한 기구를 사용할 것

(6) 두 개 이상의 전선을 병렬로 사용하는 경우 시설기준
  ① 동선 50[mm²] 이상 또는 알루미늄 70[mm²] 이상으로 하고, 전선은 같은 도체, 같은 재료, 같은 길이 및 같은 굵기의 것을 사용할 것
  ② 같은 극의 각 전선은 동일한 터미널러그에 완전히 접속할 것
  ③ 같은 극인 각 전선의 터미널러그는 동일한 도체에 2개 이상의 리벳 또는 2개 이상의 나사로 접속할 것
  ④ 병렬로 사용하는 전선에는 각각에 퓨즈를 설치하지 말 것
  ⑤ 교류회로에서 병렬로 사용하는 전선은 금속관 안에 전자적 불평형이 생기지 않도록 시설할 것

(7) 밀폐된 공간에서 전선의 접속부에 사용하는 테이프 및 튜브 등 도체의 절연에 사용되는 절연 피복은 전기용 점착 테이프에 적합한 것을 사용할 것

⚡ 과년도 기출 및 예상문제

★☆☆
01 전선의 식별에 따른 색상에 포함되지 않는 것은?

① 갈색
② 흑색
③ 회색
④ 적색

해설 **전선의 식별**(KEC 121.2)

L1	L2	L3	N	보호도체
갈색	흑색	회색	청색	녹색 – 노란색

★☆☆
02 저압 절연전선으로 전기용품 및 생활용품 안전관리법의 적용을 받는 것으로 이외에 KS에 적합한 것으로서 사용할 수 없는 것은?

① 450/750[V] 고무절연전선
② 450/750[V] 비닐절연전선
③ 450/750[V] 알루미늄절연전선
④ 450/750[V] 저독성 난연 폴리올레핀절연전선

해설 **절연전선**(KEC 122.1)

가. 450/750[V] 비닐절연전선
나. 450/750[V] 저독성 난연 폴리올레핀절연전선
다. 450/750[V] 저독성 난연 가교폴리올레핀절연전선
라. 450/750[V] 고무절연전선

★★☆
03 전선의 접속법을 열거한 것 중 잘못 설명한 것은?

① 전선의 세기를 30[%] 이상 감소시키지 않는다.
② 접속 부분은 절연전선의 절연물과 동등 이상의 절연 효력이 있도록 충분히 피복한다.
③ 접속 부분은 접속관, 기타의 기구를 사용한다.
④ 알루미늄 도체의 전선과 동도체의 전선을 접속할 때에는 전기적 부식이 생기지 않도록 한다.

해설 **전선의 접속**(KEC 123)

나전선 상호 또는 나전선과 절연전선 또는 캡타이어 케이블과 접속하는 경우 전선의 세기를 20[%] 이상 감소시키지 아니할 것

정답 | **01** ④ **02** ③ **03** ①

★★☆
04 전선을 접속한 경우 전선의 세기를 최소 몇 [%] 이상 감소시키지 않아야 하는가?

① 10

② 15

③ 20

④ 25

> **해설** **전선의 접속**(KEC 123)
> 나전선 상호 또는 나전선과 절연전선 또는 캡타이어 케이블과 접속하는 경우 전선의 세기를 20[%] 이상 감소시키지 아니할 것

★☆☆
05 다음 중 접속 방법이 잘못된 것은?

① 알루미늄과 동을 사용하는 전선을 접속하는 경우에는 접속 부분에 전기적 부식이 생기지 않아야 한다.

② 공칭단면적 10[mm²] 미만인 캡타이어케이블 상호 간을 접속하는 경우에는 접속함을 사용하여야 한다.

③ 절연전선 상호 간을 접속하는 경우에는 접속 부분을 절연 효력이 있는 것으로 충분히 피복하여야 한다.

④ 나전선 상호 간의 접속인 경우에는 전선의 세기를 20[%] 이상 감소시키지 않아야 한다.

> **해설** **전선의 접속**(KEC 123)
> 가. 전선의 전기저항을 증가시키지 않을 것
> 나. 인장하중(전선의 세기)을 20[%] 이상 감소시키지 않을 것(80[%] 이상 유지)
> 다. 접속 부분을 절연내력 이상으로 충분히 피복할 것
> 라. 공칭단면적이 10[mm²] 이상인 캡타이어케이블 상호를 접속하는 경우에는 접속부분을 시설할 것
> 마. 접속부분에 전기적 부식이 생기지 않도록 할 것

★☆☆
06 두 개 이상의 전선을 병렬로 사용하는 방법으로 틀린 것은?

① 같은 극의 각 전선은 동일한 터미널 러그에 완전히 접속할 것

② 같은 극인 각 전선의 터미널 러그는 동일한 도체에 2개 이상의 리벳 또는 2개 이상의 나사로 접속할 것

③ 병렬로 사용하는 각 전선의 굵기는 동선 70[mm²] 이상 또는 알루미늄 90[mm²] 이상으로 하고, 전선은 같은 도체, 같은 재료, 같은 길이 및 같은 굵기의 것을 사용할 것

④ 병렬로 사용하는 전선에는 각각에 퓨즈를 설치하지 말 것

> **해설** **전선의 접속**(KEC 123)
> 두 개 이상의 전선을 병렬로 사용하는 경우
> 가. 병렬로 사용하는 각 전선의 굵기는 동선 50[mm²] 이상 또는 알루미늄 70[mm²] 이상으로 하고, 전선은 같은 도체, 같은 재료, 같은 길이 및 같은 굵기의 것을 사용할 것
> 나. 같은 극의 각 전선은 동일한 터미널러그에 완전히 접속할 것
> 다. 같은 극인 각 전선의 터미널러그는 동일한 도체에 2개 이상의 리벳 또는 2개 이상의 나사로 접속할 것
> 라. 병렬로 사용하는 전선에는 각각에 퓨즈를 설치하지 말 것
> 마. 교류회로에서 병렬로 사용하는 전선은 금속관 안에 전자적 불평형이 생기지 않도록 시설할 것

정답 | 04 ③   05 ②   06 ③

07

★☆☆

KEC 기준의 두 개 이상의 전선을 병렬 사용 시 동선과 알루미늄선은 몇 $[mm^2]$ 이상인가?

① 동선 50$[mm^2]$ 또는 알루미늄 70$[mm^2]$
② 동선 50$[mm^2]$ 또는 알루미늄 50$[mm^2]$
③ 동선 70$[mm^2]$ 또는 알루미늄 70$[mm^2]$
④ 동선 70$[mm^2]$ 또는 알루미늄 50$[mm^2]$

해설 **전선의 접속(KEC 123)**
두 개 이상의 전선을 병렬로 사용하는 경우 병렬로 사용하는 각 전선의 굵기는 동선 50$[mm^2]$ 이상 또는 알루미늄 70$[mm^2]$ 이상으로 하고, 전선은 같은 도체, 같은 재료, 같은 길이 및 같은 굵기의 것을 사용

08

★☆☆

KEC 기준의 특고압 케이블의 설명으로 적합하지 않은 것은 어느 것인가?

① 최대사용전압은 25.8$[kV]$ 이하일 것
② 도체는 연동선 또는 알루미늄선을 소선으로 구성한 원형 압축연선일 것
③ 절연체는 3중 동시압출 방식을 적용하며, 습식 방식으로 가교할 것
④ 중성선 수밀층 부풀음 테이프를 사용할 것

해설 **특고압 케이블(KEC 122.5)**
절연체는 동심원상으로 동시압출(3중 동시압출)한 내부 반도전층, 절연층 및 외부 반도전층으로 구성하여야 하며, 건식 방식으로 가교할 것

CHAPTER 05 전로의 절연(KEC 130)

1. 전로의 절연 원칙(KEC 131)

1) 다음의 경우를 이외에는 대지로부터 절연을 해야 함

(1) 수용장소의 인입구의 접지점

(2) 전로의 중성점에 접지공사를 하는 경우의 접지점

(3) 계기용 변성기의 2차측 전로에 접지공사를 하는 경우의 접지점

(4) 25[kV] 이하인 특고압 가공전선로를 다중접지하는 경우의 접지점

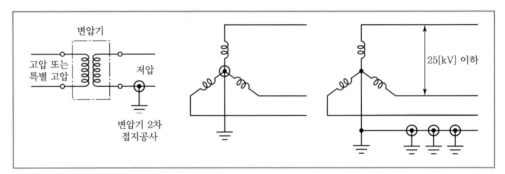

[그림 - 9. 변압기 2차 접지 및 특고압 가공전선로 다중접지]

(5) 저압전로와 사용전압이 300[V] 이하의 저압전로를 결합하는 변압기의 2차측 전로에 접지공사를 하는 경우의 접지점

(6) 소구경관(박스를 포함)에 접지공사를 하는 경우의 접지점

(7) 대지로부터 절연하지 아니하고 전기를 사용하는 것이 부득이한 곳

① 시험용 변압기

② 전력선 반송용 결합 리액터

③ 전기울타리용 전원장치

④ X선 발생장치

⑤ 전기 방식용 양극

⑥ 단선식 전기 철도의 귀선

(8) 대지로부터 절연하는 것이 기술상 곤란한 곳

① 전기 욕기

② 전기로

③ 전기보일러

④ 전해조

2. 전로의 절연저항 및 절연내력(KEC 132)

1) 저압전로의 절연 성능(전기설비기술기준 제52조)

(1) 저압인 전로의 전선 상호간 및 전로와 대지 사이의 절연저항은 다음 표에서 정한 값 이상일 것

전로의 사용전압[V]	DC 시험전압[V]	절연저항[MΩ]
SELV 및 PELV	250	0.5
FELV, 500[V] 이하	500	1.0
500[V] 초과	1,000	1.0

[주] 특별저압(extra low voltage : 2차 전압이 AC 50[V], DC 120[V] 이하)으로 SELV(비접지회로 구성) 및 PELV(접지회로 구성)은 1차와 2차가 전기적으로 절연된 회로, FELV는 1차와 2차가 전기적으로 절연되지 않은 회로

(2) 부득이하게 분리가 어려운 경우에는 시험전압을 250[V] DC로 낮추어 측정할 수 있지만 절연 저항값은 1[MΩ] 이상일 것

(3) 정전이 어려운 경우 등 절연저항 측정이 곤란한 경우에는 저항성분의 누설전류가 [1mA] 이하이면 그 전로의 절연성능은 적합한 것으로 봄

2) 누설전류의 제한(전기설비기술기준 제27조)

저압전선로 중 절연 부분의 전선과 대지 사이 및 전선의 심선 상호 간의 절연저항은 사용전압에 대한 누설전류가 최대 공급전류의 $\dfrac{1}{2,000}$ 을 넘지 않도록 할 것

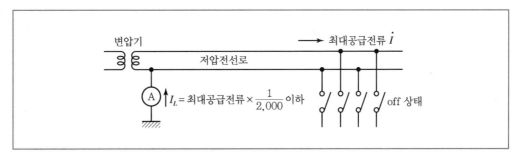

[그림-10. 저압 전선로의 절연 저항]

3) 고압 및 특고압전로 절연내력

(1) 시험부위 : 전로와 대지 사이

(2) 절연내력 시험 시간

① 다음 표에서 정한 시험전압을 연속 10분간 가하는 절연내력 시험에 견딜 것

② 전선에 케이블을 사용하는 교류 전로의 경우 : 다음 표에서 정한 시험전압의 2배의 직류전압을 연속 10분간 가하는 절연내력 시험에 견디는 경우 예외임

(3) 절연내력 시험전압(최대사용전압의 배수)

전로의 종류(최대사용전압)	시험전압
7[kV] 이하	최대사용전압×1.5배
7[kV] 초과 25[kV] 이하인 중성점 접지식	최대사용전압×0.92배
7[kV] 초과 60[kV] 이하인 중성점 비접지식	최대사용전압×1.25배 (10.5[kV] 미만으로 되는 경우 10.5[kV])
60[kV] 초과　중성점 비접지식	최대사용전압×1.25배
60[kV] 초과　중성점 접지식	최대사용전압×1.1배 (75[kV] 미만으로 되는 경우 75[kV])
60[kV] 초과　중성점 직접접지식	최대사용전압×0.72배
170[kV] 초과 중성점 직접 접지식 전로로서 발전소 또는 변전소에 준하는 장소에 시설	최대사용전압×0.64배

3. 회전기 및 정류기의 절연내력(KEC 133)

종류(최대사용전압)			시험전압	시험방법
회전기	발전기·전동기·조상기·기타회전기(회전변류기 제외)	7[kV] 이하	최대사용전압×1.5배 (최저전압 : 500[V])	권선과 대지 사이에 연속하여 10분간 가한다.
		7[kV] 초과	최대사용전압×1.25배 (최저전압 : 10.5[kV])	
	회전변류기		직류측 최대사용전압×1배 교류전압(최저전압 : 500[V])	
정류기	60[kV] 이하		직류측 최대사용전압×1배 교류전압(최저전압 : 500[V])	충전부분과 외함 간에 연속하여 10분간 가한다.
	60[kV] 초과		교류측 최대사용전압×1.1배의 교류전압 또는 직류측 최대사용전압×1.1배의 직류전압	교류측 및 직류고전압측단자와 대지 사이에 연속하여 10분간 가한다.

4. 연료전지 및 태양전지 모듈의 절연내력시험(KEC 134)

사용전압	시험 전압	시험방법	시험시간
직류	최대사용전압×1.5배	충전부분과 대지 사이 (최저전압 : 500[V])	10분
교류	최대사용전압×1배		

5. 변압기 전로의 절연내력(KEC 135)

전로의 종류(최대사용전압)		시험전압	최저시험전압
7[kV] 이하		최대사용전압×1.5배	500[V]
7[kV] 초과 25[kV] 이하 중성점 접지식		최대사용전압×0.92배	
7[kV] 초과 60[kV] 이하 중성점 비접지식		최대사용전압×1.25배	10.5[kV]
60[kV] 초과	중성점 비접지식	최대사용전압×1.25배	
	중성점 접지식	최대사용전압×1.1배	75[kV]
	중성점 직접 접지식	최대사용전압×0.72배	
170[kV] 초과 중성점 직접 접지식 전로로서 발전소 또는 변전소에 준하는 장소에 시설		최대사용전압×0.64배	

⚡ 과년도 기출 및 예상문제

★★☆
01 전로의 절연원칙에 따라 반드시 전로를 대지로부터 반드시 절연하여야 하는 것은?

① 수용장소의 인입구의 접지점
② 계기용변성기의 2차측 전로에 접지공사를 하는 경우의 접지점
③ 시험용 변압기
④ 저압 가공전선로의 접지측 전선

> 해설 **전로의 절연원칙(KEC 131)**
> 다음의 경우를 이외에는 대지로부터 절연를 해야 함
> 가. 수용장소의 인입구의 접지점
> 나. 계기용 변성기의 2차측 전로에 접지공사를 하는 경우의 접지점
> 다. 대지로부터 절연하지 아니하고 전기를 사용하는 것이 부득이한 곳
> 　　가) 시험용 변압기
> 　　나) 전력선 반송용 결합 리액터

★☆☆
02 절연저항 측정 시 SELV 및 PELV은 DC 250[V] 시험 전압에서 몇 [MΩ] 이상이어야 하는가?

① 0.2[MΩ]
② 0.3[MΩ]
③ 0.4[MΩ]
④ 0.5[MΩ]

> 해설 **전로의 절연저항 및 절연내력(KEC 132)(전기설비기술기준 52조 : 저압전로절연성능)**
>
> | 전로의 사용전압[V] | DC 시험전압[V] | 절연저항[MΩ] |
> |---|---|---|
> | SELV 및 PELV | 250 | 0.5 |
> | FELV, 500[V] 이하 | 500 | 1.0 |
> | 500[V] 초과 | 1,000 | 1.0 |

★★☆
03 사용전압이 저압인 전로에서 정전이 어려운 경우 등 절연저항 측정이 곤란한 경우에는 누설전류를 몇 [mA] 이하로 유지하여야 하는가?

① 0.1[mA]
② 1.0[mA]
③ 10[mA]
④ 100[mA]

> 해설 **전로의 절연저항 및 절연내력(KEC 132)**
> 정전이 어려운 경우 등 절연저항 측정이 곤란한 경우에는 저항성분의 누설전류가 1[mA] 이하이면 그 전로의 절연성능은 적합한 것으로 본다.

정답 | 01 ④ 02 ④ 03 ②

★★★
04 특고압 및 고압전로에 절연내력 시험을 하는 경우, 시험 전압을 연속으로 얼마 동안 가하는가?

① 1분
② 2분
③ 5분
④ 10분

> **해설** **전로의 절연저항 및 절연내력**(KEC 132)
> 최대 사용전압의 배수를 곱하고 그 값의 전압으로 권선과 대지 간에 10분간 견딜 것

★★☆
05 발전기 · 전동기 · 조상기 · 기타 회전기(회전변류기 제외)의 절연내력 시험 시 어디에 가하면 되는가?

① 권선과 대지 간
② 외함과 전선 간
③ 외함과 대지 간
④ 회전자와 고정자 간

> **해설** **회전기 및 정류기의 절연내력**(KEC 133)
> 전로(권선)와 대지 사이

★☆☆
06 최대 사용전압이 6,600[V]인 3상 유도전동기의 권선과 대지 사이의 절연내력 시험 전압은 몇 [V]인가?

① 7,260
② 7,920
③ 8,250
④ 9,900

> **해설** **회전기 및 정류기의 절연내력**(KEC 133)
> 절연내력 시험은 최대사용전압에 7[kV] 이하는 1.5배
> → $6,600 \times 1.5 = 9,900$[V]

★★☆
07 최대사용전압이 154,000[V]인 중성점 직접 접지식 전로의 절연내력 시험 전압은 몇 [V]인가?

① 110,800
② 141,680
③ 169,400
④ 192,500

> **해설** **전로의 절연저항 및 절연내력**(KEC 132)
> 60[kV] 초과 중성점 직접 접지식은 최대사용전압×0.72배이므로
> → $154,000 \times 0.72 = 110,880$[V]

정답 | 04 ④ 05 ① 06 ④ 07 ①

★★☆
08 최대 사용전압이 1차 22,000[V], 2차 6,600[V]의 권선으로서 중성점 비접지식 전로에 접속하는 변압기의 특고압측의 절연내력 시험전압은 몇 [V]인가?

① 24,000
② 27,500
③ 33,000
④ 44,000

> **해설** **전로의 절연저항 및 절연내력**(KEC 132)
> 7[kV] 초과 60[kV] 이하인 중성점 비접지식은 최대사용전압×1.25배이므로
> → 22,000×1.25=27,500[V]

★★★
09 주상 변압기 전로의 절연내력을 시험할 때 최대사용전압이 23,000[V]인 권선으로서 중성점 접지식 전로(중성선을 가지는 것으로서 그 중성선에 다중접지를 한 것)에 접속하는 것의 시험 전압으로 알맞은 것은?

① 16,560[V]
② 21,160[V]
③ 25,300[V]
④ 28,750[V]

> **해설** **전로의 절연저항 및 절연내력**(KEC 132)
> 7[kV] 초과 25[kV] 이하인 중성점 접지식은 최대사용전압×0.92배이므로
> → 시험 전압=23,000×0.92=21,160[V]

★★☆
10 중성점 직접 접지식 전로에 접속하는 것으로 성형 결선으로 된 변압기의 최대사용전압이 345,000[V]라 하면 이 변압기의 내압시험 전압은 얼마가 되는가?

① 220,800[V]
② 248,400[V]
③ 379,500[V]
④ 431,250[V]

> **해설** **전로의 절연저항 및 절연내력**(KEC 132)
> 최대사용전압이 170,000[V]를 넘는 중성점 직접 접지식으로 접속되는 변압기의 절연내력 시험은 최대사용전압의 0.64배이므로 시험 전압은
> → 345,000×0.64=220,800[V]

★★☆

11 최대사용전압 220[V]인 전동기의 절연내력 시험 전압[V]은?

① 300   ② 330

③ 450   ④ 500

> **해설** **회전기 및 정류기의 절연내력**(KEC 133)
>
> 최대사용전압이 7[kV] 이하이므로 최대사용전압×1.5배(최저전압 : 500[V])
>
> → 최저 시험 전압 : 220×1.5＝330[V]≒500[V]

★☆☆

12 연료전지 및 태양전지 모듈의 절연내력시험을 하는 경우 충전 부분과 대지 사이에 어느 정도의 시험 전압을 인가하여야 하는가? (단, 연속하여 10분간 가하여 견디는 것이어야 한다.)

① 최대사용전압의 1.5배의 직류전압 또는 1.25배의 교류전압

② 최대사용전압의 1.25배의 직류전압 또는 1.25배의 교류전압

③ 최대사용전압의 1.5배의 직류전압 또는 1배의 교류전압

④ 최대사용전압의 1.25배의 직류전압 또는 1배의 교류전압

> **해설** **연료전지 및 태양전지 모듈의 절연내력시험**(KEC 134)
>
> 가. 직류 : 최대사용전압×1.5배
>
> 나. 교류 : 최대사용전압×1배

★☆☆

13 저압전로의 사용전압이 500[V]를 초과하는 경우 DC 시험전압은 몇 [V]로 하여야 하는가?

① 500[V]   ② 1,000[V]

③ 1,500[V]   ④ 2,000[V]

> **해설** **전기설비기술기준 제52조 (저압전로의 절연성능)**
>
> 전로의 사용전압[V]이 500[V]를 초과하는 경우 DC 시험전압은 1,000[V]이어야 한다.

정답 | 11 ④   12 ③   13 ②

CHAPTER 06 접지시스템(KEC 140)

1. 접지시스템의 구분 및 종류(KEC 141)

구분	① 계통접지, ② 보호접지, ③ 피뢰시스템 접지
시설종류	① 단독접지, ② 공통접지, ③ 통합접지

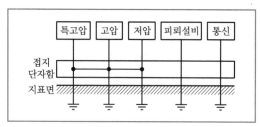

[그림-11. 공통접지]   [그림-12. 통합접지]

※ 통합접지는 전기설비, 통신설비, 피뢰설비의 접지와 수도관, 가스관, 철근, 철골 등과 같은 계통외도전부도 함께 접지하는 방식임

2. 접지시스템의 구성요소(KEC 142.1)

1) 구성요소

(1) 접지극

(2) 접지도체

(3) 보호도체

(4) 기타설비로 구성

2) 접지극

접지도체를 사용하여 주 접지단자에 연결할 것

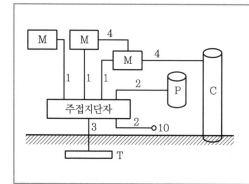

1. 보호도체(PE)
2. 보호 등전위 본딩용 도체
3. 접지선
4. 보조 보호 등전위 본딩용 도체
10. 기타기기(예 정보통신 시스템 낙뢰보호 시스템)
M : 전기기기의 노출 도전성 부분
P : 수도관, 가스관 등 금속배관
C : 철골, 금속덕트 등의 계통 외 도전성 부분
T : 접지극

[그림-13. 접지시스템]

3. 접지극의 시설 및 접지저항(KEC 142.2)

1) 접지극 시설 방법(아래의 하나 또는 복합)

    (1) 콘크리트에 매입된 기초 접지극

    (2) 토양에 매설된 기초 접지극

    (3) 토양에 수직 또는 수평으로 직접 매설된 금속전극(봉, 전선, 테이프, 배관, 판 등)

    (4) 케이블의 금속외장 및 그 밖에 금속피복

    (5) 지중 금속구조물(배관 등)

    (6) 대지에 매설된 철근콘크리트의 용접된 금속 보강재(다만, 강화콘크리트는 제외)

2) 접지극의 매설

    (1) 접지극은 매설하는 토양을 오염시키지 않아야 하며, 가능한 다습한 부분에 설치할 것

    (2) 접지극은 동결 깊이를 감안하여 시설하되, 고압 이상의 전기설비와 변압기 중성점 접지에 의해 시설하는 접지극의 매설깊이는 지표면으로부터 지하 0.75[m] 이상일 것

    (3) 접지도체를 철주 기타의 금속체를 따라서 시설하는 경우에는 접지극을 철주의 밑면으로부터 0.3[m] 이상의 깊이에 매설하는 경우 이외에는 접지극을 지중에서 그 금속체로부터 1[m] 이상 떼어 매설할 것

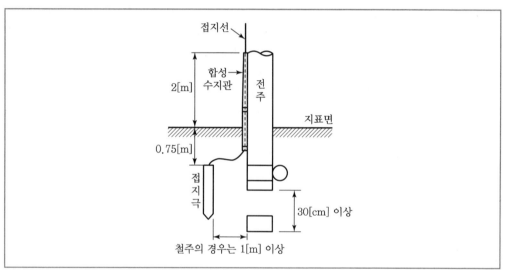

[그림 – 14. 접지극의 매설]

3) 접지시스템 부식에 대한 고려

    (1) 접지극에 부식을 발생 시킬 수 있는 폐기물 집하장 및 번화한 장소에 접지극 설치는 피할 것

    (2) 서로 다른 재질의 접지극을 연결할 경우 전식을 고려할 것

    (3) 콘크리트 기초접지극에 접속하는 접지도체가 용융아연도금강제인 경우 접속부를 토양에 직접 매설하지 말 것

4) 접지극 접속

    발열성 용접, 압착접속, 클램프 또는 그 밖의 적절한 기계적 접속장치로 접속할 것

5) 가연성 액체나 가스를 운반하는 금속제 배관

접지설비의 접지극으로 사용할 수 없다. 다만, 보호등전위본딩은 예외이다.

6) 수도관 등을 접지극으로 사용하는 경우

(1) 지중에 매설되어 있고 대지와의 전기저항 값이 3[Ω] 이하의 값을 유지하고 있는 금속제 수도관로가 다음에 따르는 경우 접지극으로 사용이 가능함

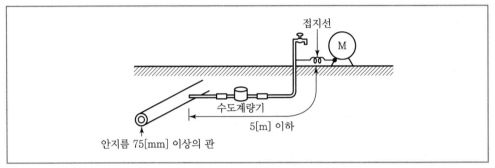

[그림 – 15. 수도관 접지]

① 접지도체와 금속제 수도관로의 접속은 안지름 75[mm] 이상인 부분 또는 여기에서 분기한 안지름 75[mm] 미만인 분기점으로부터 5[m] 이내의 부분일 것. 다만, 금속제 수도관로와 대지 사이의 전기저항 값이 2[Ω] 이하인 경우에는 분기점으로부터의 거리는 5[m]를 넘을 수 있음

② 접지도체와 금속제 수도관로의 접속부를 수도계량기로부터 수도 수용가 측에 설치하는 경우에는 수도 계량기를 사이에 두고 양측 수도관로를 등전위본딩 할 것

(2) 건축물·구조물의 철골 기타의 금속제의 대지와의 사이에 전기저항 값이 2[Ω] 이하인 값을 유지하는 경우

① 비접지식 고압전로에 시설하는 기계기구의 철대 또는 금속제 외함의 접지공사의 접지극으로 사용 가능

② 비접지식 고압전로와 저압전로를 결합하는 변압기의 저압전로의 접지공사의 접지극으로 사용 가능

4. 접지도체·보호도체(KEC 142.3)

1) 접지도체(KEC 142.3.1)

(1) 접지도체의 최소단면적 : 접지도체의 단면적은 보호도체의 최소단면적에 의하며 접지도체의 최소단면적은 다음과 같다.

구분	도체 종류	최소단면적
① 큰 고장전류가 접지도체를 통하여 흐르지 않을 경우	구리(Cu)	6[mm^2] 이상
	철제(Fe)	50[mm^2] 이상
② 접지도체에 피뢰시스템이 접속되는 경우	구리(Cu)	16[mm^2] 이상
	철제(Fe)	50[mm^2] 이상

(2) 고장 시 흐르는 전류를 안전 통전 시 접지도체의 최소단면적

구분	도체 종류		최소단면적
① 특고압·고압전기 전기설비용 접지도체	연동선		6[mm²] 이상
② 중성점 접지용 접지도체	연동선		16[mm²] 이상
	다음의 경우 연동선 6[mm²] 이상일 것 • 7[kV] 이하의 전로 • 사용전압이 25[kV] 이하인 특고압 가공전선로(단, 중성선 다중접지방식 방식의 것으로서 전로에 지락 시 2초 이내에 자동전로차단 장치가 되어 있는 것)		6[mm²] 이상
③ 이동하여 사용하는 전기기계기구의 금속제 외함 등의 접지시스템의 경우	가. 특고압·고압 전기설비용 접지도체 및 중성점 접지용 접지도체 가) 클로로프렌캡타이어케이블(3종 및 4종) 나) 클로로설포네이트폴리에틸렌캡타이어케이블(3종 및 4종)의 1개 도체 다) 다심 캡타이어케이블의 차폐 또는 기타의 금속체		10[mm²] 이상
	나. 저압 전기설비용 접지도체	가) 다심 코드 또는 다심캡타이어 케이블의 1개 도체	0.75[mm²] 이상
		나) 유연성이 있는 연동연선 1개 도체	1.5[mm²] 이상

(3) 접지도체 보호 : 접지도체는 지하 0.75[m]부터 지표상 2[m]까지 부분은 합성수지관(두께 2[mm] 미만의 합성수지제 전선관 및 가연성 콤바인덕트관은 제외) 또는 이와 동등 이상의 절연효과와 강도를 가지는 몰드로 덮어야 함

2) 보호도체(KEC 142.3.2)

(1) 보호도체의 최소 단면적 선정

① 선(상)도체의 단면적에 의한 보호도체 굵기 선정

선도체의 단면적 S (mm², 구리)	보호도체의 최소 단면적(mm², 구리)	
	보호도체의 재질	
	선도체와 같은 경우	선도체와 다른 경우
S≤16	S	$(k_1/k_2) \times S$
16<S≤35	16[a]	$(k_1/k_2) \times 16$
S>35	S[a]/2	$(k_1/k_2) \times (S/2)$

• k_1 : 도체 및 절연의 재질에 따라 KS C IEC 60364−5−54의 표 A54.1에서 선정된 선도체에 대한 k값
• k_2 : KS C IEC 60364−5−54의 표 A.54.2~표 A.54.6에서 선정된 보호도체에 대한 k값
• a : PEN 도체의 최소단면적은 중성선과 동일하게 적용한다.

② 계산식에 의한 최소단면적 선정(차단시간이 5초 이하인 경우 적용)

$$S = \frac{\sqrt{I^2 t}}{k}$$

- S : 단면적[mm^2]
- I : 보호장치를 통해 흐를 수 있는 예상 고장전류 실횻값[A]
- t : 자동차단을 위한 보호장치의 동작시간(s)
- k : 보호도체, 절연, 기타 부위의 재질 및 초기온도와 최종온도에 따라 정해지는 계수

③ 보호도체가 케이블의 일부가 아니거나 선도체와 동일 외함에 설치되지 않은 경우

구분	최소 단면적	
	구리	알루미늄
기계적 손상에 대해 보호가 되는 경우	2.5[mm^2] 이상	16[mm^2] 이상
기계적 손상에 대해 보호가 되지 않는 경우	4[mm^2] 이상	16[mm^2] 이상

(2) 보호도체의 종류

① 보호도체는 다음 중 하나 또는 복수로 구성하여야 함

　가. 다심케이블의 도체

　나. 충전도체와 같은 트렁킹에 수납된 절연도체 또는 나도체

　다. 고정된 절연도체 또는 나도체

　라. 금속케이블 외장, 케이블 차폐, 케이블 외장, 전선묶음(편조전선), 동심도체, 금속관

② 보호도체 또는 보호본딩도체로 사용할 수 없는 금속부분

　가. 금속 수도관

　나. 가스 · 액체 · 분말과 같은 잠재적인 인화성 물질을 포함하는 금속관

　다. 상시 기계적 응력을 받는 지지 구조물 일부

　라. 가요성 금속배관

　마. 가요성 금속전선관

　바. 지지선, 케이블트레이 및 이와 비슷한 것

⚡ 과년도 기출 및 예상문제

★☆☆

01 접지시스템의 시설 종류에 따른 분류가 아닌 것은?

① 단독접지
② 계통접지
③ 공통접지
④ 통합접지

> **해설** **접지시스템의 구분 및 종류**(KEC 141)
>
> | 구분 | ① 계통접지, ② 보호접지, ③ 피뢰시스템 접지 |
> |---|---|
> | 시설 종류 | ① 단독접지, ② 공통접지, ③ 통합접지 |

★☆☆

02 접지 시스템의 구성에서 접지극은 무엇을 사용하여 주접지단자에 연결해야 하는가?

① 보호도체
② 주 등전위본딩용 도체
③ 접지도체
④ 보조 등전위본딩용 도체

> **해설** **접지시스템의 구성요소**(KEC 142.1)

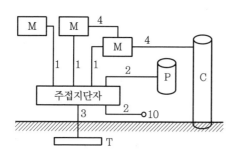

1. 보호도체(PE)
2. 보호 등전위 본딩용 도체
3. 접지선
4. 보조 보호 등전위 본딩용 도체
10. 기타기기(예 정보통신 시스템 낙뢰보호 시스템)
M : 전기기기의 노출 도전성 부분
P : 수도관, 가스관 등 금속배관
C : 철골, 금속덕트 등의 계통 외 도전성 부분
T : 접지극

★☆☆

03 하나 또는 복합하여 시설하여야 하는 접지극의 방법으로 적합하지 않은 것은?

① 지중 금속구조물

② 토양에 매설된 기초 접지극

③ 케이블의 금속외장 및 그 밖에 금속피복

④ 대지에 매설된 강화콘크리트의 용접된 금속 보강재

> **해설** **접지극의 시설 및 접지저항**(KEC 142.2)
>
> 접지극은 다음의 방법 중 하나 또는 복합하여 시설한다.
>
> 가. 콘크리트에 매입된 기초 접지극
>
> 나. 토양에 매설된 기초 접지극
>
> 다. 토양에 수직·수평으로 직접 매설된 금속전극(봉, 전선, 테이프, 배관, 판 등)
>
> 라. 케이블의 금속외장 및 그 밖에 금속피복
>
> 마. 지중 금속구조물(배관 등)
>
> 바. 대지에 매설된 철근콘크리트의 용접된 금속 보강재(다만, 강화콘크리트는 제외)

★☆☆

04 접지극을 매설 시 지표면으로부터 얼마 이상 깊이로 하여야 하는가?

① 0.5[m]

② 0.75[m]

③ 1.0[m]

④ 1.5[m]

> **해설** **접지극의 시설 및 접지저항**(KEC 142.2)
>
> 접지극은 지하 75[cm] 이상의 깊이에 매설한다.

★☆☆

05 사람이 접촉할 우려가 있는 곳에 시설하는 접지도선은 최소 어느 부분에 대하여 합성수지관 또는 이와 동등 이상의 절연효력 및 강도를 가지고 몰드로 덮게 되어 있는가?

① 지하 30[cm]로부터 지표상 1.5[m]까지의 부분

② 지하 50[cm]로부터 지표상 1.6[m]까지의 부분

③ 지하 75[cm]로부터 지표상 2[m]까지의 부분

④ 지하 90[cm]로부터 지표상 2.5[m]까지의 부분

> **해설** **접지도체**(KEC 142.3.1)
>
> 접지극은 지하 75[cm] 이상의 깊이에 매설하고 지표상 2[m]까지의 부분은 절연 효력이 있어 합성수지관으로 덮을 것

정답 | 03 ④ 04 ② 05 ③

★★☆
06
접지 시스템에 사용되는 접지도선을 사람이 접촉할 우려가 있으며, 철주 기타의 금속제를 따라서 시설하는 경우에는 접지극을 철주의 밑면으로부터 30[cm] 이상의 깊이에 매설하는 경우 이외에는 접지극을 지중에서 그 금속체로부터 몇 [cm] 이상 떼어 매설하여야 하는가?

① 50
② 75
③ 100
④ 125

해설 **접지극의 시설 및 접지저항**(KEC 142.2)
접지극을 철주의 밑면으로부터 0.3[m] 이상의 깊이에 매설하는 경우 이외에는 접지극을 지중에서 그 금속체로부터 1[m] 이상 떼어 매설할 것

★★★
07
접지시스템에서 접지도체는 지하 75[cm]로부터 지표상 2[m]까지의 접지선은 사람의 접촉 우려가 없도록 하기 위하여 어느 것을 사용하여 보호하는가?

① 두께 1[mm] 이상의 콤바인덕트관
② 두께 2[mm] 이상의 합성수지관
③ 피막의 두께가 균일한 비닐포장지
④ 이음부분이 없는 플로어덕트

해설 **접지도체**(KEC 142.3.1)**의 접지도체 보호**
접지도체는 지하 0.75[m]부터 지표상 2[m]까지 부분은 합성수지관(두께 2[mm] 미만의 합성수지제 전선관 및 가연성 콤바인덕트관은 제외) 몰드로 덮어야 함

★☆☆
08
지중에 매설되어 있는 금속제 수도관로를 접지극으로 사용할 때, 대지와의 전기저항 값이 몇 [Ω] 이하의 값을 유지해야 하는가?

① 2
② 3
③ 5
④ 10

해설 **접지극의 시설 및 접지저항**(KEC 142.2)
수도관 등을 접지극으로 사용하는 경우
→ 전기저항 값이 3[Ω] 이하인 경우에는 지름 75[mm] 이상이거나 또는 이로부터 분기한 5[m] 이내인 곳이어야 한다.

★★☆
09 금속제 수도관로를 접지극으로 사용하는 경우에 대한 사항이다. ⊙~ⓒ에 들어갈 수치로 알맞은 것은?

> 접지도선과 금속제 수도관로의 접속은 안지름 (⊙)[mm] 이상인 금속제 수도관의 부분 또는 이로부터 분기한 안지름 (ⓒ)[mm] 미만인 금속제 수도관의 그 분기점으로부터 5[m] 이내의 부분에서 할 것. 다만, 금속제 수도관로와 대지 간의 전기저항치가 (ⓒ)[Ω] 이하인 경우에는 분기점으로부터 이 거리는 5[m]를 넘을 수 있다.

① ⊙ 75, ⓒ 75, ⓒ 2   ② ⊙ 75, ⓒ 50, ⓒ 2
③ ⊙ 50, ⓒ 75, ⓒ 4   ④ ⓒ 50, ⓒ 50, ⓒ 4

해설 **접지극의 시설 및 접지저항**(KEC 142.2)
수도관 등의 접지극
→ 가. 접지도체와 금속제 수도관로의 접속은 안지름 75[mm] 이상인 부분 또는 여기에서 분기한 안지름 75[mm] 미만인 분기점으로부터 5[m] 이내의 부분일 것
　나. 다만, 금속제 수도관로와 대지 사이의 전기저항 값이 2[Ω] 이하인 경우에는 분기점으로부터의 거리는 5[m]을 넘을 수 있다.

★★☆
10 건축물·구조물의 철골 기타의 금속제는 이를 비접지식 고압전로에 시설하는 기계 기구의 철대 또는 금속제 외함의 접지공사 또는 비접지식 고압전로와 저압전로를 결합하는 변압기의 저압전로의 접지공사의 접지극으로 사용할 수 있다. 대지 간의 전기 저항값은 몇 [Ω] 이하를 유지해야 하는가?

① 2   ② 5
③ 10   ④ 20

해설 **접지극의 시설 및 접지저항**(KEC 142.2)
2[Ω] 이하인 값을 유지하는 경우 다음의 접지극으로 사용이 가능함
→ 가. 비접지식 고압전로에 시설하는 기계기구의 철대 또는 금속제 외함의 접지공사
　나. 비접지식 고압전로와 저압전로를 결합하는 변압기의 저압전로의 접지공사

★☆☆
11 큰 고장전류가 구리 소재의 접지도체를 통하여 흐르지 않을 경우 접지도체의 최소 단면적은 몇 [mm^2] 이상이어야 하는가? (단, 접지도체는 피뢰시스템이 접속되지 않는 경우이다.)

① 2.5   ② 4
③ 6   ④ 10

해설 **접지도체**(KEC 142.3.1)
접지도체의 단면적은 보호도체의 최소단면적에 의하며 접지도체의 최소단면적은

구분	도체 종류	최소단면적
큰 고장전류가 접지도체를 통하여 흐르지 않을 경우	구리(Cu)	6[mm^2] 이상
	철제(Fe)	50[mm^2] 이상

정답 ｜ **09** ① **10** ① **11** ③

★☆☆

12 공통접지공사 적용 시 선(상)도체의 단면적이 16[mm²]인 경우 보호도체(PE)에 적합한 단면적은? (단, 보호도체의 재질이 상도체와 같다.)

① 4.0[mm²] 이상   ② 6.0[mm²] 이상

③ 10[mm²] 이상   ④ 16[mm²] 이상

해설 **보호도체(KEC 142.3.2)의 최소 단면적**

선도체의 단면적 S ([mm²], 구리)	보호도체의 최소 단면적([mm²], 구리)	
	보호도체의 재질	
	선도체와 같은 경우	선도체와 다른 경우
S≤16[mm²]	S	$(k_1/k_2) \times$ S

★☆☆

13 공통접지공사 적용 시 선(상)도체의 단면적이 50[mm²]인 경우 보호도체(PE)에 적합한 단면적은? (단, 보호도체의 재질이 상도체와 같다.)

① 20[mm²] 이상   ② 25[mm²] 이상

③ 3[mm²] 이상   ④ 40[mm²] 이상

해설 **보호도체(KEC 142.3.2)의 최소 단면적**

선도체의 단면적 S ([mm²], 구리)	보호도체의 최소 단면적([mm²], 구리)	
	보호도체의 재질	
	선도체와 같은 경우	선도체와 다른 경우
S>35[mm²]	S ª/2	$(k_1/k_2) \times$ (S/2)

5. 전기수용가 접지(KEC 142.4)

1) 저압수용가 인입구 접지(KEC 142.4.1)

(1) 수용장소 인입구 부근에서 변압기 중성점 접지를 한 저압전선로의 중성선 또는 접지측전선에 추가 접지공사를 할 수 있는 경우

① 지중에 매설되어 있고 대지와의 전기저항 값이 3[Ω] 이하의 값을 유지하고 있는 금속제 수도 관로

② 대지 사이의 전기저항 값이 3[Ω] 이하인 값을 유지하는 건물의 철골

(2) 접지도체는 공칭단면적 : 6[mm^2] 이상의 연동선

2) 주택 등 저압수용장소 접지(KEC 142.4.2)

(1) 저압수용장소에서 계통접지가 TN－C－S 방식인 경우에 보호도체는 다음에 따라 시설할 것

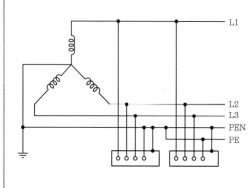

TN－C－S 시스템 : 전원부는 TN－C로 되어있고, 중성선과 보호도체를 분리하여 TN－S 계통으로 하는 방법

- T(Terra) : 불어로 대지라는 의미로 한 점을 대지에 직접 접속
- N(Neutral) : 노출도전부를 전원계통의 접지점에 직접 접속
- C(Combined) : 중성선과 보호도체가 조합된 상태로 단일도체를 포설하는 것
- S(Separator) : 중성선과 보호도체가 분리된 상태로 도체를 포설하는 것
- PE(Protective Earthing): 보호도체를 의미 (PEN : PE와 N이 조합되었다는 것을 의미)

(2) 보호도체의 최소단면적

① 선도체의 단면적에 의한 굵기 선정

선도체의 단면적 S (mm^2, 구리)	보호도체의 최소 단면적(mm^2, 구리)	
	보호도체의 재질	
	선도체와 같은 경우	선도체와 다른 경우
S≤16	S	$(k_1/k_2) \times S$
16<S≤35	16[a]	$(k_1/k_2) \times 16$
S>35	S[a]/2	$(k_1/k_2) \times (S/2)$

k_1 : 도체 및 절연의 재질에 따라 KS C IEC 60364－5－54의 표 A54.1에서 선정된 선도체에 대한 k값

k_2 : KS C IEC 60364－5－54의 표 A.54.2~표 A.54.6에서 선정된 보호도체에 대한 k값

a : PEN 도체의 최소단면적은 중성선과 동일하게 적용한다.

② 계산식에 의한 최소단면적 선정(차단시간이 5초 이하인 경우 적용)

$$S = \frac{\sqrt{I^2 t}}{k}$$

- S : 단면적[mm^2]
- I : 보호장치를 통해 흐를 수 있는 예상 고장전류 실횻값[A]
- t : 자동차단을 위한 보호장치의 동작시간[s]
- k : 보호도체, 절연, 기타 부위의 재질 및 초기온도와 최종온도에 따라 정해지는 계수

③ 보호도체가 케이블의 일부가 아니거나 선도체와 동일 외함에 설치되지 않은 경우

구분	최소 단면적	
	구리	알루미늄
기계적 손상에 대해 보호가 되는 경우	2.5[mm^2] 이상	16[mm^2] 이상
기계적 손상에 대해 보호가 되지 않는 경우	4[mm^2] 이상	16[mm^2] 이상

(3) 중성선 겸용 보호도체(PEN) 고정설비에만 사용할수 있고, 그 도체의 단면적이 구리10[mm^2] 이상, 알루미늄 16[mm^2] 이상일 것

6. 변압기 중성점 접지(KEC 142.5)

(1) 일반적인 저항값(R) : 변압기의 고압·특고압측 전로 1선 지락전류로 150을 나눈 값 이하일 것

(2) 변압기의 고압·특고압측 전로 또는 사용전압이 35[kV] 이하의 특고압전로가 저압측 전로와 혼촉하고 저압전로의 대지전압이 150[V]를 초과하는 경우

구분	접지저항값(R[Ω])
1초 초과 2초 이내에 고압·특고압 전로를 자동으로 차단하는 장치를 설치할 때	$R = \dfrac{300}{I_g}$ 이하
1초 이내에 고압·특고압 전로를 자동으로 차단하는 장치를 설치할 때	$R = \dfrac{600}{I_g}$ 이하

7. 공통접지 및 통합접지(KEC 142.6)

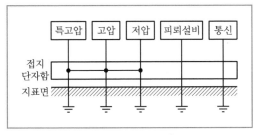

[그림 – 16. 공통접지]

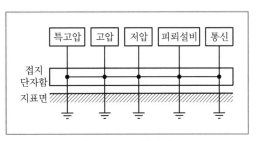

[그림 – 17. 통합접지]

※ 통합접지는 전기설비, 통신설비, 피뢰설비의 접지와 수도관, 가스관, 철근, 철골 등과 같은 계통외도전부도 함께 접지하는 방식임

1) 공통접지시스템

고압 및 특고압과 저압 전기설비의 접지극이 서로 근접하여 시설되어 있는 변전소 또는 이와 유사한 곳에 다음과 같이 적용함

(1) 저압 전기설비의 접지극이 고압 및 특고압 접지극의 접지저항 형성영역에 완전히 포함되어 있다면 위험전압이 발생하지 않도록 이들 접지극을 상호 접속할 것

(2) 고압 및 특고압 계통의 지락사고 시 저압계통에 가해지는 상용주파 과전압은 다음 표에서 정한 값을 초과하지 않을 것

[표. 저압설비 허용 상용주파 과전압]

고압계통에서 지락고장시간(초)	저압설비 허용 상용주파 과전압(V)	비고
>5	$U_0 + 250$	중성선 도체가 없는 계통에서 U_0는 선간전압
≤5	$U_0 + 1,200$	을 말한다.

(3) 고압 및 특고압을 수전 받는 수용가의 접지계통을 수전 전원의 다중접지된 중성선과 접속하면 상기(2)항의 요건은 충족하는 것으로 간주할 수 있다.

2) 통합접지시스템

전기설비의 접지설비, 건축물의 피뢰설비 · 전자통신설비 등의 접지극을 공용하는 통합접지시스템 시설은 다음과 같이 시설함

(1) 통합접지시스템은 공통접지시스템에 의할 것

(2) 낙뢰에 의한 과전압 등으로부터 전기전자기기 등을 보호하기 위해 서지보호장치(SPD)를 설치할 것

8. 기계기구의 철대 및 외함의 접지(KEC 142.7)

(1) 전로에 시설하는 기계기구의 철대 및 금속제 외함에는 접지시스템에 의한 접지공사를 하여야 함

(2) 접지를 하지 않을수 있는 경우

① 사용전압이 직류 300[V] 또는 교류 대지전압이 150[V] 이하인 기계기구를 건조한 곳에 시설하는 경우

② 저압용의 기계기구를 건조한 목재의 마루 기타 이와 유사한 절연성 물건 위에서 취급하도록 시설하는 경우

③ 저압용이나 고압용의 기계기구, 특고압 전선로에 접속하는 배전용 변압기나 이에 접속하는 전선에 시설하는 기계기구 또는 특고압 가공전선로의 전로에 시설하는 기계기구를 사람이 쉽게 접촉할 우려가 없도록 목주 기타 이와 유사한 것의 위에 시설하는 경우

④ 철대 또는 외함의 주위에 적당한 절연대를 설치하는 경우

⑤ 외함이 없는 계기용변성기가 고무 · 합성수지 기타의 절연물로 피복한 것일 경우

⑥ 「전기용품 및 생활용품 안전관리법」의 적용을 받는 이중절연구조로 되어 있는 기계기구를 시설하는 경우

⑦ 저압용 기계기구에 전기를 공급하는 전로의 전원측에 절연변압기(2차 전압이 300[V] 이하이며, 정격용량이 3[kVA] 이하)를 시설하고 또한 그 절연변압기의 부하측 전로를 접지하지 않은 경우

⑧ 물기 있는 장소 이외의 장소에 시설하는 저압용의 개별 기계기구에 전기를 공급하는 전로에 「전기 용품 및 생활용품 안전관리법」의 적용을 받는 **인체감전보호용 누전차단기**(정격감도전류가 30[mA] 이하, 동작시간이 0.03초 이하의 전류동작형에 한한다)를 시설하는 경우

⑨ 외함을 충전하여 사용하는 기계기구에 **사람이 접촉할 우려가 없도록 시설**하거나 **절연대**를 시설하는 경우

과년도 기출 및 예상문제

★☆☆
01 수용장소의 인입구에 있어서 저압 전로의 중성선에 시설하는 접지선의 굵기[mm²]는?

① 4
② 6
③ 10
④ 16

해설 **저압수용가 인입구 접지**(KEC 142.4.1)
저압수용가 인입구 접지에서 접지도체는 공칭단면적은 6[mm²] 이상의 연동선

★☆☆
02 제2종 접지공사의 접지저항 값을 $\frac{150}{I}$[Ω]으로 정하고 할 수 있는데 I에 해당되는 것은?

① 변압기의 고압측 또는 특고압측 전로의 1선 지락전류의 암페어 수
② 변압기의 고압측 또는 특고압측 전로의 단락 사고 시의 고장 전류의 암페어 수
③ 변압기의 1차측과 2차측의 혼촉에 단락 전류의 암페어 수
④ 변압기의 1차와 2차에 해당되는 전류의 합

해설 **변압기 중성점 접지**(KEC 142.5)
$R_2 = \frac{150}{I_g}$[Ω] 이하, I_g : 1선 지락전류

★☆☆
03 변압기 고압측 전로의 1선 지락전류가 5[A]이고, 저압측전로와 혼촉에 의한 사고시 고압측 전로를 자동적으로 차단하는 장치가 되어있지 않은 일반적인 경우에는 접지저항 값의 최대값[Ω]은?

① 25
② 30
③ 35
④ 40

해설 **변압기 중성점 접지**(KEC 142.5)
제2종 접지 공사의 접지저항 값은 $R = \frac{150}{1선\ 지락전류} = \frac{150}{5} = 30$[Ω]

정답 | **01** ② **02** ① **03** ②

★★☆
04

변압기의 고압측 전로와의 혼촉에 의하여 저압 전로의 대지 전압이 150[V]를 넘는 경우에 2초 이내에 고압 전로를 자동 차단하는 장치가 되어있는 6,600/220[V] 배전선로에 있어서 1선 지락전류가 최소값인 2[A]로 되면 중성점의 접지 저항값은 몇 [Ω] 이하로 유지하여야 하는가?

① 50[Ω]   ② 75[Ω]
③ 150[Ω]   ④ 300[Ω]

해설 **변압기 중성점 접지**(KEC 142.5)

1선 지락전류의 최소값은 2[A], 접지저항 $= \dfrac{300}{1선\ 지락전류} = \dfrac{300}{2} = 150[Ω]$

★☆☆
05

접지공사를 생략할 수 없는 경우는?

① 사용전압이 직류 600[V]인 기계 · 기구를 습기가 있는 곳에 시설하는 경우
② 저압용의 기계 · 기구를 건조한 목재의 마루 위에서 취급하도록 시설하는 경우
③ 철대 또는 외함의 주위에 적당한 절연대를 설치한 경우
④ 외함이 없는 계기용 변성기가 고무 · 합성수지 기타의 절연물로 피복한 것일 경우

해설 **접지를 생략할 수 있는 경우**(KEC 142.7)

→ 사용전압이 직류 300[V] 또는 교류 대지전압이 150[V] 이하인 기계 기구를 건조한 곳에 시설하는 경우

★☆☆
06

저압용 기계기구에 전기를 공급하는 전로의 전원측에 절연변압기를 시설하고 또한 그 절연변압기의 부하측 전로를 접지하지 않은 경우 2차 전압과 정격용량이 몇 [kVA] 이하일 때 외함 접지를 하지 않아도 되는가?

① 150[V], 2[kVA]   ② 150[V], 3[kVA]
③ 300[V], 2[kVA]   ④ 300[V], 3[kVA]

해설 **접지를 생략할 수 있는 경우**(KEC 142.7)

저압용의 기계기구에 전기를 공급하는 전로의 전원측에 절연변압기를 시설 또한 그 절연변압기의 부하측의 전로를 접지하지 아니하는 경우(2차 전압이 300[V] 이하이고 정격용량이 3[kVA] 이하인 것에 한한다.)

★☆☆
07

전기설비의 접지계통과 건축물의 피뢰설비 및 통신설비 등의 접지극을 공용하는 통합 접지공사를 하는 경우 낙뢰 등 과전압으로부터 전기전자기기 등을 보호하기 위하여 설치해야 하는 것은?

① 과전류차단기   ② 지락 보호장치
③ 서지보호장치   ④ 개폐기

해설 **공통접지 및 통합접지**(KEC 142.6)

낙뢰에 의한 과전압 등으로부터 전기전자기기 등을 보호하기 위해 서지보호장치(SPD)를 설치

정답 | **04** ③   **05** ①   **06** ④   **07** ③

9. 감전보호용 등전위본딩(KEC 143)

1) 등전위본딩의 적용(KEC 143.1)

(1) 건축물·구조물에서 접지도체, 주접지단자와 다음의 도전성 부분은 등전위본딩을 적용함

① 수도관·가스관 등 외부에서 내부로 인입되는 금속배관

② 건축물·구조물의 철근, 철골 등 금속보강재

③ 일상생활에서 접촉이 가능한 금속제 난방배관 및 공조설비 등 계통외도전부

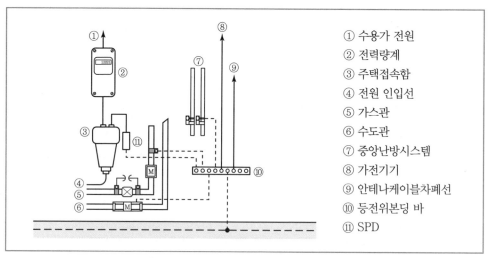

① 수용가 전원
② 전력량계
③ 주택접속함
④ 전원 인입선
⑤ 가스관
⑥ 수도관
⑦ 중앙난방시스템
⑧ 가전기기
⑨ 안테나케이블차폐선
⑩ 등전위본딩 바
⑪ SPD

[그림 – 18. 내부시스템의 도전부 등전위본딩]

(2) 주접지단자에 보호등전위본딩 도체, 접지도체, 보호도체, 기능성 접지도체를 접속할 것

2) 등전위본딩 시설(KEC 143.2)

(1) 보호등전위본딩(KEC 143.2.1)

① 건축물·구조물의 외부에서 내부로 들어오는 각종 금속제 배관

가. 1개소에 집중하여 인입하고, 인입구 부근에서 서로 접속하여 등전위본딩 바에 접속할 것

나. 대형건축물 등으로 1개소에 집중하여 인입하기 어려운 경우에는 본딩도체를 1개의 본딩 바에 연결함

② 수도관·가스관의 경우 내부로 인입된 최초의 밸브 후단에서 등전위본딩을 할 것

③ 건축물·구조물의 철근, 철골 등 금속보강재는 등전위본딩을 할 것

(2) 보조 보호등전위본딩(KEC 143.2.2)

① 보조 보호등전위본딩의 대상 : 전원자동차단에 의한 감전보호방식에서 고장 시 자동차단시간이 다음 표에서 요구하는 계통별 최대차단시간을 초과하는 경우이다.

[표 - 1. 32[A] 이하 분기회로의 최대 차단시간]

계통	50[V]< U_0 ≤120[V]		120[V]< U_0 ≤230[V]		230[V]< U_0 ≤400[V]		U_0 >400[V]	
	교류	직류	교류	직류	교류	직류	교류	직류
TN	0.8	[비고1]	0.4	5	0.2	0.4	0.1	0.1
TT	0.3	[비고1]	0.2	0.4	0.07	0.2	0.04	0.1

• U_0 : 대지에서의 공칭교류전압 또는 직류 선간전압

② ①항의 차단시간을 초과하고 2.5[m] 이내에 설치된 고정기기의 노출도전부와 계통외도전부는 보조 보호등전위본딩을 할 것(다만, 보조 보호등전위본딩의 유효성에 관해 의문이 생길 경우 동시에 접근 가능한 노출도전부와 계통외도전부 사이의 저항 값(R)이 다음의 조건을 충족하는지 확인하여야 한다)

가. 교류 계통 : $R \leq \dfrac{50\,V}{I_a}$[Ω]

나. 직류 계통 : $R \leq \dfrac{120\,V}{I_a}$ [Ω], I_a : 보호장치의 동작전류[A][누전차단기의 경우 $I_{\Delta n}$(정격감도전류), 과전류보호장치의 경우 5초 이내 동작전류]

(3) 비접지 국부등전위본딩(KEC 143.2.3)

① 절연성 바닥으로 된 비접지 장소에서 다음의 경우 국부등전위본딩을 할 것

가. 전기설비 상호 간이 2.5[m] 이내인 경우

나. 전기설비와 이를 지지하는 금속체 사이

② 전기설비 또는 계통외도전부를 통해 대지에 접촉하지 않아야 함

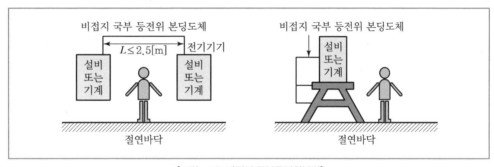

[그림 - 19. 비접지 국부등전위본딩]

3) 등전위본딩 도체(KEC 143.3)

(1) 보호등전위본딩 도체 (KEC 143.3.1)

① 주접지단자에 접속하기 위한 등전위본딩 도체는 설비 내에 있는 가장 큰 보호 접지도체 단면적의 $\dfrac{1}{2}$ 이상의 단면적이며, 다음의 단면적 이상일 것

구분	구리도체	알루미늄 도체	강철 도체
최소단면적	6[mm^2]	16[mm^2]	50[mm^2]

② 주접지단자에 접속하기 위한 보호본딩도체의 단면적은 구리도체 : 25[mm^2] 또는 다른 재질의 동등한 단면적을 초과할 필요는 없다.

(2) 보조 보호등전위본딩 도체(KEC 143.3.2)

① 두 개의 노출도전부를 접속하는 경우 도전성은 노출도전부에 접속된 더 작은 보호도체의 도전성보다 커야 함

② 노출도전부를 계통외도전부에 접속하는 경우 도전성은 같은 단면적을 갖는 보호도체의 1/2 이상일 것

③ 케이블의 일부가 아닌 경우 또는 선로도체와 함께 수납되지 않은 본딩도체의 최소단면적

구분	구리 도체	알루미늄 도체
기계적 보호가 된 것	2.5[mm^2]	16[mm^2]
기계적 보호가 없는 것	4[mm^2]	16[mm^2]

⚡ 과년도 기출 및 예상문제

★☆☆
01 건축물·구조물의 외부에서 내부로 들어오는 금속제 배관의 보호등전위본딩 시설에 관한 내용으로 틀린 것은?

① 1개소에 집중해서 인입하고 인입구 부근에서 서로 접속하여 등전위본딩 바에 접속
② 1개소에 집중하기 어려운 경우 본딩 도체를 1개의 본딩 바에 연결
③ 수도관 가스관의 경우 내부로 인입된 최초의 밸브 전단에서 등전위본딩
④ 건축물, 구조물의 금속보강재는 등전위본딩한다.

> **해설** **보호등전위본딩**(KEC 143.2.1)
> 가. 건축물·구조물의 외부에서 내부로 들어오는 각종 금속제 배관의 보호 등전위본딩시설
>   가) 1개소에 집중하여 인입하고, 인입구 부근에서 서로 접속하여 등전위본딩 바에 접속
>   나) 1개소에 집중하기 어려운 경우에는 본딩도체를 1개의 본딩바에 연결
> 나. 수도관·가스관의 경우 내부로 인입된 최초의 밸브 후단에서 등전위본딩한다.
> 다. 건축물·구조물의 철근, 철골 등 금속보강재는 등전위본딩을 하여야 한다.

★☆☆
02 보호 등전위본딩 도체로 알루미늄을 사용할 때 단면적은 몇 $[mm^2]$ 이상이어야 하는가?

① 6   ② 10
③ 16   ④ 50

> **해설** **보호등전위본딩 도체**(KEC 143.3.1)

구리	알루미늄	강철
$6[mm^2]$ 이상	$16[mm^2]$ 이상	$50[mm^2]$ 이상

★☆☆
03 보조 보호 등전위본딩 도체가 기계적 손상에 대한 보호가 되지 않는 경우 본딩도체로 사용한 구리선의 단면적은 몇 $[mm^2]$ 이상이어야 하는가?

① 4   ② 6
③ 10   ④ 16

> **해설** **보조 보호등전위본딩 도체**(KEC 143.3.2)

구분	구리	알루미늄
기계적 손상에 대한 보호가 되는 경우	$2.5[mm^2]$	$16[mm^2]$
기계적 손상에 대한 보호가 되지 않는 경우	$4.0[mm^2]$	$16[mm^2]$

정답 | 01 ③ 02 ③ 03 ①

CHAPTER

07 피뢰시스템(KEC 150)

1. 피뢰시스템의 적용범위(KEC 151.1)

(1) 전기전자설비가 설치된 건축물 · 구조물로서 낙뢰로부터 보호가 필요한 것 또는 지상으로부터 높이가 20[m] 이상인 것

(2) 전기설비 및 전자설비 중 낙뢰로부터 보호가 필요한 설비

2. 피뢰시스템의 구성(KEC 151.2)

(1) 직격뢰로부터 대상물을 보호하기 위한 외부피뢰시스템

(2) 간접뢰 및 유도뢰로부터 대상물을 보호하기 위한 내부피뢰시스템

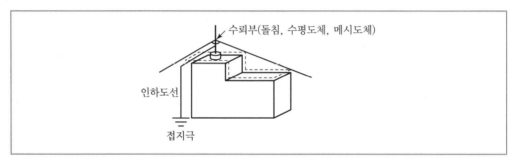

[그림 – 20. 외부피뢰시스템]

3. 피뢰시스템 등급선정(KEC 151.3)

(1) 피뢰시스템 등급은 대상물의 특성에 따라 피뢰레벨을 선정함

피뢰레벨(LPL, Lightning Protection Level)	피뢰시스템의 등급
I	I
II	II
III	III
IV	IV

(2) 위험물의 제조소 등에 설치하는 피뢰시스템은 II등급 이상으로 함

4. 외부피뢰시스템(KEC 152)

1) 수뢰부시스템(KEC 152.1)

  (1) 수뢰부시스템의 선정

    ① 돌침, 수평도체, 메시도체의 요소 중 한 가지 또는 이를 조합한 형식

    ② 수뢰부시스템 재료

      가. 구리, 주석 도금한 구리

      나. 알루미늄

      다. 알루미늄합금

      라. 구리피복알루미늄합금

      마. 용융아연도금강

      바. 구리피복강

      사. 스테인리스강

    ③ 자연적 구성부재가 자연적 구성부재에 적합 시 수뢰부시스템으로 사용할 수 있음

  (2) 수뢰부시스템의 배치

    ① 배치방법 : 보호각법, 회전구체법, 메시법 중 하나 또는 조합된 방법으로 배치함

    ② 건축물 · 구조물의 뾰족한 부분, 모서리 등에 우선하여 배치함

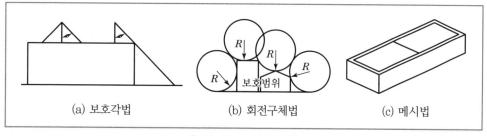

(a) 보호각법   (b) 회전구체법   (c) 메시법

[그림-21. 수뢰부시스템]

  (3) 지상으로부터 높이 60[m] 초과 건축물 · 구조물에 측뢰 보호 수뢰부시스템 시설

    ① 전체 높이 60[m]를 초과하는 건축물 · 구조물의 최상부로부터 20[%] 부분에 한하며, 피뢰시스템 등급 IV를 적용함

    ② 자연적 구성부재가 (1)의 ③에 적합하면, 측뢰 보호용 수뢰부로 사용할 수 있음

2) 인하도선시스템(KEC 152.2)

  (1) 수뢰부시스템과 접지시스템의 전기적 연결

    ① 복수의 인하도선을 병렬로 구성

    ② 도선경로의 길이가 최소가 되도록 함

  (2) 배치 방법

    ① 건축물 · 구조물과 분리된 피뢰시스템인 경우

      가. 뇌전류의 경로가 보호대상물에 접촉하지 않도록 할 것

      나. 별개의 지주에 설치되어 있는 경우 : 각 지주마다 1가닥 이상의 인하도선을 시설

      다. 수평도체 또는 메시도체인 경우 : 지지 구조물마다 1가닥 이상의 인하도선을 시설

② 건축물 · 구조물과 분리되지 않은 피뢰시스템인 경우

가. 벽이 불연성 재료로 된 경우 : 벽의 표면 또는 내부에 시설할 수 있으나 다만, 벽이 가연성 재료인 경우 다음과 같이 시설함

이격이 가능한 경우	0.1[m] 이상 이격할 것
이격이 불가능한 경우	도체의 단면적을 100[mm²] 이상일 것

나. 인하도선의 수 : 2가닥 이상일 것

다. 가능한 한 균등한 간격으로 배치할 것

라. 병렬인하도선의 최대간격

피뢰시스템 등급	최대간격[m]
Ⅰ · Ⅱ 등급	10[m]
Ⅲ 등급	15[m]
Ⅳ 등급	20[m]

3) 접지극시스템(KEC 152.3)

(1) 접지극시스템 종류

① A형 접지극(수평 또는 수직접지극)

② B형 접지극(환상도체 또는 기초접지극)

※ 상기 내용 중 하나 또는 조합하여 시설할 수 있다.

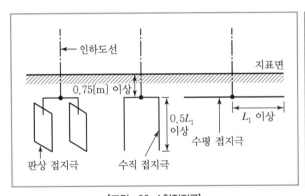

[그림-22. A형접지극]

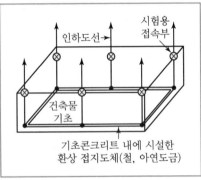

[그림-23. B형접지극]

(2) 접지극시스템의 재료

① 구리, 주석 도금한 구리

② 용융아연도금강

③ 나강(최소 50[mm] 깊이로 콘크리트 내에 매입될 것)

④ 구리피복강

⑤ 스테인리스강

(3) 접지극시스템 배치

① A형 접지극

가. 최소 2개 이상을 균등한 간격으로 배치해야 함

나. 피뢰시스템 등급별 대지저항률에 따른 최소길이 이상으로 함

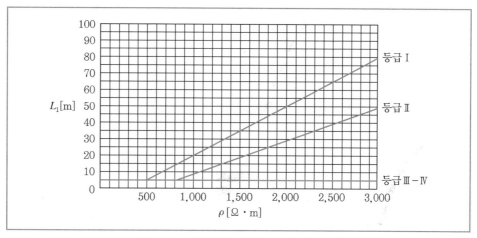

[그림 – 24. LPS 등급별 각접지극의 최소길이(L_1)]

② B형 접지극
　가. 접지극 면적을 환산한 평균반지름이 LPS 등급별 각 접지극의 최소길이(L_1)에 의한 최소길이 이
　　상일 것
　나. 평균반지름이 최소길이 미만인 경우에는 해당하는 길이의 수평 또는 수직매설 접지극을 추가로 시
　　설함
　다. 추가하는 수평 또는 수직매설 접지극의 수는 최소 2개 이상일 것
③ 접지극시스템의 접지저항이 10[Ω] 이하인 경우 상기 A형 접지극, B형 접지극과 관계없이 최소길이 이
　하로 할 수 있음
④ 접지극 시설
　가. 지표면에서 0.75[m] 이상 깊이로 매설할 것
　나. 대지가 암반지역으로 대지저항이 높거나 건축물·구조물이 전자통신시스템을 많이 사용하는 시
　　설의 경우에는 환상도체접지극 또는 기초접지극으로 함
　다. 접지극 재료는 대지에 환경오염 및 부식의 문제가 없을 것
　라. 철근콘크리트 기초 내부의 상호 접속된 철근 또는 금속제 지하구조물 등 자연적 구성부재
　　는 접지극으로 사용할 수 있음

⚡ 과년도 기출 및 예상문제

★☆☆
01 외부 피뢰시스템을 구성하는 요소에 포함되지 않는 것은?

① 수뢰부 ② 인하도선
③ 접지극 ④ 서지보호장치

> **해설** **외부피뢰시스템**(KEC 152)**의 구성요소**
> 가. 수뢰부
> 나. 인하도선
> 다. 접지극

★★☆
02 돌침, 수평도체, 메시도체의 요소 중 한 가지 또는 이를 조합한 형식으로 시설하는 것은?

① 접지극시스템 ② 수뢰부시스템
③ 내부피뢰시스템 ④ 인하도선시스템

> **해설** **수뢰부시스템**(KEC 152.1)**의 선정**
> 돌침, 수평도체, 메시도체의 요소 중 한 가지 또는 이를 조합한 형식으로 시설하여야 함

★★☆
03 수뢰부의 종류에 해당되지 않는 것은?

① 돌침 ② 수평도체
③ 메시도체 ④ 보호도체

> **해설** **수뢰부시스템**(KEC 152.1)**의 선정**
> 돌침, 수평도체, 메시도체 중 한 가지 혹은 이를 조합한 형식

★☆☆
04 수뢰부시스템의 배치방법에 해당되지 않은 것은?

① 돌침법 ② 보호각법
③ 메시법 ④ 회전구체법

> **해설** **수뢰부시스템**(KEC 152.1)**의 배치**
> 보호각법, 회전구체법, 메시법 중 하나 또는 조합된 방법

정답	01 ④ 02 ② 03 ④ 04 ①

★☆☆
05 60[m]를 초과하는 건축물·구조물의 측격뢰 보호용 수뢰부 시설에 대한 내용으로 틀린 것은?

① 상충부와 이 부분에 설치한 설비를 보호할 수 있도록 시설
② 상충부의 높이가 60[m]를 넘는 경우는 최상부로부터 30[%] 부분에 해당하는 설비를 보호할 수 있도록 시설
③ 코너, 모서리, 중요한 돌출부 등에 우선 배치
④ 수뢰부는 구조물의 철골 프레임 또는 전기적으로 연결된 철골 콘크리트의 금속과 같은 자연부재 인하도선에 접속 또는 인하도선을 설치

> **해설** **수뢰부시스템**(KEC 152.1)
> 가. 높이 60[m]를 초과하는 건축물·구조물의 측격뢰 보호용 수뢰부 시설 상충부와 이 부분에 설치한 설비를 보호할 수 있도록 시설
> 나. 다만, 상충부의 높이가 60[m]를 넘는 경우는 최상부로부터 전체높이 20[%] 부분에 한함

★☆☆
06 건축물이나 구조물과 분리되지 않은 피뢰시스템에서 가연성 벽과 이격 가능할 경우 인하도선의 이격거리는 몇 [m] 이상인가?

① 0.05
② 0.1
③ 0.2
④ 0.3

> **해설** **인하도선시스템**(KEC 152.2)
> 건축물·구조물과 분리되지 않은 피뢰시스템의 이격거리
> 가. 벽이 불연성 재료로 된 경우 : 벽의 표면 또는 내부에 시설할 수 있음
> 나. 벽이 가연성 재료인 경우 다음과 같이 시설함
>
> | 이격이 가능한 경우 | 0.1[m] 이상 이격할 것 |
> | --- | --- |
> | 이격이 불가능한 경우 | 도체의 단면적을 100[mm^2] 이상일 것 |

★☆☆
07 외부 피뢰시스템 접지극의 종류에 해당하지 않는 것은?

① 수평접지극
② 수직접지극
③ 환상도체 접지극
④ 보호도체 접지극

> **해설** **접지극시스템**(KEC 152.3)**의 종류**
> 가. A형 접지극(수평 또는 수직접지극)
> 나. B형 접지극(환상도체 또는 기초접지극)
> ※ 상기 내용 중 하나 또는 조합하여 시설할 수 있다.

정답	05 ② 06 ② 07 ④

08 외부 피뢰시스템 접지극의 시설에 대한 설명으로 틀린 것은?

① 지표면에서 0.75[m] 이상 깊이로 매설하여야 한다.
② 대지저항이 높거나 전자통신시스템을 많이 사용하는 시설의 경우 환상도체 접지극 또는 기초접지극으로 한다.
③ 접지극 재료는 대지에 환경오염 및 부식의 문제가 없어야 한다.
④ 환상도체 접지극 또는 기초접지극은 A형 접지극이다.

> **해설** **접지극시스템(KEC 152.3)의 접지극 시설**
> 가. 지표면에서 0.75[m] 이상 깊이로 매설하여야 한다.
> 나. 대지저항이 높거나 전자통신시스템을 많이 사용하는 시설의 경우 환상도체 접지극 또는 기초접지극으로 한다.
> 다. 접지극 재료는 대지에 환경오염 및 부식의 문제가 없어야 한다.
> ※ A형 접지극(수평 또는 수직접지극) 또는 B형 접지극(환상도체 또는 기초접지극) 중 하나 또는 조합하여 시설할 수 있다.

09 접지극시스템의 접지저항이 몇 [Ω] 이하인 경우 A형 접지극, B형 접지극과 관계없이 최소 이하로 할 수 있는가?

① 10[Ω] ② 20[Ω]
③ 30[Ω] ④ 40[Ω]

> **해설** **접지극시스템(KEC 152.3)의 배치**
> 접지극시스템의 접지저항이 10[Ω] 이하인 경우 A형 접지극, B형 접지극과 관계없이 최소길이 이하로 할 수 있다.

정답 | 08 ④ 09 ①

5. 내부피뢰시스템(KEC 153)

1) 일반사항(KEC 153.1.1)

(1) 전기전자설비의 뇌서지에 대한 보호

① 피뢰구역의 구분은 피뢰구역(LPZ)에 의함 : LPZ(Lightning Protection Zone)은 뇌전자기 환경이 정의된 구역

피뢰구역	구체적인 대상설비의 예
LPZ 0_A	직격뢰에 의한 뇌격과 완전한 뇌전자계의 위험이 있는 지역 예 외등(가로등, 보안등), 감시카메라
LPZ 0_B	직격뢰에 의한 뇌격은 보호되나 완전한 뇌전자계의 위협이 있는 지역 예 옥상수전(큐비클)설비, 공조옥외기, 항공장애등, 안테나 등
LPZ 1	경계지역의 SPD에 의해 서지전류가 제한된 지역 예 수변전설비, MDF, 전화교환기 등
LPZ 2	경계지역의 SPD에 의해 서지전류가 더욱 제한된 지역 예 방재센터, 중앙감시실, 전산실 등

② 피뢰구역 경계부분에서는 접지 또는 본딩을 할 것(직접 본딩이 불가능시 SPD 설치함)

③ 서로 분리된 구조물 사이가 전력선 또는 신호선으로 연결된 경우 각각의 피뢰구역은 153.1.3 접지와 본딩의 (2) 접지극의 ②항에 의한 방법으로 서로 접속함

2) 전기적 절연(KEC 153.1.2)

(1) 수뢰부 또는 인하도선과 건축물·구조물의 금속부분, 내부시스템 사이의 전기적인 절연은 KS C IEC 62305-3의 6.3 외부 피뢰시스템의 전기적 절연에 의한 이격거리(S)로 함

(2) 건축물·구조물이 금속제 또는 전기적 연속성을 가진 철근콘크리트 구조물 등의 경우에는 전기적 절연을 고려하지 않아도 됨

3) 접지와 본딩(KEC 153.1.3)

(1) 전기전자설비를 보호하기 위한 접지와 피뢰등전위본딩

① 뇌서지 전류를 대지로 방류시키기 위한 접지 실시

② 전위차를 해소하고·자계를 감소시키기 위해 본딩을 구성함

(2) 접지극

① 전자·통신설비의 접지→ 환상도체접지극 또는 기초접지극일 것

② 개별 접지시스템으로 된 복수의 건축물·구조물등을 연결하는 콘크리트덕트·금속제 배관의 내부에 케이블이 있는 경우 → 각각의 접지 상호 간은 병행 설치된 도체로 연결할 것

(3) 전자통신설비 등전위본딩망 시설(위험한 전위차 해소 및 자계 감소 필요 시)

① 등전위본딩망은 건축물·구조물의 도전성 부분 또는 내부설비 일부분을 통합하여 시설

② 등전위본딩망은 메시폭이 5[m] 이내로 되게 시설하고 구조물과 구조물 내부의 금속부분은 다중으로 접속

③ 도전성 부분의 등전위본딩은 방사형, 메시형 또는 이들의 조합형으로 함

4) 서지보호장치 시설(KEC 153.1.4)

(1) 해당 선로에 서지보호장치를 설치하는 경우 : 전기전자설비 등에 연결된 전선로를 통하여 서지가 유입되는 경우

(2) 서지보호장치를 생략 : 지중 저압수전의 경우, 내부에 설치하는 전기전자기기의 과전압범주별 임펄스내전압이 규정 값에 충족하는 경우는 서지보호장치를 생략 가능함

⚡ 과년도 기출 및 예상문제

★☆☆
01 전자 · 통신설비에서 위험한 전위차 해소 및 자계를 감소시킬 필요가 있는 경우 시설하는 것은?

① 접지
② 차폐
③ 등전위본딩망
④ 절연

> **해설** **접지와 본딩**(KEC 153.1.3)
> 전자 · 통신설비에서 위험한 전위차 해소 및 자계를 감소시킬 필요가 있는 경우 등전위본딩망을 시설

★☆☆
02 내부피뢰시스템의 전기전자설비 보호를 위해 피뢰구역 경계 부분에 접지 또는 본딩을 하여야 하나, 직접 본딩이 불가능한 경우 설치하는 보호장치는?

① 배선용 차단기
② 누전차단기
③ 서지보호장치(SPD)
④ 저압퓨즈

> **해설** **전기전자설비 보호**(KEC 153.1)
> 피뢰구역 경계부분에서는 접지 또는 본딩을 할 것(다만, 직접 본딩이 불가능한 경우에는 서지보호장치를 설치함)

★★☆
03 전기전자설비 보호를 위한 내부피뢰시스템의 대한 보호방법이 아닌 것은?

① 전기적 절연
② 접지와 본딩
③ 서지보호장치(SPD)
④ 차폐

> **해설** **내부피뢰시스템**(KEC 153)
> 가. 전기적 절연
> 나. 접지와 본딩
> 다. 서지보호장치 시설

정답	01 ③ 02 ③ 03 ④

전기기사 핵심완성 시리즈 - 5. 전기설비기술기준

CRAFTSMAN
ELECTRICITY

CHAPTER
01 통칙(KEC 200)

1. 적용범위(KEC 201)

교류 1[kV] 또는 직류 1.5[kV] 이하인 저압의 전기를 공급하거나 사용하는 전기설비에 적용하며 다음의 경우를 포함함

(1) 전기설비를 구성하거나, 연결하는 선로와 전기기계기구 등의 구성품
(2) 저압 기기에서 유도된 1[kV] 초과 회로 및 기기(예 저압 전원에 의한 고압방전등, 전기집진기 등)

2. 배전방식(KEC 202)

1) 교류 회로(KEC 202.1)

(1) 3상 4선식의 중성선 또는 PEN 도체는 충전도체는 아니지만, 운전전류를 흘리는 도체임
(2) 3상 4선식에서 파생되는 단상 2선식 배전방식의 경우 두 도체 모두가 선도체이거나 하나의 선도체와 중성선 또는 하나의 선도체와 PEN 도체임
(3) 모든 부하가 선간에 접속된 전기설비에서는 중성선의 설치가 필요하지 않을 수 있음

2) 직류 회로(KEC 202.2)

PEL과 PEM 도체는 충전도체는 아니지만, 운전전류를 흘리는 도체이다. 2선식 배전방식이나 3선식 배전방식을 적용함

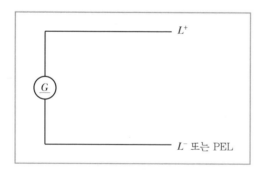

[그림 – 25. 2선식]

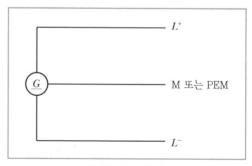

[그림 – 26. 3선식]

3. 계통접지의 방식(KEC 203)

1) 계통접지 구성(KEC 203.1)

(1) 저압전로의 보호도체 및 중성선의 접속 방식에 따른 접지계통 분류
① TN 계통
② TT 계통
③ IT 계통

(2) 계통접지에서 사용되는 문자의 정의

구분	내용
제1문자 – 전원계통과 대지의 관계	• T : 한 점을 대지에 직접 접속 • I : 모든 충전부를 대지와 절연시키거나 높은 임피던스를 통하여 한 점을 대지에 직접 접속
제2문자 – 전기설비의 노출도전부와 대지의 관계	• T : 노출도전부를 대지로 직접 접속 • N : 노출도전부를 전원계통의 접지점에 직접 접속
그 다음 문자(문자가 있을 경우) – 중성선과 보호도체의 배치	• S : 중성선 또는 접지된 선도체 외에 별도의 도체에 의해 제공되는 보호 기능 • C : 중성선과 보호 기능을 한 개의 도체로 겸용(PEN 도체)

(3) 각 계통에서 나타내는 그림의 기호

기호 설명	
	중성선(N), 중간도체(M)
	보호도체(PE)
	중성선과 보호도체겸용(PEN)

2) TN 계통(KEC 203.2)

전원측의 한 점을 직접접지하고 설비의 노출도전부를 보호도체로 접속시키는 방식으로 중성선 및 보호도체(PE 도체)의 배치 및 접속방식에 따라 다음과 같이 분류함

(1) TN – S 계통

① 계통 전체에 대해 별도의 중성선 또는 PE 도체를 사용한다.

② 배전계통에서 PE 도체를 추가로 접지할 수 있다.

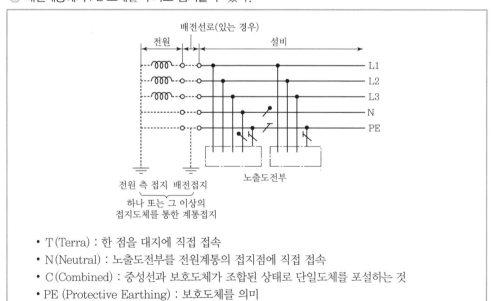

• T(Terra) : 한 점을 대지에 직접 접속
• N(Neutral) : 노출도전부를 전원계통의 접지점에 직접 접속
• C(Combined) : 중성선과 보호도체가 조합된 상태로 단일도체를 포설하는 것
• PE (Protective Earthing) : 보호도체를 의미
• PEN : PE와 N이 조합되었다는 것을 의미

[그림-27. 계통 내에서 별도의 중성선과 보호도체가 있는 TN – S 계통]

(2) TN-C 계통

① 그 계통 전체에 대해 중성선과 보호도체의 기능을 동일도체로 겸용한 PEN 도체를 사용한다.

② 배전계통에서 PEN 도체를 추가로 접지할 수 있다.

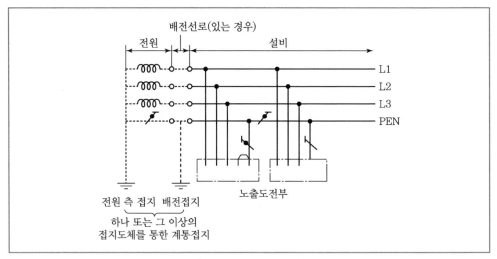

[그림-28. TN-C 계통]

(3) TN-C-S 계통

① 계통 일부분에서 PEN 도체를 사용하거나, 중성선과 별도의 PE 도체를 사용하는 방식이다.

② 배전계통에서 PEN 도체와 PE 도체를 추가로 접지할 수 있다.

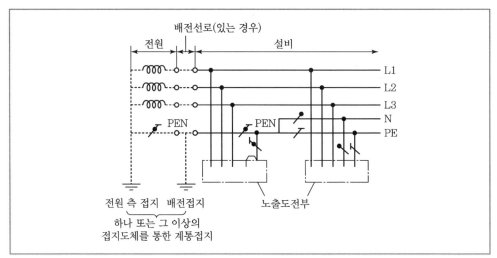

[그림-29. 설비의 어느 곳에서 PEN이 PE와 N으로 분리된 3상 4선식 TN-C-S 계통]

3) TT 계통(KEC 203.3)

(1) 전원의 한 점을 직접 접지하고 설비의 노출도전부는 전원의 접지전극과 전기적으로 독립적인 접지극에 접속시킨다.

(2) 배전계통에서 PE 도체를 추가로 접지할 수 있다.

(3) TT 계통의 형태

① 설비 전체에서 별도의 중성선과 보호도체가 있는 TT 계통

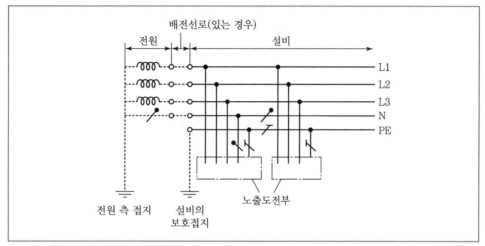

[그림-30. 설비 전체에서 별도의 중성선과 보호도체가 있는 TT 계통]

② 설비 전체에서 접지된 보호도체가 있으나 배전용 중성선이 없는 TT 계통

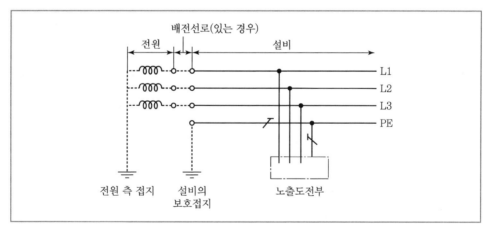

[그림-31. 설비 전체에서 접지된 보호도체가 있으나 배전용 중성선이 없는 TT 계통]

4) IT 계통(KEC 203.4)

(1) 충전부 전체를 대지로부터 절연시키거나, 한 점을 임피던스를 통해 대지에 접속시킨다. 전기설비의 노출도전부를 단독 또는 일괄적으로 계통의 PE 도체에 접속시킨다. 배전계통에서 추가접지가 가능하다.

(2) 계통은 충분히 높은 임피던스를 통하여 접지할 수 있다. 이 접속은 중성점, 인위적 중성점, 선도체 등에서 할 수 있다. 중성선은 배선할 수도 있고, 배선하지 않을 수도 있다.

(3) IT 계통의 형태

① 계통 내의 모든 노출도전부가 보호도체에 의해 접속되어 일괄 접지된 IT 계통

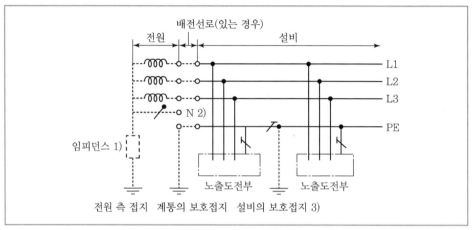

[그림 – 32. 계통 내의 모든 노출도전부가 보호도체에 의해 접속되어 일괄 접지된 IT 계통]

② 노출도전부가 조합으로 또는 개별로 접지된 IT 계통

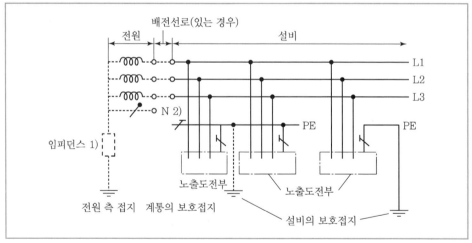

[그림 – 33. 노출도전부가 조합으로 또는 개별로 접지된 IT 계통]

⚡ 과년도 기출 및 예상문제

★★☆
01 저압전로의 보호도체 및 중성선의 접속 방식에 따른 접지계통의 분류가 아닌 것은?

① TN 계통

② TC 계통

③ IT 계통

④ TT 계통

> **해설** **계통접지의 방식**(KEC 203)
> 가. TN 계통(TN-S, TN-C, TN-C-S)
> 나. TT 계통
> 다. IT 계통

★☆☆
02 전원측의 한 점을 직접 접지하고 설비의 노출도전부를 보호도체로 접속시키는 방식에 해당되는 것은?

① TN 계통

② TS 계통

③ IT 계통

④ TT 계통

> **해설** **계통접지의 방식**(KEC 203)
> 가. TN 계통(TN-S, TN-C, TN-C-S)
> 나. TT 계통
> 다. IT 계통

★☆☆
03 보호도체와 중성선의 겸용선은?

① PEN

② PEL

③ PEM

④ PEO

> **해설** **배전방식**(KEC 202)
> 가. 중성선 겸용 보호도체(PEN)
> 나. 선(상)도체 겸용 보호도체(PEL)
> 다. 중간도체 겸용 보호도체(PEM)

정답 | 01 ② 02 ① 03 ①

★☆☆
04 다음 그림은 어떠한 계통접지 방식인가?

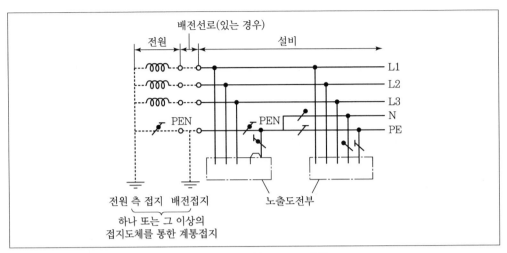

① TN-C 계통   ② TN-S 계통
③ TN-C-S 계통   ④ TT 계통

> 해설   TN 계통(KEC 203.2)의 TN-C-S 계통
> 계통 일부분에서 PEN 도체를 사용하거나, 중성선과 별도의 PE 도체를 사용하는 방식

★☆☆
05 계통 전체에 대해 중성선과 보호도체의 기능을 동일도체로 겸용한 PEN 도체를 사용하는 계통접지방식은 무엇인가?

① TN-C 계통   ② TN-S 계통
③ TN-C-S 계통   ④ TT 계통

> 해설   TN 계통(KEC 203.2)의 TN-C 계통
> 그 계통 전체에 대해 중성선과 보호도체의 기능을 동일도체로 겸용한 PEN 도체를 사용한 방식

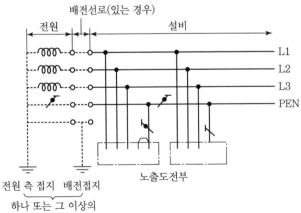

정답	04 ③ 05 ①

★★☆

06 KS C IEC 60364에서 전원의 한 점을 직접 접지하고, 설비의 노출 도전성 부분을 전원 계통의 접지극과 별도로 전기적으로 독립하여 접지하는 방식은?

① TT 계통
② TN-C 계통
③ TN-S 계통
④ TN-C-S 계통

> **해설** TT **계통**(KEC 203.3)
> 전원의 한 점을 직접 접지하고 설비의 노출도전부는 전원의 접지전극과 전기적으로 독립적인 접지극에 접속시킨 방식

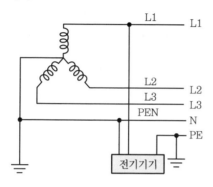

★★☆

07 KS C IEC 60364에서 충전부 전체를 대지로부터 절연시키거나 한 점에 임피던스를 삽입하여 대지에 접속시키고, 전기기기의 노출 도전성 부분 단독 또는 일괄적으로 접지하거나 또는 계통접지로 접속하는 접지계통을 무엇이라 하는가?

① TT 계통
② IT 계통
③ TN-C 계통
④ TN-S 계통

> **해설** IT **계통**(KEC 203.4)

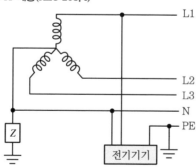

정답 | 06 ① 07 ②

★☆☆

08 계통접지에서 사용되는 문자의 정의 중 제1문자 "I"의 설명으로 올바른 것은?

① 노출도전부를 대지로 직접 접속한다.
② 모든 충전부를 대지와 절연시키거나 고 임피던스를 통하여 한 점을 대지에 직접 접속한다.
③ 계통외도전부를 대지로 직접 접속한다.
④ 중성선과 보호 기능을 한 개의 도체로 겸용한다.

> **해설** **계통접지의 방식**(KEC 203)
>
> 계통접지에서 사용되는 문자의 정의

구분	내용
제1문자 – 전원계통과 대지의 관계	• T : 한 점을 대지에 직접 접속 • I : 모든 충전부를 대지와 절연시키거나 높은 임피던스를 통하여 한 점을 대지에 직접 접속

★☆☆

09 계통접지방식 중 계통의 일부분에서 PEN 도체를 사용하거나, 중성선과 별도의 PE 도체를 사용하는 방식은 다음 중 어떤 계통의 접지방식인가?

① TN－S 계통
② TN－C－S 계통
③ TN－C 계통
④ TT 계통

> **해설** **TN 계통**(KEC 203.2)
>
> TN－C－S 계통은 계통의 일부분에서 PEN 도체를 사용하거나, 중성선과 별도의 PE 도체를 사용하는 방식이다.

정답 | 08 ② 09 ②

CHAPTER
02 안전을 위한 보호(KEC 210)

1. 감전에 대한 보호(KEC 211)

1) 일반 요구사항(KEC 211.2)

(1) 보호대책 구성

① 기본보호와 고장보호를 독립적으로 적절하게 조합

② 기본보호와 고장보호를 모두 제공하는 강화된 보호 규정

③ 추가적 보호는 외부영향의 특정 조건과 특정한 특수장소(KEC 240)에서의 보호대책의 일부로 규정

(2) 설비의 각 부분에서 하나 이상의 보호대책은 외부영향의 조건을 고려하여 적용함

① 일반적인 보호대책

가. 전원의 자동차단(KEC 211.2)

나. 이중절연 또는 강화절연(KEC 211.3)

다. 한 개의 전기사용기기에 전기를 공급하기 위한 전기적 분리(KEC 211.4)

라. SELV와 PELV에 의한 특별저압(KEC 211.5)

② 전기기기의 선정과 시공시 : 설비에 적용되는 보호대책을 고려할 것

2) 전원의 자동차단에 의한 보호대책(KEC 211.2)

(1) 고장 시의 자동차단

구분	자동차단시간 요구
5초 이내에 교류 50[V]로 또는 직류 120[V]로 또는 더 낮게 감소되는 경우	요구되지 않음
교류 50[V] 또는 직류 120[V]를 초과하는 계통	[표-2]에 따름
계통별 허용 차단시간	[표-3]에 따름
[표-2], [표-3]의 차단시간내 차단하지 못하는 경우	보조등전위본딩 추가 설치

[표-2. 32[A] 이하 분기회로의 최대 차단시간]   [단위: 초]

계통	$50[V] < U_0 \leq 120[V]$		$120[V] < U_0 \leq 230[V]$		$230[V] < U_0 \leq 400[V]$		$U_0 > 400[V]$	
	교류	직류	교류	직류	교류	직류	교류	직류
TN	0.8	[비고1]	0.4	5	0.2	0.4	0.1	0.1
TT	0.3	[비고1]	0.2	0.4	0.07	0.2	0.04	0.1

U_0 : 대지에서의 공칭교류전압 또는 직류 선간전압

[표-3. 계통별 허용 차단시간]

계통	허용 차단시간
TN 계통에서 배전회로(간선)와 [표-2] 이외의 회로	5초 이하
TT 계통에서 배전회로(간선)와 [표-2] 이외의 회로	1초 이하

(2) 추가적인 보호 : 누전차단기에 의한 추가적 보호를 해야 하는 교류계통

　가. 일반적으로 사용되며 일반인이 사용하는 정격전류 20[A] 이하 콘센트

　나. 옥외에서 사용되는 정격전류 32[A] 이하 이동용 전기기기

(3) 누전차단기의 시설(KEC 211.2.4)

　① 누전차단기를 시설해야 할 대상

　　가. 금속제 외함을 가지는 사용전압이 50[V]를 초과하는 저압의 기계기구로서 사람이 쉽게 접촉할 우려가 있는 곳. 다만 다음의 곳은 설치가 제외됨

> **누전차단기 설치 제외의 경우**
>
> 가) 기계기구를 발전소 · 변전소 · 개폐소 또는 이에 준하는 곳에 시설하는 경우
> 나) 기계기구를 건조한 곳에 시설하는 경우
> 다) 대지전압이 150[V] 이하인 기계기구를 물기가 있는 곳 이외의 곳에 시설하는 경우
> 라) 「전기용품 및 생활용품 안전관리법」의 적용을 받는 이중절연구조의 기계기구를 시설하는 경우
> 마) 그 전로의 전원측에 절연변압기(2차 전압이 300[V] 이하)를 시설하고 또한 그 절연변압기의 부하측의 전로를 비 접지한 경우
> 바) 기계기구가 고무 · 합성수지 기타 절연물로 피복된 경우
> 사) 기계기구가 유도전동기의 2차측 전로에 접속되는 것일 경우
> 아) 기계기구가 전기울타리용 전원장치, 단선식 전기철도귀선 등 전로의 일부를 대지로부터 절연하지 않고 전기사용이 부득이 한 경우 및 전기욕기, 전해조 등 대지로부터 절연하는 것이 기술상 곤란한 경우

　　나. 주택의 인입구 등 이 규정에서 누전차단기 설치를 요구하는 전로

　　다. 특고압전로, 고압전로 또는 저압전로와 변압기에 의하여 결합되는 사용전압 400[V] 초과의 저압전로 또는 발전기에서 공급하는 사용전압 400[V] 초과의 저압전로(발전소 및 변전소와 이에 준하는 곳에 있는 부분의 전로를 제외)

　　라. 다음의 전로 자동복구 기능을 갖는 누전차단기를 시설할 수 있다.

　　　가) 독립된 무인 통신중계소 · 기지국

　　　나) 관련법령에 의해 일반인의 출입을 금지 또는 제한하는 곳

　　　다) 옥외의 장소에 무인으로 운전하는 통신중계기 또는 단위기기 전용회로

　② 주택용 누전차단기 시설장소

구분	내용
적용장소	IEC 표준을 도입한 누전차단기를 저압전로에 사용하는 경우 일반인이 접촉할 우려가 있는 장소
시설방법	정방향(세로)으로 부착시 차단기의 위쪽이 켜짐(ON), 아래쪽을 꺼짐(OFF)으로 함

3) 이중절연 또는 강화절연에 의한 보호(KEC 211.3)

(1) 기본보호와 고장보호를 위한 요구사항(KEC 211.3.2)

① 전기기기

가. 이중 또는 강화절연을 갖는 전기기기(2종기기)

나. 2종기기와 동등하게 관련제품에서 공시된 전기기기

다. 기본 절연만을 가진 전기기기는 그 기기의 설치과정에서 보조절연을 할 것

라. 절연되지 않은 충전부를 가진 전기기기는 그 기기의 설치과정에서 강화절연을 할 것

② 외함

가. 모든 도전부가 기본절연만으로 충전부로부터 분리되어 작동하도록 되어 있는 전기기기는 최소한 보호등급 IPXXB 또는 IP2X 이상의 절연 외함 안에 수용할 것

나. 절연 외함의 덮개나 문을 공구 또는 열쇠를 사용하지 않고도 열 수 있다면, 덮개나 문 개방 시 도전부에 사람의 접촉 방지를 위해 절연 격벽(IPXXB, IP2X 이상)의 뒷부분에 배치할 것

③ 배선계통 : 배선계통의 정격전압은 계통의 공칭전압 이상이며, 최소 300/500[V]일 것

4) SELV와 PELV를 적용한 특별저압에 의한 보호(KEC 211.5)

(1) 보호대책의 요구사항

① 특별저압 계통의 전압한계는 교류 50[V] 이하, 직류 120[V] 이하일 것

② 특별저압 회로를 제외한 모든 회로로부터

가. 특별저압 계통을 보호 분리할 것

나. 특별저압 계통과 다른 특별저압 계통 간에는 기본절연을 할 것

③ SELV 계통과 대지간은 기본절연을 할 것

(2) SELV와 PELV용 전원(KEC 211.5.3)

① 안전절연변압기 전원일 것

② 안전절연변압기 및 이와 동등한 절연의 전원일 것

③ 축전지 및 디젤발전기 등과 같은 독립전원일 것

④ 내부고장이 발생한 경우에도 출력단자의 전압이 교류 50[V] 이하, 직류 120[V]을 초과하지 않도록 적절한 표준에 따른 전자장치일 것

⑤ 안전절연변압기, 전동발전기 등 저압으로 공급되는 이중 또는 강화절연된 이동용 전원일 것

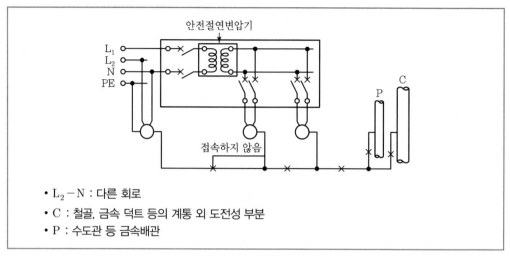

- $L_2 - N$: 다른 회로
- C : 철골, 금속 덕트 등의 계통 외 도전성 부분
- P : 수도관 등 금속배관

[그림 - 34. SELV 회로]

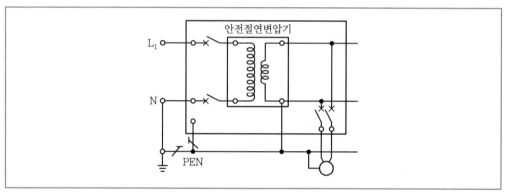

[그림 - 35. PELV 회로]

⚡ 과년도 기출 및 예상문제

★☆☆
01 감전에 대한 보호 대책은 외부영향의 조건을 고려하여 적용해야 하는데 이에 포함되지 않는 것은?

① 전원의 자동차단
② 이중절연 혹은 강화절연
③ 한 개의 전기사용기기에 전기를 공급하기 위한 전기적 분리
④ FELV에 의한 특별저압

> **해설** **감전에 대한 보호**(KEC 211)**의 일반 요구사항**(KEC 211.2)
> 설비의 각 부분에서 하나 이상의 보호 대책을 외부영향의 조건을 고려하여 적용함
> 가. 전원의 자동차단
> 나. 이중절연 혹은 강화절연
> 다. 한 개의 전기사용기기에 전기를 공급하기 위한 전기적 분리
> 라. SELV와 PELV에 의한 특별저압

★☆☆
02 고장 시 자동차단과 관련하여 공칭대지전압(U_0)이 교류전압 및 직류전압 몇 [V] 이하이면 최대차단시간이 요구되지 않는가?

① 교류 50[V], 직류 100[V]
② 교류 30[V], 직류 100[V]
③ 교류 50[V], 직류 120[V]
④ 교류 30[V], 직류 120[V]

> **해설** **전원의 자동차단에 의한 보호대책의 고장보호의 요구사항**(KEC 211.2.3)
> 고장 시의 자동차단
>
> | 공칭대지전압(U_0) | 자동차단시간 요구 |
> | --- | --- |
> | 5초 이내에 교류 50[V] 또는 직류 120[V] 또는 더 낮게 감소되는 경우 | 요구되지 않음 |

★★★
03 금속제 외함을 가진 저압의 기계기구로써 사람이 쉽게 접촉할 우려가 있는 곳에 시설하는 경우, 전로에 접지가 생길 때 자동적으로 사용전압이 최소 몇 [V]를 넘을 때 전로를 차단하는 장치를 시설하여야 하는가?

① 30
② 50
③ 75
④ 100

> **해설** **누전차단기의 시설**(KEC 211.2.4)
> 금속제 외함을 가진 사용전압이 50[V]를 넘는 저압의 기계기구로써 사람이 쉽게 접촉할 우려가 있는 곳에 시설하는 것은 전기를 공급하는 전로에 접지가 생긴 경우에 전로를 차단하는 장치를 하여야 한다.

정답 | **01** ④ **02** ③ **03** ②

★★☆

04 주택의 전로 인입구에 누전차단기를 시설하지 않는 경우 옥내 전로의 대지전압은 최대 몇 [V]까지 가능한가?

① 100
② 150
③ 250
④ 300

> 해설 **누전차단기의 시설(KEC 211.2.4)의 누전차단기를 생략할 수 있는 경우**
> 가. 발전소 · 변전소 · 개폐소 또는 이에 준하는 곳
> 나. 기계기구를 건조한 곳에 시설하는 경우
> 다. 대지전압이 150[V] 이하인 기계기구를 건조한 곳 장소에 시설하는 경우

★☆☆

05 감전에 대한 보호 목적으로 전원의 자동차단을 위해 누전차단기를 시설할 경우 누전차단기를 시설해야 할 대상으로 적절한 것은?

① 금속제 외함을 가지는 사용전압 50[V]를 초과하는 저압의 기계 · 기구에 전기를 공급하는 전로
② 기계기구를 발전소 · 변전소 · 개폐소 또는 이에 준하는 곳에 시설하는 경우
③ 기계기구를 건조한 곳에 설치하는 경우
④ 대지전압과 150[V] 이하인 기계기구를 물기가 있는 곳 이외의 곳에 시설하는 경우

> 해설 **누전차단기의 시설(KEC 211.2.4)의 누전차단기를 시설해야 할 대상**
> 가. 금속제 외함을 가지는 사용전압이 50[V]를 초과하는 저압의 기계기구로서 사람이 쉽게 접촉할 우려가 있는 곳
> 나. 주택의 인입구 등 이 규정에서 누전차단기 설치를 요구하는 전로
> 다. 특고압전로, 고압전로 또는 저압전로와 변압기에 의하여 결합되는 사용전압 400[V] 초과의 저압전로 또는 발전기에서 공급하는 사용전압 400[V] 초과의 저압전로

★☆☆

06 자동복구 기능을 갖는 누전차단기를 시설해야 하는 항목에 해당되지 않는 것은?

① 독립된 무인 통신중계소 · 기지국
② 버스정류장, 횡단보도
③ 관련법령에 의해 일반인의 출입을 금지 또는 제한하는 곳
④ 옥외의 장소에 무인으로 운전하는 통신중계기 또는 단위기기 전용회로

> 해설 **누전차단기의 시설(KEC 211.2.4) 자동복구 기능을 갖는 누전차단기를 시설장소**
> 가. 독립된 무인 통신중계소 · 기지국
> 나. 관련 법령에 의해 일반인의 출입을 금지 또는 제한하는 곳
> 다. 옥외의 장소에 무인으로 운전하는 통신중계기 또는 단위기기 전용회로(단, 일반인이 특정한 목적을 위해 지체하는 장소로서 버스정류장, 횡단보도 등에는 시설할 수 없다.)

정답 | 04 ② 05 ① 06 ②

★☆☆
07 감전에 대한 보호를 위해 SELV와 PELV를 적용한 특별저압에 의한 보호에서 전압의 교류, 직류 전압 값의 한도는?

① 교류 50[V], 직류 50[V]　　　　　② 교류 50[V], 직류 120[V]
③ 교류 120[V], 직류 50[V]　　　　④ 교류 120[V], 직류 120[V]

> **해설** SELV와 PELV를 적용한 특별저압에 의한 보호(KEC 211.5)
> 특별저압 계통의 전압한계는 교류 50[V] 이하, 직류 120[V] 이하일 것

★★☆
08 SELV와 PELV용 전원으로 적절하지 않은 것은?

① 안전절연변압기 전원
② 축전지 및 디젤 발전기 등과 같은 독립 전원
③ 고압으로 공급되는 안전단권변압기
④ 이중 또는 강화절연된 전동발전기 등 이동용 전원

> **해설** SELV와 PELV용 전원(KEC 211.5.3)
> 가. 안전절연변압기 전원일 것
> 나. 안전절연변압기 및 이와 동등한 절연의 전원일 것
> 다. 축전지 및 디젤발전기 등과 같은 독립전원일 것
> 라. 내부고장이 발생한 경우에도 출력단자의 전압이 교류 50[V] 이하, 직류 120[V]을 초과하지 않도록 적절한 표준에 따른 전자장치일 것
> 마. 안전절연변압기, 전동발전기 등 저압으로 공급되는 이중 또는 강화절연된 이동용 전원일 것

정답 | 07 ② 08 ③

2. 과전류에 대한 보호(KEC 212)

1) 보호장치의 종류 및 특성(KEC 212.3)

(1) 보호장치의 종류

　① 과부하전류 및 단락전류 겸용 보호장치(KEC 212.3.1)

　② 과부하전류 전용 보호장치(KEC 212.3.2)

　③ 단락전류 전용 보호장치(KEC 212.3.3)

(2) 보호장치의 특성(KEC 212.3.4)

　① 과전류 보호장치는 KS C 또는 KS C IEC 관련 표준(배선차단기, 누전차단기, 퓨즈의 표준)의 동작특성에 적합할 것

　② 과전류차단기로 저압전로에 사용하는 범용의 퓨즈는 다음 [표-4]에 적합한 것일 것

[표-4. 퓨즈(gG)의 용단특성]

정격전류의 구분	시간	정격전류의 배수	
		불용단전류	용단전류
4[A] 이하	60분	1.5배	2.1배
4[A] 초과 16[A] 미만	60분	1.5배	1.9배
16[A] 이상 63[A] 이하	60분	1.25배	1.6배
63[A] 초과 160[A] 이하	120분	1.25배	1.6배
160[A] 초과 400[A] 이하	180분	1.25배	1.6배
400[A] 초과	240분	1.25배	1.6배

　③ 산업용 배선차단기는 [표-5]에, 주택용 배선차단기는 [표-6] 및 [표-7]에 적합할 것. 다만, 일반인이 접촉할 우려가 있는 장소에는 주택용 배선차단기를 시설할 것

[표-5. 과전류트립 동작시간 및 특성(산업용 배선차단기)]

정격전류의 구분	시간	정격전류의 배수 (모든 극에 통전)	
		부동작 전류	동작 전류
63[A] 이하	60분	1.05배	1.3배
63[A] 초과	120분	1.05배	1.3배

[표-6. 순시트립에 따른 구분(주택용 배선차단기)]

형	순시트립 범위
B	$3I_n$ 초과~$5I_n$ 이하
C	$5I_n$ 초과~$10I_n$ 이하
D	$10I_n$ 초과~$20I_n$ 이하

- B, C, D : 순시트립전류에 따른 차단기 분류
- I_n : 차단기 정격전류

[표 – 7. 과전류트립 동작시간 및 특성(주택용 배선차단기)]

정격전류의 구분	시간	정격전류의 배수(모든 극에 통전)	
		부동작 전류	동작 전류
63[A] 이하	60분	1.13배	1.45배
63[A] 초과	120분	1.13배	1.45배

2) 과부하전류에 대한 보호(KEC 212.4)

(1) 도체와 과부하 보호장치 사이의 협조(KEC 212.4.1) : 과부하에 대해 케이블(전선)을 보호하는 장치의 동작특성 충족조건

$$I_B \leq I_n \leq I_Z \quad \cdots\cdots\cdots\cdots\cdots\cdots (식 ①)$$
$$I_2 \leq 1.45 \times I_Z \quad \cdots\cdots\cdots\cdots\cdots (식 ②)$$

- I_B : 회로의 설계전류
- I_Z : 케이블의 허용전류
- I_n : 보호장치의 정격전류
- I_2 : 보호장치가 규약시간 이내에 유효하게 동작하는 것을 보장하는 전류

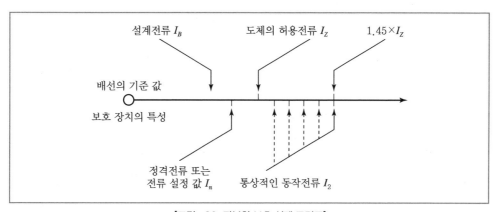

[그림 – 36. 과부하 보호 설계 조건도]

(2) 과부하 보호장치의 설치 위치(KEC 212.4.2)

① 설치위치 : 과부하 보호장치는 전로 중 도체의 단면적, 특성, 설치방법, 구성의 변경으로 도체의 허용전류 값이 줄어드는 곳(분기점)에 설치해야 함

② 설치위치의 예외 : 분기점(O)과 분기회로 과부하 보호장치(P_2) 설치점 사이의 배선 부분에 다른 분기회로나 콘센트가 접속되어 있지 않고 다음의 조건에 적합한 경우

　가. 전원측 보호장치(P_1)에 의해 분기회로(S_2)가 단락 보호되는 경우 분기회로 보호장치(P_2)는 거리에 제한 없이 설치할 수 있음

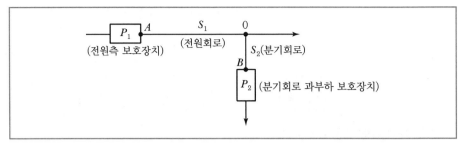

[그림-37. 분기회로(S_2)의 분기점(0)에 설치되지 않은 분기회로 과부하보호장치]

나. 단락의 위험과 화재 및 인체의 위험성이 최소화되도록 시설된 경우 분기회로 과부하보호 장치(P_2)는 분기점으로부터 3[m]까지 이동하여 설치할 수 있음

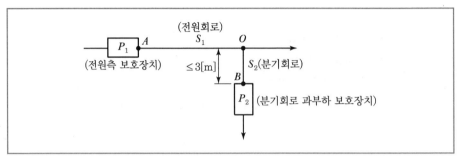

[그림-38. 분기회로(S_2)의 분기점(0)에서 3[m] 이내에 설치된 과부하 보호장치(P_2)]

(3) 과부하보호장치의 생략(KEC 212.4.3)

① 일반사항(과부하 보호장치 생략이 가능한 경우)

　　가. 분기회로의 전원 측에 설치된 보호장치(P_1)에 의하여 분기회로에서 발생하는 과부하에 대해 유효하게 보호되고 있는 분기회로

　　나. 전원 측 보호장치(P_1)에 의해 분기회로(S_2)가 단락보호가 되고,분기점 이후의 분기회로에 다른 분기회로 및 콘센트가 접속되지 않는 분기회로 중, 부하에 설치된 과부하 보호장치가 유효하게 동작하여 과부하전류가 분기회로에 전달되지 않도록 조치를 하는 경우

　　다. 통신회로용, 제어회로용, 신호회로용 및 이와 유사한 설비

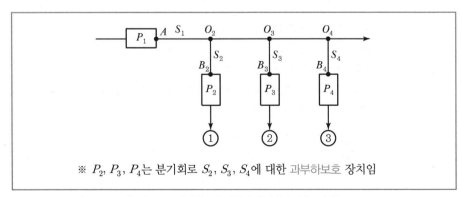

※ P_2, P_3, P_4는 분기회로 S_2, S_3, S_4에 대한 과부하보호 장치임

[그림-39. 과부하 보호장치가 생략될 수 있는 경우]

② 안전을 위해 과부하 보호장치를 생략할 수 있는 경우

　가. 회전기의 여자회로

　나. 전자석 크레인의 전원회로

　다. 전류변성기의 2차회로

　라. 소방설비의 전원회로

　마. 안전설비(주거침입경보, 가스누출경보 등)의 전원회로

3) 단락전류에 대한 보호(KEC 212.5)

(1) 단락 보호장치의 설치위치

① 단락전류 보호장치는 분기점(O)에 설치해야 함

② 분기회로 분기점(O)에서 3[m]지점까지 이동하여 시설할 수 있는 경우

　가. 분기점(O)과 분기회로 단락보호장치(P_2) 설치점 사이에 분기회로 및 콘센트가 없고

　나. 단락, 화재 및 인체에 대한 위험이 최소화될 경우

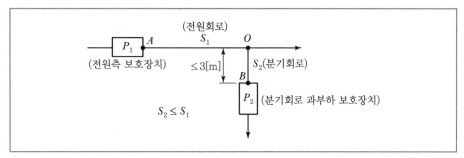

[그림 – 40. 분기회로 단락보호장치(P_2)의 제한된 위치 변경]

③ 분기회로 분기점(O)에서 거리제한 없이 시설할 수 있는 경우

분기점(O)과 분기회로 단락보호장치(P_2) 사이 도체가 전원측 보호장치에 의해 단락 보호되는 경우

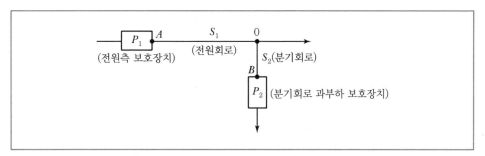

[그림 – 41. 분기회로 단락보호장치(P_2)의 설치 위치]

(2) 단락 보호장치의 생략

배선의 단락위험이 최소화될 수 있는 방법과 가연성 물질 근처에 설치하지 않는 조건이 충족되면 다음의 경우 단락보호장치를 생략할 수 있음

① 발전기, 변압기, 정류기, 축전지와 보호장치가 설치된 제어반을 연결하는 도체

② 전원차단이 설비의 운전에 위험을 초래하는 회로

　가. 회전기기의 여자회로

　나. 변류기 2차회로

　다. 소방기구의 전원회로

　라. 주거침입장치, 가스누출경보장치 등의 전원회로

③ 특정 측정회로

(3) 단락보호장치의 특성(KEC 212.5.5)

① 차단용량

정격차단용량은 단락전류보호장치 설치점에서 예상 최대크기의 단락전류보다 클 것

② 케이블 등의 단락전류

　가. 회로의 임의의 지점에서 발생한 모든 단락전류는 케이블 및 절연도체의 허용 온도를 초과하지 않는 시간 내에 차단되도록 할 것

　나. 단락지속시간이 5초 이하인 경우 통상 사용조건에서 단락전류에 의해 절연체의 허용온도에 도달할 때까지 시간 t

$$t = \left(\frac{kS}{I}\right)^2$$

- t : 단락전류 지속시간 [초]
- S : 도체의 단면적 $[mm^2]$
- I : 유효 단락전류 [A, rms]
- k : 도체 재료의 저항률, 온도계수, 열용량, 해당 초기온도와 최종온도를 고려한 계수

4) 저압전로 중의 개폐기 및 과전류차단장치의 시설(KEC 212.6)

(1) 저압 옥내전로 인입구에서의 개폐기의 시설(KEC 212.6.2)

① 인입구에 가까운 곳으로서 쉽게 개폐할 수 있는 곳에 개폐기를 각 극에 시설

② 인입구 개폐기 생략 조건

전원측 옥내배선에 분기하여 접속되는 15[m] 이하의 배선은 다음 조건이 모두 만족 시 인입구 개폐기를 생략할 수 있다.

　가. 사용전압이 400[V] 이하

　나. 전원측 옥내배선은 20[A] 이하의 배선용차단기 또는 16[A] 이하의 퓨즈로 보호되고 있는 것

(2) 저압전로 중의 전동기 보호용 과전류보호장치의 시설(KEC 212.6.3)

① 과전류차단기로 과부하보호장치와 단락보호 전용차단 또는 과부하보호장치와 단락보호전용 퓨즈를 조합한 장치가 전동기에 연결됨

　가. 과부하 보호장치로 전자접촉기를 사용시 반드시 과부하계전기가 부착될 것

　나. 단락보호전용 차단기의 단락동작설정 전류 값은 전동기의 기동방식에 따른 기동돌입전류를 고려할 것

　다. 단락보호전용 퓨즈는 [표−8]의 용단 특성에 적합한 것일 것

[표-8. 단락보호전용 퓨즈(aM)의 용단특성]

정격전류의 배수	불용단시간	용단시간
4배	60초 이내	–
6.3배	–	60초 이내
8배	0.5초 이내	–
10배	0.2초 이내	–
12.5배	–	0.5초 이내
19배	–	0.1초 이내

② 저압 옥내 시설하는 보호장치의 정격전류 또는 전류 설정 값

그 전동기의 기동방식에 따른 기동전류와 다른 전기사용기계 기구의 정격전류를 고려하여 선정할 것

③ 옥내에 시설하는 전동기(정격 출력이 0.2[kW] 이하인 것을 제외함)

가. 전동기가 손상될 우려가 있는 과전류가 발생 시 자동적으로 저지 및 경보장치를 할 것

나. 예외 조항은 다음과 같음

가) 전동기를 운전 중 상시 취급자가 감시할 수 있는 위치에 시설하는 경우

나) 전동기의 구조나 부하의 성질로 보아 전동기가 손상될 수 있는 과전류가 생길 우려가 없는 경우

다) 단상전동기로써 그 전원측 전로에 시설하는 과전류차단기의 정격전류가 16[A](배선차단기는 20[A]) 이하인 경우

과년도 기출 및 예상문제

★★☆

01 저압전기설비의 과전류보호장치의 종류가 아닌 것은 다음 중 어느 것인가?

① 과부하전류 및 단락전류 겸용 보호장치
② 과부하전류 전용 보호장치
③ 지락 과부하 전용 보호장치
④ 단락전류 전용 보호장치

> **해설** **과전류 보호장치의 종류 및 특성**(KEC 212.3)
> 가. 과부하전류 및 단락전류 겸용 보호장치(KEC 212.3.1)
> 나. 과부하전류 전용 보호장치(KEC 212.3.2)
> 다. 단락전류 전용 보호장치(KEC 212.3.3)

★★☆

02 과전류차단기로 저압전로에 사용하는 범용의 퓨즈의 정격전류가 4[A] 초과 16[A] 미만일 때 1시간 기준 불용단전류는 정격전류의 몇 배수인가?

① 1.25배
② 1.5배
③ 1.75배
④ 2.0배

> **해설** **과전류 보호장치의 특성**(KEC 212.3.4)
> 퓨즈(gG)의 용단특성

정격전류의 구분	시간	정격전류의 배수	
		불용단전류	용단전류
4[A] 초과 16[A] 미만	60분	1.5배	1.9배

★★☆

03 과전류차단기로 저압전로에 사용하는 산업용 배선차단기의 정격전류가 63[A] 이하인 경우 동작시간 60분에 동작하는 전류는 정격전류의 몇 배인가?

① 1.1배
② 1.2배
③ 1.3배
④ 1.4배

> **해설** **과전류 보호장치의 특성**(KEC 212.3.4)
> 과전류트립 동작시간 및 특성(산업용 배선차단기)

정격전류의 구분	시간	정격전류의 배수 (모든 극에 통전)	
		부동작 전류	동작 전류
63[A] 이하	60분	1.05배	1.3배
63[A] 초과	120분	120분	1.3배

정답 | 01 ③ 02 ② 03 ③

★★☆
04 과전류차단기로 저압전로에 사용하는 주택용 배선차단기의 정격전류가 63[A] 초과인 경우 동작시간 120분에 동작하는 전류는 정격전류의 몇 배인가?

① 1.15배
② 1.25배
③ 1.35배
④ 1.45배

> 해설 **과전류 보호장치의 특성**(KEC 212.3.4)
>
> 과전류트립 동작시간 및 특성(주택용 배선차단기)

정격전류의 구분	시간	정격전류의 배수(모든 극에 통전)	
		부동작 전류	동작 전류
63[A] 이하	60분	1.13배	1.45배
63[A] 초과	120분	1.13배	1.45배

★★★
05 과부하전류에 대한 보호에서 도체와 과부하 보호장치 사이의 협조에 적합한 것은? (단, I_B : 회로의 설계전류, I_Z : 케이블의 허용전류, I_n : 보호장치의 정격전류, I_2 : 보호장치가 규약시간 이내에 유효하게 동작하는 것을 보장하는 전류)

① $I_B \leq I_n \leq I_Z,\ I_2 \leq 1.45 \times I_Z$
② $I_B \leq I_n \geq I_Z,\ I_2 \geq 1.45 \times I_Z$
③ $I_B \leq I_n \geq I_Z,\ I_2 \leq 1.45 \times I_Z$
④ $I_B \geq I_n \geq I_Z,\ I_2 \geq 1.45 \times I_Z$

> 해설 **도체와 과부하 보호장치 사이의 협조**(KEC 212.4.1)
>
> 과부하에 대해 케이블(전선)을 보호하는 장치의 동작특성 충족조건
> 가. $I_B \leq I_n \leq I_Z$
> 나. $I_2 \leq 1.45 \times I_Z$

★★☆
06 과부하보호장치의 설치 위치는 원칙적으로 어느 곳에 설치해야 하는가?

① 도체의 허용전류가 줄어드는 분기점(O)에 설치해야 한다.
② 분기점(O)으로부터 1[m]까지 이동하여 설치할 수 있다.
③ 분기점(O)으로부터 2[m]까지 이동하여 설치할 수 있다.
④ 분기점(O)으로부터 3[m]까지 이동하여 설치할 수 있다.

> 해설 **과부하 보호장치의 설치 위치**(KEC 212.4.2)
>
> 과부하 보호장치는 전로 중 도체의 단면적, 특성, 설치 방법, 구성의 변경으로 도체의 허용전류 값이 줄어드는 곳(분기점)에 설치해야 한다.

정답 | 04 ④ 05 ① 06 ①

★★☆
07 단락보호장치의 설치 위치에 대한 설명으로 적합하지 않은 것은?

① 단락전류 보호장치는 분기점(O)에 설치해야 한다.
② 분기점(O)으로부터 3[m]까지 이동하여 설치할 수 있다.
③ 분기점(O)으로부터 2[m]까지 이동하여 설치할 수 있다.
④ 분기점(O)으로부터 거리 제한 없이 설치할 수 있다.

> **해설** **단락보호장치의 설치위치**(KEC 212.5.2)
> 가. 단락전류 보호장치는 분기점(O)에 설치해야 한다.
> 나. 분기회로의 단락보호장치(P_2)를 분기점(O)으로부터 3[m]까지 이동하여 설치할 수 있다.
> 다. 분기회로의 시작점(O)과 이 분기회로의 단락보호장치(P_2) 사이에 있는 도체가 전원 측에 설치되는 보호장치(P_1)에 의해 단락보호가 되는 경우 P_2의 설치 위치를 분기점(O)으로부터 거리 제한 없이 설치할 수 있다.

★★☆
08 케이블 등의 단락전류에서 단락지속시간이 5초 이하인 경우, 통상 사용조건에서의 단락전류에 의해 절연체의 허용온도에 도달하기까지의 시간 t는 다음 중 어느 것인가? (단, t : 단락전류 지속시간(초), S : 도체의 단면적(mm^2), I : 유효 단락전류(A, rms), k : 도체 재료의 저항률, 온도계수, 열용량, 해당 초기온도와 최종온도를 고려한 계수)

① $t = \left(\dfrac{IS}{k}\right)^2$ 　　　　　　② $t = \left(\dfrac{kS}{I}\right)^2$

③ $t = (kSI)^2$ 　　　　　　④ $t = \left(\dfrac{kI}{S}\right)^2$

> **해설** **단락보호장치의 특성**(KEC 212.5.5)
> 케이블 등의 단락전류의 단락지속시간이 5초 이하인 경우, 통상 사용조건에서의 단락전류에 의해 절연체의 허용온도에 도달하기까지의 시간 $t = \left(\dfrac{kS}{I}\right)^2$

★★☆
09 저압전로 중에 전동기 보호용 과전류보호장치의 시설기준에 적합하지 않은 것은?

① 과부하 보호장치로 전자접촉기를 사용 시 반드시 과부하계전기가 부착되어 있을 것
② 과부하 보호장치로 누전차단기를 반드시 설치할 것
③ 단락보호전용 퓨즈는 단락보호전용 퓨즈(aM)의 용단특성에 적합한 것일 것
④ 단락보호전용 차단기의 단락동작설정 전류 값은 전동기의 기동방식에 따른 기동돌입 전류를 고려할 것

| 정답 | 07 ③ 08 ② 09 ② |

해설 **저압전로 중의 전동기 보호용 과전류보호장치의 시설**(KEC 212.6.3)

가. 과부하 보호장치로 전자접촉기를 사용할 경우에는 반드시 과부하계전기가 부착되어 있을 것

나. 단락보호전용 차단기의 단락동작설정 전류 값은 전동기의 기동방식에 따른 기동돌입전류를 고려할 것

다. 단락보호전용 퓨즈는 단락보호전용 퓨즈(aM)의 용단 특성에 적합한 것일 것

★★☆

10 옥내에 시설되는 전동기가 소손될 우려가 있는 경우 과전류가 생겼을 때 자동으로 차단하거나 경보를 발생하는 장치를 시설하여야 한다. 이 규정에 적용되는 전동기 정격 출력의 최소값은?

① 150[W]
② 200[W]
③ 250[W]
④ 300[W]

해설 **저압전로 중의 전동기 보호용 과전류보호장치의 시설**(KEC 212.6.3)

옥내에 시설하는 전동기(정격출력이 0.2[kW] 이하인 것을 제외함)

→ 전동기가 손상될 우려가 있는 과전류가 발생 시 자동적으로 저지 및 경보장치를 할 것

★★☆

11 전원 측 전로에 시설한 배선용 차단기의 정격전류가 몇 [A] 이하의 것이면 이 전로에 접속하는 단상 전동기에는 과부하 보호장치를 생략할 수 있는가?

① 15
② 20
③ 30
④ 50

해설 **저압 옥내전로 인입구에서의 개폐기의 시설**(KEC 212.6.2) **인입구 개폐기 생략 조건**

전원측 옥내배선에 분기하여 접속되는 15[m] 이하의 배선은 다음 조건이 모두 만족 시 인입구 개폐기를 생략할 수 있다.

가. 사용전압이 400[V] 이하

나. 전원측 옥내배선은 20[A] 이하의 배선용차단기 또는 16[A] 이하의 퓨즈로 보호되고 있는 것

정답 | 10 ② 11 ②

3. 과전압에 대한 보호(KEC 213)

1) 고압계통의 지락고장으로 인한 저압설비 보호(KEC 213.1)

(1) 고압계통의 지락고장 시 저압계통에서의 과전압(KEC 213.1.1) : 변전소의 고압측 지락고장 발생 시, 저압 설비에 영향을 미치는 과전압 유형

① 상용주파 고장전압(U_f)

② 상용주파 스트레스전압(U_1 및 U_2)

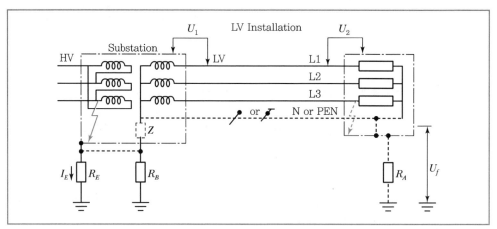

[그림 - 42. 고압계통의 지락고장 시 저압계통에서의 과전압 발생도]

(2) 상용주파 스트레스전압의 크기와 지속시간(KEC 213.1.2) : 고압계통에서의 지락으로 인한 저압설비 내의 저압기기의 상용주파 스트레스전압(U_1과 U_2)의 크기와 지속시간은 [표 - 9]에 주어진 값을 초과하지 않을 것

[표 - 9. 저압설비 허용 상용주파 과전압]

고압계통에서 지락고장시간(초)	저압설비 허용 상용주파 과전압(V)	비고
>5	$U_0 + 250$	중성선 도체가 없는 계통에서 U_0는 선간전압 을 말한다.
≤5	$U_0 + 1,200$	

2) 낙뢰 또는 개폐에 따른 과전압 보호(KEC 213.2)

(1) 일반사항(KEC 213.2.1) : 배전계통으로부터 전달되는 기상현상에 기인한 과도 과전압 및 설비 내 기기에 의해 발생하는 개폐 과전압에 대한 전기설비의 보호를 다룬다.

(2) 기기에 요구되는 임펄스 내전압(KEC 213.2.2) : 설비의 공칭전압별 정격임펄스 내전압보다 크게 되도록 선 정할 것([표 - 10] 참고)

[표 – 10. 기기에 요구되는 정격 임펄스 내전압]

설비의 공칭전압 (V)	교류 또는 직류 공칭 전압에서 산출한 상전압(V)	요구되는 정격 임펄스 내전압[a](kV)			
		과전압 범주 IV (매우 높은 정격 임펄스 전압 장비)	과전압 범주 III (높은 정격 임펄스 전압 장비)	과전압 범주 II (통상 정격 임펄스 전압 장비)	과전압 범주 I (감축 정격 임펄스 전압 장비)
		예 계기, 원격제어 시스템	예 배전반, 개폐기, 콘센트	예 가전용 배전 전기기기 및 도구	예 민감한 전자 장비
120/208	150	4	2.5	1.5	08
(220/380)[b] 230/400 277/480	300	6	4	2.5	1.5
400/690	600	8	6	4	2.5
1,000	1,000	12	8	6	4
1,500 DC	1,500 DC			8	6

- a) 임펄스 내전압은 충전도체와 보호도체 사이에 적용된다.
- b) 현재 국내 사용전압이다.

⚡ 과년도 기출 및 예상문제

★☆☆
01 고압계통의 지락고장 시 저압계통에서의 과전압 제한에 대해 고압계통에서 지락고장시간이 5초 이하인 경우 저압설비 허용 상용주파 과전압의 범위는 얼마인가? (단, U_0는 저압계통의 상전압[V]이다.)

① $U_0 + 1,200$ ② $U_0 + 1,300$

③ $U_0 + 1,400$ ④ $U_0 + 1,500$

해설 **상용주파 스트레스전압의 크기와 지속시간**(KEC 213.1.2)

고압계통에서 지락고장시간(초)	저압설비 허용 상용주파 과전압[V]	비고
>5	$U_0 + 250$	중성선 도체가 없는 계통에서 U_0는
≤5	$U_0 + 1,200$	선간전압을 말한다.

★☆☆
02 낙뢰 또는 개폐에 따른 과전압 보호에서 설비의 공칭전압[V]이 $(220/380)$[V]인 경우 과전압 범주별 기기에 요구되는 정격 임펄스 내전압 중 적합하지 않은 것은?

① 과전압 범주 Ⅰ : 1.5[kV] 이상 ② 과전압 범주 Ⅱ : 2.5[kV] 이상
③ 과전압 범주 Ⅲ : 4.0[kV] 이상 ④ 과전압 범주 Ⅳ : 5.5[kV] 이상

해설 **기기에 요구되는 임펄스 내전압**(KEC 213.2.2)

기기의 정격 임펄스 내전압이 최소한 [표-12]에 제시된 필수 임펄스 내전압보다 작지 않도록 기기를 선정함
[표-12. 기기에 요구되는 정격 임펄스 내전압]

설비의 공칭전압[V]	교류 또는 직류 공칭전압에서 산출한 상전압 [V]	요구되는 정격 임펄스 내전압[kV]			
		과전압 범주 Ⅳ	과전압 범주 Ⅲ	과전압 범주 Ⅱ	과전압 범주 Ⅰ
(220/380)	300	6	4	2.5	1.5

정답 | 01 ① 02 ④

CHAPTER

03 전선로(KEC 220)

1. 구내 · 옥측 · 옥상 · 옥내 전선로의 시설(KEC 221)

1) 구내인입선(KEC 221.1)

(1) 저압 인입선의 시설(KEC 221.1.1)

① 저압 가공 인입선은 건조물과 접근, 저압 가공선의 상호 접근 교차, 다른 시설물과 접근 교차, 식물과의 이격거리 이외에 다음에 따라 시설하여야 한다.

가. 전선의 종류 : 절연전선 또는 케이블일 것

나. 전선 규격

　가) 케이블인 경우 이외

구분	내용 설명
ⓐ 경간이 15[m] 초과	인장강도 2.30[kN] 이상, 지름2.6[mm] 이상의 인입용 비닐절연전선일 것
ⓑ 경간이 15[m] 이하	인장강도 1.25[kN] 이상의 것 또는 지름 2[mm] 이상의 인입용 비닐절연전선일 것

　나) 전선

구분	내용 설명
ⓐ 옥외용 비닐절연전선	사람이 접촉할 우려가 없도록 시설
ⓑ 옥외용 비닐절연전선 이외의 절연전선	사람이 쉽게 접촉할 우려가 없도록 시설

　다) 케이블인 경우

　　ⓐ KEC 332.2(가공케이블 시설) 규정에 준하여 시설할 것

　　ⓑ 케이블의 길이가 1[m] 이하 : 조가 하지 않아도 됨

다. 전선의 높이

구분	높이[m]
가) 도로 횡단	• 노면상 5[m] 이상 • 교통에 지장이 없을 때는 3[m] 이상
나) 철도 또는 궤도 횡단	레일면상 6.5[m] 이상
다) 횡단보도교의 위에 시설	노면상 3[m] 이상
라) "가)"에서 "다)"까지 이외의 경우	• 지표상 4[m] 이상 • 교통에 지장이 없을 때는 2.5[m] 이상

라. 저압 가공 인입선과 다른 시설물 사이의 이격거리

시설물의 구분		이격거리
조영물의 상부 조영재	위쪽	일반적 : 2[m] 이상
		옥외용 비닐절연전선 이외의 저압 절연전선 : 1.0[m] 이상
		고압 절연전선, 특고압 절연전선 또는 케이블 : 0.5[m] 이상
	옆쪽 또는 아래쪽	일반적 : 0.3[m] 이상
		고압 절연전선,특고압 절연전선 또는 케이블 : 0.15[m] 이상
조영물의 상부 조영재 이외의 부분 또는 조영물 이외의 시설물		일반적 : 0.3[m] 이상
		고압절연전선, 특고압 절연전선 또는 케이블 : 0.15[m] 이상

(2) 연접 인입선의 시설(KEC 221.1.2)

① 인입선에서 분기하는 점으로부터 100[m]를 초과하는 지역에 미치지 아니할 것

② 폭 5[m]를 초과하는 도로를 횡단하지 아니할 것

③ 옥내를 통과하지 아니할 것

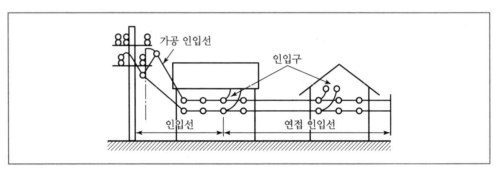

[그림 – 43. 연접 인입선]

2) 옥측전선로(KEC 221.2)

(1) 저압 옥측전선로 공사방법

① 애자공사

② 합성수지관공사(목조 조영물에 시설)

③ 금속관공사

④ 버스덕트공사

⑤ 케이블공사

(2) 애자공사에 의한 저압 옥측전선로

① 전선

　가. 공칭단면적 : 4[mm^2] 이상의 연동 절연전선

　나. 옥외용 비닐절연전선 및 인입용 절연전선은 제외함

② 전선 상호간 및 전선과 조영재 사이 이격거리 → 다음 [표 – 13]에서 정한 값 이상일 것

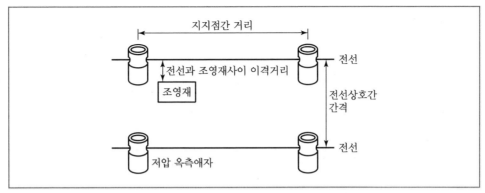

[그림-44. 저압 옥측 애자공사]

[표-13. 전선 상호간 및 전선과 조영재 사이의 이격거리]

시설 장소	전선 상호 간의 간격		전선과 조영재 사이의 이격거리	
	사용전압 400[V] 이하	사용전압 400[V] 초과	사용전압 400[V] 이하	사용전압 400[V] 초과
비나 이슬에 젖지 않는 장소	0.06[m] 이상	0.06[m] 이상	0.025[m] 이상	0.025[m] 이상
비나 이슬에 젖는 장소	0.06[m] 이상	0.12[m] 이상	0.025[m] 이상	0.045[m] 이상

③ 전선의 지지점 간 거리 : 2[m] 이하일 것

④ 전선의 인장강도 : 1.38[kN] 이상의 것

⑤ 사용전압이 400[V] 이하이고 손상의 우려가 없도록 시설하는 경우

(3) 애자공사에 의한 저압 옥측전선로의 전선과 식물 사이의 이격거리

① 0.2[m] 이상일 것

② 저압 옥측전선로의 전선이 고압 절연전선 또는 특고압 절연전선인 경우에 그 전선을 식물에 접촉하지 않도록 시설한 경우는 제외함

3) 옥상전선로(KEC 221.3)

(1) 저압 옥상전선로 시설기준(전개된 장소 및 위험의 우려가 없도록 시설할 것)

① 전선의 인장강도 : 2.30[kN] 이상의 것 또는 지름 2.6[mm] 이상의 경동선 사용

② 전선의 종류

가. 절연전선(OW 전선 포함)

나. 동등 이상의 절연성능이 있을 것

③ 전선지지

가. 절연성 · 난연성 및 내수성이 있는 애자를 사용하여 지지할 것

나. 그 지지점 간의 거리 : 15[m] 이하일 것

④ 조영재 이격거리

구분	이격거리
전선과 조영재 간	2[m] 이상
고압 절연전선, 특고압 절연전선 또는 케이블과 조영재 간	1[m] 이상

(2) 저압 옥상전선로의 전선이 아래의 전선과 접근 또는 교차 시 이격거리

접근 또는 교차 대상	이격거리
저 · 고압 · 특고압 옥측전선, 다른 저압 옥상전선로의 전선, 약전류전선등, 안테나 · 수관 · 가스관 또는 이들과 유사한 것	1[m] 이상
저압 방호구에 넣은 절연전선 등 · 고압 절연전선 · 특고압 절연전선 또는 케이블인 경우	0.3[m] 이상

(3) 저압 옥상전선로의 전선 : 식물에 접촉하지 않을 것

⚡ 과년도 기출 및 예상문제

★☆☆
01 저압 가공 인입선의 시설에 대한 설명으로 틀린 것은?

① 전선은 절연전선 또는 케이블일 것
② 전선은 지름 1.6[mm]의 인입용 비닐절연전선 또는 이와 동등 이상의 세기 및 굵기일 것
③ 전선의 높이는 철도 및 궤도를 횡단하는 경우에는 레일면상 6.5[m] 이상일 것
④ 전선의 높이는 횡단보도교의 위에 시설하는 경우에는 노면상 3[m] 이상일 것

해설 **저압 인입선의 시설(KEC 221.1.1)의 저압 가공 인입선**
가. 전선의 종류 : 절연전선 또는 케이블일 것
나. 경간이 15[m] 초과 시 : 인장강도 2.30[kN] 이상, 지름 2.6[mm] 이상의 인입용 비닐절연전선일 것
경간이 15[m] 이하 시 : 인장강도 1.25[kN] 이상의 것 또는 지름 2[mm] 이상의 인입용 비닐절연전선일 것
다. 전선높이
가) 철도 또는 궤도 횡단 시 → 레일면상 6.5[m] 이상일 것
나) 횡단보도교의 위에 시설 → 노면상 3[m] 이상일 것

★☆☆
02 저압 인입선의 시설에서 도로 횡단 시 지표상 높이는 몇 [m] 이상이어야 하는가?

① 6
② 5
③ 4
④ 3

해설 **저압 인입선의 시설(KEC 221.1.1)의 저압 인입선의 높이**
가. 철도 레일면 상 6.5[m] 이상
나. 도로를 횡단 시 지표상 높이 5[m] 이상
다. 횡단 보도교의 위 노면상 3[m] 이상

★★★
03 저압 연접 인입선은 인입선에서 분기하는 점으로부터 몇 [m]를 넘는 지역에 미치지 아니하여야 하는가?

① 60
② 80
③ 100
④ 120

해설 **연접 인입선의 시설(KEC 221.1.2)**
→ 저압 연접 인입선은 인입선에서 분기하는 점으로부터 100[m]를 초과하는 지역에 미치지 아니할 것

정답 | 01 ② 02 ② 03 ③

★★★
04 저압연접 인입선이 횡단할 수 있는 최대의 도로 폭[m]은?

① 3.5   ② 4.0

③ 5.0   ④ 5.5

> **해설** **연접 인입선의 시설**(KEC 221.1.2)
> → 저압연접 인입선은 폭 5[m]를 초과하는 도로를 횡단하지 아니할 것

★★★
05 저압의 옥측배선을 시설 장소에 따라 시공할 때 적절하지 못한 것은?

① 버스덕트공사를 철골조로 된 공장 건물에 시설
② 합성수지관공사를 목조로 된 건축물에 시설
③ 금속몰드공사를 목조로 된 건축물에 시설
④ 애자사용공사를 전개된 장소에 있는 공장 건물에 시설

> **해설** **옥측전선로**(KEC 221.2)의 **저압 옥측전선로 공사방법**
> 가. 애자공사
> 나. 합성수지관공사
> 다. 금속관공사
> 라. 버스덕트공사
> 마. 케이블공사

★★★
06 저압 옥측전선로에서 목조의 조영물에 시설할 수 있는 공사방법은?

① 금속관공사
② 버스덕트공사
③ 합성수지관공사
④ 케이블공사(MI 케이블을 사용하는 경우)

> **해설** **옥측전선로**(KEC 221.2)의 **저압 옥측전선로 공사방법**
> 가. 애자공사
> 나. 합성수지관공사(목조 조영물에 시설)
> 다. 금속관공사
> 라. 버스덕트공사
> 마. 케이블공사

정답 | 04 ③   05 ③   06 ③

07 애자사용공사에 의한 저압 옥측전선로 배선 시 전선 상호 간의 간격은 몇 [m] 이상인가? (단, 비나 이슬에 젖지 않는 장소이다.)

① 0.02

② 0.04

③ 0.06

④ 0.08

> **해설** **옥측전선로(KEC 221.2)의 애자공사에 의한 저압 옥측전선로 시설**
> → 비나 이슬에 젖지 않는 장소의 전선 상호간 이격거리 : 0.06[m] 이상

08 애자공사에 의한 저압 옥측전선로 전선의 지지점 간의 거리는 몇 [m] 이하인가?

① 1.

② 2.0

③ 3.0

④ 4.0

> **해설** **옥측전선로(KEC 221.2)의 애자공사에 의한 저압 옥측전선로 시설**
> → 애자공사에 의한 저압 옥측전선로의 전선의 지지점 간 거리 : 2[m] 이하

09 저압 옥상전선로의 시설에 대한 설명으로 틀린 것은?

① 전선은 절연전선을 사용한다.

② 전선은 지름 2.6[mm] 이상의 경동선을 사용한다.

③ 전선은 옥상전선로를 시설하는 조영재와의 이격거리를 0.5[m]로 한다.

④ 전선은 상시 부는 바람 등에 의하여 식물에 접촉하지 않도록 시설한다.

> **해설** **옥상전선로(KEC 221.3)의 저압 옥상전선로 시설기준**
> 가. 전선의 지름 : 2.6[mm] 이상의 경동선 사용
> 나. 전선의 종류 : 절연전선(OW 전선 포함)
> 다. 전선 및 케이블과 조영재 간 이격거리
>
> | 구분 | 이격거리 |
> | --- | --- |
> | 전선과 조영재 간 | 2[m] 이상 |
> | 고압 절연전선, 특고압 절연전선 또는 케이블과 조영재 간 | 1[m] 이상 |

★☆☆

10 저압 옥상전선로의 전선이 다른 저압 옥상전선로의 전선과 접근하거나 교차하는 경우 이들 사이의 이격거리는 몇 [cm] 이상이어야 하는가?

① 30　　　　　　　　　　　　　② 60

③ 100　　　　　　　　　　　　④ 120

> **해설** 옥상전선로(KEC 221.3)의 저압 옥상전선로의 전선이 아래의 전선과 접근 또는 교차 시 이격거리

접근 또는 교차 대상	이격거리
저 · 고압 · 특고압 옥측전선, 다른 저압 옥상전선로의 전선, 약전류전선등, 안테나 · 수관 · 가스관 또는 이들과 유사한 것	1[m] 이상
저압 방호구에 넣은 절연전선 등 · 고압 절연전선 · 특고압 절연전선 또는 케이블인 경우	0.3[m] 이상

★☆☆

11 저압 옥상전선로로 케이블로 시설할 수 있는 경우 조영재 사이의 이격거리는 몇 [m] 이상인 경우인가?

① 0.5　　　　　　　　　　　　② 1.0

③ 1.5　　　　　　　　　　　　④ 2.0

> **해설** **옥상전선로**(KEC 221.3)
> 저압 옥상전선로로 케이블로 시설 할수 있는 경우
> → 조영재 사이의 이격거리 : 1[m] 이상인 경우

정답 | 10 ③　11 ②

2. 저압 가공전선로(KEC 222)

1) 저압 가공전선의 굵기 및 종류(KEC 222.5)

(1) 종류

① 나전선 : 중성선 또는 다중접지된 접지측 전선으로 사용하는 전선에 한함

② 절연전선

③ 다심형 전선 또는 케이블

(2) 인장강도 및 지름

사용전압		저압 가공전선	인장강도	지름
400[V] 이하		케이블 제외	3.43[kN] 이상	3.2[mm] 이상
		절연전선	2.3[kN] 이상	2.6[mm] 이상의 경동선
400[V] 초과	케이블인 경우 이외	시가지 시설	8.01[kN] 이상	5[mm] 이상의 경동선
		시가지 외에 시설	5.26[kN] 이상	4[mm] 이상의 경동선

※ 사용전압이 400[V] 초과인 저압 가공전선 : 인입용 비닐절연전선 사용 불가

2) 저압 가공전선의 높이(KEC 222.7)

구분		지표상 높이[m]
① 도로 횡단(교통이 번잡하지 않은 도로 및 횡단보도교)		6[m] 이상
② 철도 또는 궤도 횡단		레일면상 6.5[m] 이상
③ 횡단보도교 위에 시설	저압 가공전선	노면상 3.5[m] 이상
	절연전선, 다심형 전선, 케이블	노면상 3.0[m] 이상
④ ①에서 ③까지 이외의 경우		• 지표상 5[m] 이상 • 도로 이외의 곳에 시설 또는 교통에 지장이 없도록 시설 시 : 4.0[m]까지 경감 가능

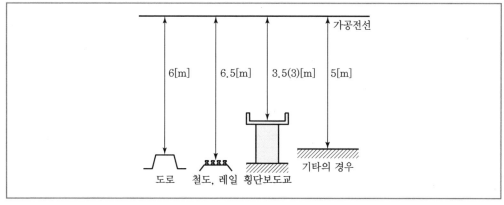

[그림 – 45. 저압가공 전선의 높이]

3) 저압 가공전선로의 지지물의 강도(KEC 222.8)

(1) 목주인 경우 : 풍압하중의 1.2배의 하중 적용

(2) 기타의 경우 : 풍압하중에 견디는 강도를 가질 것

4) 저압 보안공사(KEC 222.10)

(1) 전선의 인장강도 및 지름

전압	케이블인 경우 이외의 전선
400[V] 초과	인장강도 8.01[kN] 이상의 것 또는 지름 5[mm] 이상의 경동선
400[V] 이하	인장강도 5.26[kN] 이상의 것 또는 지름 4[mm] 이상의 경동선

(2) 목주 시설

① 풍압하중에 대한 안전율 : 1.5 이상일 것

② 목주의 굵기 : 말구(末口)의 지름이 0.12[m] 이상일 것

(3) 경간(지지물 종류에 따른 경간)

지지물의 종류	경간
목주·A종 철주 또는 A종 철근 콘크리트주	100[m] 이하
B종 철주 또는 B종 철근 콘크리트주	150[m] 이하
철탑	400[m] 이하

5) 저압 가공전선과 가공약전류전선 등의 접근 또는 교차(KEC 222.13)

구분	이격거리
① 저압 가공전선이 가공약전류전선 등과 접근	0.6[m] 이상
② 가공약전류전선 등이 절연전선과 동등 이상의 절연성능이 있는 것 또는 통신용 케이블	0.3[m] 이상
③ 저압 가공전선과 약전류전선로등의 지지물 사이의 이격거리	0.3m 이상

6) 저압 가공전선과 안테나의 접근 또는 교차(KEC 222.14)

구분		이격거리
가공전선과 안테나	저압	0.6[m] 이상
		고압·특고압 절연전선 또는 케이블 : 0.3[m] 이상
	고압	0.8[m] 이상
		전선이 케이블 : 0.4[m] 이상

7) 저압 가공전선 상호 간의 접근 또는 교차(KEC 222.16)

구분	이격거리
저압 가공전선이 다른 저압 가공전선과 접근·교차 시설되는 경우	0.6[m] 이상
어느 한 쪽의 전선이 고압 절연전선, 특고압 절연전선 또는 케이블인 경우	0.3[m] 이상
하나의 저압 가공전선과 다른 저압 가공전선로의 지지물 사이	0.3[m] 이상

8) 저압 가공전선과 다른 시설물의 접근 또는 교차(KEC 222.18)

다른 시설물의 구분		이격거리
조영물의 상부 조영재	위쪽	2[m] 이상 (전선이 고압·특고압 절연전선, 케이블 : 1.0[m] 이상)
	옆쪽 또는 아래쪽	0.6[m] 이상 (전선이 고압·특고압 절연전선, 케이블 : 0.3[m] 이상)
조영물의 상부 조영재 이외의 부분 또는 조영물 이외의 시설물		0.6[m] 이상 (전선이 고압·특고압 절연전선, 케이블 : 0.3[m] 이상)

9) 저압 가공전선과 식물의 이격거리(KEC 222.19)

저압 가공전선은 상시 부는 바람 등에 의하여 식물에 접촉하지 않도록 시설할 것

10) 저압 가공전선과 가공약전류전선 등의 공용설치(KEC 222.21)

(1) 목주의 풍압하중에 대한 안전율 : 1.5 이상일 것

(2) 가공전선을 가공약전류전선 등의 위로하고 별개의 완금류에 시설할 것

11) 농사용 저압 가공전선로의 시설(KEC 222.22)

(1) 저압 가공전선
    ① 인장강도 : 1.38[kN] 이상
    ② 지름 : 2[mm] 이상의 경동선 일 것

(2) 저압 가공전선의 지표상의 높이 : 3.5[m] 이상일 것

(3) 목주의 굵기 : 말구 지름이 0.09[m] 이상일 것

(4) 전선로의 지지점 간 거리 : 30[m] 이하일 것

12) 구내에 시설하는 저압 가공전선로(KEC 222.23)

(1) 전선
    ① 지름 2[mm] 이상의 경동선의 절연전선
    ② 경간이 10[m] 이하인 경우 : 공칭단면적 4[mm²] 이상의 연동 절연전선

(2) 전선로의 경간 : 30[m] 이하일 것

(3) 도로를 횡단하는 경우 : 4[m] 이상이고 교통에 지장이 없는 높이일 것

(4) 도로를 횡단하지 않는 경우 : 3[m] 이상의 높이일 것

13) 저압 직류 가공전선로(KEC 222.24)

(1) 사용전압 : 1.5[kV] 이하

(2) 전로의 전선 상호간 및 전로와 대지 사이의 절연저항

전로의 사용전압[V]	DC시험전압[V]	절연저항[MΩ]
SELV 및 PELV	250	0.5 이상
FELV, 500[V] 이하	500	1.0 이상
500[V] 초과	1,000	1.0 이상

⚡ 과년도 기출 및 예상문제

★☆☆
01 일반적으로 저압 가공전선으로 사용할 수 없는 것은?

① 케이블
② 절연전선
③ 다심형 전선
④ 나전선

해설 **저압 가공전선의 굵기 및 종류**(KEC 222.5)
가. 나전선(중성선 또는 다중접지된 접지측 전선으로 사용하는 전선에 한함)
나. 절연전선
다. 다심형 전선 또는 케이블

★★★
02 사용전압이 400[V] 미만인 저압 가공전선으로 절연전선인 경우, 인장강도 2.3[kN] 이상의 것 또는 지름이 몇 [mm] 이상의 경동선을 사용하여야 하는가?

① 2.0
② 2.6
③ 3.2
④ 4

해설 **저압 가공전선의 굵기 및 종류**(KEC 222.5)의 저압 가공전선의 인장강도 및 지름

사용전압	저압 가공전선	인장강도	지름
400[V] 이하	케이블 제외	3.43[kN] 이상	3.2[mm] 이상
	절연전선	2.3[kN] 이상	2.6[mm] 이상의 경동선

★★★
03 저압 가공전선이 도로를 횡단할 때의 지표상의 높이의 최저값은 얼마인가?

① 4[m]
② 5[m]
③ 6[m]
④ 7[m]

해설 **저압 가공전선의 높이**(KEC 222.7)
도로 횡단(교통이 번잡하지 않은 도로 및 횡단보도교) 시 → 6[m] 이상

정답 | 01 ④ 02 ② 03 ③

★★★
04 사용전압이 400[V] 이하인 경우의 저압 보안공사에 사용되는 전선으로 경동선을 사용할 경우 지름 몇 [mm]의 것을 사용하여야 하는가?

① 5.0   ② 4.0
③ 2.6   ④ 1.2

해설 **저압 보안공사(KEC 222.10)의 전선의 인장강도 및 지름**

전압	케이블인 경우 이외의 전선
400[V] 초과	인장강도 8.01[kN] 이상의 것 또는 지름 5[mm] 이상의 경동선
400[V] 이하	인장강도 5.26[kN] 이상의 것 또는 지름 4[mm] 이상의 경동선

※ 고압 보안 공사(케이블 이외) 400[V] 이상부터 인장강도 8.01[kN] 이상 또는 5[mm] 경동선

★☆☆
05 저압 보안공사에 사용되는 목주의 굵기는 말구 지름이 몇 [m] 이상이어야 하는가?

① 0.08   ② 0.10
③ 0.12   ④ 0.14

해설 **저압 보안공사(KEC 222.10)**
목주 시설 → 말구(末口)의 지름이 0.12[m] 이상일 것

★★☆
06 사용전압이 400[V] 초과인 저압 가공전선은 케이블인 경우 이외에 시가지에 시설하는 것은 지름 몇 [mm]의 경동선 또는 이와 동등 이상의 세기 및 굵기의 것이어야 하는가?

① 3.2   ② 3.5
③ 4   ④ 5

해설 **저압 보안공사(KEC 222.10)의 전선의 인장강도 및 지름**

전압	케이블인 경우 이외의 전선
400[V] 초과	인장강도 8.01[kN] 이상의 것 또는 지름 5[mm] 이상의 경동선
400[V] 이하	인장강도 5.26[kN] 이상의 것 또는 지름 4[mm] 이상의 경동선

★☆☆
07 목주를 사용한 저압 보안공사의 가공전선로의 최대 경간은?

① 50[m] ② 100[m]
③ 150[m] ④ 200[m]

> 해설 **저압 보안공사(KEC 222.10)의 경간(지지물 종류에 따른 경간)**

지지물의 종류	경간
목주·A종 철주 또는 A종 철근 콘크리트주	100[m] 이하
B종 철주 또는 B종 철근 콘크리트주	150[m] 이하
철탑	400[m] 이하

★★☆
08 저압 가공전선이 다른 저압 가공전선과 접근 교차 상태로 시설할 때 저압 가공전선 상호의 최소 이격거리 [cm]는?

① 30 ② 60
③ 80 ④ 100

> 해설 **저압 가공전선 상호 간의 접근 또는 교차(KEC 222.16)**

구분	이격거리
저압 가공전선이 다른 저압 가공전선과 접근·교차 시설되는 경우	0.6[m] 이상
어느 한 쪽의 전선이 고압 절연전선, 특고압 절연전선 또는 케이블인 경우	0.3[m] 이상
하나의 저압 가공전선과 다른 저압 가공전선로의 지지물 사이	0.3[m] 이상

★★☆
09 저압가공 전선을 가공전화선에 접근하여 시설하는 경우 수평 이격거리의 최소값[m]은?

① 0.3 ② 0.6
③ 1.0 ④ 1.5

> 해설 **저압 가공전선과 가공약전류전선 등의 접근 또는 교차(KEC 222.13)**

구분	이격거리
가. 저압 가공전선이 가공약전류전선 등과 접근	0.6[m] 이상
나. 가공약전류전선 등이 절연전선과 동등 이상의 절연성능이 있는 것 또는 통신용 케이블	0.3[m] 이상

★☆☆

10 600[V] 비닐절연전선을 사용한 저압 가공전선이 위쪽에서는 상부 조영재와 접근하는 경우의 전선과 상부 조영재 상호 간의 최소 이격거리[m]는?

① 1.0   ② 1.2

③ 2.0   ④ 2.5

해설 저압 가공전선과 다른 시설물의 접근 또는 교차(KEC 222.18)

다른 시설물의 구분		이격거리
조영물의 상부 조영재	위쪽	2[m]

★★★

11 다음 중 농사용 저압 가공전선로의 시설기준으로 옳지 않은 것은?

① 사용전압이 저압일 것

② 저압 가공전선의 인장강도는 1.38[kN] 이상일 것

③ 저압 가공전선의 지표상 높이는 3.5[m] 이상일 것

④ 전선로의 경간은 40[m] 이하일 것

해설 농사용 저압 가공전선로의 시설(KEC 222.22)

    가. 저압 가공전선

        가) 인장강도 : 1.38[kN] 이상

        나) 지름 : 2[mm] 이상의 경동선일 것

    나. 저압 가공전선의 지표상 높이 : 3.5[m] 이상일 것

    다. 전선로의 지지점 간 거리 : 30[m] 이하일 것

★★★

12 방직 공장의 구내 도로에 220[V] 조명등용 저압 가공전선로를 설치하고자 한다. 전선로의 최대 경간은 몇 [m]인가?

① 20   ② 30

③ 40   ④ 50

해설 구내에 시설하는 저압 가공전선로(KEC 222.23)

    가. 전선

        가) 지름 2[mm] 이상의 경동선의 절연전선

        나) 경간이 10[m] 이하인 경우 : 공칭단면적 4[mm²] 이상의 연동 절연전선

    나. 전선로의 경간 : 30[m] 이하일 것

정답 | 10 ③   11 ④   12 ②

CHAPTER 04 배선 및 조명설비 등(KEC 230)

1. 저압 옥내배선의 사용전선 및 중성선의 굵기(KEC 231.3)

1) 저압 옥내배선의 사용전선(KEC 231.3.1)

(1) 전선 : 단면적 2.5[mm^2] 이상의 연동선

(2) 사용전압이 400[V] 이하인 경우

① 전광표시장치, 제어 회로

　가) 단면적 1.5[mm^2] 이상의 연동선

　나) 단면적 0.75[mm^2] 이상인 다심케이블 또는 다심 캡타이어케이블

② 단면적 0.75 [mm^2] 이상인 코드 또는 캡타이어케이블

③ 리프트 케이블

④ 진열장 또는 이와 유사한 것의 내부배선(KEC 234.8)의 경우 : 단면적 0.75^2[mm] 이상인 코드 또는 캡타이어케이블

2) 중성선의 단면적(KEC 231.3.2)

(1) 중성선의 단면적이 최소한 선도체의 단면적 이상인 경우

① 2선식 단상회로

② 선도체의 단면적이 구리선 16[mm^2], 알루미늄선 25[mm^2] 이하인 다상 회로

③ 제3고조파 및 제3고조파의 홀수배수의 고조파 전류가 흐를 가능성이 높고, 전류종합고조파왜형률이 15~33[%]인 3상 회로

(2) 제3고조파 및 제3고조파 홀수배수의 전류 종합고조파왜형률이 33[%]를 초과하는 경우, 다음과 같이 중성선의 단면적을 증가시켜야 함

구분	단면적
다심케이블	① 선도체와 중성선의 단면적과 같아야 함 ② 단면적은 선도체의 1.45 × I_B(회로 설계전류)를 흘릴 수 있는 중성선일 것
단심케이블	① 선도체의 단면적이 중성선 단면적보다 작을 수도 있다. ② 계산 방법 　가. 선 : I_B(회로 설계전류) 　나. 중성선 : 선도체의 1.45I_B와 동등 이상의 전류

(3) 다상 회로에서 중성선의 단면적을 선도체 단면적보다 작게 해도 되는 경우는 각 선도체 단면적이 구리선 16[mm^2] 또는 알루미늄선 25[mm^2]를 초과하는 경우 다음 조건을 모두 충족할 경우임

① 통상적인 사용 시에 상(phase)과 제3고조파 전류 간에 회로 부하가 균형을 이루고 있고, 제3고조파 홀수배수 전류가 선도체 전류의 15[%]를 넘지 않음

② 중성선은 중성선보호에 따라 과전류 보호됨

③ 중성선의 단면적은 구리선 16[mm²], 알루미늄선 25[mm²] 이상임

2. 나전선의 사용 제한(KEC 231.4)

1) 옥내 시설하는 저압전선

나전선을 사용할 수 없다.

2) 예외규정(나전선 사용 가능한 경우)

(1) 애자공사에 의하여 전개된 곳에 다음의 전선을 시설하는 경우

    ① 전기로용 전선

    ② 전선의 피복 절연물이 부식하는 장소에 시설하는 전선

    ③ 취급자 이외의 자가 출입할 수 없도록 설비한 장소에 시설하는 전선

(2) 버스덕트공사에 의하여 시설하는 경우

(3) 라이팅덕트공사에 의하여 시설하는 경우

(4) 접촉 전선을 시설하는 경우

3. 옥내전로의 대지 전압의 제한(KEC 231.6)

1) 백열전등 또는 방전등용

(1) 옥내 전로 대지전압 : 300[V] 이하

(2) 시설기준(다만, 대지전압 150[V] 이하의 전로인 경우는 예외임)

    ① 백열전등 또는 방전등 및 이에 부속하는 전선은 사람이 접촉할 우려가 없도록 시설할 것

    ② 백열전등 또는 방전등용 안정기는 저압의 옥내배선과 직접 접속하여 시설할 것

    ③ 백열전등의 전구소켓은 키나 그 밖의 점멸기구가 없는 것일 것

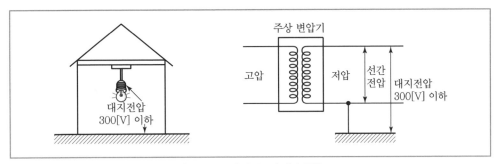

[그림 – 46. 옥내전로의 대지전압]

2) 주택의 옥내전로

(1) 대지전압 : 300[V] 이하

(2) 시설기준(대지전압 150[V] 이하인 경우는 예외)

    ① 사용전압 : 400[V] 이하

② 주택의 전로 인입구에 감전보호용 누전차단기를 시설할 것(단, 전원측에 정격용량이 3[kVA] 이하인 절연변압기(1차전압 : 저압, 2차전압 : 300[V] 이하)를 사람이 쉽게 접촉할 우려가 없도록 시설하고 또한 그 절연변압기의 부하측 전로를 비 접지한 경우는 예외임)

③ 전기기계기구 및 옥내의 전선은 사람이 쉽게 접촉할 우려가 없도록 시설함

④ 백열전등의 전구소켓은 키나 그 밖의 점멸기구가 없을 것

⑤ 정격 소비 전력 3[kW] 이상의 전기기계기구에 전기를 공급하기 위한 전로에 대한 안전조치

　가. 전용의 개폐기 및 과전류차단기를 시설할 것

　나. 전로의 옥내배선과 직접 접속하거나 적정 용량의 전용콘센트를 시설할 것

⑥ 옥내 배선공사 방법

　가. 합성수지관공사

　나. 금속관공사

　다. 케이블공사

3) 주택 이외의 곳의 옥내(여관, 호텔, 다방, 사무소, 공장 등)

(1) 옥내전로의 대지전압 : 300[V] 이하일 것

(2) 가정용 전기기계기구와 이에 전기를 공급하기 위한 옥내배선과 배선기구는 취급자 이외의 자가 쉽게 접촉할 우려가 없도록 시설할 것

⚡ 과년도 기출 및 예상문제

★★★
01 저압 옥내배선에 사용하는 연동선의 최소 굵기는 몇 $[mm^2]$ 이상인가?

① 1.5   ② 2.5

③ 4.0   ④ 6.0

> **해설** **저압 옥내배선의 사용전선**(KEC 231.3.1)
> 전선 : 단면적 2.5$[mm^2]$ 이상의 연동선

★★★
02 저압 옥내배선의 사용전압이 220[V]인 출, 퇴 표시등 회로를 금속관공사에 의하여 시공하였다. 여기에 사용되는 배선은 단면적은 몇 $[mm^2]$ 이상의 연동선을 사용하여야 하는가?

① 1.5   ② 2.0

③ 5.0   ④ 5.5

> **해설** **저압 옥내배선의 사용전선**(KEC 231.3.1)
> 사용전압이 400[V] 이하인 경우 전광표시장치, 또는 제어 회로
> 가. 단면적 1.5$[mm^2]$ 이상의 연동선
> 나. 단면적 0.75$[mm^2]$ 이상인 다심케이블 또는 다심 캡타이어케이블

★☆☆
03 진열장 안에 사용전압 400[V] 미만인 저압 옥내배선으로 외부에서 보기 쉬운 곳에 한하여 시설할 수 있는 전선은? (단, 진열장은 건조한 곳에 시설하고 또한 진열장 내부를 건조한 상태로 사용하는 경우이다.)

① 단면적이 0.75$[mm^2]$ 이상인 코드 또는 캡타이어 케이블
② 단면적이 0.75$[mm^2]$ 이상인 나전선 또는 캡타이어 케이블
③ 단면적이 1.25$[mm^2]$ 이상인 코드 또는 절연전선
④ 단면적이 1.25$[mm^2]$ 이상인 나전선 또는 다심형전선

> **해설** **저압 옥내배선의 사용전선**(KEC 231.3.1)
> 진열장 또는 이와 유사한 것의 내부배선(KEC 234.8)의 경우 : 단면적 $0.75^2[mm]$ 이상인 코드 또는 캡타이어케이블

정답 | **01** ②   **02** ①   **03** ①

04 저압 옥내배선의 다상 회로에서 중성선의 단면적을 선도체 단면적보다 작게 해도 되는 경우는 선도체 단면적이 구리선과 알루미늄 선의 굵기가 몇 [mm²]를 초과하는 경우인가?

① 구리선 : 16, 알루미늄선 : 25 　　② 구리선 : 10, 알루미늄선 : 16
③ 구리선 : 25, 알루미늄선 : 16 　　④ 구리선 : 25, 알루미늄선 : 35

> **해설** **중성선의 단면적**(KEC 231.3.2)
> 다상 회로에서 중성선의 단면적을 선도체 단면적보다 작게 해도 되는 경우
> → 각 선도체 단면적 : 구리선 16[mm²] 또는 알루미늄선 25[mm²]를 초과하는 경우

05 다음 공사에 의한 저압 옥내 배선공사 중 사용되는 전선이 반드시 절연전선이 아니더라도 상관없는 것은?

① 합성수지관공사 　　　　　　② 금속관공사
③ 버스덕트공사 　　　　　　　④ 플로어덕트공사

> **해설** **나전선의 사용 제한**(KEC 231.4)의 예외규정(나전선 사용 가능한 경우)
> 가. 애자공사에 의하여 전개된 곳에 다음의 전선을 시설하는 경우
> 　　가) 전기로용 전선
> 　　나) 전선의 피복 절연물이 부식하는 장소에 시설하는 전선
> 　　다) 취급자 이외이 자가 출입할 수 없도록 설비한 장소에 시설하는 전선
> 나. 버스덕트공사에 의하여 시설하는 경우
> 다. 라이팅덕트공사에 의하여 시설하는 경우
> 라. 접촉 전선을 시설하는 경우

06 옥내배선에서 나전선을 사용할 수 없는 것은?

① 전선의 피복 절연물이 부식하는 장소의 전선
② 취급자 이외의 자가 출입할 수 없도록 설비한 장소의 전선
③ 전용의 개폐기 및 과전류차단기가 시설된 전기기계 · 기구의 저압전선
④ 애자사용공사에 의하여 전개된 장소에 시설하는 경우로 전기로용 전선

> **해설** **나전선의 사용 제한**(KEC 231.4)의 예외규정(나전선 사용 가능한 경우)
> 가. 애자공사에 의하여 전개된 곳에 다음의 전선을 시설하는 경우
> 　　가) 전기로용 전선
> 　　나) 전선의 피복 절연물이 부식하는 장소에 시설하는 전선
> 　　다) 취급자 이외의 자가 출입할 수 없도록 설비한 장소에 시설하는 전선
> 나. 버스덕트공사에 의하여 시설하는 경우

정답 | 04 ① 05 ③ 06 ③

★☆☆
07 다음의 옥내의 배선에서 저압전선으로 나전선을 사용할 수 없는 곳은?

① 접촉 전선의 시설
② 라이딩덕트공사에 의한 시설
③ 합성수지관 공사에 의한 시설
④ 버스덕트공사에 의한 시설

해설 **나전선의 사용 제한(KEC 231.4)의 예외규정(나전선 사용 가능한 경우)**
　가. 애자공사에 의하여 전개된 곳에 다음의 전선을 시설하는 경우
　　가) 전기로용 전선
　　나) 전선의 피복 절연물이 부식하는 장소에 시설하는 전선
　　다) 취급자 이외의 자가 출입할 수 없도록 설비한 장소에 시설하는 전선
　나. 버스덕트공사에 의하여 시설하는 경우
　다. 라이팅덕트공사에 의하여 시설하는 경우
　라. 접촉 전선을 시설하는 경우

★★★
08 사무실 건물의 조명설비에 사용되는 백열전등 또는 방전등에 전기를 공급하는 옥내전로의 대지 전압은 몇 [V] 이하이어야 하는가?

① 250
② 300
③ 350
④ 400

해설 **옥내전로의 대지 전압의 제한(KEC 231.6)**
　→ 대지 전압은 300[V] 이하이어야 한다.

★★☆
09 주택의 옥내전로에 시설할 수 있는 배선방법에 해당되지 않는 것은?

① 합성수지관공사
② 금속관공사
③ 케이블공사
④ 버스덕트공사

해설 **옥내전로의 대지 전압의 제한(KEC 231.6)의 옥내 배선공사**
　→ 합성수지관공사, 금속관공사, 케이블공사

정답 | 07 ③　08 ②　09 ④

CHAPTER

05 배선설비(KEC 232)

1. 배선설비 공사의 종류(KEC 232.2)

종류	공사방법
전선관시스템	합성수지관공사, 금속관공사, 가요전선관공사
케이블트렁킹시스템	합성수지몰드공사, 금속몰드공사, 금속트렁킹공사[a]
케이블덕팅시스템	플로어덕트공사, 셀룰러덕트공사, 금속덕트공사[b]
애자공사	애자공사
케이블트레이시스템 (래더, 브래킷 포함)	케이블트레이공사
케이블공사	고정하지 않는 방법, 직접 고정하는 방법, 지지선 방법

• a) 금속본체와 커버가 별도로 구성되어 커버를 개폐할 수 있는 금속덕트공사를 말한다.
• b) 본체와 커버 구분 없이 하나로 구성된 금속덕트공사를 말한다.

2. 배선설비 적용 시 고려사항(KEC 232.3)

1) 병렬접속(KEC 232.3.2)
두 개 이상의 선도체(충전도체) 또는 PEN도체를 계통에 병렬로 접속하는 경우
(1) 병렬도체 사이에 부하전류가 균등하게 배분될 수 있도록 할 것
(2) 도체가 같은 재질, 같은 단면적을 가지고, 거의 길이가 같고, 전체 길이에 분기회로가 없으며 다음과 같을 경우 병렬접속 요구사항을 충족한 것으로 본다.
  ① 병렬도체가 다심케이블, 트위스트(twist) 단심케이블 또는 절연전선인 경우
  ② 병렬도체가 비트위스트 단심케이블 또는 삼각형태 혹은 직사각형 형태의 절연전선이고 단면적이 구리 50$[mm^2]$, 알루미늄 70$[mm^2]$ 이하인 것
  ③ 병렬도체가 비트위스트 단심케이블 또는 삼각형태 혹은 직사각형 형태의 절연전선이고 단면적이 구리 50$[mm^2]$, 알루미늄 70$[mm^2]$를 초과하는 것으로 이 형상에 필요한 특수 배치를 적용한 것

2) 배선설비와 다른 공급설비와의 접근(KEC 232.3.7)
(1) 다른 전기 공급설비의 접근
  ① 애자공사에 의하여 시설하는 저압 옥내배선과 다른 저압 옥내배선 또는 관등회로의 배선 사이의 이격거리 : 0.1[m] 이상일 것
  ② 애자공사에 의해 시설하는 저압 옥내배선이 나전선인 경우 이격거리 : 0.3[m] 이상일 것

(2) 통신 케이블과의 접근

　① 지중 통신케이블과 지중 전력케이블이 교차 · 접근하는 경우 : 100[mm] 이상 간격을 유지할 것

　② 지중 전선이 지중 약전류전선 등과 접근 · 교차하는 경우 상호 간 이격거리가 저압 지중 전선은 0.3[m]
　　이하인 경우 : 지중 전선과 지중 약전류전선 등 사이에 견고한 내화성 격벽을 설치할 것

　③ 저압 옥내배선이 애자공사인 경우 약전류전선 등과 접근 · 교차하는 경우

저압옥내배선		이격거리
애자공사	나전선 이외	약전류 전선 등 또는 수관 · 가스관이나 이와 유사한 것 : 0.1[m] 이상
	나전선	약전류 전선 등 또는 수관 · 가스관이나 이와 유사한 것 : 0.3[m] 이상

3) 수용가 설비에서의 전압강하(KEC 232.3.9)

수용가 설비의 인입구로부터 기기까지의 전압강하는 다음 값 이하일 것

설비의 유형	조명(%)	기타(%)
A – 저압으로 수전하는 경우	3	5
B – 고압 이상으로 수전하는 경우[a]	6	8

• a) 가능한 한 최종회로 내의 전압강하가 A 유형의 값을 넘지 않도록 하는 것이 바람직하다.
• 사용자의 배선설비가 100[m]를 넘는 부분의 전압강하는 미터 당 0.005[%] 증가할 수 있으나 이러한
　증가분은 0.5[%]를 넘지 않아야 한다.

3. 배선설비의 선정과 설치에 고려해야 할 외부영향(KEC 232.4)

배선설비는 예상되는 모든 외부영향에 대한 보호가 이루어져야 한다.

(1) 주위온도

(2) 외부 열원

(3) 물의 존재(AD) 또는 높은 습도(AB)

(4) 침입고형물의 존재(AE)

(5) 부식 또는 오염 물질의 존재(AF)

(6) 충격(AG)

(7) 진동(AH)

(8) 그 밖의 기계적 응력(AJ)

(9) 식물과 곰팡이의 존재(AK)

(10) 동물의 존재(AL)

(11) 태양 방사(AN) 및 자외선 방사

(12) 지진의 영향(AP)

(13) 바람(AR)

(14) 가공 또는 보관된 자재의 특성(BE)

(15) 건축물의 설계(CB)

4. 허용전류(KEC 232.5)

1) 절연물의 허용온도(KEC 232.5.1)

정상적인 사용 상태에서 내용기간 중에 전선에 흘러야 할 전류는 통상적으로 다음 표의 절연물의 허용온도 이하일 것

절연물의 종류	최고허용온도(℃)
열가소성 물질[폴리염화비닐(PVC)]	70(도체)
열경화성 물질[가교폴리에틸렌(XLPE) 또는 에틸렌프로필렌고무(EPR) 혼합물]	**90(도체)**
무기물(열가소성 물질 피복 또는 나도체로 사람이 접촉할 우려가 있는 것)	70(시스)
무기물(사람의 접촉에 노출되지 않고, 가연성 물질과 접촉할 우려가 없는 나도체)	105(시스)

2) 허용전류의 결정(KEC 232.5.2)

(1) 절연도체와 비외장케이블에 대한 전류가 KS C IEC 60364-5-52(저압전기설비-제5-52부 : 전기기기의 선정 및 설치-배선설비)의 "부속서 B(허용전류)"에 주어진 필요한 보정 계수를 적용하고, KS C IEC 60364-5-52(저압전기설비-제5-52부 : 전기기기의 선정 및 설치-배선설비)의 "부속서 A(공사방법)"를 참조하여 KS C IEC 60364-5-52(저압전기설비-제5-52부 : 전기기기의 선정 및 설치-배선설비)의 "부속서 B(허용전류)"의 표(공사방법, 도체의 종류 등을 고려 허용전류)에서 선정된 적절한 값을 초과하지 않는 경우 KEC 232.5.1의 요구사항을 충족하는 것으로 간주함

(2) 허용전류의 적정 값은 KS C IEC 60287(전기 케이블-전류 정격 계산) 시리즈에서 규정한 방법, 시험 또는 방법이 정해진 경우 승인된 방법을 이용한 계산을 통해 결정할 수도 있다. 이것을 사용하려면 부하 특성 및 토양 열저항의 영향을 고려하여야 함

(3) 주위온도는 해당 케이블 또는 절연전선이 무부하일 때 주위 매체의 온도임

⚡ 과년도 기출 및 예상문제

★☆☆

01 설치 방법에 따른 배선 방법 중 전선관 시스템에 의한 배선 방법은?

① 합성수지몰드공사
② 플로어덕트공사
③ 애자사용공사
④ 합성수지관공사

해설 **배선설비 공사의 종류**(KEC 232.2)

종류	공사방법
전선관시스템	합성수지관공사, 금속관공사, 가요전선관공사
케이블트렁킹시스템	합성수지몰드공사, 금속몰드공사, 금속트렁킹공사
케이블덕팅시스템	플로어덕트공사, 셀룰러덕트공사, 금속덕트공사

★★★

02 케이블덕팅공사에 해당되지 않는 공사방법은 무엇인가?

① 플로어덕트공사
② 금속몰드공사
③ 셀룰러덕트공사
④ 금속덕트공사

해설 **배선설비 공사의 종류**(KEC 232.2)

종류	공사방법
전선관시스템	합성수지관공사, 금속관공사, 가요전선관공사
케이블트렁킹시스템	합성수지몰드공사, 금속몰드공사, 금속트렁킹공사
케이블덕팅시스템	플로어덕트공사, 셀룰러덕트공사, 금속덕트공사

★★☆

03 저압 배선설비 병렬접속 방법에 해당되지 않는 것은?

① 같은 재질의 도체로 접속한다.
② 같은 단면적의 도체로 접속한다.
③ 같은 길이의 도체로 접속한다.
④ 전체 길이에 분기회로를 2개 설치하였다.

해설 **병렬접속**(KEC 232.3.2)
　　가. 도체가 같은 재질일 것
　　나. 같은 단면적을 가질 것
　　다. 거의 길이가 같을 것
　　라. 전체 길이에 분기회로가 없을 것

정답 | 01 ④ 02 ② 03 ④

★★★
04 사용전압이 300[V]인 지중 케이블이 지중 약전류 전선과 접근 또는 교차할 때 상호 간에 내화성의 격벽을 설치한다면 상호 간의 이격거리는 몇 [cm] 이하인 경우인가?

① 30 ② 50

③ 60 ④ 100

> **해설** **배선설비와 다른 공급설비와의 접근**(KEC 232.3.7)
> 지중 전선이 지중 약전류전선 등과 접근·교차하는 경우 상호 간 이격거리가 저압 지중 전선은 0.3[m] 이하인 경우 : 지중 전선과 지중 약전류전선 등 사이에 견고한 내화성 격벽을 설치할 것

★★★
05 저압 지중 전선이 지중 약전류 전선 등과 접근 또는 교차되는 경우에 이격거리가 몇 [cm] 이하인 경우에 전선 사이에 견고한 내화성의 격벽을 설치하는 경우 이외에는 지중 전선을 견고한 불연성 또는 난연성의 관에 넣어 그 관이 지중 약전류 전선 등과 직접 접촉되지 않도록 하여야 하는가?

① 15 ② 20

③ 25 ④ 30

> **해설** **배선설비와 다른 공급설비와의 접근**(KEC 232.3.7)
> 지중 전선이 지중 약전류 전선 등과 접근·교차하는 경우 상호 간 이격거리가 저압 지중 전선은 0.3[m] 이하인 경우 : 지중 전선과 지중 약전류 전선 등 사이에 견고한 내화성 격벽을 설치할 것

★★☆
06 지중 통신케이블과 지중 전력케이블이 교차하거나 접근하는 경우 몇 [mm] 이상의 간격 유지하여야 하는가?

① 50 ② 100

③ 150 ④ 200

> **해설** **배선설비와 다른 공급설비와의 접근**(KEC 232.3.7)
> 통신 케이블과의 접근
> → 지중 통신케이블과 지중 전력케이블이 교차하거나 접근하는 경우 100[mm] 이상의 간격을 유지해야 함

정답 | **04** ① **05** ④ **06** ②

★☆☆
07 XLPE 전선의 최고허용온도는 몇 [℃] 인가?

① 70
② 90
③ 105
④ 120

해설 **절연물의 허용온도**(KEC 232.5.1)

절연물의 종류	최고허용온도(℃)
열가소성 물질[폴리염화비닐(PVC)]	70(도체)
열경화성 물질[가교폴리에틸렌(XLPE) 또는 에틸렌프로필렌고무(EPR) 혼합물]	90(도체)

★★★
08 저압으로 수전하는 경우 수용가설비의 인입구로부터 조명기기까지의 전압강하는 몇 [%] 이하인가?

① 2
② 3
③ 5
④ 6

해설 **수용가 설비에서의 전압강하**(KEC 232.3.9)

설비의 유형	조명[%]	기타[%]
A – 저압으로 수전하는 경우	3	5
B – 고압 이상으로 수전하는 경우	6	8

정답 | 07 ② 08 ②

전선관 시스템(KEC 232.11)

5. 합성수지관공사(KEC 232.11)

1) 시설조건(KEC 232.11.1)

(1) 전선 : 절연전선(옥외용 비닐절연전선은 제외)일 것

(2) 전선 : 연선일 것. 다만, 다음의 것은 예외임

 ① 짧고 가는 합성수지관에 넣은 것

 ② 단면적 10[mm^2](알루미늄선은 단면적 16[mm^2]) 이하의 것

(3) 전선은 합성수지관 안에서 접속점이 없도록 할 것

(4) 중량물의 압력 또는 현저한 기계적 충격을 받을 우려가 없도록 시설할 것

(5) 이중천장(반자 속 포함) 내에는 시설할 수 없다.

2) 합성수지관 및 부속품의 시설(KEC 232.11.3)

(1) 관 상호 간 및 박스와 관 삽입 깊이

 ① 관의 바깥지름의 1.2배 이상

 ② 접착제를 사용 시 : 관의 바깥지름의 0.8배 이상일 것

(2) 관의 지지점 간의 거리 : 1.5[m] 이하

(3) 습기가 많은 장소 또는 물기가 있는 장소 : 방습 장치를 할 것

(4) 콤바인 덕트관은 직접 콘크리트에 매입(埋入)하여 시설하거나 옥내 전개된 장소에 시설하는 경우 이외에는 불연성 마감재 내부, 전용의 불연성 관 또는 덕트에 넣어 시설할 것

(5) 합성수지제 휨(가요) 전선관 상호 간은 직접 접속하지 말 것

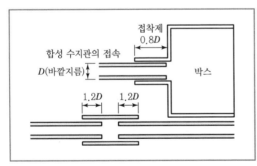

[그림-47. 합성수지관공사]

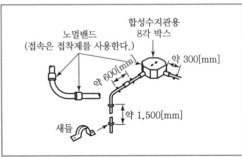

[그림-48. 금속관공사]

6. 금속관공사(KEC 232.12)

1) 시설조건(232.12.1)

(1) 전선은 절연전선(옥외용 비닐절연전선은 제외)일 것

(2) 전선은 연선일 것. 다만, 다음의 것은 예외임

 ① 짧고 가는 금속관에 넣은 것

 ② 단면적 10[mm^2](알루미늄선은 단면적 16[mm^2]) 이하

(3) 전선은 금속관 안에서 접속점이 없도록 할 것

2) 금속관 및 부속품의 선정(KEC 232.12.2)

(1) 콘크리트에 매입하는 것은 1.2[mm] 이상

(2) (1)항 이외의 것은 1[mm] 이상

(3) 관의 끝부분 및 안쪽 면은 전선의 피복을 손상하지 아니하도록 매끈한 것일 것

3) 금속관 및 부속품의 시설(KEC 232.12.3)

(1) 관의 끝 부분에는 전선의 피복을 손상방지를 위해 부싱을 사용할 것

(2) 습기가 많은 장소 및 물기가 있는 장소에 시설하는 경우에는 방습 장치를 할 것

(3) 관에는 접지공사를 할 것

7. 금속제 가요전선관공사(KEC 232.13)

1) 시설조건(KEC 232.13.1)

(1) 전선은 절연전선(옥외용 비닐절연전선은 제외)일 것

(2) 전선은 연선일 것{단면적 10[mm²](알루미늄선은 단면적 16[mm²]) 이하는 예외}

(3) 가요전선관 안에는 전선에 접속점이 없도록 할 것

(4) 가요전선관은 2종 금속제 가요전선관일 것

(5) 1종 가요전선관 사용장소

　① 전개된 장소 또는 점검할 수 있는 은폐된 장소

　② 습기가 많은 장소 또는 물기가 많은 장소 : 비닐피복 1종 가요전선관

2) 가요전선관 및 부속품의 시설(KEC 232.13.3)

(1) 가요전선관의 끝부분은 피복을 손상하지 아니하는 구조로 되어 있을 것

(2) 2종 금속제 가요전선관을 사용하는 경우에 습기 많은 장소 또는 물기가 있는 장소에 시설하는 때에는 비닐 피복 2종 가요전선관일 것

(3) 1종 금속제 가요전선관에는 단면적 2.5[mm²] 이상의 나연동선을 전체 길이에 걸쳐 삽입 또는 첨가하여 그 나연동선과 1종 금속제가요전선관을 양쪽 끝에서 전기적으로 완전하게 접속할 것(관의 길이가 4[m] 이하인 것을 시설하는 경우에는 예외임)

(4) 가요전선관공사는 접지공사를 할 것

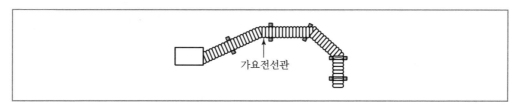

[그림-49. 가요전선관]

⚡ 과년도 기출 및 예상문제

★★★
01 합성수지관 공사에 대한 설명 중 옳은 것은?

① 합성수지관 안에 전선의 접속점이 있어야 한다.
② 전선은 반드시 옥외용 절연전선을 사용하여야 한다.
③ 합성수지관 내 6.0[mm²] 경동선은 넣을 수 있다.
④ 합성수지관의 지지점 간의 거리는 3[m]로 한다.

> **해설** 가. 합성수지관 공사 시설조건(KEC 232.11.1)
> 　　가) 전선은 절연전선(옥외용 비닐절연전선은 제외)일 것
> 　　나) 전선은 연선일 것. 다만, 다음의 것은 예외임
> 　　　　ⓐ 짧고 가는 합성수지관에 넣은 것
> 　　　　ⓑ 단면적 10[mm²](알루미늄선은 단면적 16[mm²]) 이하의 것
> 　　다) 전선은 합성수지관 안에서 접속점이 없도록 할 것
> 나. 합성수지관 및 부속품의 시설(KEC 232.11.3)
> 　　가) 관 상호 간 및 박스와 관 삽입 깊이
> 　　　　ⓐ 관의 바깥지름의 1.2배 이상
> 　　　　ⓑ 접착제를 사용 시 : 관의 바깥지름의 0.8배 이상일 것
> 　　나) 관의 지지점 간의 거리 : 1.5[m] 이하

★★★
02 저압 옥내배선을 합성수지관 공사에 의하여 실시하는 경우 사용할 수 있는 단선(동선)의 최대 단면적은 최대 몇 [mm²]인가?

① 4　　　　　　　　　　　　　　② 6
③ 10　　　　　　　　　　　　　　④ 16

> **해설** **합성수지관 공사 시설조건(KEC 232.11.1)**
> 전선 : 단면적 10[mm²](알루미늄선은 단면적 16[mm²]) 이하의 것

★★★
03 합성수지관 공사에서 관 상호간과 박스와의 접속은 관의 삽입하는 깊이를 관 바깥지름의 몇 배 이상으로 하여야 하는가? (단, 접착제를 사용하지 않는 경우이다.)

① 0.5　　　　　　　　　　　　　② 0.9
③ 1.0　　　　　　　　　　　　　④ 1.2

> **해설** **합성수지관 및 부속품의 시설(KEC 232.11.3)**
> 관 상호 간 및 박스와 관 삽입 깊이
> 가. 관의 바깥지름의 1.2배 이상
> 나. 접착제를 사용 시 : 관의 바깥지름의 0.8배 이상일 것

정답	01 ③　02 ③　03 ④

★★★
04 일반주택의 저압 옥내배선을 점검하였더니 다음과 같이 시공되어 있었다. 잘못 시공된 것은?

① 욕실의 전등으로 방습 형광등이 시설되어 있다.
② 단상 3선식 인입 개폐기의 중성선에 동판이 접속되어 있었다.
③ 합성수지관 공사의 지지점 간의 거리가 2.0[m]로 되어 있었다.
④ 금속관공사로 시공하였고 450/750[V] 일반용 단심 비닐절연전선전선이 사용되어 있었다.

> **해설** **합성수지관 및 부속품의 시설**(KEC 232.11.3)
> → 관의 지지점 간의 거리 : 1.5[m] 이하

★★★
05 금속관공사에서 절연부싱을 쓰는 주된 목적은?

① 관의 끝이 터지는 것을 방지
② 관의 단구에서 조영재의 접촉 방지
③ 관내 해충 및 이물 출입 방지
④ 관의 단구에서 전선 피복의 손상 방지

> **해설** **금속관 및 부속품의 시설**(KEC 232.12.3)
> → 관의 끝부분에는 전선의 피복의 손상 방지를 위해 부싱을 사용할 것

★☆☆
06 금속관공사에 의한 저압 옥내배선 시 콘크리트에 매설하는 경우 관의 최소 두께[mm]는?

① 0.8   ② 1.0
③ 1.2   ④ 1.4

> **해설** **금속관 및 부속품의 선정**(KEC 232.12.2)
> 가. 콘크리트에 매입하는 것은 1.2[mm] 이상
> 나. 콘크리트에 매입 이외의 것은 1[mm] 이상

★★☆
07 다음 중 금속관공사에 대한 기준으로 옳지 않은 것은?

① 저압 옥내배선에 사용하는 전선으로 옥외용 비닐절연전선을 사용하였다.
② 저압 옥내배선의 금속관 안에는 전선에 접속점이 없도록 하였다.
③ 콘크리트에 매설하는 전선관의 두께는 1.2[mm]를 사용하였다.
④ 금속관에는 접지공사를 하였다.

> **해설** **금속관공사의 시설조건**(232.12.1)
> → 전선은 절연전선(옥외용 비닐절연전선은 제외)일 것

정답   04 ③   05 ④   06 ③   07 ①

08 가요전선관공사에 의한 저압 옥내배선으로 잘못된 것은?

① 2종 금속제 가요전선관을 사용하였다.
② 규격에 적당한 지름 10[mm²]의 단선을 사용하였다.
③ 전선으로 옥외용 비닐절연전선을 사용하였다.
④ 가요전선관에 접지공사를 하였다.

> **해설** **금속제 가요전선관공사의 시설조건**(KEC 232.13.1)
> 　가. 전선은 절연전선(옥외용 비닐절연전선은 제외)일 것
> 　나. 전선은 연선일 것{단면적 10[mm²](알루미늄선은 단면적 16[mm²]) 이하는 예외}
> 　다. 가요전선관 안에는 전선에 접속점이 없도록 할 것
> 　라. 가요전선관은 2종 금속제 가요전선관일 것
> 　마. 1종 가요전선관 사용장소
> 　　가) 전개된 장소 또는 점검할 수 있는 은폐된 장소
> 　　나) 습기가 많은 장소 또는 물기가 많은 장소 : 비닐피복 1종 가요전선관

09 저압 옥내배선을 가요전선관 공사에 의해 시공하고자 할 때 전선을 단선으로 사용한다면 그 단면적은 최대 몇 [mm²] 이하이어야 하는가? (단, 알루미늄선은 제외한다.)

① 2.5 　　　　　　　　　② 4
③ 6 　　　　　　　　　④ 10

> **해설** **금속제 가요전선관공사의 시설조건**(KEC 232.13.1)
> 　가. 전선은 절연전선(옥외용 비닐절연전선은 제외)일 것
> 　나. 전선은 연선일 것{단면적 10[mm²](알루미늄선은 단면적 16[mm²])} 이하는 예외

10 가요전선관 공사에 사용할 수 없는 전선은?

① 인입용 비닐 절연전선 　　　② 옥외용 비닐절연전선
③ 450/750[V] 이하 염화비닐절연전선 　　　④ 450/750[V] 이하 고무 절연전선

> **해설** **금속제 가요전선관공사의 시설조건**(KEC 232.13.1)
> 　가. 전선은 절연전선(옥외용 비닐절연전선은 제외)일 것
> 　나. 전선은 연선일 것{단면적 10[mm²](알루미늄선은 단면적 16[mm²])} 이하는 예외

8. 합성수지몰드공사(KEC 232.21)

1) 시설조건(KEC 232.21.1)

(1) 전선 : 절연전선(옥외용 비닐절연전선은 제외)일 것

(2) 합성수지몰드 안에는 전선에 접속점이 없도록 할 것(합성수지몰드 안의 전선을 적합한 합성 수지제의 조인트 박스를 사용하여 접속 시 전선 접속이 가능함)

2) 합성수지몰드 및 박스 기타의 부속품의 선정(KEC 232.21.2)

(1) 합성수지몰드 및 박스 기타의 부속품은 KS C 8436에 적합한 것일 것

(2) 합성수지몰드는 홈의 폭 및 깊이가 35[mm] 이하, 두께는 2[mm] 이상일 것(사람이 쉽게 접촉할 우려가 없도록 시설하는 경우: 폭이 50[mm] 이하, 두께 1[mm] 이상 사용 가능)

9. 금속몰드공사(KEC 232.22)

1) 시설조건(KEC 232.22.1)

(1) 전선 : 절연전선(옥외용 비닐절연 전선은 제외)일 것

(2) 금속몰드 안에는 전선에 접속점이 없도록 할 것

(3) 금속몰드의 사용전압이 400[V] 이하로 옥내의 건조한 장소로 전개된 장소 또는 점검할 수 있는 은폐장소에 한하여 시설할 수 있다.

2) 금속몰드 및 박스 기타 부속품의 선정(KEC 232.22.2)

(1) 황동이나 동으로 견고하게 제작한 것으로서 안쪽 면이 매끈한 것일 것

(2) 황동제 또는 동제의 몰드는 폭이 50[mm] 이하, 두께 0.5[mm] 이상인 것일 것

3) 금속몰드 및 박스 기타 부속품의 시설(KEC 232.22.3)

① 견고하고 또한 전기적으로 완전하게 접속할 것

② 몰드에는 접지공사를 할 것

10. 금속트렁킹공사(KEC 232.23)

본체부와 덮개가 별도로 구성되어 덮개를 열고 전선을 교체하는 금속트렁킹공사방법은 KEC 232.31(금속덕트공사)의 규정을 준용한다.

11. 케이블트렌치공사(KEC 232.24)

1) 시설기준

(1) 사용 전선 및 시설방법은 케이블트레이공사를 준용한다.

(2) 케이블은 배선 회로별로 구분하고 2[m] 이내의 간격으로 받침대 등을 시설할 것

(3) 다른 공사방법으로 변경되는 곳에는 전선에 물리적 손상을 주지 않도록 시설할 것

(4) 케이블트렌치 내부에는 전기배선설비외 수관·가스관 등 다른 시설물을 설치하지 말 것

⚡ 과년도 기출 및 예상문제

★★☆
01 합성수지몰드공사에 의한 저압 옥내배선의 시설방법으로 옳지 않은 것은?

① 합성수지몰드는 홈의 폭 및 깊이가 3.5[cm] 이하의 것이어야 한다.
② 전선은 옥외용 비닐절연을 제외한 절연전선이어야 한다.
③ 합성수지몰드 상호간 및 합성수지몰드와 박스 기타의 부속품과는 전선이 노출되지 않도록 접속한다.
④ 합성수지몰드 안에는 접속점을 1개소까지 허용한다.

> **해설** **합성수지몰드공사 시설조건**(KEC 232.21.1)
> 가. 전선 : 절연전선(옥외용 비닐절연전선은 제외)일 것
> 나. 합성수지몰드 안에는 전선에 접속점이 없도록 할 것

★☆☆
02 합성수지몰드공사에 의한 저압 옥내배선에서 합성수지몰드의 두께는 몇 [mm] 이상이어야 하는가?

① 0.8
② 1.2
③ 1.5
④ 2.0

> **해설** **합성수지몰드 및 박스 기타의 부속품의 선정**(KEC 232.21.2)
> 합성수지몰드는 홈의 폭 및 깊이가 35[mm] 이하, 두께는 2[mm] 이상의 것일 것(사람이 쉽게 접촉할 우려가 없도록 시설하는 경우 : 폭이 50[mm] 이하, 두께 1[mm] 이상 사용 가능).

★☆☆
03 금속몰드공사에 의한 저압 옥내배선을 다음과 같이 시설하고자 한다. 옳지 못한 것은?

① 전선은 절연전선일 것
② 금속몰드 안에서는 전선의 접속점이 없도록 할 것
③ 점검할 수 없는 은폐장소에 한하여 시설할 것
④ 몰드 상호 및 몰드의 박스 기타의 부속품은 견고하게 접속할 것

> **해설** **금속몰드공사의 시설조건**(KEC 232.22.1)
> 가. 전선 : 절연전선(옥외용 비닐절연 전선은 제외)일 것.
> 나. 금속몰드 안에는 전선에 접속점이 없도록 할 것.
> 다. 금속몰드의 사용전압이 400[V] 이하로 옥내의 건조한 장소로 전개된 장소 또는 점검할 수 있는 은폐장소에 한하여 시설할 수 있다.

정답 | 01 ④ 02 ④ 03 ③

★★☆

04 옥내 건조한 장소에서 금속몰드공사로 저압 옥내배선을 시설할 때 사용전압은 몇 [V] 이하인가?

① 100   ② 200

③ 300   ④ 400

> **해설** **금속몰드공사 시설조건(KEC 232.22.1)**
> → 금속몰드의 사용전압이 400[V] 이하로 옥내의 건조한 장소로 전개된 장소

★☆☆

05 케이블트렌치공사의 시설방법으로 옳지 못한 것은?

① 케이블트렌치 내의 사용 전선 및 시설방법은 케이블트레이공사를 준용한다.

② 케이블트렌치 내부에는 전기배선설비 이외의 수관·가스관 등 다른 시설물을 설치하지 말 것

③ 케이블은 배선 회로별로 구분하고 3[m] 이내의 간격으로 받침대 등을 시설할 것

④ 케이블트렌치에서 케이블트레이, 덕트, 전선관 등 다른 공사방법으로 변경되는 곳에는 전선에 물리적 손상을 주지 않도록 시설할 것

> **해설** **케이블트렌치공사(KEC 232.24) 시설기준**
> 가. 사용 전선 및 시설방법은 케이블트레이공사를 준용한다.
> 나. 케이블은 배선 회로별로 구분하고 2[m] 이내의 간격으로 받침대 등을 시설할 것
> 다. 다른 공사방법으로 변경되는 곳에는 전선에 물리적 손상을 주지 않도록 시설할 것
> 라. 케이블트렌치 내부에는 전기배선설비 외 수관·가스관 등 다른 시설물을 설치 불가함

정답 | 04 ④   05 ③

케이블덕팅시스템(KEC 232.30)

12. 금속덕트공사(KEC 232.31)

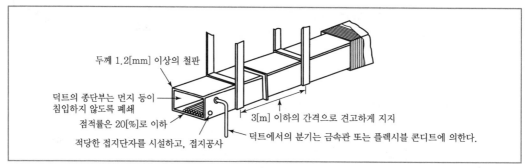

두께 1.2[mm] 이상의 철판

덕트의 종단부는 먼지 등이 침입하지 않도록 폐쇄

점적률은 20[%]로 이하

적당한 접지단자를 시설하고, 접지공사

3[m] 이하의 간격으로 견고하게 지지

덕트에서의 분기는 금속관 또는 플렉시블 콘디트에 의한다.

[그림 – 50. 금속덕트공사]

1) 시설조건(KEC 232.31.1)

(1) 전선 : 절연전선(옥외용 비닐절연전선은 제외)일 것

(2) 금속덕트내 전선의 단면적의 합계

　① 일반적 수납 : 덕트의 내부 단면적의 20[%] 이하(발열문제로 인함)

　② 전광표시장치 또는 제어회로 등의 배선만 수납 시 : 50[%]) 이하

(3) 금속덕트 안에는 전선에 접속점이 없도록 할 것

(4) 금속덕트 안의 전선을 외부로 인출하는 부분은 금속 덕트의 관통부분에서 전선이 손상될 우려가 없도록 시설할 것

(5) 금속덕트 안에는 전선의 피복을 손상할 우려가 있는 것을 넣지 아니할 것

(6) 건축물의 방화 구획을 관통시 방화벽 또는 덕트 내부는 불연성의 물질로 차폐할 것

2) 금속덕트의 시설(KEC 232.31.3)

(1) 덕트 상호 간은 견고하고, 전기적으로 완전하게 접속할 것

(2) 덕트를 조영재에 붙이는 경우

　① 덕트의 지지점 간의 거리를 3[m] 이하

　② 취급자 이외의자가 출입할 수 없도록 설비한 곳 : 수직 설치 시 6[m] 이하

(3) 덕트의 끝부분은 막을 것

(4) 덕트 안에 먼지가 침입하지 않을 것

(5) 덕트는 물이 고이는 낮은 부분을 만들지 않도록 시설할 것

(6) 덕트는 접지공사를 할 것

13. 플로어덕트공사(KEC 232.32)

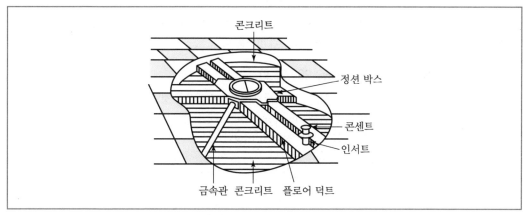

[그림 – 51. 플로어덕트공사]

1) 시설조건(KEC 232.32.1)

    (1) 전선 : 절연전선(옥외용 비닐절연전선은 제외)일 것

    (2) 전선 : 연선일 것{단면적 10[mm^2](알루미늄선은 단면적 16[mm^2]) 이하인 것은 예외}

    (3) 플로어덕트 안에는 전선에 접속점이 없도록 할 것

2) 플로어덕트 및 부속품의 시설(KEC 232.32.3)

    (1) 덕트 및 박스 기타의 부속품은 물이 고이는 부분이 없도록 시설할 것

    (2) 박스 및 인출구는 마루 위로 돌출하지 않고, 물이 스며들지 않도록 밀봉할 것

    (3) 덕트의 끝부분은 막을 것

    (4) 덕트는 접지공사를 할 것

14. 셀룰러덕트공사(KEC 232.33)

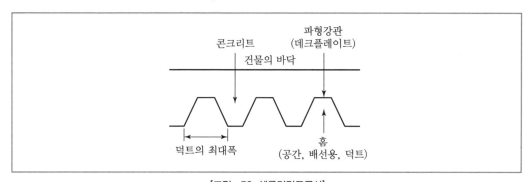

[그림 – 52. 셀룰러덕트공사]

1) 시설조건(KEC 232.33.1)

(1) 전선 : 절연전선(옥외용 비닐절연전선은 제외)일 것

(2) 전선 : 연선일 것(단면적 10[mm^2](알루미늄선은 단면적 16[mm^2]) 이하의 것은 예외)

(3) 셀룰러덕트 안에는 전선에 접속점을 만들지 아니할 것

2) 셀룰러덕트 및 부속품의 선정(KEC 232.33.2)

(1) 덕트 끝과 안쪽 면은 전선의 피복이 손상하지 아니하도록 매끈한 것일 것

(2) 덕트의 안쪽 면 및 외면은 방청을 위하여 도금 또는 도장을 한 것일 것

(3) 셀룰러덕트의 판 두께는 다음 표에서 정한 값 이상일 것

덕트의 최대 폭	덕트의 판 두께
150[mm] 이하	1.2[mm]
150[mm] 초과 200[mm] 이하	1.4[mm][KS D 3602(강제 갑판) 중 SDP2, SDP3 또는 SDP2G에 적합한 것은 1.2[mm]]
200[mm] 초과하는 것	1.6[mm]

(4) 부속품의 판 두께는 1.6[mm] 이상일 것

3) 셀룰러덕트 및 부속품의 시설(KEC 232.33.3)

(1) 덕트 상호 간, 덕트와 조영물의 금속 구조체, 부속품 및 덕트에 접속하는 금속체와는 견고하게 또한 전기적으로 완전하게 접속할 것

(2) 덕트 및 부속품은 물이 고이는 부분이 없도록 시설할 것

(3) 인출구는 바닥 위로 돌출하지 않도록 시설하고 또한 물이 스며들지 않도록 할 것

(4) 덕트의 끝부분은 막을 것

(5) 덕트는 접지공사를 할 것

⚡ 과년도 기출 및 예상문제

★★☆

01 플로어덕트공사에 의한 저압 옥내배선에서 연선을 사용하지 않아도 되는 전선(동선)의 단면적은 최대 몇 $[mm^2]$ 인가?

① 2.5   ② 4

③ 6   ④ 10

> **해설** | **플로어덕트공사 시설조건**(KEC 232.32.1)
>
> → 전선 : 연선일 것{단면적 10$[mm^2]$(알루미늄선은 단면적 16$[mm^2]$) 이하인 것은 예외}

★★☆

02 제어 회로용 절연전선을 금속 덕트 공사에 의하여 시설하고자 한다. 절연 피복을 포함한 전선의 총면적은 덕트의 내부 단면적의 몇 [%]까지 할 수 있는가?

① 20   ② 30

③ 40   ④ 50

> **해설** | **금속덕트공사 시설조건**(KEC 232.31.1)
>
> 금속덕트 내 전선의 단면적의 합계
> 가. 일반적 수납 : 덕트의 내부 단면적의 20[%] 이하(발열 문제로 인함)
> 나. 전광표시장치 또는 제어회로 등의 배선만 수납 시 : 50[%] 이하

★★★

03 금속덕트 공사에 의한 저압 옥내배선공사 중 시설기준에 적합하지 않은 항은?

① 금속덕트에 넣은 전선의 단면적의 합계가 덕트 내부 단면적의 20[%] 이하가 되게 하였다.
② 덕트 상호 및 덕트와 금속관과는 전기적으로 완전하게 접속했다.
③ 덕트를 조영재에 붙이는 경우 덕트의 지지점 간의 거리를 4[m] 이하로 견고하게 붙였다.
④ 저압 옥내배선의 사용전압이 400[V] 미만인 경우에는 덕트에는 제3종 접지공사를 한다.

> **해설** | 가. 금속덕트공사 시설조건(KEC 232.31.1)
>
> 가) 금속덕트 내 전선의 단면적의 합계
> ⓐ 일반적 수납 : 덕트의 내부 단면적의 20[%] 이하(발열문제로 인함)
> ⓑ 전광표시장치 또는 제어회로 등의 배선만 수납 시 : 50[%] 이하
> 나) 금속덕트 안에는 전선에 접속점이 없도록 할 것
> 나. 금속덕트 시설(KEC 232.31.3)
> 가) 덕트 상호 간은 견고하고, 전기적으로 완전하게 접속할 것
> 나) 덕트를 조영재에 붙이는 경우 : 덕트의 지지점 간의 거리를 3[m] 이하로 할 것

정답 | 01 ④   02 ④   03 ③

케이블트레이시스템(KEC 232.40)

15. 공사(KEC 232.41)

1) 케이블트레이

케이블을 지지하기 위하여 사용하는 금속재 또는 불연성 재료로 제작된다.

2) 종류

사다리형, 펀칭형, 메시형, 바닥밀폐형

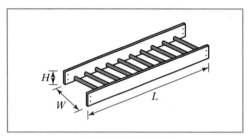

[그림-53. 사다리형]

[그림-54. 펀칭형]

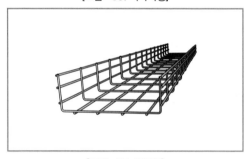

[그림-55. 메시형]

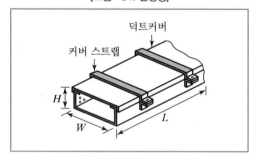

[그림-56. 바닥밀폐형]

3) 시설조건(KEC 232.41.1)

　(1) 전선의 종류
　　　① 연피케이블, 알루미늄피 케이블 등 난연성 케이블
　　　② 기타 케이블(적당한 간격으로 연소(延燒)방지 조치를 한 것)
　　　③ 금속관 혹은 합성수지관 등에 넣은 절연전선
　(2) 케이블트레이 안에서 전선을 접속하는 경우
　　　① 전선 접속부분에 사람이 접근할 수 있음
　　　② 그 부분이 측면 레일 위로 나오지 않도록 하고 그 부분을 절연처리 할 것
　(3) 수평 포설 케이블 이외의 케이블 : 케이블 트레이의 가로대에 견고하게 고정할 것
　(4) 저압 · 고압 · 특고압 케이블은 동일 케이블 트레이 안에 포설할 수 없다.
　(5) 수평 트레이에 다심케이블을 포설 시
　　　① 케이블의 지름(케이블 완성품 바깥지름)의 합계는 트레이의 내측폭 이하 및 단층으로 시설할 것
　　　② 벽면과의 간격은 20[mm] 이상 이격하여 설치할 것

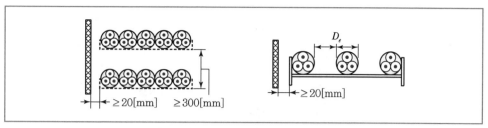

[그림 - 57. 수평트레이의 다심케이블공사]

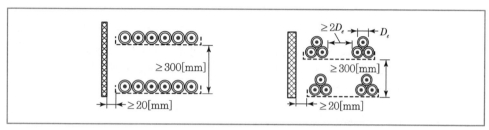

[그림 - 58. 수평트레이의 단심케이블 공사]

(6) 수평 트레이에 단심케이블을 포설 시
  ① 케이블의 지름의 합계는 트레이의 내측폭 이하 및 단층으로 포설함. 단, 삼각포설 시에는 묶음 단위 사이의 간격은 단심케이블 지름의 2배 이상(이보다 좁을 경우 저감계수를 적용) 이격하여 포설함([그림-58] 참고)
  ② 벽면과의 간격은 20[mm] 이상, 트레이 간 수직간격은 300[mm] 이상 이격하여 설치할 것. 단, 이보다 간격이 좁을 경우 저감계수를 적용할 것
(7) 수직 트레이에 다심케이블을 포설 시
  ① 케이블의 지름의 합계는 트레이의 내측폭 이하 및 단층으로 포설함
  ② 벽면과의 간격은 가장 굵은 케이블의 바깥지름의 0.3배 이상 이격하여 설치할 것. 단, 이보다 간격이 좁을 경우 저감계수를 적용할 것

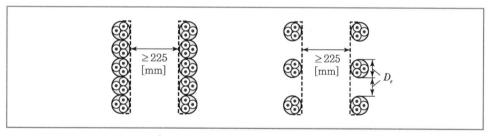

[그림 - 59. 수직트레이의 다심케이블 공사]

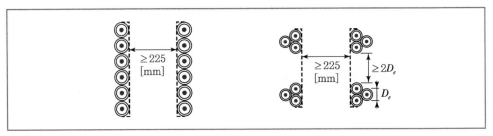

[그림 - 60. 수직트레이의 단심케이블 공사]

(8) 수직 트레이에 단심케이블을 포설 시
   ① 케이블 지름의 합계는 트레이의 내측폭 이하 및 단층으로 포설함. 단, 삼각포설 시에는 묶음단위 사이의
      간격은 단심케이블 지름의 2배 이상(이보다 간격이 좁을 경우 저감계수를 적용) 이격하여 설치함
   ② 벽면과의 간격은 가장 굵은 단심케이블 바깥지름의 0.3배 이상 이격하여 설치함. 단, 이보다 간격이 좁
      을 경우 저감계수를 적용할 것

2) 케이블트레이의 선정(KEC 232.41.2)

   (1) 안전율은 1.5 이상일 것
   (2) 지지대는 트레이 자체 하중과 케이블 하중을 충분히 견디는 강도일 것
   (3) 전선의 피복 등을 손상시킬 돌기 등이 없이 매끈할 것
   (4) 금속재의 것은 적절한 방식처리 및 내식성 재료일 것
   (5) 비금속제 케이블 트레이는 난연성 재료의 것일 것
   (6) 금속제 케이블트레이시스템은 기계적 및 전기적으로 완전하게 접속할 것
   (7) 금속제 트레이는 접지공사를 할 것
   (8) 케이블트레이가 방화구획의 벽, 마루, 천장 등을 관통하는 경우에 관통부는 불연성의 물질로 충전할 것

16. 케이블공사(KEC 232.51)

1) 시설조건(KEC 232.51.1)

   (1) 전선 : 케이블 및 캡타이어케이블일 것
   (2) 전선의 지지점 간의 거리
      ① 케이블은 2[m](사람이 접촉할 우려가 없는 곳에서 수직 시 부착 : 6[m]) 이하
      ② 캡타이어케이블은 1[m] 이하
   (3) 금속제의 전선 접속함 및 금속체에는 접지공사를 할 것

2) 수직 케이블의 포설(KEC 232.51.3)

   (1) 종류
      ① 비닐외장케이블
      ② 클로로프렌외장케이블
   (2) 도체 굵기
      ① 동(구리) : 공칭단면적 25[mm^2] 이상
      ② 알루미늄 : 공칭단면적 35[mm^2] 이상
   (3) 전선 및 그 지지부분의 안전율 : 4 이상일 것

17. 애자공사(KEC 232.56)

1) 시설조건(KEC 232.56.1)

(1) 전선 : 절연전선(옥외용 비닐절연전선 및 인입용 비닐절연전선은 제외)일 것

(2) 절연전선이 아니어도 되는 경우

    ① 전기로용 전선

    ② 전선의 피복 절연물이 부식하는 장소에 시설하는 전선

    ③ 취급자 이외의 자가 출입할 수 없도록 설비한 장소에 시설하는 전선

(3) 이격거리

사용전압		전선과 조영재 와의 거리		전선상호 간 간격	전선 지지점 간 거리	
					조영재의 상면 또는 측면	조영재에 따라 시설하지 않는 경우
저압	400[V] 미만	25[mm] 이상		0.06[m] 이상	2[m] 이하	(−)
	400[V] 이상	건조한 장소	25[mm] 이상			6[m] 이하
		기타 장소 (물기, 습기)	45[mm] 이상			

2) 애자의 선정(KEC 232.56.2)

사용하는 애자는 절연성 · 난연성 및 내수성의 것일 것

18. 버스덕트공사(KEC 232.61)

대전류 사용 시 전선을 사용한 공사의 어려운 점을 해소한 공사방법

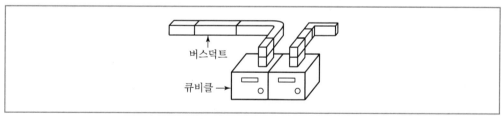

[그림-61. 버스덕트공사]

1) 시설조건(KEC 232.61.1)

(1) 덕트의 지지점 간의 거리(덕트를 조영재에 붙이는 경우)

    ① 3[m] 이하

    ② 취급자 이외의 자가 출입할 수 없도록 설비한 곳에서 수직 부착 시 : 6[m] 이하

(2) 덕트(환기형의 것 제외)의 끝부분은 막을 것

(3) 덕트(환기형의 것 제외)의 내부에 먼지가 침입하지 않도록 할 것

(4) 덕트는 접지공사를 할 것

(5) 습기가 많은 장소 또는 물기가 있는 장소에 시설 시 옥외용 버스덕트를 사용하고 버스덕트 내부에 물이 침입하여 고이지 않도록 할 것

2) 버스덕트의 선정(KEC 232.61.2)

(1) 도체

① 동도체 : 단면적 20[mm^2] 이상, 지름 5[mm] 이상

② 알루미늄 : 단면적 30[mm^2] 이상

(2) 도체 지지물은 절연성 · 난연성 및 내수성이 있는 견고한 것일 것

19. 라이팅덕트공사(KEC 232.71)

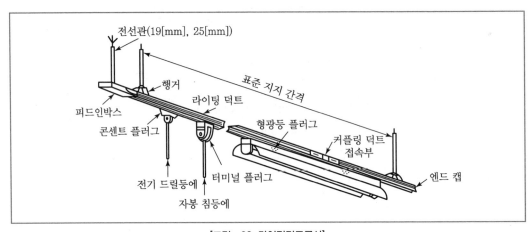

[그림 – 62. 라이팅덕트공사]

1) 시설조건(KEC 232.71.1)

(1) 덕트는 조영재에 견고하게 붙일 것

(2) 덕트의 지지점 간의 거리 : 2[m] 이하로 할 것

(3) 덕트의 끝부분은 막을 것

(4) 덕트는 조영재를 관통하여 시설하지 말 것

(5) 덕트에는 절연물로 금속재 부분을 피복한 덕트를 이외에는 접지공사를 할 것

(6) 전로에 지락이 생겼을 때에 자동적으로 전로를 차단하는 장치를 시설할 것

20. 옥내에 시설하는 저압 접촉전선 배선(KEC 232.81)

1) 이동기중기 · 자동청소기등에 사용하는 접촉전선을 옥내에 시설하는 경우

(1) 공사방법(전개된 장소, 점검할 수 있는 은폐장소)

① 애자공사

② 버스덕트공사

③ 절연트롤리공사

2) 저압 접촉전선을 애자공사에 의하여 옥내의 전개된 장소에 시설하는 경우

※ 기계기구에 시설하는 경우 제외

(1) 전선의 바닥에서의 높이 : 3.5[m] 이상

(2) 전선과 건조물 등 사이의 이격거리

   ① 위쪽 : 2.3[m] 이상

   ② 옆쪽 : 1.2[m] 이상

(3) 전선 규격

구분	규격
400[V] 초과	• 인장강도 : 11.2[kN] 이상 • 지름 6[mm]의 경동선으로 단면적 28[mm^2] 이상
400[V] 이하	• 인장강도 : 3.44[kN] 이상 • 지름 3.2[mm] 이상의 경동선으로 단면적이 8[mm^2] 이상

(4) 전선의 지지점 간의 거리 : 6[m] 이하일 것

(5) 전선 상호 간의 간격

구분	간격
① 수평으로 배열 시	0.14[m] 이상
② 기타의 경우	0.2[m] 이상

3) 옥내에 시설하는 접촉전선이 다른 옥내전선, 약전류전선 등 또는 수관 · 가스관이나 이와 유사한 것과 접근하거나 교차하는 경우

(1) 상호 간의 이격거리 : 0.3[m] 이상

(2) 가스계량기 및 가스관의 이음부와 이격거리 : 0.6[m] 이상

21. 옥내에 시설하는 저압용 배분전반 등의 시설(KEC 232.84)

1) 옥내에 시설하는 저압용 배 · 분전반의 기구 및 전선

(1) 노출된 충전부가 있는 배전반 및 분전반은 취급자 이외의 사람이 쉽게 출입할 수 없도록 할 것

(2) 한 개의 분전반에는 한 가지 전원(1회선의 간선)만 공급할 것

(3) 주택용 분전반은 노출된 장소에 시설할 것

(4) 옥내에 설치하는 배전반 및 분전반은 불연성 또는 난연성이 있도록 시설할 것

2) 옥내에 시설하는 저압용 전기계량기와 이를 수납하는 계기함을 사용할 경우

(1) 쉽게 점검 및 보수할 수 있는 위치에 시설할 것

(2) 계기함은 내연성에 적합한 재료일 것

⚡ 과년도 기출 및 예상문제

★★☆
01 케이블트레이의 시설에 대한 설명으로 틀린 것은?

① 안전율은 1.5 이상으로 하여야 한다.
② 비금속제 케이블 트레이는 난연성 재료의 것이어야 한다.
③ 금속제 트레이는 접지공사를 하여야 한다.
④ 케이블트레이가 방화구획의 벽, 마루, 천장 등을 관통하는 경우에 관통부는 연소성의 물질로 충전하여야 한다.

> **해설 케이블트레이의 선정**(KEC 232.41.2)
> → 케이블트레이가 방화구획의 벽, 마루, 천장 등을 관통하는 경우에 관통부는 불연성의 물질로 충전할 것

★☆☆
02 케이블을 지지하기 위하여 사용하는 금속제 케이블트레이의 종류가 아닌 것은?

① 통풍밀폐형
② 펀칭형
③ 바닥밀폐형
④ 사다리형

> **해설 케이블트레이공사**(KEC 232.41)
> → 종류 : 사다리형, 펀칭형, 메시형, 바닥밀폐형이 있다.

★☆☆
03 케이블트레이공사에 사용할 수 없는 케이블은?

① 연피케이블
② 난연성 케이블
③ 캡타이어 케이블
④ 알루미늄피 케이블

> **해설 케이블트레이공사**(KEC 232.41)**의 전선의 종류**
> 가. 연피케이블, 알루미늄피 케이블 등 난연성 케이블
> 나. 기타 케이블(적당한 간격으로 연소(延燒)방지 조치를 한 것)
> 다. 금속관 혹은 합성수지관 등에 넣은 절연전선

★★☆
04 케이블트레이공사에 사용되는 케이블트레이는 수용된 모든 전선을 지지할 수 있는 적합한 강도의 것으로서, 이 경우 케이블트레이의 안전율은 얼마 이상으로 하여야 하는가?

① 1.1
② 1.2
③ 1.3
④ 1.5

> **해설 케이블트레이의 선정**(KEC 232.41.2)
> 안전율은 1.5 이상일 것

정답 | 01 ④ 02 ① 03 ③ 04 ④

★☆☆

05 케이블을 조영재의 아랫면 또는 옆면에 따라 붙이는 경우 전선의 지지점 간의 거리는?

① 1　　　　　　　　　　　　　　② 1.5

③ 2　　　　　　　　　　　　　　④ 3

해설 **케이블공사 시설조건(KEC 232.51.1)**

전선의 지지점 간의 거리

가. 케이블은 2[m](사람이 접촉할 우려가 없는 곳에서 수직 시 부착 : 6[m]) 이하

나. 캡타이어케이블은 1[m] 이하

★☆☆

06 애자사용공사에 의한 저압 옥내배선 시 전선 상호 간의 간격은 몇 [cm] 이상인가?

① 2.0　　　　　　　　　　　　　② 4.0

③ 6.0　　　　　　　　　　　　　④ 8.0

해설 **애자공사 시설조건(KEC 232.56.1)의 이격거리**

사용전압		전선과 조영재와의 거리		전선 상호 간 간격
저압	400[V] 미만	2.5[cm] 이상		6[cm] 이상(0.06[m])
	400[V] 이상	건조한 장소	2.5[cm] 이상	
		기타 장소 (물기, 습기)	4.5[cm] 이상	

★★☆

07 건조한 곳에 시설하는 애자사용 노출 공사에 있어서 사용전압 440[V]의 경우 전선과 조영재와의 이격거리는?

① 2.5[cm] 이상　　　　　　　　② 3.0[cm] 이상

③ 4.5[cm] 이상　　　　　　　　④ 5.0[cm] 이상

해설 **애자공사 시설조건(KEC 232.56.1)의 이격거리**

사용전압		전선과 조영재와의 거리		전선 상호 간 간격
저압	400[V] 미만	2.5[cm] 이상		6[cm] 이상(0.06[m])
	400[V] 이상	건조한 장소	2.5[cm] 이상	
		기타 장소 (물기, 습기)	4.5[cm] 이상	

정답 | 05 ③　06 ③　07 ①

★★☆
08 버스덕트공사에 의한 덕트를 조영재에 붙이는 경우 지지점 간의 거리는 몇 [m] 이하로 하는가?

① 2[m] 이하　　　　　　　　　　② 3[m] 이하
③ 4[m] 이하　　　　　　　　　　④ 5[m] 이하

> 해설 **버스덕트공사 시설조건**(KEC 232.61.1)
> 덕트의 지지점 간의 거리(덕트를 조영재에 붙이는 경우) → 3[m] 이하

★☆☆
09 라이팅덕트공사에 의한 저압 옥내배선 공사 시설기준으로 틀린 것은?

① 덕트의 끝부분은 막을 것
② 덕트는 조영재에 견고하게 붙일 것
③ 덕트는 조영재를 관통하여 시설할 것
④ 덕트의 지지점 간의 거리는 2[m] 이하로 할 것

> 해설 **라이팅덕트공사 시설조건**(KEC 232.71.1)
> → 덕트는 조영재를 관통하여 시설하지 말 것

★★☆
10 옥내에 시설하는 저압 접촉전선 공사법이 아닌 것은?

① 점검할 수 있는 은폐된 장소의 애자사용공사
② 버스덕트공사
③ 금속몰드공사
④ 절연트롤리공사

> 해설 **옥내에 시설하는 저압 접촉전선 배선**(KEC 232.81)
> 이동기중기 · 자동청소기등에 사용하는 접촉전선을 옥내에 시설하는 경우의 공사방법(전개된 장소, 점검할 수 있는 은폐장소)
> 가. 애자공사
> 나. 버스덕트공사
> 다. 절연트롤리공사

정답 | 08 ② 09 ③ 10 ③

★★★
11

사용전압이 440[V]인 이동 기중기용 접촉전선을 애자 사용공사에 의하여 옥내의 전개된 장소에 시설하는 경우 사용하는 전선으로 옳은 것은?

① 인장강도가 3.44[kN] 이상인 것 또는 지름 2.6[mm]의 경동선으로 단면적이 8[mm²] 이상인 것
② 인장강도가 3.44[kN] 이상인 것 또는 지름 3.2[mm]의 경동선으로 단면적이 18[mm²] 이상인 것
③ 인장강도가 11.2[kN] 이상인 것 또는 지름 6[mm]의 경동선으로 단면적이 28[mm²] 이상인 것
④ 인장강도가 11.2[kN] 이상인 것 또는 지름 8[mm]의 경동선으로 단면적이 18[mm²] 이상인 것

해설 **옥내에 시설하는 저압 접촉전선 배선(KEC 232.81)의 전선 규격**

구분	규격
400[V] 초과	• 인장강도 : 11.2[kN] 이상 • 지름 6[mm]의 경동선으로, 단면적 28[mm²] 이상
400[V] 이하	• 인장강도 : 3.44[kN] 이상 • 지름 3.2[mm] 이상의 경동선으로, 단면적이 8[mm²] 이상

★☆☆
12

저압 접촉전선을 애자공사에 의하여 옥내의 전개된 장소에 시설하는 경우 기계·기구에 시설하는 경우 이외에 전선의 지지점 간의 거리 몇 [m] 이하인가?

① 5.0
② 5.5
③ 6.0
④ 6.5

해설 **옥내에 시설하는 저압 접촉전선 배선(KEC 232.81)**
저압 접촉전선을 애자공사에 의하여 옥내의 전개된 장소에 시설하는 경우
기계기구에 시설하는 경우 이외 → 전선의 지지점 간의 거리 : 6[m] 이하일 것

★☆☆
13

주택용 분전반의 설치 장소로 적합한 것은?

① 신발장 내부
② 옷장 내부
③ 수납장 내부
④ 노출된 장소

해설 **옥내에 시설하는 저압용 배분전반 등의 시설(KEC 232.84)**
주택용 분전반은 노출된 장소(신발장, 옷장 등의 은폐된 장소에는 시설할 수 없다)에 시설

정답 11 ③ 12 ③ 13 ④

CHAPTER

06 조명설비(KEC 234)

1. 코드의 사용(KEC 234.2)

사용전압 : 400[V] 이하의 전로에 사용함

2. 코드 및 이동전선(KEC 234.3)

구분	전선 종류
(1) 조명용 전원코드 또는 이동전선	단면적 0.75[mm^2] 이상의 코드 또는 캡타이어케이블
(2) 조명용 전원코드를 비나 이슬에 맞지 않도록 시설하고(옥측 시설) 사람이 쉽게 접촉되지 않도록 시설	단면적이 0.75[mm^2] 이상인 $450/750$[V] 내열성 에틸렌아세테이트 고무절연전선
(3) 옥내에서 조명용 전원코드 또는 이동전선을 습기가 많은 장소 또는 수분이 있는 장소에 시설	(1) 고무코드(사용전압이 400[V] 이하인 경우) (2) 0.6/1[kV] EP 고무절연 클로로프렌 캡타이어케이블로서 단면적이 0.75[mm^2] 이상

3. 콘센트의 시설(KEC 234.5)

구분	시설 방법
(1) 콘센트를 바닥에 시설하는 경우	방수구조의 플로어박스에 설치
(2) 욕조나 샤워시설이 있는 욕실 또는 화장실	(1) 인체감전보호용 누전차단기(정격감도전류 15[mA] 이하, 동작시간 0.03초 이하의 전류동작형)로 보호된 전로에 접속함 (2) 절연변압기(정격용량 3[kVA] 이하)로 보호된 전로에 접속함 (3) 인체감전보호용 누전차단기가 부착된 콘센트를 시설함 (4) 접지극이 있는 방적형 콘센트를 사용하여 접지할 것
(3) 습기가 많은 장소 또는 수분이 있는 장소	접지용 단자가 있는 것을 사용하여 접지하고 방습 장치를 할 것

4. 점멸기의 시설(KEC 234.6)

(1) 전로의 비접지측에 시설할 것
(2) 욕실 내는 점멸기를 시설하지 말 것
(3) 가정용전등은 매 등기구마다 점멸이 가능하도록 할 것(장식용 및 발코니 등기구는 예외)
(4) 옥내에 시설하는 전체 조명용 전등은 전등군마다 점멸이 가능하도록 할 것
(5) 태양광선이 들어오는 창과 가장 가까운 전등은 따로 점멸이 가능하도록 할 것
(6) 여인숙을 제외한 객실 수가 30실 이상인 호텔이나 여관의 각 객실의 조명용 전원에는 자동 또는 반자동의 점멸이 가능한 장치를 할 것

(7) 센서등(타임스위치 포함) 시설 대상 및 기준

① 관광숙박업 또는 숙박업(여인숙업 제외)에 이용되는 객실의 입구등은 1분 이내에 소등되는 것

② 일반주택 및 아파트 각 호실의 현관등은 3분 이내에 소등되는 것

5. 진열장 또는 이와 유사한 것의 내부 배선(KEC 234.8)

(1) 사용전압 : 400[V] 이하

(2) 사용전선 : 코드, 캡타이어케이블

(3) 전선 단면적 : 0.75[mm²] 이상

6. 옥외등(KEC 234.9)

(1) 사용전압(KEC 234.9.1) : 대지전압 300[V] 이하일 것

(2) 분기회로(KEC 234.9.2) : 옥외등과 옥내등을 병용하는 분기회로는 20[A] 과전류차단기 분기회로로 할 것

(3) 옥외등의 인하선(KEC 234.9.4)의 공사방법

① 애자공사(지표상 2[m] 이상의 높이에서 노출된 장소에 시설할 경우에 한함)

② 금속관공사

③ 합성수지관공사

④ 케이블공사

7. 전주외등(KEC 234.10)

1) 적용범위(KEC 234.10.1)

사용전압 : 대지전압 300[V] 이하의 형광등, 고압방전등, LED등에 적용

2) 배선(KEC 234.10.3)

(1) 배선 : 단면적 2.5[mm²] 이상의 절연전선

(2) 공사방법

① 케이블공사

② 합성수지관공사

③ 금속관공사

(3) 배선지지 : 1.5[m] 이내마다 새들(saddle) 또는 밴드로 지지할 것

8. 1[kV] 이하 방전등(KEC 234.11)

1) 적용범위(KEC 234.11.1)

방전등에 전기를 공급하는 전로의 대지전압 : 300[V] 이하일 것

2) 방전등용 변압기(KEC 234.11.3)

(1) 관등회로의 사용전압이 400[V] 초과 : 방전등용 변압기를 사용할 것

(2) 절연변압기를 사용할 것

3) 관등회로의 배선(KEC 234.11.4)

(1) 관등회로의 사용전압이 400[V] 이하인 배선

① 공칭단면적 2.5[mm^2] 이상의 연동선

② 전선종류 : 동등이상 세기 및 굵기의 절연전선, 캡타이어케이블, 케이블일 것

(2) 관등회로의 사용전압이 400[V] 초과이고, 1[kV] 이하인 배선

① 공사방법 : 합성수지관공사 · 금속관공사 · 가요전선관공사, 케이블공사일 것

② 또는 다음 표에 의한 방법으로 선정함

시설장소의 구분		공사방법
전개된 장소	건조한 장소	애자공사 · 합성수지몰드공사 또는 금속몰드공사
	기타의 장소	애자공사
점검할 수 있는 은폐된 장소	건조한 장소	애자공사 · 합성수지몰드공사 또는 금속몰드공사
	기타의 장소	애자공사

4) 접지(KEC 234.11.9)

(1) 안정기의 외함 및 등기구의 금속제부분에는 접지공사를 할 것

(2) 접지공사를 생략할 수 있는 경우

① 관등회로의 사용전압이 대지전압 150[V] 이하의 것을 건조한 장소에서 시공할 경우

② 관등회로의 사용전압이 400[V] 이하의 것을 사람이 쉽게 접촉될 우려가 없는 건조한 장소에서 시설할 경우

③ 관등회로의 사용전압이 400[V] 이하 또는 변압기의 정격 2차 단락전류 혹은 회로의 동작전류가 50[mA] 이하의 것

과년도 기출 및 예상문제

★★☆
01 다음 중 욕실 등 인체가 물에 젖어 있는 상태에서 물을 사용하는 장소에 콘센트를 시설하는 경우에 적합한 누전차단기는?

① 정격감도전류 15[mA] 이하, 동작시간 0.03초 이하의 전압동작형 누전차단기
② 정격감도전류 15[mA] 이하, 동작시간 0.03초 이하의 전류동작형 누전차단기
③ 정격감도전류 15[mA] 이하, 동작시간 0.3초 이하 전압동작형 누전차단기
④ 정격감도전류 15[mA] 이하, 동작시간 0.3초 이하 전류동작형 누전차단기

> **해설** **콘센트의 시설**(KEC 234.5)
> 욕조나 샤워시설이 있는 욕실 또는 화장실
> → 인체감전보호용 누전차단기(정격감도전류 15[mA] 이하, 동작시간 0.03초 이하의 전류동작형)로 보호된 전로에 접속함

★★☆
02 아파트 세대 욕실에 "비대용 콘센트"를 시설하고자 한다. 다음의 시설방법 중 적합하지 않은 것은?

① 콘센트를 시설하는 경우에는 인체 감전보호용 누전차단기로 보호된 전로에 접속할 것
② 습기가 많은 곳에 시설하는 배선기구는 방습 장치를 시설할 것
③ 저압용 콘센트 접지극이 없는 것을 사용할 것
④ 충전 부분이 노출되지 않을 것

> **해설** **콘센트의 시설**(KEC 234.5)
> 콘센트는 접지극이 있는 방적형 콘센트를 사용하여야 한다.

★★★
03 일반주택 및 아파트 각 호실의 현관에 조명용 백열전등을 설치할 때 사용하는 타임스위치는 몇 분 이내에 소등되는 것을 시설하여야 하는가?

① 1 　　　　② 2
③ 3 　　　　④ 5

> **해설** **점멸기의 시설**(KEC 234.6) 센서등(타임스위치 포함) 시설 대상 및 기준
> → 호텔, 여관 각 객실의 입구등은 1분, 일반주택 및 아파트 현관등은 3분

정답 | 01 ② 　02 ③ 　03 ③

★☆☆

04 점멸기의 시설에서 센서등(타임스위치 포함)을 시설하여야 하는 곳은?

① 공장   ② 상점
③ 사무실   ④ 아파트 현관

> **해설** **점멸기의 시설(KEC 234.6) 센서등(타임스위치 포함) 시설 대상 및 기준**
> 가. 관광숙박업 또는 숙박업(여인숙업 제외)에 이용되는 객실의 입구등은 1분 이내에 소등되는 것
> 나. 일반주택 및 아파트 각 호실의 현관등은 3분 이내에 소등되는 것

★☆☆

05 옥외등에 전기를 공급하는 전로의 사용전압은 대지전압을 몇 [V] 이하로 하여야 하는가?

① 250   ② 300
③ 350   ④ 400

> **해설** **옥외등**(KEC 234.9)
> 옥외등 사용전압 → 대지전압 300[V] 이하일 것

★☆☆

06 건조한 곳에 시설하고 또한 내부를 건조한 상태로 사용하는 쇼윈도 안의 사용전압이 400[V] 이하인 저압 옥내배선의 전선은?

① 단면적이 0.75[mm^2] 이상인 절연전선 또는 캡타이어케이블
② 단면적이 1.25[mm^2] 이상인 코드 또는 절연전선
③ 단면적이 0.75[mm^2] 이상인 코드 또는 캡타이어케이블
④ 단면적이 1.25[mm^2] 이상인 코드 또는 다심형 전선

> **해설** **진열장 또는 이와 유사한 것의 내부 배선**(KEC 234.8)
> 사용전압이 400[V] 이하이고, 전선의 단면적 0.75[mm^2] 이상인 코드 또는 캡타이어케이블일 것

★☆☆

07 전주외등의 시설 시 사용하는 공사방법으로 잘못된 것은?

① 금속관공사   ② 버스덕트공사
③ 합성수지관공사   ④ 케이블공사

> **해설** **옥외등의 인하선**(KEC 234.9.4)**의 공사방법**
> 가. 케이블공사
> 나. 합성수지관공사
> 다. 금속관공사

> 정답 | **04** ④   **05** ②   **06** ③   **07** ②

★☆☆

08 옥내에 시설하는 사용전압 400[V] 이상 1,000[V] 이하인 전개된 장소로서 건조한 장소가 아닌 기타 장소의 관등회로 배선공사로서 적합한 것은?

① 애자사용공사　　　　　　　　　② 합성수지몰드공사
③ 금속몰드공사　　　　　　　　　④ 금속덕트공사

> **해설** **관등회로의 배선**(KEC 234.11.4)
> → 관등회로의 사용전압이 400[V] 초과이고, 1[kV] 이하인 배선
> 가. 공사방법 : 합성수지관공사 · 금속관공사 · 가요전선관공사, 케이블공사일 것
> 나. 또는 다음 표에 의한 방법으로 선정함
>
> | 시설장소의 구분 | | 공사방법 |
> |---|---|---|
> | 전개된 장소 | 건조한 장소 | 애자공사 · 합성수지몰드공사 또는 금속몰드공사 |
> | | 기타의 장소 | 애자공사 |
> | 점검할 수 있는 은폐된 장소 | 건조한 장소 | 애자공사 · 합성수지몰드공사 또는 금속몰드공사 |
> | | 기타의 장소 | 애자공사 |

★★☆

09 관등회로 사용전압이 400[V] 이하 또는 방전등용 변압기의 2차 단락전류나 관등회로의 동작전류가 몇 [mA] 이하로 방전등을 시설하는 경우에 접지공사를 하지 않아도 되는가?

① 25　　　　　　　　　　　　　　② 50
③ 75　　　　　　　　　　　　　　④ 100

> **해설** **1[kV] 이하 방전등의 접지**(KEC 234.11.9)
> 가. 1[kV]이하 방전등의 접지공사를 생략할 수 있는 경우
> 나. 관등회로의 사용전압이 400[V] 이하 또는 변압기의 정격 2차 단락전류 혹은 회로의 동작전류가 50[mA] 이하의 것

★★☆

10 아파트 세대 욕실에 "비대용 콘센트"를 시설하고자 한다. 다음의 시설방법 중 적합하지 않은 것은?

① 콘센트를 시설하는 경우에는 인체 감전보호용 누전차단기로 보호된 전로에 접속할 것
② 습기가 많은 곳에 시설하는 배선기구는 방습 장치를 시설할 것
③ 저압용 콘센트 접지극이 없는 것을 사용할 것
④ 충전 부분이 노출되지 않을 것

> **해설** **콘센트의 시설**(KEC 234.5)
> 콘센트는 접지극이 있는 방적형 콘센트를 사용하여야 한다.

9. 네온방전등(KEC 234.12)

1) 적용범위(KEC 234.12.1)

전로의 대지전압 : 300[V] 이하일 것

2) 네온변압기

(1) 네온변압기는 「전기용품 및 생활용품 안전관리법」의 적용을 받은 것
(2) 네온변압기는 2차측을 직렬 또는 병렬로 접속하여 사용하지 말 것
(3) 네온변압기를 우선 외에 시설 시 : 옥외형의 것을 사용할 것

3) 관등회로의 배선(KEC 234.12.3)

관등회로의 배선은 애자공사로 다음과 같이 시설할 것

(1) 전선 : 네온관용 전선을 사용할 것
(2) 배선은 외상을 받을 우려가 없고 사람이 접촉될 우려가 없는 노출장소에 시설할 것
(3) 전선은 애자로 견고하게 지지하여 조영재의 아랫면 또는 옆면에 부착함
 ① 전선 상호간의 이격거리 : 60[mm] 이상일 것
 ② 전선과 조영재 이격거리는 노출장소에서 다음 표와 같이 이격함

전압 구분	이격거리
6[kV] 이하	20[mm] 이상
6[kV] 초과 9[kV] 이하	30[mm] 이상
9[kV] 초과	40[mm] 이상

 ③ 전선 지지점간의 거리 : 1[m] 이하로 할 것
 ④ 애자는 절연성 · 난연성 및 내수성이 있는 것일 것

4) 접지(KEC 234.12.5)

네온변압기의 외함, 네온변압기를 넣는 금속함 및 관등을 지지하는 금속제프레임 등은 접지공사를 할 것

10. 수중조명등(KEC 234.14)

1) 사용전압(KEC 234.14.1)

(1) 절연변압기의 1차측 전로의 사용전압 : 400[V] 이하일 것
(2) 절연변압기의 2차측 전로의 사용전압 : 150[V] 이하일 것

2) 전원장치(KEC 234.14.2)

(1) 절연변압기의 2차 측 전로는 접지하지 말 것
(2) 절연변압기는 교류 5[kV]의 시험전압으로 하나의 권선과 다른 권선, 철심 및 외함 사이에 계속적으로 1분간 가하는 절연내력 시험에 견딜 것

3) 2차측 배선 및 이동전선(KEC 234.14.3)

(1) 절연변압기의 2차측 배선 : 금속관공사로 시설할 것

(2) 수중조명등에 전기를 공급하기 위하여 사용하는 이동전선 시설 규정

① 접속점이 없는 단면적 2.5[mm²] 이상의 0.6/1[kV] EP 고무절연 클로프렌 캡타이어케이블일 것

② 이동전선은 유영자가 접촉될 우려가 없도록 시설할 것

③ 이동전선과 배선과의 접속은 꽂음 접속기를 사용할 것

4) 접지(KEC 234.14.6)

수중조명등의 절연변압기는 그 2차측 전로의 사용전압이 30[V] 이하인 경우는 1차권선과 2차권선 사이에 금속제의 혼촉방지판을 설치하고, 접지공사를 할 것

5) 누전차단기(234.14.7)

수중조명등의 절연변압기 2차측 전로의 사용전압이 30[V]를 초과하는 경우에는 그 전로에 지락이 생겼을 때에 자동적으로 전로를 차단하는 정격감도전류 30[mA] 이하의 누전차단기를 시설할 것

6) 사람 출입의 우려가 없는 수중조명등의 시설(KEC 234.14.8)

조명등 전로의 대지전압 : 150[V] 이하일 것

11. 교통신호등(KEC 234.15)

(1) 사용전압(KEC 234.15.1) : 교통신호등 제어장치의 최대사용전압은 300[V] 이하일 것

(2) 2차측 배선(KEC 234.15.2)

① 케이블인 경우 이외에는 공칭단면적 2.5[mm²] 연동선

② 동등 이상의 세기 및 굵기의 450/750[V] 일반용 단심 비닐절연전선

③ 450/750[V] 내열성 에틸렌아세테이트 고무절연전선일 것

(3) 가공전선의 지표상 높이 등(KEC 234.15.3) : KEC 222.7의 저압가공전선의 높이 규정에 따름

(4) 교통신호등의 인하선(KEC 234.15.4) : 전선의 지표상의 높이 2.5[m] 이상일 것

(5) 누전차단기(KEC 234.15.6) : 교통신호등 회로의 사용전압이 150[V]를 넘는 경우는 전로에 지락이 생겼을 경우 자동적으로 전로를 차단하는 누전차단기를 시설할 것

(6) 접지(KEC 234.15.7) : 제어장치의 금속제외함 및 신호등 지지 철주 접지공사를 할 것

⚡ 과년도 기출 및 예상문제

★★☆
01 옥내에 시설하는 관등 회로의 사용전압이 1,000[V]가 넘는 방전관에 네온 방전관을 사용하고, 관등회로의 배선은 애자사용공사에 의하여 시설할 경우로서 적합하지 않은 것은?

① 전선은 네온 전선일 것
② 전선의 지지점 간의 거리는 1[m] 이하일 것
③ 전선은 조영재의 앞면 또는 위쪽 면에 붙일 것
④ 전선 상호 간의 간격은 6[cm] 이상일 것

> **해설** **관등회로의 배선(KEC 234.12.3)**
> 가. 전선 : 네온관용 전선을 사용할 것
> 나. 전선은 애자로 견고하게 지지하여 조영재의 아랫면 또는 옆면에 부착함
> 다. 전선 상호 간의 이격거리 : 60[mm] 이상일 것
> 라. 전선 지지점 간의 거리 : 1[m] 이하로 할 것

★☆☆
02 옥내 네온방전등 공사에 대한 설명으로 틀린 것은?

① 방전등용 변압기는 네온변압기일 것
② 관등회로의 배선은 점검할 수 없는 은폐장소에 시설할 것
③ 관등회로의 배선은 애자사용공사에 의하여 시설할 것
④ 방전등용 변압기의 외함에는 접지공사를 할 것

> **해설** **네온방전등(KEC 234.12)**
> 가. 방전등용 네온변압기는 「전기용품 및 생활용품 안전관리법」의 적용을 받은 것
> 나. 관등회로의 배선은 애자공사로 시설
> (배선은 외상을 받을 우려가 없고 사람이 접촉될 우려가 없는 노출장소에 시설할 것)
> 다. 네온변압기의 외함, 네온변압기를 넣는 금속함 및 관등을 지지하는 금속제프레임 등은 접지공사를 할 것

★☆☆
03 풀용 수중조명등에 전기를 공급하는 절연 변압기의 시설에 관한 사항 중 옳지 않은 것은?

① 절연 변압기의 2차측 전로는 접지하지 않는다.
② 2차측 전로의 사용전압이 30[V] 이하인 경우에는 1차 및 2차 권선 사이에 금속제의 혼촉방지판을 설치한다.
③ 1차와 2차의 혼촉방지판은 접지공사를 한다.
④ 절연변압기의 2차측 배선은 애자사용공사에 의하여 시설한다.

> **해설** **수중조명등의 2차측 배선 및 이동전선(KEC 234.14.3)**
> → 절연변압기의 2차측 배선 : 금속관공사로 시설할 것

정답	01 ③ 02 ② 03 ④

★☆☆
04 풀용 수중조명등에 전기를 공급하기 위하여 사용되는 절연 변압기 1차측 및 2차측 전로의 사용전압은 각각 최대 몇 [V] 이하인가?

① 300, 100

② 400, 150

③ 200, 150

④ 600, 300

> 해설 **수중조명등의 사용전압**(KEC 234.14.1)
> 가. 1차측 사용전압 : 400[V] 이하
> 나. 2차측 사용전압 : 150[V] 이하의 절연 변압기

★★★
05 교통신호등 회로의 사용전압은 최대 몇 [V]인가?

① 100[V]

② 200[V]

③ 300[V]

④ 400[V]

> 해설 **교통신호등의 사용전압**(KEC 234.15.1)
> → 교통신호등 제어장치의 최대사용전압은 300[V] 이하일 것

★★★
06 교통신호등의 시설을 다음과 같이 하였다. 이 공사 중 옳지 못한 것은?

① 전선은 450/750[V] 일반용 단심 비닐절연전선을 사용하였다.
② 신호등의 인하선은 지표상 2.5[m]로 하였다.
③ 도로를 횡단 시 지표상 6[m]로 하였다.
④ 교통신호등의 제어장치의 금속제외함은 접지공사를 하고 신호등을 지지하는 철주에는 접지공사를 하지 않는다.

> 해설 **교통신호등**(KEC 234.15)
> 가. 전선 : 450/750[V] 일반용 단심 비닐절연전선
> 나. 교통신호등의 인하선 → 전선의 지표상의 높이 : 2.5[m] 이상일 것
> 다. 제어장치의 금속제외함 및 철주에는 접지공사를 할 것

★☆☆
07 교통신호등 회로의 사용전압이 몇 [V]를 넘는 경우는 전로에 지락이 생겼을 경우 자동적으로 전로를 차단하는 누전차단기를 시설하는가?

① 60

② 150

③ 300

④ 450

> 해설 **교통신호등의 누전차단기**(KEC 234.15.6)
> 교통신호등 회로의 사용전압이 150[V]를 넘는 경우는 전로에 지락이 생겼을 경우 자동적으로 전로를 차단하는 누전차단기를 시설할 것

정답 | 04 ② 05 ③ 06 ④ 07 ②

CHAPTER 07 옥측·옥외설비(KEC 235)

1. 옥측 또는 옥외에 시설하는 접촉전선의 시설(KEC 235.4)

(1) 저압 접촉전선을 옥측 또는 옥외에 시설하는 경우에 기계기구에 시설하는 경우 이외의 공사방법
  ① 애자공사
  ② 버스덕트공사
  ③ 절연트롤리공사

(2) 저압 접촉전선을 애자공사에 의하여 옥측 또는 옥외에 시설하는 경우

구분		이격거리
① 전선 상호 간의 간격	전선을 수평 배열하는 경우	0.14[m] 이상
	기타	0.2[m] 이상
② 전선과 조영재 사이 및 집전장치의 충전부분과 조영재 사이		45[mm] 이상

2. 옥측 또는 옥외의 방전등 공사(KEC 235.5)

(1) 관등회로의 사용전압이 1[kV]를 초과하는 방전등으로서 방전관에 네온방전관 이외의 것을 사용하는 것은 다음에 따라 시설함
  ① 방전등에 전기를 공급하는 전로의 사용전압 : 저압 또는 고압일 것
  ② 관등회로의 사용전압은 고압일 것
  ③ 방전등용 변압기는 다음에 적합한 절연 변압기일 것
    가. 금속제의 외함에 넣고, 공칭단면적 6.0[mm^2]의 도체를 붙일 수 있는 황동제의 접지용 단자를 설치할 것
    나. 금속제의 외함에 철심은 전기적으로 완전히 접속할 것
    다. 권선 상호 간 및 권선과 대지 사이에 최대 사용전압의 1.5배의 교류전압(500[V] 미만일 때에는 500[V])을 연속하여 10분간 가하였을 때에 이에 견딜 것
  ④ 방전관은 금속제의 견고한 기구에 넣고 또한 다음에 의하여 시설할 것
    가. 기구 높이 : 지표상 4.5[m] 이상의 높이에 시설할 것
    나. 기구와 기타 시설물 또는 식물 사이의 이격거리 : 0.6[m] 이상

(2) 가로등, 보안등, 조경등 등으로 시설하는 방전등에 공급하는 전로의 사용전압이 150[V]를 초과하는 경우
  ① 전로에 지락이 발생 시 자동 전로를 차단 장치를 각 분기회로에 시설할 것
  ② 전로의 길이는 상시 충전전류에 의한 누설전류로 인하여 누전차단기가 불필요하게 동작하지 않도록 시설할 것
  ③ 사용전압 400[V] 이하인 관등회로의 배선에 사용하는 전선
    가. 케이블
    나. 동등 이상의 절연성능을 가진 전선을 사용할 것

④ 등주 안에서 전선의 접속은 절연 및 방수성능이 있는 방수형 접속재을 사용하거나 적절한 방수함 안에서 접속할 것

⑤ 가로등, 보안등, 조경등 등의 금속제 등주에는 접지공사를 할 것

⑥ 보안등의 개폐기 설치 위치는 사람이 쉽게 접촉할 우려가 없는 개폐 가능한 곳에 시설할 것

⑦ 가로등, 보안등에 LED 등기구를 사용하는 경우에는 KS C 7658(LED 가로등 및 보안등기구)에 적합한 것을 시설할 것

(3) 옥측 또는 옥외에 시설하는 관등회로의 사용전압이 400[V] 초과인 방전등은 KS C 242.2(분진 위험장소)부터, KS C 242.3(가연성 가스 등의 위험장소), KS C 242.4(위험물 등이 존재하는 장소), KS C 242.5(화약류 저장소 등의 위험장소)까지에 규정하는 곳에 시설하여서는 아니 됨

⚡ 과년도 기출 및 예상문제

★☆☆

01 저압 접촉전선을 옥측 또는 옥외에 시설하는 경우에 기계·기구에 시설하는 경우 이외에 시설할 수 있는 공사방법에 해당되지 않는 것은?

① 애자공사   ② 버스덕트공사
③ 절연트롤리공사   ④ 금속관공사

> **해설** **옥측 또는 옥외에 시설하는 접촉전선의 시설**(KEC 235.4)
> 저압 접촉전선을 옥측 또는 옥외에 시설하는 경우에 기계 기구에 시설하는 경우 이외의 공사방법
> 가. 애자공사
> 나. 버스덕트공사
> 다. 절연트롤리공사

★☆☆

02 옥측에 시설하는 관등회로의 사용전압이 1[kV]를 초과하는 방전등으로서 방전관에 네온방전관 이외의 것을 사용하는 경우 방전관의 높이는 지표상 몇 [m] 이상인가?

① 3.5   ② 4.0
③ 4.5   ④ 5.0

> **해설** **옥측 또는 옥외의 방전등 공사**(KEC 235.5)
> 관등회로의 사용전압이 1[kV]를 초과하는 방전등으로서 방전관에 네온방전관 이외의 것을 사용하는 경우
> → 기구 높이 : 지표상 4.5[m] 이상의 높이에 시설할 것

★☆☆

03 옥측 및 옥외에 시설하는 관등회로의 사용전압이 1[kV]를 초과하는 방전등 공사에 적합하지 않은 것은?

① 방전등에 전기를 공급하는 전로의 사용전압은 저압 또는 고압일 것
② 관등회로의 사용전압은 고압일 것
③ 방전등용 변압기는 절연 변압기일 것
④ 방전관은 금속제의 견고한 기구에 넣고 식물 사이의 이격거리는 0.5[m] 이상일 것

> **해설** **옥측 또는 옥외의 방전등 공사**(KEC 235.5)
> → 방전관은 금속제의 견고한 기구에 넣고 식물 사이의 이격거리 : 0.6[m] 이상

정답 │ 01 ④   02 ③   03 ④

CHAPTER 08 특수 시설(KEC 241)

1. 전기울타리(KEC 241.1)

(1) 사용전압(KEC 241.1.2) : 전기울타리용 전원장치에 전원을 공급하는 전로의 사용전압 250[V] 이하일 것

(2) 전기울타리의 시설(KEC 241.1.3)

① 사람이 쉽게 출입하지 아니하는 곳에 시설할 것

② 전선은 인장강도 1.38[kN] 이상의 것 또는 지름 2[mm] 이상의 경동선일 것

구분	이격거리
전선과 이를 지지하는 기둥 사이	25[mm] 이상
전선과 다른 시설물(가공전선 제외) 또는 수목	0.3[m] 이상

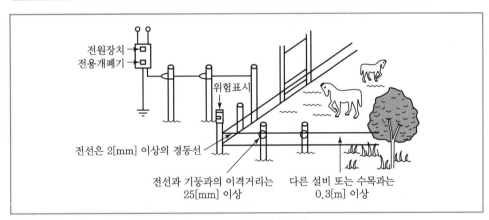

[그림 - 63. 전기울타리 시설]

(3) 현장조작개폐기(KEC 241.1.4) : 전용 개폐기를 시설할 것

2. 전기욕기(KEC 241.2)

(1) 전원장치(KEC 241.2.1)

① 전원 변압기의 2차측 전로의 사용전압이 10[V] 이하일 것

② 욕실 외 건조한 곳에 취급자 이외의 자가 쉽게 접촉하지 않는 곳에 시설할 것

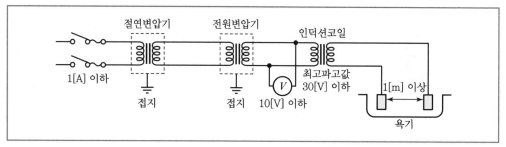

[그림-64. 전기욕기 시설]

(2) 2차측 배선(KEC 241.2.2)

　① 공칭단면적 2.5[mm^2] 이상의 연동선, 동등이상 세기 및 굵기의 절연전선이나 케이블

　② 공칭단면적이 1.5[mm^2] 이상의 캡타이어케이블

　③ 공칭단면적이 1.5[mm^2] 이상의 캡타이어 코드

(3) 욕기 내의 시설(KEC 241.2.3)

　① 욕기 내의 전극 간의 거리 : 1[m] 이상일 것

　② 욕기 내의 전극은 사람이 쉽게 접촉될 우려가 없도록 시설할 것

3. 전극식 온천온수기(溫泉昇溫器)(KEC 241.4)

(1) 사용전압(KEC 241.4.1) : 사용전압은 400[V] 이하일 것

(2) 전원장치(KEC 241.4.2) : 전극식 온천온수기 및 전동기에 전기 공급을 위한 사용전압 400[V] 이하인 절연변압기 시설 규정

　① 절연변압기 2차측 전로에는 전극식 온천온수기 및 전동기 이외의 전기사용 기계 기구를 접속하지 말 것

　② 절연변압기는 교류 2[kV]의 시험전압을 하나의 권선과 다른 권선, 철심 및 외함사이에 연속하여 1분간 가하는 절연내력 시험에 견딜 것

(3) 개폐기 및 과전류차단기(KEC 241.4.4) : 절연변압기 1차측 전로에는 개폐기 및 과전류차단기를 각극에 시설할 것

4. 전기온상 등(KEC 241.5)

(1) 사용전압(KEC 241.5.1) : 전로의 대지전압은 300[V] 이하일 것

(2) 발열선의 시설(KEC 241.5.2)

　① 전선 : 전기온상선일 것

　② 발열선 온도 : 80[℃]를 넘지 않도록 시설할 것

　③ 발열선 상호 간의 간격 : 0.03[m] 이상일 것

　④ 발열선과 조영재 사이의 이격거리 : 0.025[m] 이상일 것

　⑤ 발열선의 지지점 간의 거리 : 1[m] 이하일 것

⚡ 과년도 기출 및 예상문제

★★★

01 전기울타리의 시설에 관한 다음 사항 중 옳지 않은 것은?

① 사람이 쉽게 출입하지 아니하는 곳에 시설한다.
② 전선은 2[mm]의 경동선 또는 동등 이상의 것을 사용할 것
③ 전선과 수목과의 이격거리는 30[cm] 이상일 것
④ 전기를 공급하는 전로의 사용전압은 300[V] 이하일 것

> **해설** **전기울타리**(KEC 241.1)
> 가. 전기울타리용 전원장치에 전기를 공급하는 전로의 사용전압 : 250[V] 이하
> 나. 전선과 이를 지지하는 기둥사이의 이격거리 : 2.5[cm] 이상
> 다. 전선은 지름 2[mm] 이상의 경동선, 인장강도 1.38[kN]으로 할 것
> 라. 전선과 다른 시설물 또는 수목과의 이격거리는 0.3[m] 이상일 것

★★★

02 전기울타리의 시설에 사용되는 전선은 지름 몇 [mm] 이상의 경동선인가?

① 2.0　　　　　　　　　　② 2.6
③ 3.2　　　　　　　　　　④ 4.0

> **해설** **전기울타리의 시설**(KEC 241.1.3)
> 전선은 인장강도 1.38[kN] 이상의 것 또는 지름 2[mm] 이상의 경동선일 것

★☆☆

03 전기욕기에 전기를 공급하는 전원장치는 전기욕기용으로 내장되어 있는 2차측 전로의 사용전압을 몇 [V] 이하로 한정하고 있는가?

① 6　　　　　　　　　　② 10
③ 12　　　　　　　　　④ 15

> **해설** **전기욕기의 전원장치**(KEC 241.2.1)
> 전원 변압기의 2차측 전로의 사용전압이 10[V] 이하일 것

정답 | 01 ④　02 ①　03 ②

★☆☆

04 전극식 온천용 승온기 시설에서 적합하지 않은 것은?

① 승온기의 사용전압은 400[V] 이하일 것

② 전동기 전원공급용 변압기는 300[V] 이하의 절연변압기를 사용할 것

③ 절연변압기 외함은 접지공사를 할 것

④ 승온기 및 차폐장치의 외함은 절연성 및 내수성이 있는 견고한 것일 것

> **해설** **전극식 온천온수기의 전원장치**(KEC 241.4.2)
> → 전극식 온천온수기 및 전동기에 전기를 공급하기 위해서는 사용전압이 400[V] 이하인 절연변압기를 시설

★★★

05 식물 재배용 전기온상에 사용하는 전열 장치에 대한 설명으로 틀린 것은?

① 전로의 대지전압은 300[V] 이하

② 발열선은 90[℃]가 넘지 않도록 시설할 것

③ 발열선과 지지점 간의 거리는 1.0[m] 이하일 것

④ 발열선과 조영재 사이의 이격거리 2.5[cm] 이상일 것

> **해설** **전기온상 등**(KEC 241.5)
> 가. 사용전압 : 전로의 대지전압은 300[V] 이하일 것
> 나. 발열선의 시설(KEC 241.5.2)
> 　가) 발열선 온도 : 80[℃]를 넘지 않도록 시설할 것
> 　나) 발열선 상호 간의 간격 : 0.03[m] 이상일 것
> 　다) 발열선과 조영재 사이의 이격거리 : 0.025[m] 이상일 것
> 　라) 발열선의 지지점 간의 거리 : 1[m] 이하일 것

★★★

06 전기 온상용 발열선의 최고 사용전압은 섭씨 몇 도를 넘지 않도록 시설하여야 하는가?

① 50　　　　　　　　　　　② 60

③ 80　　　　　　　　　　　④ 100

> **해설** **전기온상 등의 발열선의 시설**(KEC 241.5.2)
> → 발열선은 그 온도가 80[℃]를 넘지 않도록 시설할 것

5. 엑스선 발생장치(KEC 241.6)

(1) 제1종 엑스선 발생장치의 시설(KEC 241.6.2) : 전선 상호 간의 간격(단수는 반올림한 정수값으로 계산함)

최대 사용전압	이격 거리
100[kV] 이하	0.45[m] 이상
100[kV] 초과	0.45[m]+단수×0.03[m] 이상

※ 단수 계산=$\dfrac{최대 사용전압[kV]-100[kV]}{10}$ → 소수점은 절상한 값을 적용함

(2) 제2종 엑스선 발생장치의 시설(KEC 241.6.3) : 엑스선관 도선의 노출된 충전부분과 조영재, 엑스선관을 지지하는 금속체 및 침대의 금속제 부분과의 이격거리

최대 사용전압	전선의 바닥에서의 높이
100[kV] 이하	0.15[m] 이상
100[kV] 초과	0.15[m]+단수×200[m] 이상

※ 단수 계산=$\dfrac{최대 사용전압[kV]-100[kV]}{10}$ → 소수점은 절상한 값을 적용함

6. 전격살충기(KEC 241.7)

(1) 전격살충기의 시설(KEC 241.7.1)
① 전격격자 높이 : 지표 또는 바닥에서 3.5[m] 이상의 높이에 시설할 것
② 2차측 개방전압이 7[kV] 이하의 절연변압기를 사용시 : 지표 또는 바닥에서 1.8[m]까지 감할 수 있다.
③ 전격격자와 다른 시설물(가공전선 제외) 또는 식물과의 이격거리 : 0.3[m] 이상일 것

(2) 개폐기(KEC 241.7.3) : 전기를 공급하는 전로는 전용의 개폐기를 전격살충기에 가까운 장소에서 쉽게 개폐할 수 있도록 시설할 것

7. 유희용 전차(KEC 241.8)

(1) 사용전압(KEC 241.8.1) : 변압기의 1차 전압은 400[V] 이하일 것
(2) 전원장치(KEC 241.8.2)
① 전원장치의 2차측 단자의 최대사용전압
가. 직류의 경우 60[V] 이하
나. 교류의 경우 40[V] 이하
② 전원장치의 변압기는 절연변압기일 것

(3) 2차측 배선(KEC 241.8.3) : 접촉전선은 제3레일 방식일 것
(4) 전차내 전로의 시설(KEC 241.8.4) : 변압기는 절연변압기를 사용하고 2차 전압은 150[V] 이하로 할 것
(5) 전로의 절연(KEC 241.8.6)
① 접촉전선과 대지 사이의 절연저항은 사용전압에 대한 누설전류가 레일의 연장 1[km] 마다 100[mA]를 넘지 않도록 유지할 것

② 전로와 대지 사이의 절연저항은 사용전압에 대한 누설전류가 규정 전류의 $\dfrac{1}{5,000}$ 을 넘지 않도록 유지할 것

8. 전기 집진장치(電氣 集塵裝置) 등(KEC 241.9)

(1) 전기집진 응용장치 및 전원공급 설비의 시설(KEC 241.9.1)
  ① 전기집진 응용장치에 전기를 공급하기 위한 변압기의 1차측 전로에는 그 변압기에 가까운 곳으로 쉽게 개폐할 수 있는 곳에 개폐기를 시설할 것
  ② 전기집진 응용장치에 전기를 공급하기 위한 변압기 · 정류기 및 이에 부속하는 특고압의 전기설비 및 전기집진 응용장치는 취급자 이외의 사람이 출입할 수 없도록 설비한 곳에 시설할 것
  ③ 잔류전하(殘留電荷)에 의하여 사람에게 위험을 줄 우려가 있는 경우에는 변압기의 2차측 전로에 잔류전하를 방전하기 위한 장치를 할 것
  ④ 전기집진 응용장치 및 특고압 전기 공급 전기설비는 옥측 또는 옥외에 시설할 수 없다.

(2) 2차측 배선(KEC 241.9.2)
  전선 : 케이블

(3) 접지(KEC 241.9.4) : 전기집진 응용장치의 금속제 외함 방호장치의 금속제 부분 및 방식케이블 이외의 케이블의 피복에 사용하는 금속체에는 접지공사를 할 것

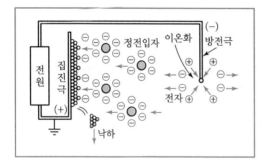

[그림-65. 전기 집진장치]

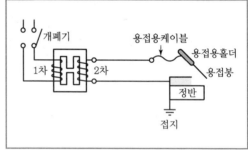

[그림-66. 아크 용접기]

9. 아크 용접기(KEC 241.10)

(1) 용접변압기 : 절연변압기일 것
(2) 용접변압기의 1차측 전로의 대지전압 : 300[V] 이하일 것
(3) 용접변압기의 1차측 전로 : 개폐기를 시설할 것
(4) 전선의종류
  ① 용접용 케이블
  ② 정격전압 450/750[V] 이하 고무 절연 케이블
  ③ 캡타이어케이블

(5) 전로는 용접 시 흐르는 전류를 안전하게 통할 수 있는 것일 것
(6) 용접기 외함 및 피용접재, 받침대 · 정반 등의 금속체는 접지공사를 할 것

10. 파이프라인 등의 전열장치(KEC 241.11)

(1) 사용전압(KEC 241.11.1)

시설 방법	전로의 사용전압
① 전류를 직접 흘려서 파이프라인 등 자체를 발열체로 하는 장치를 시설	교류(주파수가 60[Hz])의 저압
② 파이프라인 등에 소구경관을 설치하여 이것을 발열체로 하거나 또한 소구경관 내부에 발열선을 설치하는 장치를 시설	교류(주파수가 60[Hz])의 저압 또는 고압
③ 발열선을 파이프라인 등 자체에 고정하여 시설	400[V] 이하

(2) 발열선 등의 시설(KEC 241.11.3) : 발열체는 그 온도가 피가열 액체의 발화 온도의 80[%]를 넘지 않도록 시설할 것

11. 도로 등의 전열장치(KEC 241.12)

(1) 발열선에 전기를 공급하는 전로의 대지전압 : 300[V] 이하일 것
(2) 발열선
    ① 미네럴인슈레이션(MI) 케이블 등
    ② 노출로 사용하지 않는 것 : B종 발열선을 사용
(3) 발열선의 온도 : 80[℃]를 넘지 않도록 시설할 것
(4) 발열선은 다른 전기설비·약전류전선 등 또는 수관·가스관이나 이와 유사한 것에 전기적·자기적 또는 열적인 장해를 주지 않도록 시설할 것

12. 소세력 회로(小勢力回路)(KEC 241.14)

전자 개폐기의 조작회로 또는 초인벨·경보벨 등에 접속하는 전로로서 최대 사용전압이 60[V] 이하인 것은 다음에 따라 시설할 것
(1) 사용전압(KEC 241.14.1) : 소세력 회로에 전기공급을 위한 절연변압기의 사용전압 대지전압 300[V] 이하
(2) 전원장치(KEC 241.14.2)
    ① 변압기 : 절연변압기일 것
    ② 절연변압기 2차 단락전류는 소세력 회로의 최대사용전압에 따라 다음 표 이하일 것

소세력 회로의 최대 사용전압의 구분	2차 단락전류	과전류차단기의 정격전류
15[V] 이하	8[A]	5[A]
15[V] 초과 30[V] 이하	5[A]	3[A]
30[V] 초과 60[V] 이하	3[A]	1.5[A]

⚡ 과년도 기출 및 예상문제

★☆☆

01 1종 X선관의 최대 사용전압이 154[kV]인 경우에 전선 상호 간의 간격은 몇 [cm]인가?

① 45   ② 63

③ 67   ④ 70

> **해설** **제1종 엑스선 발생장치의 시설(KEC 241.6.2)**
>
> 전선 상호 간의 간격
>
> | 최대 사용전압 | 전선의 바닥에서의 높이 |
> |---|---|
> | 100[kV] 이하 | 0.45[m] 이상 |
> | 100[kV] 초과 | 0.45[m]＋단수×0.03[m] 이상 |
>
> ※ 단수 계산 $= \dfrac{\text{최대 사용전압[kV]}-100[kV]}{10}$ → 소수점은 절상한 값을 적용함
>
> • 단수 $= \dfrac{154-100}{10}=5.4 \rightarrow 6$단
>
> • 이격거리 $=0.45[m]+6\times0.03[m]=0.63[m]$

★★★

02 2차측 개방전압이 1만 볼트인 절연 변압기를 사용한 전격살충기는 전격격자가 지표 또는 바닥에서 몇 [m] 이상의 높이에 설치하여야 하는가?

① 3.5[m]   ② 3.0[m]

③ 2.8[m]   ④ 2.5[m]

> **해설** **전격살충기의 시설(KEC 241.7.1)**
>
> → 전격격자 높이 : 지표 또는 바닥에서 3.5[m] 이상의 높이에 시설할 것

★★★

03 유희용 전차 안의 전로 및 여기에 전기를 공급하기 위하여 사용하는 전기설비는 다음에 의하여 시설하여야 한다. 다음 사항 중 옳지 않은 것은?

① 유희용 전차에 전기를 공급하는 전로에는 전용 개폐기를 시설할 것

② 유희용 전차에 전기를 공급하기 위하여 사용하는 접촉 전선은 제3레일 방식에 의하여 시설할 것

③ 유희용 전차에 전기를 공급하는 전로의 사용전압은 직류에 있어서는 80[V] 이하, 교류에 있어서는 60[V] 이하일 것

④ 유희용 전차에 전기를 공급하는 전로의 사용전압에 전기를 변성하기 위하여 사용하는 변압기의 1차 전압은 400[V] 미만일 것

정답 | 01 ② 02 ① 03 ③

해설 **유희용 전차의 전원장치**(KEC 241.8.2)**의 2차측 단자의 최대사용전압**
　가. 직류의 경우 60[V] 이하
　나. 교류의 경우 40[V] 이하

★☆☆
04 전기 집진장치에 대한 설명으로 잘못된 것은?

① 전기집진 응용장치에 전기를 공급하기 위한 변압기의 1차측 전로에는 그 변압기에 가까운 곳에 쉽게 개폐할 수 있는 곳에 개폐기를 시설하여야 한다.
② 전기집진 응용장치 및 이에 특고압의 전기를 공급하기 위한 전기설비는 옥측 또는 옥외에 시설한다.
③ 전선은 케이블을 사용하여야 한다.
④ 전기집진 응용장치의 금속제 외함 또한 케이블을 넣은 방호장치의 금속제 부분 및 방식케이블 이외의 케이블의 피복에 사용하는 금속체에는 접지공사를 하여야 한다.

해설 **전기 집진장치의 전기집진 응용장치 및 전원공급 설비의 시설**(KEC 241.9.1)
→ 전기집진 응용장치 및 특고압 전기 공급 전기설비는 옥측 또는 옥외에 시설할 수 없다.

★★★
05 가반형(이동형)의 용접전극을 사용하는 아크 용접장치를 시설할 때 용접변압기의 1차측 전로의 대지전압은 몇 [V] 이하이어야 하는가?

① 200　　　　　　　　　② 250
③ 300　　　　　　　　　④ 600

해설 **아크 용접기**(KEC 241.10)
→ 용접변압기의 1차측 전로의 대지전압 : 300[V] 이하일 것

★☆☆
06 가반형의 용접전극을 사용하는 아크 용접장치의 시설에 대한 설명으로 옳지 않은 것은?

① 용접변압기의 1차측 전로의 대지전압은 300[V] 이하일 것
② 용접변압기 1차측 전로에는 리액터를 시설할 것
③ 용접변압기는 절연변압기일 것
④ 피용접재 또는 이와 전기적으로 접속되는 받침대·정반 등의 금속체에는 접지공사를 할 것

해설 **아크 용접기**(KEC 241.10)
→ 용접변압기의 1차측 전로 : 개폐기를 시설

정답 | 04 ② 05 ③ 06 ②

07 다음 중 파이프라인 등에 발열선을 시설하는 기준에 대한 설명으로 옳지 않은 것은?

① 발열선에 전기를 공급하는 전로의 사용전압은 300[V] 이하일 것
② 발열선은 사람이 접촉할 우려가 없고 또한 손상을 받을 우려가 없도록 시설할 것
③ 발열선은 그 온도가 피 가열 액체의 발화 온도의 90[%]를 넘지 않도록 시설할 것
④ 발열선 또는 발열선에 직접 접속하는 전선의 피복에 사용하는 금속제, 파이프라인 등에는 접지공사를 할 것

해설 **파이프라인 등의 전열장치의 발열선 등의 시설**(KEC 241.11.3)
→ 발열체는 그 온도가 피가열 액체의 발화 온도의 80[%]를 넘지 않도록 시설할 것

08 도로 등의 전열장치 시설에 맞지 않은 것은?

① 발열선의 전기 공급은 전로의 대지전압 300[V] 이하일 것
② 콘크리트 기타 견고한 내열성이 있는 것 안에 시설할 것
③ 발열선은 그 온도가 80[℃]를 넘지 않도록 시설할 것
④ 발열선은 다른 약전류 전선 등에 자기적인 장애를 줄 것

해설 **도로 등의 전열장치**(KEC 241.12)
발열선은 다른 전기설비·약전류전선 등 또는 수관·가스관이나 이와 유사한 것에 전기적·자기적 또는 열적인 장해를 주지 않도록 시설할 것

09 전기온돌 등의 전열 장치를 시설할 때 발열선을 도로, 주차장 또는 조영물의 조영재에 고정시켜 시설하는 경우, 발열선에 전기를 공급하는 전로의 대지전압은 몇 [V] 이하이어야 하는가?

① 100
② 150
③ 200
④ 300

해설 **도로 등의 전열장치**(KEC 241.12)
→ 발열선에 전기를 공급하는 전로의 대지전압 : 300[V] 이하일 것

정답 | 07 ③ 08 ④ 09 ④

★☆☆

10 전자 개폐기의 조작 회로, 벨, 경보기 등의 전로로서 60[V] 이하의 소세력 회로용으로 사용하는 변압기의 1차 대지 전압[V]의 최대 크기는?

① 100
② 150
③ 300
④ 600

해설 **소세력 회로의 사용전압**(KEC 241.14.1)

소세력 회로에 전기공급을 위한 절연변압기의 사용전압 : 대지전압 300[V] 이하

★☆☆

11 최대사용전압 15[V]를 넘고 30[V] 이하인 소세력 회로에 사용하는 절연변압기의 2차 단락전류 값이 제한을 받지 않을 경우는 2차측에 시설하는 과전류차단기의 용량이 몇 [A] 이하일 경우인가?

① 0.5
② 1.5
③ 3.0
④ 5.0

해설 **소세력 회로의 전원장치**(KEC 241.14.2)

절연변압기 2차 단락전류는 소세력 회로의 최대사용전압에 따라 다음 표 이하일 것

소세력 회로의 최대 사용전압의 구분	2차 단락전류	과전류차단기의 정격전류
15[V] 이하	8[A]	5[A]
15[V] 초과 30[V] 이하	5[A]	3[A]
30[V] 초과 60[V] 이하	3[A]	1.5[A]

정답 | 10 ③ 11 ③

13. 전기부식방지 시설(KEC 241.16)

1) 전기부식방지 회로의 전압 등(KEC 241.16.3)

(1) 전기부식방지 회로의 사용전압 : 직류 60[V] 이하일 것

(2) 양극은 지중에 매설하거나 수중에서 쉽게 접촉할 우려가 없는 곳에 시설할 것

(3) 지중에 매설하는 양극의 매설깊이 : 0.75[m] 이상일 것

(4) 수중에 시설하는 양극과 그 주위 1[m] 이내의 거리에 있는 임의점과의 사이의 전위차는 10[V]를 넘지 아니할 것

(5) 지표 또는 수중에서 1[m] 간격의 임의의 2점 간의 전위차가 5[V]를 넘지 아니할 것

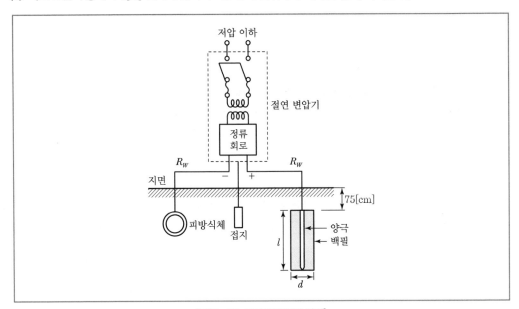

[그림-67. 전기부식 방지 시설]

2) 2차측 배선(KEC 241.16.4)

(1) 전기부식방지 회로의 전선 중 가공으로 시설하는 부분

　① 전선은 케이블인 경우 이외에는 지름 2[mm]의 경동선일 것

　② 전선은 ①과 동등 이상의 세기 및 굵기의 옥외용 비닐절연전선 이상의 절연성능이 있는 것일 것

(2) 전기부식방지 회로의 전선 중 지중에 시설하는 부분

　① 전선

　　가. 공칭단면적 4.0[mm^2]의 연동선 또는 이와 동등 이상의 세기 및 굵기의 것

　　나. 양극에 부속하는 전선은 공칭단면적 2.5[mm^2] 이상의 연동선 또는 이와 동등 이상의 세기 및 굵기의 것

　② 직접 매설식

구분	매설깊이
차량 기타의 중량물의 압력을 받을 우려가 있는 곳	1.0[m] 이상
기타의 곳	0.3[m] 이상

※ 차량 기타의 중량물의 압력을 받을 우려가 없는 것에 매설깊이를 0.6[m] 이상으로 할 것

(3) 전기부식방지 회로의 전선 중 지상의 입상부분 : 지표상 2.5[m] 미만의 부분에는 사람이 접촉할 우려가 없고 또한 손상을 받을 우려가 없도록 적당한 방호장치를 할 것

14. 전기자동차 전원설비(KEC 241.17)

(1) 전기자동차의 충전장치 시설(KEC 241.17.3)

① 충전부분이 노출되지 않도록 시설하고, 외함은 접지공사를 할 것

② 외부 기계적 충격에 대한 충분한 기계적 강도(IK08 이상)를 갖는 구조일 것

③ 침수 등의 위험이 있는 곳에 시설하지 말아야 하며, 옥외에 설치 시 강우·강설에 대하여 충분한 방수 보호등급(IPX4 이상)을 갖는 것일 것

④ 분진이 많은 장소, 가연성 가스나 부식성 가스 또는 위험물 등이 있는 장소에 시설 시 통상의 사용 상태에서 부식이나 감전·화재·폭발의 위험이 없도록 시설할 것

⑤ 충전장치에는 전기자동차 전용임을 나타내는 표지를 쉽게 보이는 곳에 설치할 것

⑥ 충전장치는 쉽게 열 수 없는 구조일 것

⑦ 위험표시를 쉽게 보이는 곳에 표지할 것

⑧ 충전 케이블을 거치할 수 있는 거치대 또는 충분한 수납공간(옥내 0.45[m] 이상, 옥외 0.6[m] 이상)을 갖는 구조이며, 충전케이블은 반드시 거치할 것

⑨ 충전장치의 충전 케이블 인출부

구분	지면으로부터 높이
옥내용의 경우	0.45[m] 이상 1.2[m] 이내
옥외용의 경우	0.6[m] 이상

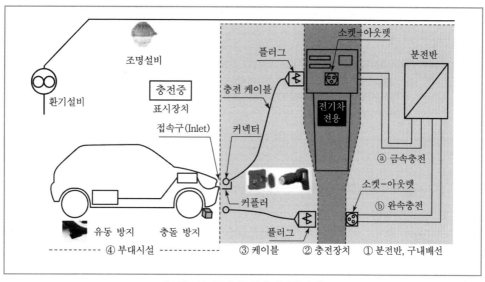

[그림-68. 전기자동차 충전장치 접속]

과년도 기출 및 예상문제

★★☆
01 전기부식방지시설에서 전원장치를 사용하는 경우 적합한 것은?

① 전기부식방지시설의 사용전압은 교류 60[V] 이하일 것
② 지중에 매설하는 양극(+)의 매설 깊이는 50[cm] 이상일 것
③ 수중에 시설하는 양극(+)과 그 주위 1[m] 이내의 전위차는 10[V]를 넘지 말 것
④ 지표 또는 수중에서 1[m] 간격의 임의의 2점 간의 전위차는 7[V]를 넘지 말 것

> **해설** **전기부식방지 회로의 전압 등**(KEC 241.16.3)
> 가. 전기부식방지 회로의 사용전압 : 직류 60[V] 이하일 것
> 나. 지중에 매설하는 양극의 매설깊이 : 0.75[m] 이상일 것
> 다. 수중에 시설하는 양극과 그 주위 1[m] 이내의 거리에 있는 임의점과의 사이의 전위차는 10[V]를 넘지 아니
> 할 것
> 라. 지표 또는 수중에서 1[m] 간격의 임의의 2점 간의 전위차가 5[V]를 넘지 아니할 것

★☆☆
02 전기자동차의 충전장치의 시설로서 적합하지 않은 것은?

① 충전부분이 노출되지 않도록 시설하고, 외함의 접지는 접지공사를 할 것
② 외부 기계적 충격에 대한 충분한 기계적 강도(IK04 이상)를 갖는 구조일 것
③ 침수 등의 위험이 있는 곳에 시설하지 말 것
④ 전기자동차의 충전장치는 쉽게 열 수 없는 구조일 것

> **해설** **전기자동차의 충전장치 시설**(KEC 241.17.3)
> 가. 외부 기계적 충격에 대한 충분한 기계적 강도(IK08 이상)를 갖는 구조일 것
> 나. 침수 등의 위험이 있는 곳에 시설하지 말아야 하며, 옥외에 설치 시 강우·강설에 대하여 충분한 방수 보호등급
> (IPX4 이상)을 갖는 것일 것

★☆☆
03 전기자동차의 충전장치의 충전 케이블 인출부를 옥외에 설치 시 지면으로부터 높이는 몇 [m] 이상인가?

① 0.4
② 0.6
③ 0.8
④ 1.0

> **해설** **전기자동차의 충전장치 시설**(KEC 241.17.3)
> 충전장치의 충전 케이블 인출부

구분	지면으로부터 높이
옥내용의 경우	0.45[m] 이상 1.2[m] 이내
옥외용의 경우	0.6[m] 이상

정답	01 ③ 02 ② 03 ②

CHAPTER
09

특수 장소(KEC 242)

1. 분진 위험장소(KEC 242.2)

1) 폭연성 분진 위험장소(KEC 242.2.1)

마그네슘 · 알루미늄 · 티탄 · 지르코늄 등의 먼지로 인한 폭발 우려 위험장소를 말한다.

(1) 저압 옥내배선, 저압 관등회로 배선 및 소세력 회로의 전선 공사방법
   ① 금속관공사
   ② 케이블공사(캡타이어케이블 제외)

(2) 금속관공사
   ① 박강 전선관 또는 이와 동등 이상의 강도를 가지는 것일 것
   ② 박스 기타의 부속품 및 풀박스는 쉽게 마모 · 부식 기타의 손상을 일으킬 우려가 없는 패킹을 사용하여 먼지가 내부로 침입하지 않도록 시설할 것
   ③ 관 상호 간 및 관과 박스 및 전기기계기구와는 5턱 이상 나사조임으로 접속하는 방법 및 내부에 먼지가 침입하지 않도록 접속할 것

(3) 케이블공사
   ① 사용전선
      가. 개장된 케이블 또는 미네럴인슈레이션 케이블은 방호장치에 넣지 않음
      나. 이외의 기타 전선은 관 기타의 방호장치에 넣어 사용할 것
   ② 전선을 전기기계기구에 인입할 경우
      가. 패킹 또는 충진제를 사용하여 인입구로부터 먼지가 내부에 침입하지 않게 하고
      나. 인입구에서 전선이 손상될 우려가 없도록 시설할 것

(4) 이동 전선 시설
   ① 사용전선 : 접속점이 없는 0.6/1[kV] EP 고무절연 클로로프렌 캡타이어케이블
   ② 손상을 받을 우려가 없도록 시설할 것

2) 가연성 분진 위험장소(KEC 242.2.2)

소맥분 · 전분 · 유황 기타 가연성의 먼지로 인한 폭발위험 장소를 말한다.

(1) 저압 옥내배선 공사
   ① 케이블공사
   ② 금속관공사
   ③ 합성수지관공사(두께 2[mm] 미만 합성수지 전선관 및 난연성이 없는 콤바인 덕트관 제외)

(2) 합성수지관공사
   ① 관상호간 및 박스와 관을 삽입하는 깊이는 관의 바깥지름의 1.2배(접착제를 사용하는 경우에는 0.8배) 이상으로 하고 꽂음 접속에 의하여 견고하게 접속할 것

② 전동기에 접속하는 부분에서 가요성을 필요로 하는 부분의 배선에는 분진 방폭형 유연성 부속을 사용할 것

(3) 금속관공사

① 관 상호 간 및 관과 박스 및 전기기계기구와는 5턱 이상 나사조임으로 접속함

② 이와 동등 이상의 효력이 있는 방법에 의하여 견고하게 접속할 것

3) 먼지가 많은 그 밖의 위험장소(KEC 242.2.3)

저압 옥내배선 공사 방법

(1) 애자공사

(2) 합성수지관공사

(3) 금속관공사

(4) 유연성전선관공사

(5) 금속덕트공사

(6) 케이블공사

(7) 버스덕트공사(환기형의 덕트 제외)

2. 가연성 가스 등의 위험장소(KEC 242.3)

1) 가스증기 위험장소(KEC 242.3.1)

가연성 가스 또는 인화성 물질의 증기가 누출되거나 체류하는 위험장소를 말한다.

(1) 금속관공사

① 관 상호 간 및 관과 박스 및 전기기계기구와는 5턱 이상 나사조임으로 접속함

② 전동기에 접속하는 부분으로 가요성을 필요로 하는 부분의 배선에는 내압의 방폭형 또는 안전증가 방폭형의 유연성 부속을 사용할 것

(2) 케이블공사 : 전선을 전기기계기구에 인입할 경우에는 인입구에서 전선이 손상될 우려가 없도록 할 것

(3) 이동 전선 시설 : 접속점이 없는 0.6/1[kV] EP 고무 절연 클로로프렌 캡타이어케이블을 사용

(4) 전기기계기구의 방폭구조

① 내압 방폭구조(d)

② 압력 방폭구조(p)

③ 유입 방폭구조(o)

④ 안전증 방폭구조(e)(통상상태에서 불꽃 또는 아크를 일으킬 우려가 없을 부분)

3. 화약류 저장소 등의 위험장소(KEC 242.5)

1) 화약류 저장소에서 전기설비의 시설(KEC 242.5.1)

(1) 화약류 저장소(총포·도검·화약류 등) 안에는 전기설비를 시설해서는 안 된다.

(2) 다만, 조명기구에 전기를 공급하기 위한 전기설비는 다음과 같이 시설할 수 있다.

① 전로 대지전압 : 300[V] 이하일 것

② 전기기계기구 : 전폐형의 것일 것

③ 케이블을 전기기계기구에 인입할 때 인입구에서 케이블이 손상될 우려가 없도록 시설할 것

(3) 화약류 저장소 안의 전기설비에 전기를 공급하는 전로
  ① 화약류 저장소 이외의 곳에 전용 개폐기 및 과전류차단기를 각 극에 취급자 이외의 자가 쉽게 조작할 수 없도록 시설
  ② 전로에 지락이 생겼을 때에 자동적으로 전로를 차단하거나 경보하는 장치를 시설할 것

2) 화약류 제조소에서 전기설비 시설(KEC 242.5.2)

(1) 폭발의 우려가 있는 장소, 가스 증기 위험장소, 폭연성 분진 위험장소 규정에 따름
(2) 전열 기구 이외의 전기기계기구는 전폐형(全閉型)의 것일 것

⚡ 과년도 기출 및 예상문제

★★★

01 폭연성 분진 또는 화약류의 분말에 전기설비가 발화원이 되어 폭발할 우려가 존재하는 곳의 저압옥내 배선은 어느 공사에 의하는가?

① 버스덕트공사   ② 캡타이어케이블공사
③ 합성수지관공사   ④ 금속관공사

> **해설** **폭연성 분진 위험장소**(KEC 242.2.1)
> 폭연성 분진이나 화약류의 분말이 존재하는 곳의 배선은
> → 가. 금속관공사, 나. 케이블공사

★★☆

02 마그네슘 분말이 존재하는 장소에서 전기설비가 발화원이 되어 폭발할 우려가 있는 곳에서의 적절한 저압 옥내 전기설비공사법은?

① 가요전선관공사   ② 합성수지관공사
③ 애자사용공사   ④ 금속관공사

> **해설** **폭연성 분진 위험장소**(KEC 242.2.1)
> 마그네슘 · 알루미늄 · 티탄 · 지르코늄 등의 먼지로 인한 폭발 우려 위험장소를 말한다.
> → 가. 금속관공사, 나. 케이블공사

★☆☆

03 가연성 분진에 전기설비가 발화원이 되어 폭발할 우려가 있는 곳에 시공할 수 있는 저압 옥내 배선공사 방법이 아닌 것은?

① 합성수지관공사   ② 케이블공사
③ 금속관공사   ④ 애자사용공사

> **해설** **가연성 분진 위험장소**(KEC 242.2)
> → 저압 옥내 전기설비 : 가. 합성수지관공사, 나. 금속관공사, 다. 케이블공사에 의할 것

정답 | 01 ④ 02 ④ 03 ④

★★★
04 소맥분, 전분, 유황 등의 가연성 분진이 존재하는 공장에 전기설비가 발화원이 되어 폭발할 우려가 있는 곳의 저압 옥내배선으로 적합하지 못한 공사는? (단, 각종 전선관공사 시 관의 두께는 모두 기준에 적합한 것을 사용한다.)

① 합성수지관공사　　　　　　　　　② 가요전선관공사
③ 금속관공사　　　　　　　　　　　④ 케이블공사

> 해설 **가연성 분진 위험장소**(KEC 242.2)
> → 저압 옥내 전기설비 : 가. 합성수지관공사, 나. 금속관공사, 다. 케이블공사에 의할 것

★☆☆
05 화약류 저장소의 전기설비의 시설기준으로 틀린 것은?

① 전로의 대지전압은 400[V] 이하이어야 한다.
② 개폐기 및 과전류차단기는 화약류저장소 밖에 둔다.
③ 옥내배선은 금속관배선 또는 케이블배선에 의하여 시설한다.
④ 과전류차단기에서 화약류 저장소의 인입구까지의 배선에는 케이블을 사용한다.

> 해설 **화약류 저장소에서 전기설비의 시설**(KEC 242.5.1)
> 가. 전로 대지전압 : 300[V] 이하일 것
> 나. 전기기계기구 : 전폐형의 것일 것
> 다. 케이블을 전기기계기구에 인입할 때에는 인입구에서 케이블이 손상될 우려가 없도록 시설할 것

★☆☆
06 화약류 저장소의 전기설비의 시설기준으로 틀린 것은?

① 전로의 대지전압은 150[V] 이하일 것
② 전기기계기구는 전폐형의 것일 것
③ 전용 개폐기 및 과전류차단기는 화약류 저장소 밖에 설치할 것
④ 개폐기 및 과전류차단기에서 화약류 저장소의 인입구까지의 배선은 케이블일 것

> 해설 **화약류 저장소에서 전기설비의 시설**(KEC 242.5.1)
> → 전로 대지전압 : 300[V] 이하일 것

정답 | 04 ② 　05 ① 　06 ①

4. 전시회, 쇼 및 공연장의 전기설비(KEC 242.6)

1) 사용전압(KEC 242.6.2)

무대 · 무대마루 밑 · 오케스트라 박스 · 영사실 기타 사람이나 무대 도구가 접촉할 우려가 있는 곳에 시설하는 저압 옥내배선, 전구선 또는 이동전선은 사용전압이 400[V] 이하일 것

2) 배선설비(KEC 242.6.3)

(1) 배선용 케이블

① 구리 도체 : 최소 단면적 : 1.5[mm^2] 이상

② 종류

가. 450/750[V] 이하 염화비닐 절연케이블

나. 450/750[V] 이하 고무 절연케이블

(2) 무대마루 밑에 시설하는 전구선

① 300/300[V] 편조 고무코드

② 0.6/1[kV] EP 고무 절연 클로로프렌 캡타이어케이블

5. 터널, 갱도 기타 이와 유사한 장소(KEC 242.7)

1) 사람이 상시 통행하는 터널 안의 배선의 시설(KEC 242.7.1)

(1) 사용전압 : 저압

(2) 전선

① 공칭단면적 : 2.5[mm^2]의 연동선

② 동등 이상의 세기 및 굵기의 절연전선

③ 공사방법

가. 애자사용 공사

나. 전선의 높이 : 노면상 2.5[m] 이상의 높이로 할 것

(3) 전로에는 터널의 입구에 가까운 곳에 전용 개폐기를 시설할 것

2) 광산 기타 갱도안의 시설(KEC 242.7.2)

(1) 사용전압 : 저압 또는 고압의 것에 한할 것

(2) 저압 배선 : 케이블공사에 의하여 시설할 것

(3) 고압 배선

① 전선 : 케이블을 사용

② 케이블을 넣은 방호장치의 금속제 부분 · 금속제의 전선접속함 및 케이블 피복에 사용하는 금속체에는 접지공사를 할 것

(4) 전로에는 갱 입구에 가까운 곳에 전용 개폐기를 시설할 것

6. 이동식 숙박차량 정박지, 야영지 및 이와 유사한 장소(KEC 242.8)

1) 표준전압

220/380[V]를 초과해서는 안 된다.

2) 배선방식(KEC 242.8.5)

(1) 사용가능한 전원공급 배선
  ① 지중케이블
  ② 가공케이블
  ③ 가공절연전선

(2) 지중케이블 매설깊이
  ① 매설 깊이를 차량 기타 중량물의 압력을 받을 우려가 있는 장소 : 1.0[m] 이상
  ② 기타 장소 : 0.6[m] 이상

(3) 가공케이블 또는 가공절연전선
  ① 모든 가공절연전선은 절연될 것
  ② 가공전선은 차량이 이동하는 모든 지역에서 지표상 6[m] 이상일 것
  ③ 다른 모든 지역에서는 4[m] 이상의 높이로 시설할 것

7. 의료장소(KEC 242.10)

(1) 의료장소별 계통접지(KEC 242.10.2)

구분	계통접지
그룹 0	TT 계통 또는 TN 계통
그룹 1	TT 계통 또는 TN 계통(다만, 전원자동차단에 의한 보호가 의료행위에 중대한 지장을 초래할 우려가 있는 의료용 전기기기를 사용하는 회로에는 의료 IT 계통을 적용할 수 있다.)
그룹 2	의료 IT 계통(다만, 이동식 X-ray 장치, 정격출력이 5[kVA] 이상인 대형기기용회로, 생명유지 장치가 아닌 일반 의료용 전기기기에 전력을 공급하는 회로 등에는 TT 계통 또는 TN 계통을 적용할 수 있다.)

의료장소에 TN 계통을 적용할 때에는 주배전반 이후의 부하 계통에서는 TN-C 계통으로 시설하지 말 것

(2) 의료장소의 안전을 위한 보호 설비(KEC 242.10.3)

① 그룹 1 및 그룹 2의 의료 IT 계통

  가. 전원측에 이중 또는 강화절연을 한 비단락보증 절연변압기를 설치하고 그 2차측 전로는 접지하지 말 것

  나. 비단락보증 절연변압기

   가) 함 속에 설치하여 충전부가 노출되지 않도록 하고, 의료장소의 내부 또는 가까운 외부에 설치할 것

   나) 2차측 정격전압 : 교류 250[V] 이하, 공급방식 : 단상 2선식, 정격출력 : 10[kVA] 이하로 할 것

   다) 3상 부하에 대한 전력공급 요구 시 비단락보증 3상 절연변압기를 사용할 것

   라) 과부하 전류 및 초과 온도를 지속적으로 감시하는 장치를 설치할 것

  다. 의료 IT 계통의 절연상태를 지속적으로 계측, 감시하는 장치를 다음과 같이 설치할 것

   가) 절연감시장치를 설치하고 절연저항이 50[kΩ]까지 감소하면 표시설비 및 음향설비로 경보를 발할 것

　　　　나) 절연감시장치와 절연 고장 위치 탐지장치를 설치하는 경우에는 KS C IEC 61557 – 8, KS C IEC 61557 – 9에 적합하도록 시설할 것

　　　　다) 표시설비 및 음향설비를 적절한 장소에 배치하여 의료진에 의하여 지속적으로 감시될 수 있도록 할 것

　　　　라) 표시설비는 의료 IT 계통이 정상일 때에는 녹색으로 표시되고, 의료 IT 계통의 절연저항이 경보를 발하는 조건에 도달할 때에는 황색으로 표시되도록 할 것

　　　　마) 수술실 등의 내부에 설치되는 음향설비가 의료행위에 지장을 줄 우려가 있는 경우에는 기능을 정지시킬 수 있는 구조일 것

　　라. 분전반은 의료장소의 내부 혹은 가까운 외부에 설치할 것

　　마. 의료 IT 계통에 접속되는 콘센트는 TT 계통 또는 TN 계통에 접속되는 콘센트와 혼용됨을 방지하기 위하여 적절하게 구분 표시할 것

② 그룹 1과 그룹 2의 의료장소에서 사용하는 교류 콘센트

　　가. 배선용 콘센트를 사용할 것

　　나. 플러그가 빠지지 않는 구조의 콘센트가 필요한 경우에는 걸림형을 사용한다.

③ 그룹 1과 그룹 2의 의료장소에 무영등 등을 위한 특별저압(SELV 또는 PELV) 회로를 시설하는 경우

　　가. 사용전압 : 교류 실횻값 25[V]

　　나. 리플프리(ripple – free) 직류 60[V] 이하로 할 것

④ 의료장소의 전로에는 정격 감도전류 30[mA] 이하, 동작시간 0.03초 이내의 누전차단기를 설치할 것. 다만, 다음의 경우는 예외임

　　가. 의료 IT 계통의 전로

　　나. TT 계통 또는 TN 계통에서 전원자동차단에 의한 보호가 의료행위에 중대한 지장을 초래할 우려가 있는 회로에 누전경보기를 시설하는 경우

　　다. 의료장소의 바닥으로부터 2.5[m]를 초과하는 높이에 설치된 조명기구의 전원회로

　　라. 건조한 장소에 설치하는 의료용 전기기기의 전원회로

(4) 의료장소 내의 접지 설비(KEC 242.10.4)

① 의료장소마다 그 내부 또는 근처에 등전위본딩 바를 설치할 것

② 인접하는 의료장소와의 바닥 면적 합계가 50[m²] 이하인 경우에는 등전위본딩 바를 공용할 수 있다.

③ 의료장소 내 모든 전기설비 및 의료용 전기기기의 노출도전부는 보호도체에 의하여 등전위본딩 바에 각각 접속되도록 할 것

(5) 의료장소 내의 비상전원(KEC 242.10.5)

절환시간	비상전원을 공급하는 장치 또는 기기
0.5초 이내	• 0.5초 이내에 전력공급이 필요한 생명유지장치 • 그룹 1 또는 그룹 2의 의료장소의 수술등, 내시경, 수술실 테이블, 기타 필수 조명
15초 이내	• 15초 이내에 전력공급이 필요한 생명유지장치 • 그룹 2의 의료장소에 최소 50[%]의 조명, 그룹 1의 의료장소에 최소 1개의 조명
15초 초과	• 병원기능을 유지하기 위한 기본 작업에 필요한 조명 • 그 밖의 병원 기능을 유지하기 위하여 중요한 기기 또는 설비

⚡ 과년도 기출 및 예상문제

★☆☆
01 흥행장의 저압 전기 설비 공사로 무대, 무대 마루 밑, 오케스트라 박스, 영사실, 기타 사람이나 무대 도구가 접촉할 우려가 있는 곳에 시설하는 저압 옥내배선, 전구선 또는 이동전선은 사용전압이 몇 [V] 미만이어야 하는가?

① 100   ② 200
③ 300   ④ 400

해설 **전시회, 쇼, 공연장의 전기설비**(KEC 242.6)
→ 저압 옥내배선, 전구선 또는 이동전선 : 사용전압이 400[V] 이하일 것

★☆☆
02 무대, 무대 마루 밑, 오케스트라 박스, 영사실 기타 사람이나 무대 도구가 접촉할 우려가 있는 곳에 시설하는 배선용 케이블의 구리 도체의 최소 단면적은?

① 1.5   ② 2.5
③ 4.0   ④ 6.0

해설 **전시회, 쇼 및 공연장의 전기설비의 배선설비**(KEC 242.6.3)
배선용 케이블 → 구리 도체 : 최소 단면적이 $1.5[\text{mm}^2]$ 이상

★☆☆
03 사람이 상시 통행하는 터널 안의 배선시설에서 애자공사에 의한 시설할 경우 전선의 노면상의 높이는 몇 [m] 이상인가?

① 2.0   ② 2.5
③ 3.0   ④ 3.5

해설 **터널, 갱도 기타 이와 유사한 장소**(KEC 242.7)
사람이 상시 통행하는 터널 안의 배선의 시설(KEC 242.7.1)의 공사방법
→ 가. 애자사용공사, 나. 전선의 높이 : 노면상 2.5[m] 이상의 높이로 할 것

★☆☆
04 이동식 숙박차량 정박지, 야영지의 전기설비 시설기준에 옳지 않은 것은?

① 표준전압은 220/380[V]를 초과해서는 아니 된다.
② 가공절연전선의 모든 가공전선은 절연되어야 한다.
③ 전원 공급을 위한 배선은 지중케이블, 가공케이블 가공절연전선을 사용하였다.
④ 가공전선은 차량이 이동하는 모든 지역에서 지표상 5[m], 다른 모든 지역에서는 3[m] 이상의 높이로 시설한다.

정답 | **01** ④   **02** ①   **03** ②   **04** ④

해설 **숙박차량 정박지, 야영지 및 이와 유사한 장소(KEC 242.8)의 가공전선 높이**

가. 차량이 이동하는 모든 지역에서 지표상 6[m] 높이로 시설할 것

나. 다른 모든 지역에서는 4[m] 이상의 높이로 시설할 것

★★☆

05 그룹 2의 의료장소에 상용전원 공급이 중단될 경우 15초 이내에 최소 몇 [%]의 조명에 비상전원을 공급하여야 하는가?

① 30

② 40

③ 50

④ 60

해설 **의료장소 내의 비상전원**(KEC 242.10.5)

절환시간	비상전원을 공급하는 장치 또는 기기
15초 이내	• 15초 이내에 전력공급이 필요한 생명유지장치 • 그룹 2의 의료장소에 최소 50[%]의 조명, 그룹 1의 의료장소에 최소 1개의 조명

★★☆

06 의료장소 내의 접지설비에서 인접하는 의료장소와의 바닥 면적 합계가 몇 [m²] 이하인 경우 등전위본딩 바를 공용할 수 있는가?

① 25

② 50

③ 75

④ 100

해설 **의료장소의 의료장소 내의 접지 설비**(KEC 242.10.4)

→ 인접하는 의료장소와의 바닥 면적 합계가 50[m²] 이하인 경우에는 등전위본딩 바를 공용할 수 있다.

★☆☆

07 의료장소의 수술실에서 전기설비의 시설에 대한 설명으로 틀린 것은?

① 의료용 절연변압기의 정격출력은 10[kVA] 이하로 한다.

② 의료용 절연변압기의 2차측 정격전압은 교류 250[V] 이하로 한다.

③ 절연감시장치를 설치하는 경우 누설전류가 5[mA]에 도달하면 경보를 발하도록 한다.

④ 전원측에 강화절연을 한 의료용 절연변압기를 설치하고 그 2차측 전로는 접지한다.

해설 **의료장소**(KEC 242.10)

가. 비단락보증 절연변압기

가) 2차측 정격전압 : 교류 250[V] 이하

나) 정격출력 : 10[kVA] 이하

나. 전원측에 이중 또는 강화절연을 한 비단락보증 절연변압기를 설치하고 그 2차측 전로는 접지하지 말 것

다. 누설전류 $= \dfrac{250[\mathrm{V}]}{50[\mathrm{k}\Omega]} = 5[\mathrm{mA}]$

정답 | 05 ③ 06 ② 07 ④

CHAPTER

10 저압 옥내 직류전기설비(KEC 243)

1. 전기품질(243.1.1)

(1) 저압 옥내 직류전로에 교류를 직류로 변환하여 공급하는 직류는 리플프리 직류일 것

(2) 제(1)항에 따라 직류를 공급하는 경우의 고조파 전류 한계값 적용 기기

   ① 기기의 입력전류 상당 : 16[A] 이하

   ② 공공저전압 시스템에 연결된 기기 : 16A〈상당입력전류≤75A

   ※ 상기 기기들의 고조파 전류는 허용기준값 이하일 것

2. 축전지실 등의 시설(KEC 243.1.7)

(1) 30[V]를 초과하는 축전지는 → 비접지측 도체에 쉽게 차단할 수 있는 곳에 개폐기를 시설할 것

(2) 옥내전로에 연계되는 축전지는 → 비접지측 도체에 과전류보호장치를 시설할 것

(3) 축전지실 등은 폭발성의 가스가 축적되지 않도록 환기장치 등을 시설할 것

3. 옥내 직류전기설비의 접지(KEC 243.1.8)

(1) 저압 옥내 직류전기설비는 전로 보호장치의 확실한 동작의 확보, 이상전압 및 대지전압의 억제를 위하여 직류 2선식의 임의의 한 점 또는 변환장치의 직류측 중간점, 태양전지의 중간점 등을 접지할 것. 다만, 직류 2선식을 다음과 같이 시설하는 경우는 예외임

   ① 사용전압이 60[V] 이하일 것

   ② 접지검출기를 설치하고 특정구역 내의 산업용 기계기구에만 공급하는 경우

   ③ 교류전로로부터 공급을 받는 정류기에서 인출되는 직류계통

   ④ 최대전류 30[mA] 이하의 직류화재경보회로

   ⑤ 절연감시장치 또는 절연고장점검출장치를 설치하여 관리자가 확인할 수 있도록 경보장치를 시설하는 경우

(2) (1)의 접지공사는 KEC 140(접지시스템) 규정에 의하여 접지할 것

(3) 직류전기설비를 시설하는 경우는 감전에 대한 보호를 할 것

(4) 직류전기설비의 접지시설은 KEC 243.1.6(저압 직류전기설비의 전기부식 방지)에 준용하여 전기부식방지를 할 것

(5) 직류접지계통은 교류접지계통과 같은 방법으로 금속제 외함, 교류접지도체 등과 본딩하여야 하며, 교류접지가 피뢰설비·통신접지 등과 통합접지되어 있는 경우는 함께 통합접지공사를 할 수 있다. 이 경우 낙뢰 등에 의한 과전압으로부터 전기설비 등을 보호하기 위해 서지보호장치(SPD)를 설치할 것

⚡ 과년도 기출 및 예상문제

★☆☆
01 저압 옥내 직류전기설비는 접지를 하여야 한다. 직류 2선식을 접지하지 않아도 되는 경우가 아닌 것은?

① 사용전압이 60[V] 이하인 경우

② 접지검출기를 설치하고 특정구역 내의 산업용 기계기구에만 공급하는 경우

③ 교류전로로부터 공급을 받는 정류기에서 인출되는 직류계통

④ 최대전류 15[mA] 이하의 직류화재경보회로

> **해설** **옥내 직류전기설비의 접지**(KEC 243.1.8)
>
> 직류 2선식을 접지하지 않아도 되는 경우
>
> 가. 사용전압이 60[V] 이하일 것
>
> 나. 접지검출기를 설치하고 특정구역 내의 산업용 기계기구에만 공급하는 경우
>
> 다. 교류전로로부터 공급을 받는 정류기에서 인출되는 직류계통
>
> 라. 최대전류 30[mA] 이하의 직류화재경보회로
>
> 마. 절연감시장치 또는 절연고장점검출장치를 설치하여 관리자가 확인할 수 있도록 경보장치를 시설하는 경우

★☆☆
02 저압 옥내 직류전기설비의 축전지실 등의 시설에서 몇 [V]를 초과하는 축전지를 비접지측 도체에 쉽게 차단할 수 있는 곳에 개폐기를 시설하는가?

① 30

② 50

③ 75

④ 100

> **해설** **저압 옥내 직류전기설비의 축전지실 등의 시설**(KEC 243.1.7)
>
> → 30[V]를 초과하는 축전지는 비접지측 도체에 쉽게 차단할 수 있는 곳에 개폐기를 시설할 것

★☆☆
03 저압 옥내 직류전기설비의 축전지실 시설규정에 적합하지 않은 것은?

① 30[V]를 초과하는 축전지는 비접지측 도체에 쉽게 차단할 수 있는 곳에 개폐기를 시설해야 한다.

② 옥내전로에 연계되는 축전지는 비접지측 도체에 과전류보호장치를 시설해야 한다.

③ 축전지실 등은 폭발성의 가스가 축적되지 않도록 환기장치 등을 시설해야 한다.

④ 축전지실에는 배수시설을 시설해야 한다.

> **해설** **축전지실 등의 시설**(KEC 243.1.7)
>
> 가. 30[V]를 초과하는 축전지는 비접지측 도체에 쉽게 차단할 수 있는 곳에 개폐기를 시설할 것
>
> 나. 옥내전로에 연계되는 축전지는 비접지측 도체에 과전류보호장치를 시설할 것
>
> 다. 축전지실 등은 폭발성의 가스가 축적되지 않도록 환기장치 등을 시설할 것

정답	01 ④ 02 ① 03 ④

CHAPTER

11

비상용 예비전원설비(KEC 244)

1. 비상용 예비전원설비의 조건 및 분류(KEC 244.1.2)

(1) 비상용 예비전원설비의 전원 공급방법
① 수동 전원공급
② 자동 전원공급

(2) 자동 전원공급 절환 시간 구분

구분	자동 전원공급 절환 시간
무순단	과도시간 내에 전압 또는 주파수 변동 등 정해진 조건에서 연속적인 전원공급이 가능한 것
순단	0.15초 이내 자동 전원공급이 가능한 것
단시간 차단	0.5초 이내 자동 전원공급이 가능한 것
보통 차단	5초 이내 자동 전원공급이 가능한 것
중간 차단	15초 이내 자동 전원공급이 가능한 것
장시간 차단	자동 전원공급이 15초 이후에 가능한 것

2. 시설기준(KEC 244.2)

(1) 비상용 예비전원의 시설(KEC 244.2.1)
① 고정설비로 하고, 상용전원의 고장에 의해 해로운 영향을 받지 않는 방법으로 설치할 것
② 운전에 적절한 장소에 설치해야 하며, 기능자 및 숙련자만 접근 가능하도록 설치할 것
③ 비상용 예비전원에서 발생하는 가스, 연기 또는 증기가 사람이 있는 장소로 침투하지 않도록 확실하고 충분히 환기할 것
④ 비상용 예비전원은 비상용 예비전원의 유효성이 손상되지 않는 경우에만 비상용 예비전원설비 이외의 목적으로 사용할 수 있다.

(2) 비상용 예비전원설비의 배선(KEC 244.2.2) : 화재상태에서 운전하는 것이 요구되는 비상용 예비전원설비에 적용할 것
① 무기물절연(MI) 케이블
② 내화 케이블
③ 화재 및 기계적 보호를 위한 배선설비

⚡ 과년도 기출 및 예상문제

★☆☆
01 비상용 예비전원설비의 자동 전원공급 절환 시간의 구분에서 옳지 않은 것은?

① 순단 : 0.15초 이내 자동 전원공급이 가능한 것
② 단시간 차단 : 0.3초 이내 자동 전원공급이 가능한 것
③ 보통 차단 : 5초 이내 자동 전원공급이 가능한 것
④ 중간 차단 : 15초 이내 자동 전원공급이 가능한 것

해설 **비상용 예비전원설비의 조건 및 분류**(KEC 244.1.2)

구분	자동 전원공급 절환 시간
순단	0.15초 이내 자동 전원공급이 가능한 것
단시간 차단	0.5초 이내 자동 전원공급이 가능한 것
보통 차단	5초 이내 자동 전원공급이 가능한 것
중간 차단	15초 이내 자동 전원공급이 가능한 것

★☆☆
02 비상용 예비전원설비의 시설기준에 관한 사항 중 옳지 않은 것은?

① 고정설비로 하였다.
② 운전에 적절한 장소에 설치하였다.
③ 기능자 및 숙련자 외의 사람도 접근 가능하도록 설치하였다.
④ 비상용 예비전원에서 발생하는 가스, 연기 또는 증기가 사람이 있는 장소로 침투하지 않도록 충분히 환기하였다.

해설 **비상용 예비전원의 시설**(KEC 244.2.1)
→ 기능자 및 숙련자만 접근 가능하도록 설치할 것

★☆☆
03 비상용 예비전원설비의 배선 중 화재상태에서 사용할 수 있는 배선에 해당되지 않은 것은?

① 무기물절연(MI)케이블   ② 내화 케이블
③ 화재 및 기계적 보호를 위한 배선설비   ④ 난연케이블

해설 **비상용 예비전원설비의 배선**(KEC 244.2.2)
다음 배선설비 중 하나 또는 그 이상을 화재상태에서 비상용 예비전원설비에 적용할 수 있다.
가. 무기물절연(MI)케이블
나. 내화 케이블
다. 화재 및 기계적 보호를 위한 배선설비

정답 | 01 ②   02 ③   03 ④

통칙(KEC 300)

1. 적용범위(KEC 301)

교류 1[kV] 초과 또는 직류 1.5[kV]를 초과하는 고압 및 특고압 전기를 공급하거나 사용하는 전기설비에 적용한다.

구분	교류(AC)	직류(DC)
저압	1[kV] 이하	1.5[kV] 이하
고압	1[kV] 초과, 7[kV] 이하	1.5[kV] 초과, 7[kV] 이하
특고압	7[kV] 초과	

2. 전기적 요구사항(KEC 302.2)

(1) 중성점 접지방식

(2) 전압 등급

(3) 정상 운전 전류

(4) 단락전류

(5) 정격 주파수

(6) 코로나

(7) 전계 및 자계

(8) 과전압

(9) 고조파

simple is the best 전기기사 이론파트는 본 내용으로 충분합니다.

CHAPTER

02 접지설비(KEC 320)

1. 고압 · 특고압 접지계통(KEC 321)

1) 접지시스템(KEC 321.2)

(1) 고압 또는 특고압 전기설비의 접지는 원칙적으로 공통접지 및 통합접지에 적합할 것

(2) 고압 또는 특고압과 저압 접지시스템이 서로 근접한 경우의 시공 방법

① 저압접지시스템이 고압 또는 특고압 접지시스템의 구역 안에 포함되어 있다면 각각의 접지시스템은 서로 접속할 것

② 고압 또는 특고압 변전소에서 인입 또는 인출되는 저압전원이 있을 때의 접지시스템 시공

가. 고압 또는 특고압 변전소의 접지시스템은 공통 및 통합접지의 일부분이거나 또는 다중접지된 계통의 중성선에 접속될 것

나. 고압 또는 특고압과 저압 접지시스템을 분리하는 경우의 접지극은 고압 또는 특고압 계통의 고장으로 인한 위험을 방지하기 위해 접촉전압과 보폭전압을 허용 값 이내로 할 것

다. 고압 및 특고압 변전소에 인접하여 시설된 저압전원의 경우, 기기가 너무 가까이 위치하여 접지계통을 분리하는 것이 불가능한 경우에는 공통 또는 통합접지로 시공할 것

2. 혼촉에 의한 위험방지시설(KEC 322)

1) 고압 또는 특고압과 저압의 혼촉에 의한 위험방지 시설(KEC 322.1)

(1) 고압전로 또는 특고압전로와 저압전로를 결합하는 변압기의 저압측의 중성점에는 변압기 중성점 접지 규정에 의해 접지공사를 할 것

(2) 제(1)항의 접지공사는 변압기의 시설장소마다 시행할 것, 토지의 상황에 의하여 변압기의 시설장소에서 접지저항 값을 얻기 어려운 경우, 인장강도 5.26[kN] 이상 또는 지름 4[mm] 이상의 가공 접지도체로 시설할 때에는 변압기의 시설장소로부터 200[m]까지 떼어놓을 수 있음

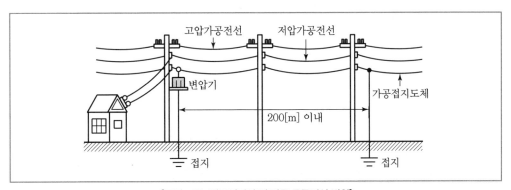

[그림-69. 가공접지선 및 가공 공동지선 범위]

(3) 토지의 상황에 의하여 제(2)항의 규정에 의하기 어려울 때에는 가공공동지선을 설치하여 2 이상의 시설 장소에 다음과 같이 접지공사를 할 수 있음

① 가공공동지선은 인장강도 5.26[kN] 이상 또는 지름 4[mm] 이상의 경동선을 사용함

② 접지공사는 각 변압기를 중심으로 하는 지름 400[m] 이내의 지역으로서 그 변압기에 접속되는 전선로 바로 아래의 부분에서 각 변압기의 양쪽에 있도록 할 것

③ 가공공동지선과 대지 사이의 합성 전기저항 값은 1[km]를 지름으로 하는 지역 안마다 공통접지 및 통합접지에 의해 접지저항 값을 가지는 것으로 하고 또한 각 접지도체를 가공공동지선으로부터 분리하였을 경우의 각 접지도체와 대지 사이의 전기저항 값은 300[Ω] 이하로 할 것

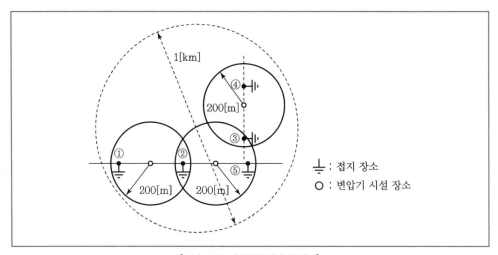

[그림 – 70. 가공공동지선 및 접지]

(4) 제(3)항의 가공공동지선에는 인장강도 5.26[kN] 이상 또는 지름 4[mm]의 경동선을 사용하는 저압 가공전선의 1선을 겸용할 수 있다.

2) 혼촉방지판이 있는 변압기에 접속하는 저압 옥외전선의 시설 등(KEC 322.2)

고압전로 또는 특고압전로와 비접지식의 저압전로를 결합하는 변압기로서 그 고압권선 또는 특고압권선과 저압권선 간에 금속제의 혼촉방지판이 있고, 그 혼촉방지판에 접지공사를 한 것에 접속하는 저압전선을 옥외에 시설할 때

(1) 저압전선은 1구 내에만 시설할 것

(2) 저압 가공전선로 또는 저압 옥상전선로의 전선은 케이블일 것

(3) 저압 가공전선과 고압 또는 특고압의 가공전선을 동일 지지물에 시설하지 아니할 것

3) 특고압과 고압의 혼촉 등에 의한 위험방지 시설(KEC 322.3)

(1) 변압기에 의하여 특고압전로에 결합되는 고압전로에는 사용전압의 3배 이하인 전압이 가하여진 경우 → 방전하는 장치를 그 변압기의 단자에 가까운 1극에 설치할 것

(2) 사용전압의 3배 이하인 전압이 가하여진 경우에 방전장치 생략 규정

① 방전하는 피뢰기를 고압전로의 모선의 각상에 시설한 경우

② 특고압권선과 고압권선 간에 혼촉방지판을 시설하여 접지저항 값이 10[Ω] 이하인 경우

③ 규정에 따른 접지공사를 한 경우

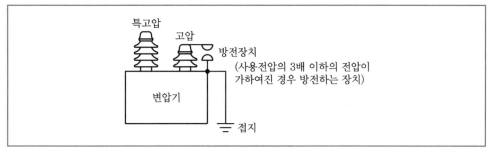

[그림 - 71. 방전장치]

4) 계기용변성기의 2차측 전로의 접지(KEC 322.4)

    (1) 고압의 계기용변성기의 2차측 전로에는 접지공사를 할 것

    (2) 특고압 계기용변성기의 2차측 전로에는 접지공사를 할 것

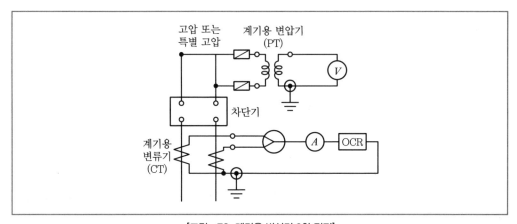

[그림 - 72. 계기용 변성기 2차 접지]

5) 전로의 중성점의 접지(KEC 322.5)

    (1) 목적

        ① 전로의 보호장치의 확실한 동작의 확보

        ② 이상 전압의 억제

        ③ 대지전압의 저하

    (2) 전로의 중성점에 접지공사를 할 경우

        ① 접지도체 : 공칭단면적 16[mm^2] 이상의 연동선(저압 전로의 중성점에 시설하는 것 : 공칭단면적 6[mm^2] 이상의 연동선)

        ② 접지도체에 접속하는 저항기 · 리액터 등은 고장 시 흐르는 전류를 안전하게 통할 수 있는 것을 사용할 것

    (3) 저압전로의 중성점에 접지공사를 할 경우

        ① 접지도체는 공칭단면적 6[mm^2] 이상의 연동선

        ② 고장 시 흐르는 전류가 안전하게 통할 수 있을 것

⚡ 과년도 기출 및 예상문제

★★☆
01 설비 및 기기는 그 설치장소에서 예상되는 전기적인 영향에 견디는 능력이 있어야 한다. 전기적 요구사항이 아닌 것은?

① 중성점 접지방법　　　　　　　　　② 전압 등급
③ 정상 운전 전류　　　　　　　　　　④ 개폐전자기력

> **해설** **전기적 요구사항**(KEC 302.2)
> 　가. 중성점 접지방식
> 　나. 전압 등급
> 　다. 정상 운전 전류
> 　라. 단락전류
> 　마. 정격 주파수
> 　바. 코로나
> 　사. 전계 및 자계
> 　아. 과전압
> 　자. 고조파

★☆☆
02 특고압 전로와 저압 전로를 결합하는 변압기 저압측의 중성점에 접지공사를 토지의 상황 때문에 변압기의 시설장소마다 하기 어려워서 가공 접지선을 시설하려고 한다. 이때 가공접지선의 최소 굵기는 몇 [mm]인가?

① 3.2　　　　　　　　　　　　　　② 3.5
③ 4.0　　　　　　　　　　　　　　④ 5.0

> **해설** **고압 또는 특고압과 저압의 혼촉에 의한 위험방지 시설**(KEC 322.1)
> 토지의 상황에 의하여 변압기의 시설장소에서 접지저항 값을 얻기 어려운 경우, 인장강도 5.26[kN] 이상 또는 지름 4[mm] 이상의 가공 접지도체로 시설할 때에는 변압기의 시설장소로부터 200[m]까지 떼어놓을 수 있다.

★★★
03 고ㆍ저압의 혼촉에 의한 위험을 방지하기 위하여 저압측 중성점에 접지공사를 변압기의 시설장소마다 시행하여야 한다. 그러나 토지의 상황에 따라 규정의 접지저항 값을 얻기 어려운 경우에는 변압기의 시설장소로부터 몇 [m]까지 떼어서 시설할 수 있는가?

① 75　　　　　　　　　　　　　　② 100
③ 200　　　　　　　　　　　　　　④ 300

> **해설** **고압 또는 특고압과 저압의 혼촉에 의한 위험방지 시설**(KEC 322.1)
> 토지의 상황에 의하여 변압기의 시설장소에서 접지저항 값을 얻기 어려운 경우 변압기의 시설장소로부터 200[m]까지 떼어놓을 수 있다.

정답	01 ④　02 ③　03 ③

★★★
04 다음 중 전로의 중성점 접지의 목적으로 거리가 먼 것은?

① 대지전압의 저하
② 이상전압의 억제
③ 손실전력의 감소
④ 보호장치의 확실한 동작의 확보

> 해설 **전로의 중성점의 접지(KEC 322.5)의 목적**
> 가. 전로의 보호장치의 확실한 동작의 확보
> 나. 이상 전압의 억제
> 다. 대지전압의 저하

★★★
05 고압과 저압전로를 결합하는 변압기의 저압측의 중성점에는 접지공사를 변압기의 시설장소마다 하여야 하나 부득이하여 가공 공동지선을 설치하여 공통의 접지공사로 하는 경우 각 변압기를 중심으로 하는 지름이 몇 [m] 이내의 지역에 시설하여야 하는가?

① 400
② 600
③ 800
④ 1,000

> 해설 **고압 또는 특고압과 저압의 혼촉에 의한 위험방지 시설(KEC 322.1)**
> 가공접지도체에 의하기 어려울 때에 가공공동지선을 설치하여 2 이상의 시설장소에 접지공사를 하는 방법 → 접지공사는 각 변압기를 중심으로 하는 지름 400[m] 이내의 지역으로서 그 변압기에 접속되는 전선로 바로 아래의 부분에서 각 변압기의 양쪽에 있도록 할 것

★☆☆
06 고저압 혼촉에 의한 위험방지시설로 가공공동지선을 설치하여 시설하는 경우에 각 접지선을 가공공동지선으로부터 분리하였을 경우의 각 접지선과 대지 간의 전기저항 값은 몇 [Ω] 이하로 해야 하는가?

① 75
② 150
③ 300
④ 600

> 해설 **고압 또는 특고압과 저압의 혼촉에 의한 위험방지 시설(KEC 322.1)**
> → 각 접지도체를 가공공동지선으로부터 분리하였을 경우의 각 접지도체와 대지 사이의 전기저항 값은 300[Ω] 이하로 할 것

정답 | 04 ③ 05 ① 06 ③

★★☆
07 특고압 전로와 고압전로를 결합하는 변압기에 설치하는 방전장치의 접지저항은 몇 [Ω] 이하로 유지하여야 하는가?

① 2　　　　　　　　　　　　　　② 3

③ 5　　　　　　　　　　　　　　④ 10

> **해설** **특고압과 고압의 혼촉 등에 의한 위험방지 시설(KEC 322.3)**
> 사용전압의 3배 이하인 전압이 가하여진 경우에 방전장치 생략 규정
> → 특고압권선과 고압권선 간에 혼촉방지판을 시설하여 접지저항 값이 10[Ω] 이하인 경우

★★☆
08 변압기로서 특고압과 결합되는 고압전로의 혼촉에 의한 위험방지 시설로 옳은 것은?

① 프라이머리 컷 아웃 스위치 장치
② 제2종 접지공사
③ 퓨즈
④ 사용전압 3배의 전압에서 방전하는 방전장치

> **해설** **특고압과 고압의 혼촉 등에 의한 위험방지 시설(KEC 322.3)**
> → 변압기에 의하여 특고압전로에 결합되는 고압전로에는 사용전압의 3배 이하인 전압이 가하여진 경우에 방전하는 장치를 그 변압기의 단자에 가까운 1극에 설치할 것

CHAPTER

03 전선로(KEC 330)

331 전선로 일반 및 구내 · 옥측 · 옥상전선로

1. 가공전선로 지지물의 철탑오름 및 전주오름 방지(KEC 331.4)

(1) 발판 볼트 등을 지표상 높이는 1.8[m] 미만에 시설할 수 없음

(2) 발판 볼트 등을 지표상 높이를 1.8[m] 미만에 시설할 수 있는 경우

   ① 발판 볼트 등을 내부에 넣을 수 있는 구조로 되어 있는 지지물에 시설하는 경우

   ② 지지물에 철탑오름 및 전주오름 방지장치를 시설하는 경우

   ③ 지지물 주위에 취급자 이외의 사람이 출입할 수 없도록 울타리 · 담 등의 시설을 하는 경우

   ④ 지지물이 산간 등에 있으며 사람이 쉽게 접근할 우려가 없는 곳에 시설하는 경우

2. 풍압하중의 종별과 적용(KEC 331.6)

가공전선로에 사용하는 지지물의 강도 계산에 적용하는 풍압하중은 갑종 풍압하중, 을종 풍압하중, 병종 풍압하중으로 한다.

1) 풍압하중의 종류

(1) 갑종 풍압하중 : [표-14]에서 정한 구성재의 수직 투영면적 1[m²]에 대한 풍압을 기초로 하여 계산함

[표-14. 구성재의 수직 투영면적 1[m²]에 대한 풍압]

풍압을 받는 구분			구성재의 수직 투영면적 1[m²]에 대한 풍압
목주			588[Pa]
지지물	철주	원형의 것	588[Pa]
		삼각형 또는 마름모형의 것	1,412[Pa]
		강관에 의하여 구성되는 4각형의 것	1,117[Pa]
		기타의 것	복재가 전 · 후면에 겹치는 경우에는 1,627[Pa], 기타의 경우에는 1,784[Pa]
	철근 콘크리트주	원형의 것	588[Pa]
		기타의 것	882[Pa]
	철탑	단주(완철류는 제외함) 원형의 것	588[Pa]
		단주(완철류는 제외함) 기타의 것	1,117[Pa]
		강관으로 구성되는 것(단주는 제외함)	1,255[Pa]
		기타의 것	2,157[Pa]

풍압을 받는 구분		구성재의 수직 투영면적 1[m²]에 대한 풍압
전선 기타 가섭선	다도체를 구성하는 전선	666[Pa]
	기타의 것	745[Pa]
애자장치(특고압 전선용의 것에 한함)		1,039[Pa]
목주·철주(원형의 것에 한함) 및 철근 콘크리트주의 완금류 (특고압 전선로용의 것에 한함)		단일재로서 사용하는 경우에는 1,196[Pa], 기타의 경우에는 1,627[Pa]

  (2) 을종 풍압하중

      ① 전선 기타의 가섭선(架涉線) 주위에 두께 6[mm], 비중 0.9의 빙설이 부착된 상태에서 수직투영면적 372[Pa](다도체를 구성하는 전선은 333[Pa]),

      ② 그 이외의 것은 "갑종풍압하중"의 2분의 1을 기초로 하여 계산함

  (3) 병종 풍압하중 : "갑종풍압하중"의 2분의 1을 기초로 하여 계산함

2) 지역에 따른 풍압하중의 적용(선정 방법)

지역		고온계절	저온계절
빙설이 많은 지방 이외의 지방		갑종	병종
빙설이 많은 지방	일반지역	갑종	을종
	해안지방 기타 저온계절에 최대풍압이 생기는 지방	갑종	갑종 풍압하중과 을종 풍압하중 중 큰 것
인가가 많이 연접되어 있는 장소		병종	병종

3. 가공전선로 지지물의 기초의 안전율(KEC 331.7)

1) 가공전선로의 지지물의 기초의 안전율

안전율은 2 이상일 것(이상 시 상정하중에 대한 철탑의 기초 안전율 : 1.33)

2) 기초 안전율이 적용되지 않는 경우(아래 [표 – 15] 참고)

[표 – 15. 전장과 설계하중에 따른 지지물 매설 깊이]

설계하중[kN]	전장[m]		땅에 묻히는 깊이[m]
6.8[kN] 이하	15[m] 이하		전장 $\times \frac{1}{6}$[m] 이상
	15[m] 초과 16[m] 이하		2.5[m] 이상
	16[m] 초과 20[m] 이하		2.8[m] 이상
6.8[kN] 초과 9.8[kN] 이하	14[m] 이상 20[m] 이하	15[m] 이하	{전장 $\times \frac{1}{6}$[m] + 0.3[m]} 이상
		15[m] 초과	2.8[m] 이상
9.8[kN] 초과 14.72[kN] 이하	15[m] 이하		{전장 $\times \frac{1}{6}$[m] + 0.5[m]} 이상
	15[m] 초과 18[m] 이하		3.0[m] 이상
	18[m] 초과		3.2[m] 이상

⚡ 과년도 기출 및 예상문제

★★★
01 가공전선로의 지지물에 취급자가 오르고 내리는 데 사용하는 발판 못 등은 일반적으로 지표상 몇 [m] 미만에 시설하여서는 아니 되는가?

① 1.2

② 1.5

③ 1.8

④ 2.0

해설 **가공전선로 지지물의 철탑오름 및 전주오름 방지**(KEC 331.4)
→ 발판 볼트 등을 지표상 높이는 1.8[m] 미만에 시설할 수 없다.

★★★
02 갑종 풍압하중을 계산할 때 강관으로 구성된 철탑에서 구성재의 수직투영면적 1[mm²]에 대한 풍압하중은 몇 [Pa]를 기초로 하여 계산한 것인가? (단, 단주는 제외한다.)

① 1,255[Pa]

② 745[Pa]

③ 1,039[Pa]

④ 1,117[Pa]

해설 **풍압하중의 종별과 적용**(KEC 331.6)
철탑 : 강관으로 구성되는 것(단주는 제외함) → 1,255[Pa]

★★★
03 가공전선로에 사용하는 지지물의 강도 계산에 적용하는 풍압하중 중 병종 풍압하중은 갑종 풍압하중에 대한 얼마를 기초로 하여 계산한 것인가?

① $\frac{1}{2}$

② $\frac{1}{3}$

③ $\frac{2}{3}$

④ $\frac{1}{4}$

해설 **풍압하중의 종별과 적용**(KEC 331.6)
병종 풍압하중은 갑종 풍압하중의 $\frac{1}{2}$ 값, 즉 50[%]이다.

정답 | 01 ③ 02 ① 03 ①

★★★
04 가공전선로에 사용하는 지지물의 강도 계산에 적용하는 갑종풍압하중을 계산할 때 구성재의 수직 투영 면적 1[m²]에 대한 풍압의 기준이 잘못된 것은?

① 목주 : 588[Pa]

② 원형 철주 : 588[Pa]

③ 원형 철근콘크리트주 : 882[Pa]

④ 강관으로 구성(단주는 제외)된 철탑 : 1,255[Pa]

해설 **풍압하중의 종별과 적용**(KEC 331.6)

→ 가. 목주, 나. 원형의 철주, 다. 원형의 철근콘크리트주는 모두 수직 투영면적 1[m²]에 대한 풍압하중은 588[Pa]로 계산

★★☆
05 특고압 전선로에 사용되는 애자장치에 대한 갑종 풍압하중은 그 구성재의 수직 투영면적 1[m²]에 대한 풍압하중을 몇 [Pa]를 기초로 하여 계산하는가?

① 592

② 668

③ 946

④ 1,039

해설 **풍압하중의 종별과 적용**(KEC 331.6)

애자장치(특고압용 전선용)의 구성재의 수직 투영면적 1[m²]에 대한 풍압하중 → 1,039[Pa]

★☆☆
06 다도체 가공전선의 을종풍압하중은 수직 투영면적 1[m²]당 몇 [Pa]을 기초로 하여 계산하는가? (단, 전선, 기타의 가섭선 주위에 두께 6[mm], 비중 0.9의 빙설이 부착한 상태이다.)

① 333

② 371

③ 588

④ 666

해설 **풍압하중의 종별과 적용**(KEC 331.6)

을종 풍압하중 : 갑종 풍압하중의 2분의 1을 기초로 하여 계산할 것

다도체 구성전선이 666[Pa]이므로 을종 풍압하중은 → 666/2 = 333[Pa]

정답 | 04 ③ 05 ④ 06 ①

07 ★☆☆

빙설이 적고 인가가 밀집한 도시에 시설하는 고압 가공전선로 설계에 사용하는 풍압하중은?

① 갑종 풍압하중
② 을종 풍압하중
③ 병종 풍압하중
④ 갑종 풍압하중과 을종 풍압하중을 각 설비에 따라 혼용

> **해설** **풍압하중의 종별과 적용**(KEC 331.6)
>
> 병종 풍압하중은 빙설이 적은 지방에서 인가가 많은 장소에서 적용됨

08 ★★★

길이 16[m], 설계하중 8.2[kN]의 철근 콘크리트주를 지반이 튼튼한 곳에 시설하는 경우 지지물 기초의 안전율과 무관하려면 땅에 묻는 깊이를 몇 [m] 이상으로 하여야 하는가?

① 2.0
② 2.5
③ 2.8
④ 3.2

> **해설** **가공전선로 지지물의 기초의 안전율**(KEC 331.7)

설계하중[kN]	전장[m]		땅에 묻히는 깊이[m]
6.8[kN] 초과 9.8[kN] 이하	14[m] 이상 20[m] 이하	15[m] 초과	2.8[m] 이상

09 ★★★

가공전선로의 지지물에 하중이 가하여지는 경우에 그 하중을 받는 지지물의 기초 안전율은 특별한 경우를 제외하고 최소 얼마 이상인가?

① 1.5
② 2.0
③ 2.5
④ 3.0

> **해설** **가공전선로 지지물의 기초의 안전율**(KEC 331.7)
>
> → 가공전선로의 지지물에 하중이 가하여지는 경우에 그 하중을 받는 지지물의 기초의 안전율은 2 이상일 것

4. 지선의 시설(KEC 331.11)

1) 지선의 설치 목적

(1) 지지물의 강도를 보강

(2) 전선로의 안전성을 증대

(3) 불평형 하중에 대한 평형유지

(4) 전선로가 건조물 등과 접근할 때 보안상 필요한 경우

2) 지선을 사용할 수 없는 경우

(1) 철탑은 지선을 사용하여 그 강도를 분담시킬 수 없다.

(2) 철주 또는 철근 콘크리트주는 지선을 사용하지 않는 상태에서 2분의 1 이상의 풍압하중에견디는 강도를 가지는 경우 이외에는 지선을 사용하여 그 강도를 분담시킬 수 없다.

3) 가공전선로의 지지물에 시설하는 지선 시설

(1) 지선의 안전율 : 2.5 이상일 것(이 경우에 허용 인장하중의 최저는 4.31[kN])

(2) 지선에 연선을 사용할 경우

① 소선 : 3가닥 이상의 연선일 것

② 소선의 지름 : 2.6[mm] 이상의 금속선일 것(소선의 지름이 2[mm] 이상인 아연도 강연선으로서 소선의 인장강도가 0.68[kN/mm^2] 이상인 것을 사용하는 경우에는 예외임)

③ 지중부분 및 지표상 0.3[m]까지의 부분에는 내식성이 있는 것 또는 아연도금을 한 철봉을 사용하고 쉽게 부식되지 않는 근가에 견고하게 붙일 것

④ 지선근가는 지선의 인장하중에 충분히 견디도록 시설할 것

4) 도로를 횡단하여 시설하는 지선의 높이

(1) 지표상 : 5[m] 이상일 것

(2) 기술상 부득이한 경우, 교통에 지장을 초래할 우려가 없는 경우의 높이

① 지표상 : 4.5[m] 이상

② 보도 : 2.5[m] 이상

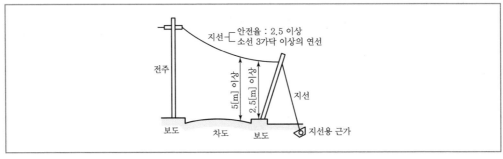

[그림 - 73. 지선의 시설]

5) 저압 · 고압 또는 25[kV] 미만인 특고압 가공전선로의 지지물에 시설하는 지선이 전선과 접촉할 우려가 있는 경우 : 그 상부에 애자를 삽입할 것

5. 구내인입선(KEC 331.12)

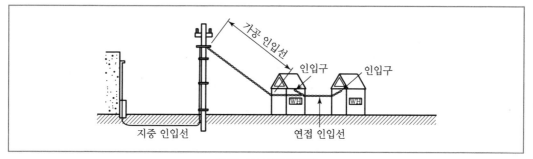

[그림 – 74. 가공 인입선]

1) 고압 가공 인입선의 시설(KEC 331.12.1)

    (1) 고압 가공 인입선의 종류

        ① 인장강도 8.01[kN] 이상의 고압 절연전선, 특고압 절연전선

        ② 지름 5[mm] 이상의 경동선의 고압 절연전선, 특고압 절연전선, 또는 인하용 절연전선을 애자사
          용배선으로 시설할 것

    (2) 고압 가공 인입선의 높이

        ① 지표상 높이는 5.0[m] 이상일 것

        ② 지표상 3.5[m]까지로 감할 수 있는 경우(고압가공 인입선이 케이블 이외일 때, 그 전선 아래쪽에 위험
          표시를 한 경우)

    (3) 고압 연접 인입선은 시설할 수 없음

2) 특고압 가공 인입선의 시설(KEC 331.12.2)

    (1) 특고압 가공 인입선 사용전압 : 100[kV] 이하일 것

    (2) 사용전압이 35[kV] 이하이고, 전선에 케이블을 사용하는 경우,
        특고압 가공 인입선의 높이는 그 특고압 가공 인입선이 도로 · 횡단보도교 · 철도 및 궤도를 횡단하는 이외
        의 경우에 한하여 지표상 4[m]까지로 감할 수 있음

    (3) 특고압 인입선의 옥측부분 또는 옥상부분은 사용전압 : 100[kV] 이하일 것

    (4) 특고압 연접 인입선은 시설해서는 안 됨

6. 옥측전선로(KEC 331.13)

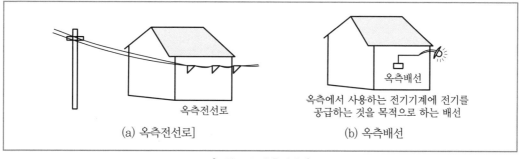

[그림 – 75. 옥측전선로]

1) 고압 옥측 전선로의 시설(KEC 331.13.1)

(1) 고압 옥측전선로의 전개된 장소에서의 시설

① 사용전선 : 케이블

② 지지점 간의 거리

구분	지지점 간의 거리
케이블을 조영재의 옆면 또는 아랫면에 따라 붙일 경우	2[m] 이하
수직으로 붙일 경우	6[m] 이하

2) 특고압 옥측전선로의 시설(KEC 331.13.2)

(1) 특고압 옥측전선로는 시설해서는 안 됨

(2) 사용전압 : 100[kV] 이하일 것

7. 옥상전선로(KEC 331.14)

1) 고압 옥상전선로의 시설(KEC 331.14.1)

(1) 고압 옥상전선로(고압 인입선의 옥상부분은 제외)

① 사용전선 : 케이블

② 조영재 사이의 이격거리 : 1.2[m] 이상

(2) 고압 옥상전선로의 전선이 다른 시설물과 접근 · 교차 시 이격거리 : 0.6[m] 이상일 것

(3) 고압 옥상전선로의 전선 : 상시 부는 바람 등에 의하여 식물에 접촉하지 않도록 시설할 것

2) 특고압 옥상전선로의 시설(KEC 331.14.2)

특고압 옥상전선로(특고압 인입선의 옥상부분 제외)는 시설하여서는 안 된다.

⚡ 과년도 기출 및 예상문제

★★☆

01 가공전선로의 지지물에 시설하는 지선의 안전율은 일반적인 경우 얼마 이상이어야 하는가?

① 1.8

② 2.0

③ 2.2

④ 2.5

> **해설** **지선의 시설**(KEC 331.11)
> 가공전선로의 지지물에 시설하는 지선 시설
> → 지선의 안전율 : 2.5 이상일 것

★★★

02 가공전선로의 지지물에 사용하는 지선의 시설과 관련하여 다음 중 맞지 않는 것은?

① 지선의 안전율은 2.5 이상, 허용 인장하중의 최저는 3.31[kN]으로 할 것

② 지선에 연선을 사용하는 경우 소선의 지름이 2.6[mm] 이상의 금속선을 사용한 것일 것

③ 지선에 연선을 사용하는 경우 소선은 3가닥 이상의 연선일 것

④ 가공전선로의 지지물로 사용하는 철탑은 지선을 사용하여 그 강도를 분담시키지 않을 것

> **해설** **지선의 시설**(KEC 331.11)
> 가공전선로의 지지물에 시설하는 지선 시설
> → 지선의 안전율 : 2.5 이상일 것(이 경우에 허용 인장하중의 최저는 4.31[kN])

★★★

03 가공전선로의 지지물에 지선을 시설할 때 옳은 방법은?

① 지선의 안전율을 2.0으로 하였다.

② 소선은 최소 2가닥 이상의 연선을 사용하였다.

③ 지중부분 및 지표상 20[cm]까지의 부분은 아연도금 철봉 등 내부식성 재료를 사용하였다.

④ 도로를 횡단하는 곳의 지선의 높이는 지표상 5[m]로 하였다.

> **해설** **지선의 시설**(KEC 331.11)
> → 도로를 횡단하여 시설하는 지선의 높이 : 지표상 5[m] 이상일 것

정답	01 ④ 02 ① 03 ④

★★★
04
가공전선로의 지지물에 시설하는 지선으로 연선을 사용할 경우에는 소선이 최소 몇 가닥 이상이어야 하는가?

① 3
② 4
③ 5
④ 6

해설 **지선의 시설**(KEC 331.11)
가공전선로의 지지물에 시설하는 지선 시설
지선에 연선을 사용할 경우 : 소선 → 3가닥 이상의 연선일 것

★★★
05
고압 가공 인입선 등의 시설기준에 맞지 않는 것은?

① 고압 가공 인입선 아래에 위험 표시를 하고 지표상 3.5[m] 높이에 설치하였다.
② 전선은 5[mm] 경동선과 동등한 세기의 고압 절연 전선을 사용하였다.
③ 애자사용공사로 시설하였다.
④ 1.5[m] 떨어진 다른 수용가에 고압 연접 인입선을 시설하였다.

해설 **고압 가공 인입선의 시설**(KEC 331.12.1)
고압 연접 인입선은 시설할 수 없다.

★★★
06
사용전압이 35,000[V] 이하이고, 케이블을 사용하는 특고압 가공 인입선이 도로, 횡단보도교 등을 횡단하지 않으면 지표상 높이는 몇 [m]까지 시설할 수 있는가?

① 4.0
② 5.0
③ 5.5
④ 6.0

해설 **특고압 가공 인입선의 시설**(KEC 331.12.2)
사용전압이 35[kV] 이하이고, 전선에 케이블을 사용하는 경우, 특고압 가공 인입선의 높이는 그 특고압 가공 인입선이 도로·횡단보도교·철도 및 궤도를 횡단하는 이외의 경우에 한하여 지표상 4[m]까지로 감할 수 있다.

정답 | 04 ① 05 ④ 06 ①

★★☆
07 고압 옥상전선로의 전선이 다른 시설물과 접근하거나 교차하는 경우 이들 사이의 이격거리는 몇 [cm] 이상이어야 하는가?

① 30 ② 60
③ 90 ④ 120

> **[해설]** **고압 옥상전선로의 시설**(KEC 331.14.1)
> → 고압 옥상전선로의 전선이 다른 시설물과 접근 · 교차 시 이격거리 : 0.6[m] 이상일 것

★☆☆
08 다음 중 특고압의 전선로로 시설할 수 없는 것은?

① 가공전선로 ② 옥상전선로
③ 지중전선로 ④ 수중전선로

> **[해설]** **특고압 옥상전선로의 시설**(KEC 331.14.2)
> → 특고압 옥상전선로는 시설하여서는 안 된다.

CHAPTER 04 가공전선로(KEC 332)

1. 가공약전류전선로의 유도장해 방지(KEC 332.1)

저압 · 고압 가공전선로와 기설 가공약전류전선로가 병행 시
(1) 유도작용에 의하여 통신상의 장해가 방지될 것
(2) 전선과 기설 약전류전선 간의 이격거리 : 2[m] 이상일 것

2. 가공케이블의 시설(KEC 332.2)

(1) 케이블은 조가용선에 행거로 시설할 것(사용전압이 고압인 때에는 행거의 간격은 0.5[m] 이하일 것)
(2) 조가용선 : 인장강도 5.93[kN] 이상 또는 단면적 22[mm^2] 이상 아연도 강연선일 것
(3) 조가용선 및 케이블의 피복에 사용하는 금속체 : 접지공사를 할 것
(4) 고압 가공전선에 케이블을 사용하는 경우의 조가용선은 고압 가공전선의 안전율(KEC 332.4)에 준하여 시설할 것
(5) 조가용선의 케이블에 접촉시켜 그 위에 쉽게 부식하지 않는 금속 테이프는 0.2[m] 이하의 간격을 유지할 것

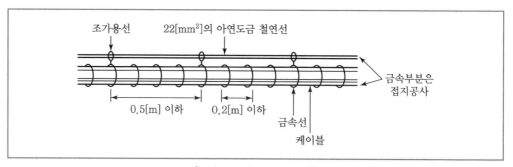

[그림-76. 가공케이블 시설]

3. 고압 가공전선의 굵기 및 종류(KEC 332.3)

(1) 종류 : 고압절연전선, 특고압절연전선, 케이블
(2) 굵기(경동선 기준)

사용전압	시설장소	경동선의 굵기	
		인장하중[kN]	지름[mm]
400[V] 미만	시가지	3.43	3.2
	시가지 이외	2.3	2.6
400[V] 이상저압, 고압	시가지	8.01	5.0
	시가지 이외	5.26	4.0

4. 고압 가공전선의 안전율(KEC 332.4)

고압가공전선이 케이블인 경우 이외에는 다음 규정에 따라 시설한다.
(1) 경동선 또는 내열 동합금선의 안전율 : 2.2 이상의 것
(2) 그 밖의 전선 : 2.5 이상이 되는 이도(弛度)로 시설할 것

5. 고압 가공전선의 높이(KEC 332.5)

구분	높이[m]
① 도로 횡단	지표상 6[m] 이상
② 철도 또는 궤도 횡단	레일면상 6.5[m] 이상
③ 횡단보도교의 위에 시설	그 노면상 3.5[m] 이상
④ ①에서 ③까지 이외의 경우	지표상 5[m] 이상

6. 고압 가공전선로의 가공지선(KEC 332.6)

(1) 인장강도 : 5.26[kN] 이상의 것
(2) 지름 : 4[mm] 이상의 나경동선

7. 고압 가공전선로의 지지물의 강도(KEC 332.7)

지지물의 종류	지지물의 강도
목주	풍압하중에 대한 안전율 : 1.3 이상
	굵기 : 말구(末口) 지름 0.12[m] 이상
철주(A종) 또는 철근 콘크리트주(A종) 중 복합철근 콘크리트주	풍압하중 및 수직하중에 견디는 강도를 가질 것
A종 철근 콘크리트주 중 복합 철근 콘크리트주 이외	풍압하중에 견디는 강도를 가질 것
A종 철주 이외의 철주(B종)·A종 철근 콘크리트주 이외의 철근 콘크리트주(B종) 또는 철탑	상시 상정하중에 견디는 강도를 가질 것

8. 고압 가공전선 등의 병행설치(KEC 332.8)

1) 저압 가공전선과 고압 가공전선을 동일 지지물에 시설하는 경우

(1) 저압 가공전선을 고압 가공전선의 아래로 하고 별개의 완금류에 시설할 것
(2) 저압 가공전선과 고압 가공전선 사이의 이격거리는 0.5[m] 이상일 것

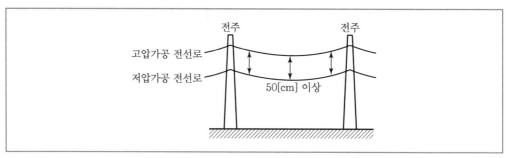

[그림 – 77. 고압 가공전선 등의 병행설치]

2) 제1)항에 의하지 아니할 수 있는 경우

(1) 고압 가공전선에 케이블을 사용하고, 그 케이블과 저압 가공전선 사이의 이격거리를 0.3[m] 이상으로 하여 시설하는 경우

(2) 저압 가공인입선을 분기하기 위하여 저압 가공전선을 고압용의 완금류에 견고하게 시설하는 경우

⚡ 과년도 기출 및 예상문제

★☆☆

01 고압 가공전선로의 가공 약전류 전선로가 병행하는 경우 유도작용에 의하여 통신상의 장해가 미치지 아니하도록 하기 위한 최소 이격거리[m]는?

① 0.5 ② 1.0

③ 1.5 ④ 2.0

> **해설** **가공약전류전선로의 유도장해 방지**(KEC 332.1)
> 전선과 기설 약전류전선 간의 이격거리는 2[m] 이상일 것

★☆☆

02 고압 가공전선에 케이블을 사용하는 경우 케이블을 조가용선에 행거로 시설하고자 할 때 행거의 간격은 몇 [cm] 이하로 하여야 하는가?

① 30 ② 50

③ 80 ④ 100

> **해설** **가공케이블의 시설**(KEC 332.2)
> 케이블은 조가용선에 행거로 시설할 것
> → 사용전압이 고압일 때에는 행거의 간격은 0.5[m] 이하로 한다.

★★☆

03 가공 케이블 시설 시 고압 가공전선에 케이블을 사용하는 경우 조가용선은 단면적이 몇 [mm^2] 이상인 아연도 강연선 이어야 하는가?

① 8 ② 14

③ 22 ④ 30

> **해설** **가공케이블의 시설**(KEC 332.2)
> 케이블은 조가용선에 행거로 시설할 것
> → 조가용선은 단면적 22[mm^2] 이상인 아연도 강연선일 것

정답 | 01 ④ 02 ② 03 ③

★★☆
04 3,300[V] 고압 가공전선로를 교통이 번잡한 도로를 횡단하여 시설하는 경우에는 지표상 높이를 몇 [m] 이상으로 하여야 하는가?

① 5.0 　　　　　　　　　　　② 5.5
③ 6.0 　　　　　　　　　　　④ 6.5

해설 **고압 가공전선의 높이**(KEC 332.5)

구분	높이[m]
도로 횡단	지표상 6[m] 이상

★★★
05 저·고압 가공전선의 높이는 철도 또는 궤도를 횡단하는 경우 전선의 레일면상 몇 [m] 이상이어야 하는가?

① 5.0 　　　　　　　　　　　② 5.5
③ 6.0 　　　　　　　　　　　④ 6.5

해설 **고압 가공전선의 높이**(KEC 332.5)

구분	높이[m]
철도 또는 궤도 횡단	레일면상 6.5[m] 이상

★★☆
06 고압 가공전선로의 가공지선으로 나경동선을 사용하는 경우의 지름은 몇 [mm] 이상이어야 하는가?

① 3.2 　　　　　　　　　　　② 4.0
③ 5.5 　　　　　　　　　　　④ 6.0

해설 **고압 가공전선로의 가공지선**(KEC 332.6)
　→ 지름 : 4[mm] 이상의 나경동선

★★☆
07 고압 가공전선을 ACSR 선으로 쓸 때 안전율은 몇 이상의 이도로 시설하여야 하는가?

① 2.9 　　　　　　　　　　　② 2.2
③ 2.5 　　　　　　　　　　　④ 3.9

해설 **고압 가공전선의 안전율**(KEC 332.4)
　고압가공전선이 케이블인 경우 이외에는
　→ 그 밖의 전선은 2.5 이상이 되는 이도(弛度)로 시설할 것

정답 | **04** ③ **05** ④ **06** ② **07** ③

★★★
08 고압 가공전선이 경동선인 경우 안전율은 얼마 이상이어야 하는가?

① 2.0   ② 2.2
③ 2.5   ④ 3.0

> **해설** **고압 가공전선의 안전율**(KEC 332.4)
> 고압 가공전선이 케이블인 경우 이외에는
> → 경동선 또는 내열 동합금선 : 2.2 이상

★★☆
09 동일 지지물에 고압 가공전선과 저압 가공전선을 병가할 때 저압 가공전선의 위치는?

① 저압 가공전선을 고압 가공전선 위에 시설
② 저압 가공전선을 고압 가공전선 아래에 시설
③ 동일 완금류에 평행되게 시설
④ 별도의 규정이 없으므로 임의로 시설

> **해설** **고압 가공전선 등의 병행설치**(KEC 332.8)
> 저압 가공전선과 고압 가공전선을 동일 지지물에 시설하는 경우
> → 저압 가공전선을 고압 가공전선의 아래로 하고 별개의 완금류에 시설할 것

★★★
10 저압 가공전선과 고압 가공전선을 동일 지지물에 시설하는 경우 이격거리는 몇 [cm] 이상이어야 하는가?

① 50   ② 60
③ 70   ④ 80

> **해설** **고압 가공전선 등의 병행설치**(KEC 332.8)
> 저압 가공전선과 고압 가공전선을 동일 지지물에 시설하는 경우
> → 저압 가공전선과 고압 가공전선 사이의 이격거리는 0.5[m] 이상일 것

9. 고압 가공전선로 경간의 제한(KEC 332.9)

1) 고압 가공전선로의 경간

지지물의 종류	표준경간	22[mm²] 이상의 경동연선
목주 · A종 철주 또는 A종 철근 콘크리트주	150[m] 이하	300[m] 이하
B종 철주 또는 B종 철근 콘크리트주	250[m] 이하	500[m] 이하
철탑	600[m] 이하	600[m] 이하

2) 고압 가공전선로의 경간이 100[m]를 초과하는 경우의 시설 방법

(1) 고압가공전선
   ① 인장강도 8.01[kN] 이상의 것
   ② 지름 5[mm] 이상의 경동선일 것
(2) 목주의 풍압하중에 대한 안전율은 1.5 이상일 것

10. 고압 보안공사(KEC 332.10)

(1) 전선은 케이블인 경우 이외에는 다음 조건을 충족하여야 한다.
   ① 인장강도 8.01[kN] 이상의 것
   ② 지름 5[mm] 이상의 경동선일 것
(2) 목주의 풍압하중에 대한 안전율 : 1.5 이상일 것
(3) 지지물의 종류별 경간 제한

지지물의 종류	경간
목주 · A종 철주 또는 A종 철근 콘크리트주	100[m] 이하
B종 철주 또는 B종 철근 콘크리트주	150[m] 이하
철탑	400[m] 이하

11. 고압 가공전선과 건조물의 접근(KEC 332.11)

(1) 고압 가공전선이 건조물과 접근 상태로 시설되는 경우

건조물 조영재의 구분	접근형태	이격거리
상부 조영재	위쪽	2[m] 이상(전선이 케이블인 경우 : 1[m] 이상)
	옆쪽 또는 아래쪽	1.2[m] 이상 (전선에 사람이 쉽게 접촉할 우려가 없도록 시설 경우 : 0.8[m] 이상, 케이블인 경우 : 0.4[m])
기타의 조영재		1.2[m] 이상 (전선에 사람이 쉽게 접촉할 우려가 없도록 시설한 경우 : 0.8[m] 이상, 케이블인 경우 : 0.4[m] 이상)

(2) 저ㆍ고압 가공전선이 건조물과 접근하는 경우에 저ㆍ고압 가공전선이 건조물의 아래쪽에 시설될 때 이격거리

가공 전선의 종류	이격거리
저압 가공 전선	0.6[m] (전선이 고압 절연전선, 특고압 절연전선 또는 케이블인 경우 : 0.3[m]) 이상
고압 가공 전선	0.8[m] (전선이 케이블인 경우 : 0.4[m]) 이상

12. 고압 가공전선과 가공약전류전선 등의 접근 또는 교차(KEC 332.13)

구분	이격거리
고압 가공전선이 가공약전류전선 등과 접근	0.8[m] 이상
전선이 케이블인 경우	0.4[m] 이상

※ 고압 가공전선과 약전류전선로 등의 지지물 사이의 이격거리 : 0.6[m] 이상

13. 고압 가공전선과 안테나의 접근 또는 교차(KEC 332.14)

구분		이격거리
가공전선과 안테나	저압	0.6[m] 이상
		전선이 고압 절연전선, 특고압 절연전선 또는 케이블 : 0.3[m] 이상
	고압	0.8[m] 이상
		전선이 케이블 : 0.4[m] 이상

14. 고압 가공전선 상호 간의 접근 또는 교차(KEC 332.17)

(1) 위쪽 또는 옆쪽에 시설되는 고압 가공전선로는 고압 보안공사에 의할 것
(2) 고압 가공전선 상호 간의 이격거리
　① 고압 가공전선 상호 간 : 0.8[m] 이상
　② 어느 한쪽 전선이 케이블인 경우 : 0.4[m] 이상
(3) 하나의 고압 가공전선과 다른 고압 가공전선로의 지지물 사이의 이격거리 : 0.6[m](전선이 케이블인 경우 : 0.3[m]) 이상일 것

15. 고압 가공전선과 식물의 이격거리(KEC 332.19)

고압 가공전선은 상시 부는 바람 등에 의하여 식물에 접촉하지 않도록 시설해야 함

16. 고압 가공전선과 가공약전류전선 등의 공용설치(KEC 332.21)

고압 가공전선과 가공약전류전선 등을 동일 지지물에 시설하는 경우

(1) 전선로의 지지물로서 사용하는 목주의 풍압하중에 대한 안전율 : 1.5 이상일 것

(2) 가공전선을 가공약전류전선 등의 위로하고 별개의 완금류에 시설할 것

(3) 가공전선과 가공약전류전선 등 사이의 이격거리

　① 가공전선로의 관리자와 가공약전류전선로의 관리자가 같을 경우 이외의 경우

가공전선	이격거리
저압	0.75[m] 이상
고압	1.5[m] 이상

　② 가공약전류전선 등이 절연전선과 동등 이상의 절연성능이 있는 것, 또는 통신용 케이블인 경우

가공전선	이격거리
저압 가공전선이 고압 절연전선, 특고압 절연전선 또는 케이블인 경우	0.3[m] 이상
고압 가공전선이 케이블인 경우	0.5[m] 이상

(4) 가공전선이 가공약전류전선에 대하여 유도작용에 의한 통신상의 장해를 줄 우려가 있는 경우

　① 가공전선과 가공약전류전선 간의 이격거리를 증가시킬 것

　② 교류식 가공전선로의 경우에는 가공전선을 적당한 거리에서 연가할 것

⚡ 과년도 기출 및 예상문제

★★☆

01 고압 가공전선로의 경간은 지지물이 B종 철주로서 일반적인 경우에는 몇 [m] 이하인가?

① 200　　　　　　　　　　　　② 250

③ 300　　　　　　　　　　　　④ 350

> **해설** **고압 가공전선로 경간의 제한**(KEC 332.9)

지지물의 종류	표준경간	22[mm²] 이상의 경동연선
B종 철주 또는 B종 철근 콘크리트주	250[m] 이하	500[m] 이하

★★★

02 고압 가공전선로의 지지물로 A종 철근 콘크리트주를 시설하고 전선으로는 단면적 22[mm²]의 경동연선을 사용하였을 경우, 경간은 몇 [m]까지로 할 수 있는가?

① 150　　　　　　　　　　　　② 250

③ 300　　　　　　　　　　　　④ 500

> **해설** **고압 가공전선로 경간의 제한**(KEC 332.9)

지지물의 종류	표준경간	22[mm²] 이상의 경동연선
A종 철근 콘크리트주	150[m] 이하	300[m] 이하

★☆☆

03 다음 중 고압 보안공사에 사용되는 전선의 기준으로 옳은 것은?

① 케이블인 경우 이외에는 인장강도 8.01[kN] 이상의 것 또는 지름 5[mm] 이상의 경동선일 것
② 케이블인 경우 이외에는 인장강도 8.01[kN] 이상의 것 또는 지름 4[mm] 이상의 경동선일 것
③ 케이블인 경우 이외에는 인장강도 8.71[kN] 이상의 것 또는 지름 5[mm] 이상의 경동선일 것
④ 케이블인 경우 이외에는 인장강도 8.71[kN] 이상의 것 또는 지름 4[mm] 이상의 경동선일 것

> **해설** **고압 보안공사**(KEC 332.10)
> 전선은 케이블인 경우 이외에는
> → 가. 인장강도 8.01[kN] 이상의 것 또는 나. 지름 5[mm] 이상의 경동선일 것

정답 | 01 ② 02 ③ 03 ①

★★★
04

고압 가공전선과 건조물에 상부 조영재와의 옆쪽 이격거리는 몇 [m] 이상이어야 하는가? (단, 전선에 사람이 쉽게 접촉할 우려가 있고 케이블이 아닌 경우이다.)

① 1.0
② 1.2
③ 1.5
④ 2.0

해설 **고압 가공전선과 건조물의 접근**(KEC 332.11)

건조물 조영재의 구분	접근형태	이격거리
상부 조영재	옆쪽 또는 아래쪽	1.2[m] 이상 (전선에 사람이 쉽게 접촉할 우려가 없도록 시설한 경우 : 0.8[m] 이상, 케이블인 경우 : 0.4[m])

★★★
05

고압 절연전선을 사용한 6,600[V] 배전선이 안테나와 접근 상태로 시설되는 경우, 가공전선과 안테나 사이의 이격거리는 몇 [cm] 이상이어야 하는가?

① 60 이상
② 80 이상
③ 100 이상
④ 120 이상

해설 **고압 가공전선과 안테나의 접근 또는 교차**(KEC 332.14)

구분		이격거리
가공전선과 안테나	저압	0.6[m] 이상
		전선이 고압 절연전선,특고압 절연전선 또는 케이블 : 0.3[m] 이상
	고압	0.8[m] 이상
		전선이 케이블 : 0.4[m] 이상

★☆☆
06

고압 가공전선이 가공약전류전선 등과 접근하는 경우는 고압 가공전선과 가공약전류 전선 등의 이격거리는 몇 [cm] 이상이어야 하는가? (단, 전선이 케이블인 경우이다.)

① 15
② 30
③ 40
④ 80

해설 **고압 가공전선과 가공약전류전선 등의 접근 또는 교차**(KEC 332.13)

구분	이격거리
고압 가공전선이 가공약전류전선 등과 접근	0.8[m] 이상
전선이 케이블인 경우	0.4[m] 이상

정답 | **04** ② **05** ② **06** ③

★★☆
07 고압 가공전선 상호 간이 접근 또는 교차하여 시설하는 경우, 고압 가공전선 상호 간의 이격거리는 몇 [cm] 이상이어야 하는가? (단, 고압 가공전선은 모두 케이블이 아니라고 한다.)

① 50
② 60
③ 70
④ 80

해설 **고압 가공전선 상호 간의 접근 또는 교차**(KEC 332.17)
고압 가공전선 상호 간의 이격거리
가. 고압 가공전선 상호 간 : 0.8[m] 이상
나. 어느 한쪽 전선이 케이블인 경우 : 0.4[m] 이상

★☆☆
08 다음 설명의 ㉠, ㉡ 안에 알맞은 말은?

> 고압 가공전선이 다른 고압 가공전선과 접근 상태로 시설하거나 교차하여 시설되는 경우에 고압 가공전선 상호 간의 이격거리는 (㉠) 이상, 하나의 고압 가공전선과 다른 고압 가공전선로의 지지물 사이의 이격거리는 (㉡) 이상일 것

① ㉠ 80[cm], ㉡ 50[cm]
② ㉠ 80[cm], ㉡ 60[cm]
③ ㉠ 60[cm], ㉡ 30[cm]
④ ㉠ 40[cm], ㉡ 50[cm]

해설 **고압 가공전선 상호 간의 접근 또는 교차**(KEC 332.17)
고압 가공전선 상호 간의 이격거리
가. 고압 가공전선 상호 간 : 0.8[m] 이상
나. 하나의 고압 가공전선과 다른 고압 가공전선로의 지지물 사이의 이격거리 : 0.6[m]

★☆☆
09 고압 가공전선와 식물과의 이격거리에 대한 기준으로 맞는 것은?

① 0.3[m]
② 0.6[cm]
③ 1.0[cm]
④ 상시 불고 있는 바람 등에 의하여 식물에 접촉하지 않도록 시설

해설 **고압 가공전선과 식물의 이격거리**(KEC 332.19)
고압 가공전선은 상시 부는 바람 등에 의하여 식물에 접촉하지 않도록 시설해야 함

정답 | 07 ④ 08 ② 09 ④

10 ★☆☆ 저·고압 가공전선과 가공 약전류전선 등을 동일 지지물에 시설하는 경우로서 옳지 않은 방법은?

① 가공전선을 가공 약전류전선 등의 위로하고 별개의 완금류를 시설할 것
② 전선로의 지지물로 사용하는 목주의 풍압하중에 대한 안전율은 1.5 이상일 것
③ 가공전선과 가공 약전류전선 등 사이의 이격거리는 저압과 고압이 모두 75[cm] 이상일 것
④ 가공전선이 가공 약전류전선에 대하여 유도작용에 의한 통신상의 장해를 줄 우려가 있는 경우에는 가공전선은 적당한 거리에서 연가 할 것

> **해설** 고압 가공전선과 가공약전류전선 등의 공용설치(KEC 332.21)
> 가공전선로의 관리자와 가공 약전류전선로의 관리자가 같을 경우 이외의 경우

가공전선	이격거리
저압	0.75[m] 이상
고압	1.5[m] 이상

정답 | 10 ③

CHAPTER 05 특고압 가공전선로(KEC 333)

1. 시가지 등에서 특고압 가공전선로의 시설(KEC 333.1)

1) 사용전압이 170[kV] 이하인 전선로

(1) 특고압 가공전선 지지 애자장치 시설기준
　① 50[%] 충격섬락전압 값이 그 전선의 근접한 다른 부분을 지지하는 애자장치 값의 110[%](사용전압 : 130[kV] 초과 시 105[%]) 이상일 것
　② 아크 혼을 붙인 현수애자 · 장간애자 또는 라인포스트애자를 사용하는 것
　③ 2련 이상의 현수애자 또는 장간애자를 사용하는 것
　④ 2개 이상의 핀애자 또는 라인포스트애자를 사용하는 것

(2) 특고압 가공전선로의 경간

지지물의 종류	경간
A종 철주 또는 A종 철근 콘크리트주	75[m] 이하
B종 철주 또는 B종 철근 콘크리트주	150[m] 이하
철탑	400[m] 이하 (단주인 경우 : 300[m] 이하) 다만, 전선이 수평으로 2 이상이 있는 경우에 전선 상호 간의 간격이 4[m] 미만인 때는 250[m] 이하

(3) 지지물의 종류 : 철주 · 철근 콘크리트주 또는 철탑을 사용(목주는 사용이 불가)

(4) 전선의 단면적

사용전압의 구분	전선의 단면적
100[kV] 미만	인장강도 21.67[kN] 이상의 연선 또는 단면적 55[mm^2] 이상의 경동연선
100[kV] 이상	인장강도 58.84[kN] 이상의 연선 또는 단면적 150[mm^2] 이상의 경동연선

(5) 전선의 지표상의 높이

사용전압의 구분	지표상의 높이
35[kV] 이하	10[m] 이상 (특고압 절연전선 : 8[m] 이상)
35[kV] 초과	10[m] + 단수×0.12[m] 이상

　※ 단수 계산 $= \dfrac{\text{최대 사용전압[kV]} - 35[kV]}{10}$ → 소수점은 절상한 값을 적용함

(6) 사용전압이 100[kV]를 초과하는 특고압 가공전선에 지락 또는 단락이 생겼을 때에는 1초 이내에 자동적으로 이를 전로로부터 차단하는 장치를 시설할 것

2) 사용전압이 170[kV] 초과하는 전선로

(1) 경간 거리 : 600[m] 이하일 것

(2) 지지물은 철탑을 사용할 것

(3) 전선 : 단면적 240[mm²] 이상의 강심알루미늄선

(4) 전선로 : 가공지선을 시설할 것

(5) 전선의 지표상의 높이는 10[m]에 35[kV]를 초과하는 10[kV] 마다 0.12[m]를 더한 값 이상일 것
{10[m] + 단수 × 0.12[m] 이상}

$$※ \ 단수 \ 계산 = \frac{최대 \ 사용전압[kV] - 35[kV]}{10} \rightarrow 소수점은 \ 절상한 \ 값을 \ 적용함$$

(6) 전선로에 지락 또는 단락이 생겼을 때에는 1초 이내 자동적으로 전로에서 차단하는 장치를 시설할 것

2. 유도장해의 방지(KEC 333.2)

1) 특고압 가공 전선로 유도전류

사용전압	전화선로의 길이	유도전류
60[kV] 이하	12[km] 마다	2[μA] 이하
60[kV] 초과	40[km] 마다	3[μA] 이하

2) 전기설비기술기준 제17조(유도장해 방지)

(1) 교류 특고압 가공전선로에서 발생하는 극저주파 전자계는 지표상 1[m]에서 전계가 3.5[kV/m] 이하, 자계가 83.3[μT] 이하가 되도록 시설

(2) 직류 특고압 가공전선로에서 발생하는 직류전계는 지표면에서 25[kV/m] 이하, 직류자계는 지표상 1[m]에서 400,000[μT] 이하가 되도록 시설하는 등 상시 정전유도(靜電誘導) 및 전자유도(電磁誘導) 작용에 의하여 사람에게 위험을 줄 우려가 없도록 시설할 것

3. 특고압 가공케이블의 시설(KEC 333.3)

특고압 가공전선로를 케이블을 사용하는 경우 시설조건은 다음과 같다.

(1) 케이블 시설조건

① 행거의 간격 : 0.5[m] 이하로 시설할 것

② 조가용선에 접촉시키고 그 위에 쉽게 부식되지 아니하는 금속 테이프 등을 0.2[m] 이하의 간격을 유지시켜 나선형으로 감아 붙일 것

(2) 조가용선 시설조건

① 인장강도 13.93[kN] 이상의 연선 또는 단면적 22[mm²] 이상의 아연도 강연선일 것

② 고압 가공전선의 안전율 규정에 준하여 시설할 것

(3) 조가용선 및 케이블이 피복에 사용하는 금속체시설
  → 접지시스템 규정에 준하여 접지공사를 할 것

4. 특고압 가공전선의 굵기 및 종류(KEC 333.4)

특고압 가공전선은 케이블인 경우 이외에는
(1) 인장강도 8.71[kN] 이상의 연선 또는 단면적이 22[mm^2] 이상의 경동연선
(2) 또는 동등이상의 인장강도를 갖는 알루미늄 전선이나 절연전선일 것

⚡ 과년도 기출 및 예상문제

★☆☆

01 154[kV] 특고압 가공전선로를 경동연선으로 시가지에 시설하려고 한다. 애자장치는 50[%] 충격 섬락 전압의 값이 다른 부분의 몇 [%] 이상으로 되어야 하는가?

① 100
② 115
③ 110
④ 105

> **해설** **시가지 등에서 특고압 가공전선로의 시설**(KEC 333.1)
>
> 사용전압이 170[kV] 이하인 전선로에서
> → 사용전압이 130[kV]를 넘는 경우는 애자장치 값의 105[%] 이상일 것

★★★

02 특고압 가공전선로를 시가지에 시설하는 경우, 지지물로 사용해서는 안 되는 것은? (단, 사용전압이 170[kV] 이하인 경우이다.)

① 철주
② 철탑
③ 목주
④ 철근 콘크리트주

> **해설** **시가지 등에서 특고압 가공전선로의 시설**(KEC 333.1)
>
> → 지지물의 종류 : 철주 · 철근 콘크리트주 또는 철탑을 사용(목주는 사용이 불가)

★☆☆

03 154,000[V] 특고압 가공전선로를 시가지에서 A종 철주를 사용하여 시설하는 경우 경간은 최대 몇 [m] 인가?

① 50
② 75
③ 150
④ 200

> **해설** **시가지 등에서 특고압 가공전선로의 시설**(KEC 333.1)
>
> 특고압 가공전선로의 경간

지지물의 종류	경간
A종 철주 또는 A종 철근 콘크리트주	75[m] 이하

정답 | 01 ④   02 ③   03 ②

★★☆
04 시가지에 시설하는 특고압 가공전선로의 지지물이 철탑이고 전선이 수평으로 2 이상 있는 경우에 전선 상호 간의 간격이 4[m] 미만일 때에는 특고압 가공전선로의 경간은 몇 [m] 이하이어야 하는가?

① 100
② 150
③ 200
④ 250

해설 **시가지 등에서 특고압 가공전선로의 시설**(KEC 333.1)

철탑은 시가지 내에서 경간 400[m]이나, 전선이 수평으로 2 이상 있는 경우에 전선 상호 간의 간격이 4[m] 미만일 때에는 250[m]이다.

★☆☆
05 사용전압 35[kV]인 특고압 가공전선로에 특고압 절연전선을 사용한 경우 전선의 지표상 높이는 최소 몇 [m] 이상이어야 하는가?

① 13.72
② 12.04
③ 10
④ 8

해설 **시가지 등에서 특고압 가공전선로의 시설**(KEC 333.1)

→ 170[kV] 이하 특고압 가공전선로 높이

사용전압의 구분	지표상의 높이
35[kV] 이하	10[m] 이상(전선이 특고압 절연전선인 경우에는 8[m] 이상)

★★★
06 154[kV] 전선로를 가공전선으로 시가지에 시설할 경우의 경동연선의 최소 단면적[mm²]은?

① 55
② 100
③ 150
④ 200

해설 **시가지 등에서 특고압 가공전선로의 시설**(KEC 333.1)

→ 전선의 단면적

사용전압의 구분	전선의 단면적
100[kV] 이상	인장강도 58.84[kN] 이상의 연선 또는 단면적 150[mm²] 이상의 경동연선

07 사용전압이 154[kV]의 특고압 가공전선로를 시가지에 시설하는 경우 케이블인 경우를 제외하고 지표 위 몇 [m] 이상에 시설하여야 하는가?

① 7
② 8
③ 9.44
④ 11.44

해설 **시가지 등에서 특고압 가공전선로의 시설(KEC 333.1)**

전선의 지표상 높이[L]

사용전압의 구분	지표상의 높이
35[kV] 초과	10[m]+단수×0.12[m] 이상

※ 단수 계산$=\dfrac{\text{최대 사용전압}[kV]-35[kV]}{10}$ → 소수점은 절상한 값을 적용함

- 단수$=\dfrac{154-35}{10}=11.9 \to 12$단
- 높이$=10[m]+12 \times 0.12[m]=11.44[m]$

08 시가지에 시설하는 154[kV] 가공전선로에는 전선로에 지락 또는 단락이 생긴 경우 몇 초 이내에 자동적으로 이를 전선로로부터 차단하는 장치를 시설하는가?

① 1
② 2
③ 3
④ 5

해설 **시가지 등에서 특고압 가공전선로의 시설(KEC 333.1)**

→ 사용전압이 100[kV]를 초과하는 특고압 가공전선에 지락 또는 단락이 생겼을 때에는 1초 이내에 자동적으로 이를 전로로부터 차단하는 장치를 시설할 것

09 특고압 가공전선로의 유도전류는 사용전압 60[kV] 이하인 경우에는 전화 선로의 길이 12[km] 마다 몇 [μA]를 넘지 않도록 하여야 하는가?

① 2
② 3
③ 5
④ 7.5

해설 **유도장해의 방지(KEC 333.2)**

사용전압	전화선로의 길이	유도전류
60[kV] 이하	12[km] 마다	2[μA] 이하
60[kV] 초과	40[km] 마다	3[μA] 이하

정답 | 07 ④ 08 ① 09 ①

★★☆
10 특고압 가공전선로의 전선으로 케이블을 사용하는 경우의 시설로 잘못된 것은?

① 케이블은 조가용선에 행거에 의하여 시설하였다.

② 케이블은 조가용선에 접촉시키고 그 위에 쉽게 부식되지 않도록 금속 테이프 등을 간격 20[cm] 이하의 간격을 유지시켜 나선형으로 감아 붙였다.

③ 조가용선은 인장강도 13.93[kN] 이상의 연선 또는 단면적 38[mm²] 이상의 아연도 강연선을 사용하였다.

④ 조가용선 및 케이블의 피복에 사용하는 금속체에는 접지시스템의 규정에 준하여 접지공사하였다.

해설 **특고압 가공케이블의 시설**(KEC 333.3)
조가용선 시설조건
→ 인장강도 13.93[kN] 이상의 연선 또는 단면적 22[mm²] 이상의 아연도 강연선일 것

★☆☆
11 특고압 가공전선을 케이블인 경우 이외로 시설하는 경우 적합한 단면적 굵기는?

① 22[mm²] 이상

② 38[mm²] 이상

③ 50[mm²] 이상

④ 70[mm²] 이상

해설 **특고압 가공전선의 굵기 및 종류**(KEC 333.4)
특고압 가공전선은 케이블인 경우 이외에는
인장강도 8.71[kN] 이상의 연선 또는 단면적이 22[mm²] 이상의 경동연선일 것

정답 | 10 ③ 11 ①

5. 특고압 가공전선과 지지물 등의 이격거리(KEC 333.5)

특고압가공전선과 그 지지물 · 완금류 · 지주 또는 지선 사이의 이격거리

사용전압	이격거리[m]	사용전압	이격거리[m]
15[kV] 미만	0.15 이상	70[kV] 이상 80[kV] 미만	0.45 이상
15[kV] 이상 25[kV] 미만	0.2 이상	80[kV] 이상 130[kV] 미만	0.65 이상
25[kV] 이상 35[kV] 미만	0.25 이상	130[kV] 이상 160[kV] 미만	0.9 이상
35[kV] 이상 50[kV] 미만	0.3 이상	160[kV] 이상 200[kV] 미만	1.1 이상
50[kV] 이상 60[kV] 미만	0.35 이상	200[kV] 이상 230[kV] 미만	1.3 이상
60[kV] 이상 70[kV] 미만	0.4 이상	230[kV] 이상	1.6 이상

6. 특고압 가공전선의 안전율(KEC 333.6)

특고압 가공전선이 케이블인 경우 이외에는 다음에 따라 시설하여야 한다.
(1) 경동선 또는 내열 동합금선의 안전율 : 2.2 이상일 것
(2) 그 밖의 전선의 안전율 : 2.5 이상이 되는 이도(弛度)로 시설할 것

7. 특고압 가공전선의 높이(KEC 333.7)

사용전압	구분	지표상의 높이
35[kV] 이하	일반장소	5.0[m] 이상
	철도 또는 궤도 횡단	6.5[m] 이상
	도로를 횡단	6.0[m] 이상
	횡단보도교 위에 시설 (전선이 특고압 절연전선 또는 케이블인 경우)	4.0[m] 이상
35[kV] 초과 160[kV] 이하	일반장소	6.0[m] 이상
	철도 또는 궤도 횡단	6.5[m] 이상
	산지 등에서 사람이 쉽게 들어갈 수 없는 장소	5.0[m] 이상
	횡단보도교의 위에 시설하는 경우 전선이 케이블일 때	5.0[m] 이상
160[kV] 초과	일반장소	6.0[m]+단수×0.12[m] 이상
	철도 또는 궤도 횡단	6.5[m]+단수×0.12[m] 이상
	산지 등에서 사람이 쉽게 들어갈 수 없는 장소	5.0[m]+단수×0.12[m] 이상

※ 단수계산 $= \dfrac{160[\text{kV}] \text{ 초과 전압} - 160[\text{kV}]}{10}$ → 소수점은 절상한 값을 적용함

8. 특고압 가공전선로의 가공지선(KEC 333.8)

1) 가공지선

(1) 인장강도 8.01[N] 이상의 나선

(2) 지름 5[mm] 이상의 나경동선

(3) 22[mm²] 이상의 나경동연선

(4) 아연도 강연선 22[mm²] 또는 OPGW 전선을 사용할 것

2) 지지점 이외의 곳에서 특고압 가공전선과 가공지선 사이의 간격은 지지점에서의 간격보다 적게 하지 아니할 것

3) 가공지선 상호를 접속하는 경우에는 접속관 기타의 기구를 사용할 것

9. 특고압 가공전선로의 목주 시설(KEC 333.10)

(1) 풍압하중에 대한 안전율 : 1.5 이상일 것

(2) 굵기 : 말구 지름의 0.12[m] 이상일 것

10. 특고압 가공전선로 철주(B종 철근, B종·철근 콘크리트주) 또는 철탑의 종류(KEC 333.11)

종류	내용
직선형	전선로의 직선부분(3° 이하인 수평각도를 이루는 곳 포함)에 사용하는 것(다만, 내장형 및 보강형에 속하는 것을 제외한다.)
각도형	전선로 중 3°를 초과하는 수평각도를 이루는 곳에 사용하는 것
인류형	전가섭선을 인류하는 곳에 사용하는 것
내장형	전선로의 지지물 양쪽의 경간의 차가 큰 곳에 사용하는 것
보강형	전선로의 직선 부분에 그 보강을 위하여 사용하는 것

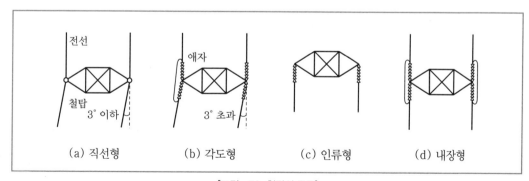

[그림 - 78. 철탑의 종류]

11. 특고압 가공전선로의 내장형 등의 지지물 시설(KEC 333.16)

1) 지지물로 목주 · A종 철주 · A종 철근콘크리트주를 연속 5기 이상 사용하는 직선 부분

(1) 5기 이하마다 지선을 전선로와 직각 방향으로 그 양쪽에 시설할 것

(2) 연속하여 15기 이상으로 사용하는 경우에는 15기 이하마다 지선을 전선로의 방향으로 그 양쪽에 시설할 것

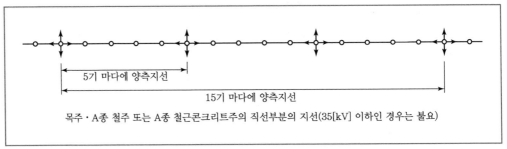

[그림 – 79. 지지물이 연속 5기 이상인 경우]

2) 지지물로서 B종 철주 또는 B종 철근 콘크리트주를 연속 10기 이상 사용하는 부분

(1) 10기 이하마다 장력에 견디는 형태의 철주 또는 철근 콘크리트주(내장형) 1기를 시설할 것

(2) 또는 5기 이하마다 보강형의 철주 또는 철근 콘크리트주(보강형) 1기를 시설할 것

3) 지지물로서 직선형의 철탑을 연속하여 10기 이상 사용하는 부분

(1) 10기 이하마다 장력에 견디는 애자장치가 되어 있는 철탑일 것

(2) 또는 이와 동등 이상의 강도를 가지는 철탑 1기를 시설할 것

과년도 기출 및 예상문제

★★★
01 최대 사용전압 22.9[kV]인 가공전선과 그 지지물·완금류·지주 또는 지선 사이의 이격거리는 일반적으로 몇 [cm] 이상이어야 하는가?

① 15 ② 20
③ 25 ④ 30

해설 **특고압 가공전선과 지지물 등의 이격거리**(KEC 333.5)

사용전압	이격거리[m]
15[kV] 미만	0.15 이상
15[kV] 이상 25[kV] 미만	0.2 이상

★★★
02 사용전압이 22.9[kV]인 특고압 가공전선이 도로를 횡단하는 경우 지표상의 높이는 몇 [m] 이상이어야 하는가?

① 5 ② 5.5
③ 6 ④ 6.5

해설 **특고압 가공전선의 높이**(KEC 333.7)

사용전압	구분	지표상의 높이
35[kV] 이하	도로를 횡단	6.0[m] 이상

★★☆
03 345[kV] 초고압 가공 송전선로를 평지에 건설할 경우 전선의 지표상 높이는 몇 [m] 이상인가?

① 5.5 ② 6
③ 7.5 ④ 8.28

해설 **특고압 가공전선의 높이**(KEC 333.7)

사용전압	구분	지표상의 높이
160[kV] 초과	일반장소	6.0[m]+단수×0.12[m] 이상

※ 단수 계산 $= \dfrac{160[\text{kV}] \text{ 초과전압} - 160[\text{kV}]}{10}$ → 소수점은 절상한 값을 적용함

- 단수 $= \dfrac{345-160}{10} = 18.5 \rightarrow 19$단
- 이격거리 $= 6[\text{m}] + 19 \times 0.12[\text{m}] = 8.28[\text{m}]$

정답 | 01 ② 02 ③ 03 ④

04 특고압 가공전선로에 사용하는 가공지선에는 지름 몇 [mm]의 나경동선 또는 이와 동등 이상의 세기 및 굵기의 나선을 사용하여야 하는가?

① 2.6　　　　　　　　　　　　　　　② 3.5
③ 4　　　　　　　　　　　　　　　　④ 5

> 해설 **특고압 가공전선로의 가공지선**(KEC 333.8)
> 　가. 인장강도 8.01[N] 이상의 나선
> 　나. 지름 5[mm] 이상의 나경동선

★☆☆

05 특고압 가공전선이 경동선인 경우 안전율은 얼마 이상이어야 하는가?

① 2.0　　　　　　　　　　　　　　　② 2.2
③ 2.5　　　　　　　　　　　　　　　④ 3.0

> 해설 **특고압 가공전선의 안전율**(KEC 333.6)
> 　특고압 가공전선이 케이블인 경우 이외에는
> 　→ 경동선 또는 내열 동합금선의 안전율 : 2.2 이상

★★☆

06 특고압 가공전선로의 지지물로써 사용하는 목주의 풍압하중에 대한 안전율은?

① 1.2 이상　　　　　　　　　　　　② 1.5 이상
③ 2.0 이상　　　　　　　　　　　　④ 2.5 이상

> 해설 **특고압 가공전선로의 목주 시설**(KEC 333.10)
> 　→ 풍압하중에 대한 안전율 : 1.5 이상일 것

★☆☆

07 특고압 가공전선로의 지지물로 사용하는 B종 철주, B종 철근콘크리트주 또는 철탑의 종류가 아닌 것은?

① 직선형　　　　　　　　　　　　　② 각도형
③ 지지형　　　　　　　　　　　　　④ 보강형

> 해설 **특고압 가공전선로 철주**(B종 철근, 철근콘크리트주) **또는 철탑의 종류**(KEC 333.11)
> 　→ 직선형, 각도형, 인류형, 내장형, 보강형

정답 | 04 ④　05 ②　06 ②　07 ③

★★☆

08 특고압 가공전선로에 사용되는 B종 철주 중 각도형은 전선로 중 최소 몇 도를 넘는 수평 각도를 이루는 곳에 사용되는가?

① 3
② 5
③ 8
④ 10

> **해설** **특고압 가공전선로 철주**(B종 철근, B종 철근콘크리트주) **또는 철탑의 종류**(KEC 333.11)
> → 각도형 : 전선로 중 수평 각도 3[°]를 넘는 곳에 사용되는 것

★★★

09 특고압 가공전선로에 사용하는 철탑의 종류 중에서 전선로 지지물의 양측 경간의 차가 큰 곳에 사용하는 철탑은?

① 각도형
② 인류형
③ 보강형
④ 내장형

> **해설** **특고압 가공전선로 철주**(B종 철근, B종 철근콘크리트주) **또는 철탑의 종류**(KEC 333.11)
> → 내장형 : 전선로의 지지물 양쪽의 경간의 차가 큰 곳에 사용하는 것

★★★

10 특고압 가공전선로 중 지지물로서 직선형 철탑을 연속하여 사용하는 부분에서 몇 기 이하마다 내장 애자장치를 갖는 철탑 또는 이와 동등 이상의 강도를 가지는 철탑 1기를 시설해야 하는가?

① 5
② 10
③ 15
④ 20

> **해설** **특고압 가공전선로의 내장형 등의 지지물 시설**(KEC 333.16)
> → 특고압 가공전선로 중 지지물로 직선형의 철탑을 계속하여 10기 이상 사용하는 부분에는 10기 이하마다 내장 애자장치를 가지는 철탑 1기를 시설하여야 한다.

12. 특고압 가공전선과 저고압 가공전선 등의 병행(병가)설치(KEC 333.17)

1) 35[kV] 이하인 특고압과 저압 또는 고압 병행(병가)

(1) 특고압 가공전선은 저압 또는 고압 가공전선의 위에 시설하고 별개의 완금류에 시설

(2) 특고압 가공전선 : 연선일 것

(3) 저압 또는 고압 가공전선 시설기준(케이블인 경우 이외)

 ① 가공전선로의 경간이 50[m] 이하 : 지름 4[mm] 이상의 경동선

 ② 가공전선로의 경간이 50[m]을 초과 : 지름 5[mm] 이상의 경동선

(4) 특고압 가공전선과 저압 또는 고압 가공전선 사이의 이격거리 : 1.2[m] 이상일 것

2) 35[kV] 초과 100[kV] 미만인 특고압과 저압 또는 고압 병행(병가)

(1) 특고압 가공전선로 : 제2종 특고압 보안공사일 것

(2) 특고압 가공전선과 저압 또는 고압 가공전선 사이의 이격거리 : 2[m] 이상일 것

(3) 특고압 가공전선(케이블인 경우 제외) : 단면적이 50[mm^2] 이상인 경동연선일 것

(4) 특고압 가공전선로의 지지물 : 철주 · 철근 콘크리트주 또는 철탑일 것

3) 특고압 가공전선과 저고압 가공전선의 병가 시 이격거리

사용전압	이격거리
35[kV] 이하	1.2[m] 이상 (특고압 가공전선이 케이블 : 0.5[m] 이상)
35[kV] 초과 60[kV] 이하	2[m] 이상 (특고압 가공전선이 케이블 : 1[m] 이상)
60[kV] 초과	2[m] 이상 [특고압 가공전선이 케이블인 경우 : 1.0[m] + 단수 × 0.12[m] 이상]

※ 단수계산 = $\dfrac{60[kV]\ 초과전압 - 60[kV]}{10}$ → 소수점은 절상한 값을 적용함

13. 특고압 가공전선과 가공약전류전선 등의 공용(공가)설치(KEC 333.19)

(1) 35[kV] 이하인 특고압 가공전선과 가공약전류전선의 공가

 ① 특고압 가공전선로 : 제2종 특고압 보안공사일 것

 ② 특고압 가공전선은 가공약전류전선 등의 위로하고 별개의 완금류에 시설할 것

 ③ 특고압 가공전선은 케이블인 경우 이외에는 인장강도 21.67[kN] 이상의 연선 또는 단면적이 50[mm^2] 이상인 경동연선일 것

 ④ 특고압 가공전선과 가공약전류전선 등의 이격거리 : 2[m] 이상일 것(다만, 특고압 가공전선이 케이블인 경우에는 0.5[m] 까지로 감할 수 있음)

 ⑤ 가공약전류전선을 특고압 가공전선이 케이블인 경우 이외에는 금속제의 전기적 차폐층이 있는 통신용 케이블일 것

(2) 35[kV]를 초과하는 특고압 가공전선과 가공약전류전선의 공가 : 공가 불가

14. 특고압 가공전선로의 경간 제한(KEC 333.21)

지지물의 종류	경간
목주 · A종 철주 또는 A종 철근 콘크리트주	150[m] 이하
B종 철주 또는 B종 철근 콘크리트주	250[m] 이하
철탑	600[m] 이하 (단주인 경우 : 400[m] 이하)

※ 특고압 가공전선로의 전선 단면적이 50[mm^2] 이상인 경동연선을 사용하는 경우

(1) 목주 · A종 철주 또는 A종 철근 콘크리트주를 사용하는 경우에는 300[m] 이하일 것
(2) B종 철주 또는 B종 철근 콘크리트주를 사용하는 경우에는 500[m] 이하일 것

15. 특고압 보안공사(KEC 333.22)

1) 제1종 특고압 보안공사

(1) 전선 : 케이블인 경우 이외의 전선의 단면적

사용전압	전선
100[kV] 미만	단면적 55[mm^2] 이상의 경동연선
100[kV] 이상 300[kV] 미만	단면적 150[mm^2] 이상의 경동연선
300[kV] 이상	단면적 200[mm^2] 이상의 경동연선

(2) 전선로의 지지물 : B종 철주 · B종 철근 콘크리트주 또는 철탑을 사용할 것(목주 · A종은 사용불가)
(3) 경간제한

지지물의 종류	경간
B종 철주 또는 B종 철근 콘크리트주	150[m] 이하
철탑	400[m] 이하 (단주인 경우 : 300[m] 이하)

※ 단면적이 150[mm^2] 이상인 경동연선을 사용하는 경우에는 예외임

(4) 특고압 가공전선에 지락 또는 단락이 생겼을 경우 : 3초(사용전압이 100[kV] 이상인 경우에는 2초) 이내에 자동적으로 이것을 전로로부터 차단하는 장치를 시설할 것

2) 제2종 특고압 보안공사

(1) 특고압 가공전선 : 연선일 것
(2) 목주의 풍압하중에 대한 안전율 : 2 이상일 것
(3) 경간 제한

지지물의 종류	경간
목주 · A종 철주 또는 A종 철근 콘크리트주	100[m] 이하
B종 철주 또는 B종 철근 콘크리트주	200[m] 이하
철탑	400[m] 이하 (단주인 경우 : 300[m] 이하)

※ 단면적이 95[mm²] 이상인 경동연선을 사용하고 지지물에 B종 철주 · B종 철근 콘크리트주 또는 철탑을 사용하는 경우에는 예외임

3) 제3종 특고압 보안공사

(1) 특고압 가공전선 : 연선일 것
(2) 경간제한

지지물 종류	경간
목주 · A종 철주 또는 A종 철근 콘크리트주	100[m] 이하 (단면적이 38[mm²] 이상 경동연선 사용 : 150[m] 이하)
B종 철주 또는 B종 철근 콘크리트주	200[m] 이하 (단면적이 55[mm²] 이상 경동연선 사용 : 250[m] 이하)
철탑	400[m] 이하 (단면적이 55[mm²] 이상 경동연선 사용 : 600[m] 이하)

⚡ 과년도 기출 및 예상문제

★☆☆
01 사용전압이 35[kV] 이하인 특고압 가공전선과 저압 가공전선을 동일지지물에 시설하는 경우 이격거리는 최소 몇 [m] 이상이어야 하는가? (단, 특고압 가공전선은 케이블을 사용하지 않는 것으로 한다.)

① 1.0 ② 1.2
③ 1.5 ④ 2.0

> **해설** 특고압 가공전선과 저고압 가공전선 등의 병행(병가)설치(KEC 333.17)

사용전압	이격거리
35[kV] 이하	1.2[m] 이상 (특고압 가공전선이 케이블 : 0.5[m] 이상)

★☆☆
02 다음 중 사용전압이 35,000[V]를 넘고 100,000[V] 미만의 특고압 가공전선로의 지지물에 고·저압선을 동일 지지물에 시설할 수 있는 조건으로 옳지 않은 것은?

① 특고압 가공전선은 제2종 특고압 보안공사에 의한다.
② 특고압 가공전선과 고·저압선과의 이격거리는 0.8[m] 이상으로 한다.
③ 특고압 가공전선은 50[mm^2] 경동연선 또는 이와 동등 이상의 세기 및 굵기의 연선을 사용한다.
④ 지지물에는 강관 조립주를 제외한 철주, 철근 콘크리트주 또는 철탑을 사용한다.

> **해설** 특고압 가공전선과 저고압 가공전선 등의 병행(병가)설치(KEC 333.17)
> → 특고압 가공전선과 저압 또는 고압 가공전선 사이의 이격거리 : 2[m] 이상일 것

★★★
03 사용전압 66[kV] 가공전선과 6[kV] 가공전선을 동일 지지물에 병가하는 경우, 특고압 가공전선은 케이블인 경우를 제외하고는 단면적이 몇 [mm^2] 이상의 경동연선 또는 이와 동등 이상의 세기 및 굵기의 연선을 사용하여야 하는가?

① 22 ② 38
③ 50 ④ 100

> **해설** 특고압 가공전선과 저고압 가공전선 등의 병행(병가)설치(KEC 333.17)
> 35[kV] 초과 100[kV] 미만인 특고압과 저압 또는 고압 병행(병가)
> → 특고압 가공전선(케이블인 경우 제외) : 단면적이 50[mm^2] 이상인 경동연선일 것(판단기준 120조 55[mm^2])

정답	01 ② 02 ② 03 ③

★☆☆
04 가공약전류전선을 사용전압이 22.9[kV]인 특고압 가공전선과 동일 지지물에 공가하고자 할 때 가공전선으로 경동연선을 사용한다면 단면적은 몇 $[mm^2]$ 이상인가?

① 14   ② 22
③ 38   ④ 50

해설 **특고압 가공전선과 가공약전류전선 등의 공용(공가)설치**(KEC 333.19)
→ 인장강도 21.67[kN] 이상의 연선 또는 단면적이 50[mm²] 이상인 경동연선

★☆☆
05 사용전압이 몇 [V]를 넘는 특고압 가공전선과 가공약전류전선 등은 동일 지지물에 시설하여서는 아니 되는가?

① 15,000   ② 25,000
③ 35,000   ④ 50,000

해설 **특고압 가공전선과 가공약전류전선 등의 공용(공가)설치**(KEC 333.19)
→ 35[kV]를 초과하는 특고압 가공전선과 가공약전류전선의 공가 : 공가 불가

★★★
06 사용전압이 35,000[V] 이하인 특고압 가공전선과 가공약전류전선을 동일 지지물에 공가하는 경우, 특고압 가공전선로는 어떤 종류의 보안공사로 하여야 하는가?

① 제1종 특고압 보안공사   ② 제2종 특고압 보안공사
③ 제3종 특고압 보안공사   ④ 고압 보안공사

해설 **특고압 가공전선과 가공약전류전선 등의 공용(공가)설치**(KEC 333.19)
35[kV] 이하인 특고압 가공전선과 가공약전류전선의 공가
→ 특고압 가공전선로 : 제2종 특고압 보안공사일 것

★☆☆
07 100[kV] 미만의 특고압 가공전선로 지지물로 B종 철주를 사용하여 경간을 300[m]로 하고자 하는 경우, 전선으로 사용되는 경동연선의 최소단면적은 몇 $[mm^2]$ 이상의 것이어야 하는가?

① 38   ② 50
③ 100   ④ 150

해설 **특고압 가공전선로의 경간 제한**(KEC 333.21)
특고압 전선로의 경간은 50(55)[mm²] 이상의 전선을 사용하는 경우 A종은 300[m], B종은 500[m] 이하로 할 수 있다.

★★★
08 사용전압이 154[kV] 가공전선로를 제1종 특고압 보안공사에 의할 때 사용되는 경동연선의 단면적은 몇 [mm²] 이상이어야 하는가?

① 50
② 100
③ 150
④ 200

해설 **특고압 보안공사**(KEC 333.22)
제1종 특고압 보안공사

사용전압	전선
100[kV] 이상 300[kV] 미만	단면적 150[mm²] 이상의 경동연선

★★★
09 제1종 특고압 보안공사에 의해서 시설하는 전선로의 지지물로 사용할 수 없는 것은?

① 철탑
② B종 철주
③ B종 철근 콘크리트주
④ 목주

해설 **특고압 보안공사**(KEC 333.22) **제1종 특고압 보안공사**
→ 전선로의 지지물 : B종 철주 · B종 철근 콘크리트주 또는 철탑을 사용할 것(단, 목주 · A종은 사용 불가)

★☆☆
10 제1종 특고압 보안공사에 의하여 시설한 154[kV] 가공 송전선로는 전선에 지기가 생긴 경우에 몇 초 안에 자동적으로 이를 전로로부터 차단하는 장치를 시설하는가?

① 0.5
② 1.0
③ 2.0
④ 3.0

해설 **특고압 보안공사**(KEC 333.22) **제1종 특고압 보안공사**
특고압 가공전선에 지락 또는 단락이 생겼을 경우
→ 3초(사용전압이 100[kV] 이상인 경우에는 2초) 이내에 자동적으로 이것을 전로로부터 차단하는 장치를 시설할 것

★★★
11 345[kV] 가공전선로를 제1종 특고압 보안공사에 의하여 시설하는 경우에 사용하는 전선은 단면적 몇 [mm²] 이상의 경동연선이어야 하는가?

① 100
② 125
③ 150
④ 200

해설 **특고압 보안공사**(KEC 333.22) **제1종 특고압 보안공사**

사용전압	전선
300[kV] 이상	단면적 200[mm²] 이상의 경동연선

정답 | 08 ③　09 ④　10 ③　11 ④

★☆☆
12 다음 중 제2종 특고압 보안공사의 기준으로 옳지 않은 것은?

① 특고압 가공전선은 연선일 것
② 지지물로 사용하는 목주의 풍압하중에 대한 안전율은 2 이상일 것
③ 지지물이 목주일 경우 그 경간은 100[m] 이하일 것
④ 지지물이 A종 철주일 경우 그 경간은 150[m] 이하일 것

해설 **특고압 보안공사**(KEC 333.22)
제2종 특고압 보안공사

지지물의 종류	경간
목주 · A종 철주 또는 A종 철근 콘크리트주	100[m] 이하

★☆☆
13 전선의 단면적이 38[mm²]인 경동선을 사용하고 지지물로는 B종 철주 또는 B종 철근 콘크리트주를 사용하는 특고압 가공전선로를 제3종 특고압 보안공사에 의하여 시설하는 경우의 경간은 몇 [m] 이하이어야 하는가?

① 100
② 150
③ 200
④ 250

해설 **특고압 보안공사**(KEC 333.22)
제3종 특고압 보안공사

지지물 종류	경간
B종 철주 또는 B종 철근 콘크리트주	200[m] 이하 (단면적이 55[mm²] 이상 경동연선 사용 : 250[m] 이하)

정답 | 12 ④ 13 ③

16. 특고압 가공전선과 건조물의 접근(KEC 333.23)

1) 특고압 가공전선이 건조물과 제1차 접근상태로 시설되는 경우

특고압 가공전선로는 제3종 특고압 보안공사에 의할 것

2) 35[kV] 이하인 특고압 가공전선이 건조물과 제2차 접근상태로 시설되는 경우

특고압 가공전선로는 제2종 특고압 보안공사에 의할 것

3) 35[kV] 초과 400[kV] 미만인 특고압 가공전선이 건조물과 제2차 접근상태에 있는 경우

특고압 가공전선로는 제1종 특고압 보안공사에 의할 것

17. 특고압 가공전선과 도로 등의 접근 또는 교차(KEC 333.24)

1) 특고압 가공전선이 도로 · 횡단보도교 · 철도 등과 제1차 접근 상태로 시설

(1) 특고압 가공전선로 : 제3종 특고압 보안공사에 의할 것
(2) 특고압 가공전선과 도로 등 사이의 이격거리는 다음 [표 – 16]에 따라 정한 값 이상일 것

[표 – 16. 특고압 가공전선과 도로 등과 접근 또는 교차 시 이격거리]

사용전압의 구분	이격거리
35[kV] 이하	3[m] 이상
35[kV] 초과	3.0[m] + 단수 × 0.15[m] 이상

※ 단수 계산 $= \dfrac{\text{최대 사용전압}[kV] - 35[kV]}{10}$ → 소수점은 절상한 값을 적용함

2) 특고압 가공전선이 도로 등과 제2차 접근상태로 시설

(1) 특고압 가공전선로 : 제2종 특고압 보안공사에 의할 것.
(2) 특고압 가공전선과 도로 등 사이의 이격거리 : 상기 [표 – 16]의 규정에 준할 것

3) 특고압 가공전선이 도로 등과 교차하는 경우에 특고압 가공전선이 도로 등의 위에 시설되는 경우

(1) 특고압 가공전선로 : 제2종 특고압 보안공사에 의할 것. 다만, 특고압 가공전선과 도로 등 사이에 다음에 의하여 보호망을 시설하는 경우에는 제2종 특고압 보안공사(애자장치에 관계되는 부분)에 의하지 아니할 수 있다.
  ① 보호망은 접지공사를 한 금속제의 망상장치로 하고 견고하게 지지할 것
  ② 보호망을 구성하는 금속선
    가. 그 외주(外周) 및 특고압 가공전선의 직하에 시설하는 금속선에는 인장강도 8.01[kN] 이상의 것 또는 지름 5[mm] 이상의 경동선을 사용
    나. 그 밖의 부분에 시설하는 금속선에는 인장강도 5.26[kN] 이상의 것 또는 지름 4[mm] 이상의 경동선을 사용할 것
  ③ 보호망을 구성하는 금속선 상호의 간격 : 가로, 세로 각 1.5[m] 이하일 것
  ④ 보호망이 특고압 가공전선의 외부에 뻗은 폭은 특고압 가공전선과 보호망과의 수직거리의 2분의 1 이상일 것. 다만, 6[m]를 넘지 아니하여도 된다.

⑤ 보호망을 운전이 빈번한 철도선로의 위에 시설하는 경우에는 경동선 그 밖에 쉽게 부식되지 아니하는 금속선을 사용할 것

(2) 특고압 가공전선이 도로 등과 수평거리로 3[m] 미만에 시설되는 부분의 길이는 100[m]을 넘지 아니할 것. 다만, 사용전압이 35[kV] 이하인 특고압 가공전선로를 시설하는 경우 또는 사용전압이 35[kV] 을 초과하고 400[kV] 미만인 특고압 가공전선로를 제1종 특고압 보안공사에 의하여 시설하는 경우에는 제외함

18. 특고압 가공전선과 삭도의 접근 또는 교차(KEC 333.25)

1) 특고압 가공전선이 삭도와 제1차 접근상태로 시설

(1) 특고압 가공전선로 : 제3종 특고압 보안공사에 의할 것.

(2) 특고압 가공전선과 삭도 또는 삭도용 지주 사이의 이격거리는 아래표 값 이상일 것

사용전압의 구분	이격거리
35[kV] 이하	2[m] (전선이 특고압 절연전선인 경우는 1[m], 케이블인 경우는 0.5[m])
35[kV] 초과 60[kV] 이하	2[m]
60[kV] 초과	2[m]에 사용전압이 60[kV]를 초과하는 10[kV] 또는 그 단수마다 0.12[m]를 더한 값

2) 특고압 가공전선이 삭도와 제2차 접근상태로 시설

특고압 가공전선로 : 제2종 특고압 보안공사에 의할 것

19. 특고압 가공전선과 저고압 가공전선 등의 접근 또는 교차(KEC 333.26)

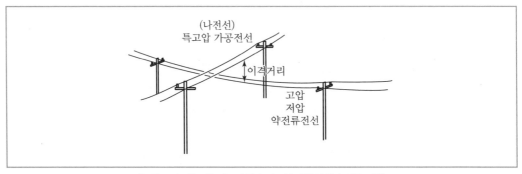

[그림-80. 특고압 가공전선과 저고압 가공전선의 접근교차]

(1) 특고압 가공전선이 가공약 전류전선 등 저압 또는 고압의 가공전선이나 저압 또는 고압의 전차선과 제1차 접근상태로 시설되는 경우

① 특고압 가공전선로 : 제3종 특고압 보안공사에 의할 것

② 특고압 가공전선과 저고압 가공전선 등 또는 이들의 지지물이나 지주 사이 이격거리

사용전압의 구분	이격거리
60[kV] 이하	2[m] 이상
60[kV] 초과	2.0[m]+단수×0.12[m] 이상

※ 단수 계산 $= \dfrac{\text{최대 사용전압[kV]}-60\text{[kV]}}{10} \rightarrow$ 소수점은 절상한 값을 적용함

(2) 특고압 가공전선이 저고압 가공전선 등과 제2차 접근상태로 시설
  ① 특고압 가공전선로 : 제2종 특고압 보안공사에 의할 것
  ② 다만, 사용전압이 35[kV] 이하인 특고압 가공전선과 저고압 가공전선 등 사이에 보호망을 시설하는 경우에는 제2종 특고압 보안공사에 의하지 아니할 수 있음

20. 특고압 가공전선 상호 간의 접근 또는 교차(KEC 333.27)

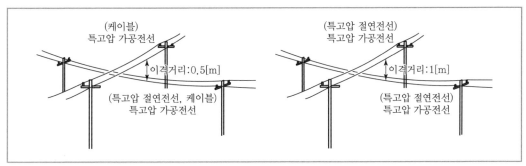

[그림-81. 특고압 가공전선 상호 간의 접근 또는 교차]

1) 위쪽 또는 옆쪽에 시설되는 특고압 가공전선로 : 제3종 특고압 보안공사에 의할 것

2) 특고압 가공전선과 다른 특고압 가공전선 사이 이격거리

사용전압의 구분	이격거리
35[kV] 이하	• 특고압 가공전선(케이블)과 다른 특고압 가공전선(절연전선 or 케이블) 사용 시 : 0.5[m] 이상 • 특고압 가공전선(절연전선)과 다른 특고압 가공전선(절연전선) : 1.0[m] 이상
60[kV] 이하	2[m] 이상
60[kV] 초과	2.0[m]+단수×0.12[m] 이상

※ 단수 계산 $= \dfrac{\text{최대 사용전압[kV]}-60\text{[kV]}}{10} \rightarrow$ 소수점은 절상한 값을 적용함

과년도 기출 및 예상문제

★☆☆
01 특고압 가공전선로를 제3종 특고압 보안공사에 의하여 시설하는 경우는?

① 건조물과 제1차 접근상태로 시설되는 경우
② 건조물과 제2차 접근상태로 시설되는 경우
③ 도로 등과 교차하여 시설하는 경우
④ 가공 약전류선과 공가하여 시설하는 경우

> **해설** **특고압 가공전선과 건조물의 접근(KEC 333.23)**
> 특고압 가공전선이 건조물과 제1차 접근상태로 시설되는 경우
> → 특고압 가공전선로는 제3종 특고압 보안공사에 의할 것

★★☆
02 사용전압이 35,000[V] 이하인 특고압 가공전선이 건조물과 제2차 접근상태에 시설되는 경우에 특고압 가공전선로는 어떤 보안공사를 하여야 하는가?

① 제4종 특고압 보안공사   ② 제3종 특고압 보안공사
③ 제2종 특고압 보안공사   ④ 제1종 특고압 보안공사

> **해설** **특고압 가공전선과 건조물의 접근(KEC 333.23)**
> 가. 제3종 특고압 보안공사 : 특고압, 제1차 접근상태
> 나. 제2종 특고압 보안공사 : 제2차 접근상태(35[kV] 이하)
> 다. 제1종 특고압 보안공사 : 35[kV] 초과, 제2차 접근상태

★★★
03 특고압 가공전선이 도로 · 횡단보도교 · 철도 또는 궤도와 제1차 접근상태에 시설되는 경우 특고압 가공전선로는 몇 종 보안공사를 하여야 하는가?

① 제1종 특고압 보안공사   ② 제2종 특고압 보안공사
③ 제3종 특고압 보안공사   ④ 제4종 특고압 보안공사

> **해설** **특고압 가공전선과 도로 등의 접근 또는 교차(KEC 333.24)**
> 특고압 가공전선이 도로 · 횡단보도교 · 철도 등과 제1차 접근상태로 시설
> → 특고압 가공전선로 : 제3종 특고압 보안공사에 의할 것

정답 | 01 ① 02 ③ 03 ③

★☆☆

04 최대 사용전압 360[kV] 가공전선이 교량과 제1차 접근상태로 시설되는 경우에 전선과 교량과의 최소 이격거리는 몇 [m]인가?

① 5.96

② 6.96

③ 7.95

④ 8.95

해설 **특고압 가공전선과 도로 등의 접근 또는 교차(KEC 333.24)**

[표-17. 특고압 가공전선과 도로 등 사이의 이격거리]

사용전압의 구분	이격거리
35[kV] 초과	3.0[m] + 단수×0.15[m] 이상

※ 단수 계산 $=\dfrac{\text{최대사용전압[kV]} - 35[kV]}{10}$ → 소수점은 절상한 값을 적용함

- 단수 $=\dfrac{360 - 35}{10} = 32.5 \to 33$단

- 이격거리 $= 3[m] + 33 \times 0.15[m] = 7.95[m]$

★☆☆

05 사용전압이 22,900[V]인 가공전선이 건조물과 제2차 접근상태로 시설되는 경우에 이 특고압 가공전선로의 보안공사는 어떤 종류의 보안공사로 하여야 하는가?

① 고압 보안공사

② 제1종 특고압 보안공사

③ 제2종 특고압 보안공사

④ 제3종 특고압 보안공사

해설 **특고압 가공전선과 건조물의 접근(KEC 333.23)**

35[kV] 이하인 특고압 가공전선이 건조물과 제2차 접근상태로 시설되는 경우

→ 특고압 가공전선로는 제2종 특고압 보안공사에 의할 것

★★☆

06 사용전압이 22.9[kV]인 가공전선이 삭도와 제1차 접근상태에 시설되는 경우, 가공전선과 삭도 또는 삭도용 지주 사이의 이격거리는 최소 몇 [m] 이상으로 하여야 하는가? (단, 전선으로는 특고압 절연전선을 사용한다고 한다.)

① 0.5

② 1

③ 2

④ 2.12

해설 **특고압 가공전선과 삭도의 접근 또는 교차(KEC 333.25)**

사용전압의 구분	이격거리
35[kV] 이하	2[m] (전선이 특고압 절연전선인 경우는 1[m], 케이블인 경우는 0.5[m])

정답 | **04** ③ **05** ③ **06** ②

★★☆

07 특고압 가공전선이 저고압 가공전선과 제1차 접근상태로 시설하는 경우, 66[kV] 특고압 가공전선과 저고압 가공전선 사이의 이격거리는 몇 [m] 이상이어야 하는가?

① 2.0

② 2.12

③ 2.2

④ 2.5

해설 **특고압 가공전선과 저고압 가공전선 등의 접근 또는 교차(KEC 333.26)**

사용전압의 구분	이격거리
60[kV] 초과	2.0[m]+단수×0.12[m] 이상

※ 단수 계산$=\dfrac{\text{최대 사용전압[kV]}-60[\text{kV}]}{10}$ → 소수점은 절상한 값을 적용함

- 단수$=\dfrac{66-60}{10}=0.6 \rightarrow 1$단
- 이격거리$=2[\text{m}]+1\times0.12[\text{m}]=2.12[\text{m}]$

★☆☆

08 특고압 가공전선이 다른 특고압 가공전선과 교차하여 시설되는 경우는 제 몇 종 특고압 보안공사에 의하여야 하는가?

① 고압 보안공사

② 제1종 특고압 보안공사

③ 제2종 특고압 보안공사

④ 제3종 특고압 보안공사

해설 **특고압 가공전선 상호 간의 접근 또는 교차(KEC 333.27)**

→ 위쪽 또는 옆쪽에 시설되는 특고압 가공전선로 : 제3종 특고압 보안공사

★☆☆

09 25[kV] 이하인 특고압 가공전선로가 상호 접근 또는 교차하는 경우 상호 사용전선이 모두 케이블인 경우 상호 간의 이격거리는 몇 [m] 이상인가?

① 0.25

② 0.5

③ 0.75

④ 1.0

해설 **특고압 가공전선 상호 간의 접근 또는 교차(KEC 333.27)**

사용전압의 구분	이격거리
35[kV] 이하	특고압 가공전선(케이블)과 다른 특고압가공전선(절연전선 or 케이블) 사용 시 → 0.5[m] 이상

정답 | 07 ② 08 ④ 09 ②

★★★

10 345[kV] 가공전선이 154[kV] 가공전선과 교차하는 경우 이들 양 전선 상호 간의 이격거리는 몇 [m] 이상인가?

① 4.48　　　　　　　　　　　　　② 4.96

③ 5.48　　　　　　　　　　　　　④ 5.82

해설 ▸ **특고압 가공전선 상호 간의 접근 또는 교차**(KEC 333.27)

사용전압의 구분	이격거리
60[kV] 초과	2.0[m]+단수×0.12[m] 이상

※ 단수 계산 $= \dfrac{최대\ 사용전압[kV]-60[kV]}{10}$ → 소수점은 절상한 값을 적용함

- 단수 $= \dfrac{345-60}{10} = 28.5$ → 29단
- 이격거리 $= 2+29 \times 0.12 = 5.48[m]$

21. 특고압 가공전선과 다른 시설물의 접근 또는 교차(KEC 333.28)

특고압 절연전선 또는 케이블을 사용하는 사용전압이 35[kV] 이하의 특고압 가공전선과 다른 시설물 사이의 이격거리

다른 시설물의 구분	접근형태	이격거리
조영물의 상부조영재	위쪽	2[m] (전선이 케이블 : 1.2[m])
	옆쪽 또는 아래쪽	1[m] (전선이 케이블 : 0.5[m])
조영물의 상부조영재 이외의 부분 또는 조영물 이외의 시설물	–	1[m] (전선이 케이블 : 0.5[m])

22. 특고압 가공전선과 식물의 이격거리(KEC 333.30)

1) 특고압 가공전선과 식물 사이의 이격거리

사용전압의 구분	이격거리
60[kV] 이하	2[m] 이상
60[kV] 초과	2.0[m]+단수×0.12[m] 이상

※ 단수 계산 $= \dfrac{\text{최대 사용전압[kV]} - 60[kV]}{10}$ → 소수점은 절상한 값을 적용함

2) 사용전압이 35[kV] 이하인 특고압 가공전선과 식물과의 이격거리

특고압 가공전선과 식물 간	이격거리
특고압 가공전선(고압절연전선)과 식물	0.5[m] 이상
특고압 가공전선(특고압 절연전선, 케이블)과 식물	식물과 접촉하지 않도록 시설
특고압 가공전선(특고압 수밀형 케이블)과 식물	식물과 접촉이 허용됨

23. 25[kV] 이하인 특고압 가공전선로의 시설(KEC 333.32)

1) 사용전압 15[kV] 이하 특고압 가공전선로의 중성선의 다중접지 및 중성선의 시설기준

(1) 접지도체 : 공칭단면적 6[mm^2] 이상의 연동선

(2) 접지공사 : 접지한 곳 상호 간의 거리는 전선로에 따라 300[m] 이하일 것

(3) 각 접지도체를 중성선으로부터 분리하였을 경우의 각 접지점의 대지 전기저항 값과 1[km] 마다의 중성선과 대지 사이의 합성 전기저항

각 접지점의 대지 전기저항 값	1[km] 마다의 합성 전기저항 값
300[Ω] 이하	30[Ω] 이하

2) 사용전압이 15[kV]를 초과하고 25[kV] 이하인 특고압 가공전선로 시설

중성선 다중접지 방식의 것으로서 전로에 지락이 생겼을 때에 2초 이내에 자동적으로 이를 전로로부터 차단하는 장치가 되어 있는 것에 한한다.

(1) 특고압 가공전선로가 상호 간 접근 또는 교차하는 경우

① 특고압 가공전선로 이격거리

사용전선의 종류	이격거리
어느 한쪽 또는 양쪽이 나전선인 경우	1.5[m] 이상
양쪽이 특고압 절연전선인 경우	1.0[m] 이상
한쪽이 케이블이고 다른 한쪽이 케이블이거나 특고압 절연전선인 경우	0.5[m] 이상

② 특고압 가공전선과 다른 특고압 가공전선로의 지지물 사이의 이격거리 : 1[m](사용전선이 케이블인 경우에는 0.6[m]) 이상일 것

(2) 특고압 가공전선과 식물과의 이격거리 : 1.5[m] 이상일 것

(3) 특고압 가공전선로의 중성선의 다중접지 시설

① 접지도체 : 공칭단면적 6[mm²] 이상의 연동선

② 접지공사 : 각각 접지한 곳 상호 간의 거리는 전선로에 따라 150[m] 이하일 것

③ 각 접지도체를 중성선으로부터 분리하였을 경우의 각 접지점의 대지 전기저항 값과 1[km] 마다 중성선과 대지 사이의 합성전기저항 값

각 접지점의 대지 전기저항 값	1[km] 마다의 합성 전기저항 값
300[Ω]	15[Ω]

⚡ 과년도 기출 및 예상문제

★☆☆

01 22.9[kV] 특고압으로 가공전선과 조영물이 아닌 다른 시설물이 교차하는 경우, 상호 간의 이격거리는 몇 [cm]까지 감할 수 있는가? (단, 전선은 케이블이다.)

① 50   ② 60

③ 100   ④ 120

해설 **특고압 가공전선과 다른 시설물의 접근 또는 교차(KEC 333.28)**

35[kV] 이하 특고압 가공전선과 다른 시설물 사이의 이격거리(절연전선 및 케이블 사용한 경우)

다른 시설물의 구분		이격거리
조영물의 상부 조영재	위쪽	2[m](전선이 케이블 : 1.2[m])
	옆쪽 또는 아래쪽	1[m](전선이 케이블 : 0.5[m])
조영물의 상부 조영재 이외의 부분 또는 조영물 이외의 시설물		1[m](전선이 케이블인 경우는 0.5[m])

★☆☆

02 사용전압이 35,000[V] 이하인 특고압 가공전선이 상부 조영재의 위쪽에서 제1차 접근상태로 시설되는 경우 특고압 가공전선과 건조물의 조영재 이격거리는 몇 [m]이상이어야 하는가? (단, 전선의 종류는 케이블이라고 한다.)

① 0.5[m]   ② 1.2[m]

④ 2.5[m]   ④ 3.0[m]

해설 **특고압 가공전선과 다른 시설물의 접근 또는 교차(KEC 333.28)**

다른 시설물의 구분	접근형태	이격거리
조영물의 상부조영재	위쪽	2[m] (전선이 케이블 : 1.2[m])
	옆쪽 또는 아래쪽	1[m] (전선이 케이블 : 0.5[m])

★★★

03 사용전압 154[kV]의 가공 송전선의 시설에는 전선과 식물과의 최소 이격거리는 일반적으로 몇 [m] 이상으로 하여야 하는가?

① 3.0   ② 3.12

③ 3.2   ④ 3.4

정답 | 01 ①   02 ②   03 ③

해설 **특고압 가공전선과 식물의 이격거리**(KEC 333.30)

사용전압의 구분	이격거리
60[kV] 이하	2[m] 이상
60[kV] 초과	2.0[m]+단수×0.12[m] 이상

※ 단수 계산 = $\dfrac{\text{최대 사용전압[kV]}-60[kV]}{10}$ → 소수점은 절상한 값을 적용함

- 단수 = $\dfrac{154-60}{10} = 9.4 \rightarrow 10$단
- 이격거리 $= 2 + 0.12 \times 10 = 3.2[m]$

★★☆
04 특고압 가공전선로의 중성선의 다중접지 및 중성선을 시설할 때, 각 접지선을 중성선으로부터 분리하였을 경우 각 접지점의 대지 전기저항 값은 몇 [Ω] 이하여야 하는가? (단, 전압은 15,000[V] 이하이다.)

① 100   ② 150

③ 300   ④ 500

해설 **사용전압이 25[kV] 이하인 특고압 가공전선로의 시설**(KEC 333.32)

사용전압이 15[kV] 이하 특고압 가공전선로의 중성선의 다중접지 및 중성선의 시설기준

→ 각 접지도체를 중성선으로부터 분리하였을 경우의 각 접지점의 대지 전기저항 값과 1[km] 마다의 중성선과 대지 사이의 합성 전기저항

각 접지점의 대지 전기저항 값	1[km] 마다의 합성 전기저항 값
300[Ω] 이하	30[Ω] 이하

★★☆
05 중성선 다중접지식의 것으로서 전로에 지락이 생겼을 때 2초 이내에 자동적으로 이를 전로로부터 차단하는 장치가 되어 있는 22.9[kV] 특고압 가공전선과 다른 특고압 가공전선과 접근하는 경우 이격거리는 몇 [m] 이상인가? (단, 양쪽이 나전선의 경우이다.)

① 0.5   ② 1.0

③ 1.5   ④ 2.0

해설 **사용전압이 25[kV] 이하인 특고압 가공전선로의 시설**(KEC 333.32)

특고압 가공전선로가 상호 간 접근 또는 교차하는 경우 특고압 가공전선로 이격거리

사용전선의 종류	이격거리
어느 한쪽 또는 양쪽이 나전선인 경우	1.5[m] 이상
양쪽이 특고압 절연전선인 경우	1.0[m] 이상
한쪽이 케이블이고 다른 한쪽이 케이블이거나 특고압 절연전선인 경우	0.5[m] 이상

정답   **04** ③   **05** ③

★★★
06 사용전압 22.9[kV]인 가공전선로의 중성선 다중접지식에 사용되는 접지선의 굵기는 지름 몇 [mm²]의 연동선 또는 이와 동등 이상의 굵기로서 고장전류를 안전하게 통할 수 있는 것이어야 하는가? (단, 전로에 지기가 생긴 경우 2초 안에 전로로부터 자동 차단하는 장치를 하였다.)

① 2.5   ② 4
③ 6   ④ 10

> **해설** **사용전압이 25[kV] 이하인 특고압 가공전선로의 시설**(KEC 333.32)
> 사용전압이 15[kV]를 초과하고 25[kV] 이하인 특고압 가공전선로 시설
> → 특고압 가공전선로의 중성선의 다중접지 시설의 접지도체 : 공칭단면적 6[mm²] 이상의 연동선

★☆☆
07 22.9[kV] 중성선 다중접지 계통에서 각 접지선을 중성선으로부터 분리하였을 경우의 1[km] 마다의 중성선과 대지 사이의 합성전기저항 값은 몇 [Ω] 이하여야 하는가? (단, 전로에 지기가 생겼을 때에 2초 이내에 자동적으로 전로로부터 차단하는 장치가 되어 있다고 한다.)

① 15   ② 50
③ 100   ④ 150

> **해설** **사용전압이 25,000[V] 이하인 특고압 가공전선로의 시설** (KEC 333.32)
> 사용전압이 15[kV]를 초과하고 25[kV] 이하인 특고압 가공전선로 시설
> 각 접지선을 중성선으로부터 분리하였을 경우의 각 접지점의 대지 전기저항치가 1[km] 마다의 중성선과 대지 사이의 합성 전기저항치
>
> | 각 접지점의 대지 전기저항 값 | 1[km] 마다의 합성 전기저항 값 |
> | :---: | :---: |
> | 300[Ω] | 15[Ω] |

★☆☆
08 특고압 가공전선로의 시설에 있어서 중성선을 다중접지하는 경우에 각각 접지한 곳 상호 간의 거리는 전선로에 따라 몇 [m] 이하이어야 하는가? (단, 사용전압은 15,000[V]를 초과하고 25,000[V] 이하이다.)

① 150[m]   ② 300[m]
③ 400[m]   ④ 500[m]

> **해설** **사용전압이 25,000[V] 이하인 특고압 가공전선로의 시설**(KEC 333.32)
> 사용전압이 15[kV]를 초과하고 25[kV] 이하인 특고압 가공전선로 시설
> → 가공전선로의 중성선의 다중접지시설
> 접지공사 : 각각 접지한 곳 상호 간의 거리는 전선로에 따라 150[m] 이하일 것

CHAPTER 06 지중전선로(KEC 334)

1. 지중전선로의 시설(KEC 334.1)

1) 지중전선로

(1) 사용 전선 : 케이블

(2) 시설방법

  ① 관로식

  ② 암거식(暗渠式)

  ③ 직접 매설식

2) 관로식

(1) 매설 깊이 : 1.0[m] 이상

(2) 매설 깊이가 충분하지 못한 장소

  ① 견고하고 차량 기타 중량물의 압력에 견디는 것을 사용할 것

  ② 중량물의 압력을 받을 우려가 없는 곳 : 0.6[m] 이상일 것

3) 암거식

견고하고 차량 기타 중량물의 압력에 견디는 것을 사용할 것

4) 직접 매설식

(1) 매설 깊이

  ① 차량 기타 중량물의 압력을 받을 우려가 있는 장소 : 1.0[m] 이상

  ② 기타 장소 : 0.6[m] 이상으로 하고 또한 지중 전선을 견고한 트라프 기타방호물에 넣어 시설할 것

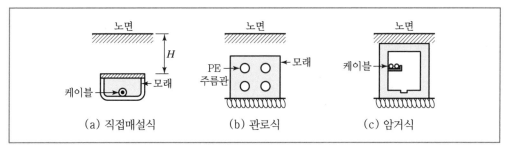

[그림-82. 지중전선로의 시설]

(2) 지중전선을 **견고한** 트라프 기타 방호물에 넣지 않아도 되는 경우

① 저압 또는 고압의 지중전선을 차량 기타 중량물의 압력을 받을 우려가 없는 경우에 그 위를 견고한 판 또는 몰드로 덮어 시설하는 경우

② 저압 또는 고압의 지중전선에 콤바인덕트 케이블 또는 개장(鎧裝)한 케이블을 **사용하여 시설하는 경우**

2. 지중함의 시설(KEC 334.2)

(1) 지중함 구조

① 견고하고 차량 기타 중량물의 압력에 견디는 구조일 것

② 그 안의 고인 물을 제거할 수 있는 구조일 것

(2) 폭발성 또는 연소성의 가스가 침입할 우려가 있는 것에 시설하는 지중함 : 그 크기가 1[m³] 이상인 것에는 통풍장치 기타 가스를 방산 장치를 시설할 것

(3) 지중함의 뚜껑

① 시설자 이외의 자가 쉽게 열 수 없도록 시설할 것

② 저압지중함 : 절연성능이 있는 고무판을 주철(강)재의 뚜껑 아래에 설치할 것

(4) 차도 이외의 장소에 설치하는 저압 지중함 : 절연성능이 있는 재질의 뚜껑을 사용할 수 있음

3. 케이블 가압장치의 시설(KEC 334.3) 기준

구분	시험 압력	시간
유압 또는 수압	최대사용압력 1.5배	10분
기압	최대사용압력 1.25배	

(1) 압력탱크 및 압력관 : 용접에 의한 잔류응력 발생 및 나사조임에 의하여 무리한 하중이 걸리지 않을 것

(2) 가압장치 : 압축가스 또는 유압의 압력을 계측하는 장치를 설치할 것

(3) 압축가스 : 가연성 및 부식성의 것이 아닐 것

4. 지중약전류전선의 유도장해 방지(KEC 334.5)

지중전선로는 기설 지중약전류전선로에 대한 누설전류 또는 유도작용에 의한 **통신상 장해 방지**를 위해 기설 약전류전선로로부터 충분히 이격 및 적당한 방호장치를 시설할 것

5. 지중전선과 지중약전류전선 등 또는 관과의 접근 또는 교차(KEC 334.6)

다음의 이격거리 이하인 경우 견고한 내화성 격벽을 시설해야 함

구분	이격거리
저압 또는 고압의 지중전선과 지중약전류 전선 간	0.3[m] 이하
특고압 지중전선과 지중약전류 전선 간	0.6[m] 이하
특고압 지중전선이 가연성이나 유독성의 유체를 내포하는 관과 접근 · 교차	1.0[m] 이하

6. 지중전선 상호 간의 접근 또는 교차(KEC 334.7)

1) 지중함 내 이외의 곳에서 상호 간의 이격거리는 다음과 같음

구분	이격거리
저압 지중전선과 고압 지중전선 상호 간	0.15[m] 이상
저압이나 고압의 지중전선과 특고압 지중전선 상호 간	0.3[m] 이상

2) 사용전압이 25[kV] 이하인 다중접지방식 지중전선로를 관로식 또는 직접매설식으로 시설하는 경우, 그 이격거리가 0.1[m] 이상이 되도록 시설할 것

과년도 기출 및 예상문제

★★★
01 지중전선로의 전선으로 적합한 것은?

① 절연전선   ② 동복강선
③ 케이블   ④ 나경동선

> **해설** **지중전선로의 시설**(KEC 334.1)
> 가. 사용 전선 : 케이블
> 나. 시설방법 : 관로식, 암거식(暗渠式), 직접 매설식

★★☆
02 지중전선로의 시설에 관한 사항으로 옳은 것은?

① 전선은 케이블을 사용하고 관로식, 암거식 또는 직접 매설식에 의하여 시설한다.
② 전선은 절연전선을 사용하고 관로식, 암거식 또는 직접 매설식에 의하여 시설한다.
③ 전선은 케이블을 사용하고 내화성능이 있는 비닐관에 인입하여 시설한다.
④ 전선은 절연전선을 사용하고 내화성능이 있는 비닐관에 인입하여 시설한다.

> **해설** **지중전선로의 시설**(KEC 334.1)
> 가. 사용 전선 : 케이블
> 나. 시설방법 : 관로식, 암거식(暗渠式), 직접 매설식

★★★
03 지중전선로를 직접 매설식에 의하여 시설하는 경우, 차량 기타 중량물의 압력을 받을 우려가 있는 장소의 매설 깊이는 최소 몇 [m] 이상으로 하여야 하는가?

① 1.0   ② 1.2
③ 1.5   ④ 2.0

> **해설** **지중전선로의 시설**(KEC 334.1)
> → 직접 매설식 매설 깊이
> 가. 차량 기타 중량물의 압력을 받을 우려가 있는 장소 : 1.0[m] 이상
> 나. 기타 장소 : 0.6[m] 이상으로 하고 또한 지중전선을 견고한 트라프 기타 방호물에 넣어 시설할 것

정답 | 01 ③   02 ①   03 ①

★★★
04 차량, 기타 중량물의 압력을 받을 우려가 없는 장소에 지중전선을 직접 매설식에 의하여 매설하는 경우의 최소 깊이[m]는?

① 0.3
② 0.6
③ 1.0
④ 1.2

> **해설** **지중전선로의 시설**(KEC 334.1)
> → 직접 매설식 매설 깊이
> 가. 차량 기타 중량물의 압력을 받을 우려가 있는 장소 : 1.0[m] 이상
> 나. 기타 장소 : 0.6[m] 이상으로 하고 또한 지중전선을 견고한 트라프 기타 방호물에 넣어 시설할 것

★★★
05 고압 지중케이블로서 직접 매설식에 의하여 시설할 때, 중량물의 압력을 받을 우려가 있는 장소에 지중케이블을 견고한 트라프에 넣지 않고도 부설할 수 있는 케이블은?

① 염화비닐 절연 케이블
② 폴리에틸렌 외장 케이블
③ 콤바인덕트 케이블
④ 알루미늄피 케이블

> **해설** **지중전선로의 시설**(KEC 334.1)
> 지중전선을 견고한 트라프 기타 방호물에 넣지 않아도 되는 경우
> → 저압 또는 고압의 지중전선에 콤바인덕트 케이블 또는 개장한 케이블을 사용

★★★
06 폭발성 또는 연소성의 가스가 침입할 우려가 있는 곳에 시설하는 지중함으로써 그 크기가 몇 [m³] 이상인 것에는 통풍장치 기타 가스를 방산 시키기 위한 적당한 장치를 시설하여야 하는가?

① 0.5
② 0.75
③ 1.0
④ 2.0

> **해설** **지중함의 시설**(KEC 334.2)
> 폭발성 또는 연소성의 가스가 침입할 우려가 있는 곳에 시설하는 지중함으로써 그 크기가 1[m³] 이상인 것은 통풍장치 기타 가스를 방산 시키기 위한 장치를 시설할 것

정답 | 04 ② 05 ③ 06 ③

★★★
07 다음 ( ) 안에 들어갈 내용으로 옳은 것은?

> "지중전선로는 기설 지중약전류전선로에 대하여 (㉠) 또는 (㉡)에 대하여 통신상의 장해를 주지 않도록 기설 약전류전선로로부터 충분히 이격시키거나 적당한 방법으로 시설하여야 한다."

① ㉠ 정전용량, ㉡ 표피작용　　　　② ㉠ 정전용량, ㉡ 유도작용
③ ㉠ 누설전류, ㉡ 표피작용　　　　④ ㉠ 누설전류, ㉡ 유도작용

해설 **지중약전류전선의 유도장해 방지**(KEC 334.5)
지중전선로는 기설 지중약전류전선로에 대한 누설전류 또는 유도작용에 의한 통신상 장해 방지를 위해 기설 약전류전선로로부터 충분히 이격 및 적당한 방호장치를 시설할 것

★★☆
08 사용전압이 300[V]인 지중케이블이 지중약전류전선과 접근 또는 교차할 때 상호 간에 내화성의 격벽을 설치한다면 상호 간의 이격거리는 몇 [cm] 이하인 경우인가?

① 30　　　　　　　　　　　　② 50
③ 60　　　　　　　　　　　　④ 100

해설 **지중전선과 지중약전류전선 등 또는 관과의 접근 또는 교차**(KEC 334.6)

구분	이격거리
저압 또는 고압의 지중전선과 지중약전류 전선 간	0.3[m] 이하

★★★
09 고압 지중전선이 지중약전류전선등과 접근 또는 교차되는 경우에 이격거리가 몇 [cm] 이하인 경우에 전선 사이에 견고한 내화성의 격벽을 설치하는 경우 이외에는 지중전선을 견고한 불연성 또는 난연성의 관에 넣어 그 관이 지중 약전류전선 등과 직접 접촉되지 않도록 하여야 하는가?

① 15　　　　　　　　　　　　② 20
③ 25　　　　　　　　　　　　④ 30

해설 **지중전선과 지중약전류전선 등 또는 관과의 접근 또는 교차**(KEC 334.6)

구분	이격거리
저압 또는 고압의 지중전선과 지중약전류 전선 간	0.3[m] 이하
특고압 지중전선과 지중약전류 전선 간	0.6[m] 이하
특고압 지중전선이 가연성이나 유독성의 유체를 내포하는 관과 접근 · 교차	1.0[m] 이하

정답 | 07 ④　08 ①　09 ④

★☆☆

10 특고압 지중전선과 고압 지중전선이 서로 교차하며, 각각의 지중전선을 견고한 난연성의 관에 넣어 시설하는 경우, 지중함 내부 이외의 곳에서 상호 간의 이격거리는 몇 [cm] 이하로 시설하여도 되는가?

① 30

② 60

③ 100

④ 120

> **해설** **지중전선 상호 간의 접근 또는 교차(KEC 334.7)**

구분	이격거리
저압 지중전선과 고압 지중전선 상호 간	0.15[m] 이상
저압이나 고압의 지중전선과 특고압 지중전선 상호 간	0.3[m] 이상

★☆☆

11 사용전압이 25[kV] 이하인 다중접지방식 지중전선로를 관로식 또는 직접매설식으로 시설하는 경우, 그 이격거리가 몇 [m] 이상이 되도록 시설하여야 하는가?

① 0.1

② 0.3

③ 0.6

④ 1.0

> **해설** **지중전선 상호 간의 접근 또는 교차(KEC 334.7)**
>
> 사용전압이 25[kV] 이하인 다중접지방식 지중전선로를 관로식 또는 직접매설식으로 시설하는 경우, 그 이격거리가 0.1[m] 이상이 되도록 시설할 것

정답 | 10 ① 11 ①

CHAPTER 07 특수장소의 전선로(KEC 335)

1. 터널 안 전선로의 시설(KEC 335.1)

1) 철도 · 궤도 또는 자동차도 전용터널 안의 전선로 시설방법

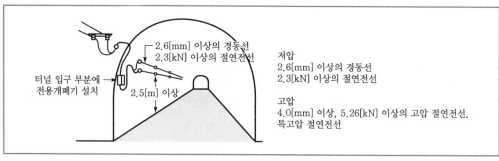

[그림-83. 터널 안의 전선로 시설]

(1) 저압전선

① 애자사용배선에 의해 시설할 것

사용전선	지름 2.6[mm] 이상의 경동선의 절연전선
레일면상 또는 노면상 높이	2.5[m] 이상의 높이로 유지

② 합성수지관공사, 금속관공사, 금속제 가요전선관공사, 케이블공사의 규정에 준하는 케이블배선에 의하여 시설할 것

(2) 고압 전선 및 특고압 전선

① 고압 옥측전선로의 전개된 장소의 시설의 규정에 준하여 시설할 것(KEC 331.13.1의 2항)

가. 사용전선 : 케이블

나. 지지점 간의 거리

구분	지지점 간의 거리
케이블을 조영재의 옆면 또는 아랫면에 따라 붙일 경우	2[m] 이하
수직으로 붙일 경우	6[m] 이하

② 고압 옥측전선로의 전개된 장소의 시설 예외 규정

사용전선	지름 4[mm] 이상의 경동선의 고압 절연전선 또는 특고압 절연전선
배선방법	애자사용배선
레일면상 또는 노면상 높이	3.0[m] 이상의 높이로 유지

2) 사람이 상시 통행하는 터널 안의 전선로 시설방법

(1) 저압 전선

① 애자사용배선에 의하여 시설할 것

사용전선	인장강도 2.30[kN] 이상의 절연전선 또는 지름 2.6[mm] 이상의 경동선의 절연전선
레일면상 또는 노면상 높이	2.5[m] 이상의 높이로 유지

② 합성수지관공사, 금속관공사, 금속제 가요전선관공사, 케이블공사의 규정에 준하는 케이블배선에 의하여 시설할 것

(2) 고압전선 : 고압 옥측전선로의 전개된 장소의 시설의 규정에 준하여 시설할 것

2. 터널 안 전선로의 전선과 약전류전선 등 또는 관 사이의 이격거리(KEC 335.2)

(1) 터널 안의 전선로의 저압전선이 그 터널 안의 다른 저압전선(관등회로의 배선은 제외)·약전류전선 등 또는 수관·가스관이나 이와 유사한 것과 접근하거나 교차하는 경우에는 이격거리는 0.1[m](전선이 나전선인 경우에 0.3[m]) 이상일 것

(2) 터널 안의 전선로의 고압 전선 또는 특고압 전선이 그 터널 안의 저압 전선·고압 전선(관등회로의 배선은 제외)·약전류전선 등 또는 수관·가스관이나 이와 유사한 것과 접근하거나 교차하는 경우에는 이들 사이의 이격거리는 0.15[m] 이상일 것

3. 수상전선로의 시설(KEC 335.3)

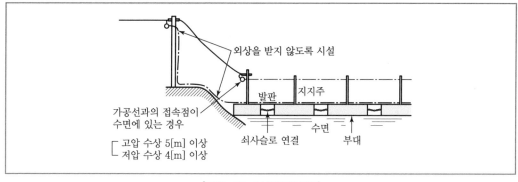

[그림-84. 수상전선로 시설]

1) 사용전압

(1) 저압 또는 고압에 한함

(2) 위험의 우려가 없도록 시설할 것

2) 사용전선

구분	종류
저압 전선	클로로프렌 캡타이어 케이블
고압 전선	캡타이어 케이블

3) 수상전선로 전선과 가공전선로 전선을 접속하는 경우 접속점 높이

(1) 접속점이 육상에 있는 경우

① 지표상 5[m] 이상

② 수상전선로의 사용전압이 저압인 경우

→ 도로상 이외의 곳에 있을 때에는 지표상 4[m]까지로 경감 가능

(2) 접속점이 수면상에 있는 경우

수상전선로의 사용전압	수면상 높이
저압	4[m] 이상
고압	5[m] 이상

4) 수상전선로에 접속하는 가공전선로에 전용의 개폐기 및 과전류차단기를 각극에 시설하고, 수상전선로의 사용전압이 고압인 경우 전로에 지락 시 자동 전로 차단장치를 시설할 것

4. 지상에 시설하는 전선로(KEC 335.5)

사용전선 : 케이블 또는 클로로프렌 캡타이어 케이블일 것

5. 교량에 시설하는 전선로(KEC 335.6)

[그림-85. 교량에 시설하는 전선로]

1) 저압전선로 시설(교량의 윗면에 시설하는 경우)

(1) 전선의 높이를 교량의 노면상 5[m] 이상으로 할 것

(2) 전선은 케이블인 경우 이외 : 지름 2.6[mm] 이상의 경동선의 절연전선일 것

2) 고압전선로 시설(교량의 윗면에 시설하는 경우)

(1) 전선의 높이를 교량의 노면상 5[m] 이상으로 할 것

(2) 전선은 케이블일 것

⚡ 과년도 기출 및 예상문제

★☆☆

01 터널 안 고압 전선로의 시설에서 경동선의 최소 굵기는 몇 [mm]인가?

① 2.0   ② 2.6

③ 3.2   ④ 4.0

> **해설** **터널 안 전선로의 시설**(KEC 335.1)
> 고압 전선 : 331.13.1의 2(고압 옥측전선로의 전개된 장소의 시설)의 규정에 예외인 경우
> → 지름 4[mm] 이상의 경동선의 고압 절연전선

★☆☆

02 철도·궤도 또는 자동차도의 전용터널 안의 터널 내 전선로의 시설방법으로 틀린 것은?

① 저압전선으로 지름 2.6[mm]의 경동선을 사용하였다.
② 고압전선은 케이블공사로 하였다.
③ 저압전선을 애자사용공사에 의하여 시설하고 이를 레일면상 또는 노면상 2.5[m] 이상으로 하였다.
④ 저압전선을 가요전선관공사에 의해 시설하였다.

> **해설** **터널 안 전선로의 시설**(KEC 335.1)
> 철도·궤도 또는 자동차도 전용터널 안의 전선로 시설방법(저압전선)
> 가. 애자사용배선
>
> | 사용전선 | 인장강도 2.30[kN] 이상의 절연전선 또는 지름 2.6[mm] 이상의 경동선의 절연전선 |
> |---|---|
> | 레일면상 또는 노면상 높이 | 2.5[m] 이상의 높이로 유지 |
>
> 나. 합성수지관공사, 금속관공사, 금속제 가요전선관공사, 케이블공사의 규정에 준하는 케이블배선에 의하여 시설할 것

★★☆

03 터널 내에 교류 220[V]의 애자사용공사를 시설하려 한다. 노면으로부터 몇 [m] 이상의 높이에 전선을 시설해야 하는가?

① 2.0   ② 2.5

③ 3.0   ④ 4.0

> **해설** **터널 안 전선로의 시설**(KEC 335.1)
> 철도·궤도 또는 자동차도 전용터널 안의 전선로 시설방법
> 가. 저압전선 : 애자사용배선
> 나. 레일면상 또는 노면상 높이 : 2.5[m] 이상의 높이로 유지

정답 | 01 ④   02 ④   03 ②

★☆☆
04 다음 중 저압 수상전선로에 사용되는 전선은?

① 450/750[V] 일반용 단심 비닐절연전선
② 옥외용 비닐절연전선
③ 600[V] 고무절연전선
④ 클로로프렌 캡타이어 케이블

해설 **수상전선로의 시설**(KEC 335.3)

구분	종류
저압 전선	클로로프렌 캡타이어 케이블
고압 전선	캡타이어 케이블

★★★
05 수상 전선로를 시설하는 경우 알맞은 것은?

① 사용전압이 고압인 경우에는 클로로프렌 캡타이어 케이블을 사용한다.
② 가공전선로의 전선과 접속하는 경우, 접속점이 육상에 있는 경우에는 지표상 4[m] 이상의 높이로 지지물에 견고하고 붙인다.
③ 가공전선로의 전선과 접속하는 경우, 접속점이 수면상에 있는 경우 사용전압이 고압인 경우에는 수면상 5[m] 이상의 높이로 지지물에 견고하게 붙인다.
④ 고압 수상 전선로에 지기가 생길 때를 대비하여 전로를 수동으로 차단하는 장치를 시설한다.

해설 **수상전선로**(KEC 335.3)
→ 수상전선로 전선과 가공전선로 전선을 접속하는 경우 접속점 높이(접속점이 육상인 경우)
가. 지표상 5[m] 이상
나. 수상전선로의 사용전압이 저압인 경우 : 도로상 이외의 곳에 있을 때에는 지표상 4[m]까지로 경감 가능

★☆☆
06 교량의 윗면에 시설하는 고압 전선로는 교량의 노면상의 몇 [m] 이상이어야 하는가?

① 3
② 4
③ 5
④ 6

해설 **교량에 시설하는 전선로**(KEC 335.6)
고압전선로 시설(교량의 윗면에 시설하는 경우)
→ 전선의 높이를 교량의 노면상 5[m] 이상일 것

★☆☆
07 교량 위에 시설하는 조명용 저압 가공전선로에 사용되는 경동선의 최소 굵기는 몇 [mm]인가?

① 1.6
② 2.0
③ 2.6
④ 3.2

해설 **교량에 시설하는 전선로**(KEC 335.6)
저압전선로 시설(교량의 윗면에 시설하는 경우)
→ 지름 2.6[mm] 이상의 경동선의 절연전선일 것

정답 | 04 ④ 05 ③ 06 ③ 07 ③

CHAPTER 08 기계 및 기구(KEC 341)

1. 특고압 배전용 변압기의 시설(KEC 341.2)

(1) 특고압 전선 : 특고압 절연전선 또는 케이블을 사용할 것
(2) 변압기
  ① 1차 전압 : 35[kV] 이하
  ② 2차 전압 : 저압 또는 고압일 것
(3) 변압기의 특고압측
  ① 개폐기 및 과전류차단기를 시설할 것
  ② 과전류차단기를 시설하지 않는 경우
      가. 2 이상의 변압기를 각각 다른 회선의 특고압 전선에 접속할 것
      나. 변압기의 2차측 전로에는 과전류차단기 및 2차측 전로로부터 1차측 전로에 전류가 흐를 때에 자동적
          으로 2차측 전로를 차단하는 장치를 시설하고 그 과전류차단기 및 장치를 통하여 2차측 전로를 접속
          할 것
(4) 변압기의 2차 전압이 고압인 경우
  ① 고압측에 개폐기를 시설할 것
  ② 쉽게 개폐할 수 있도록 할 것

2. 특고압을 직접 저압으로 변성하는 변압기의 시설(KEC 341.3)

(1) 전기로 등 전류가 큰 전기를 소비하기 위한 변압기
(2) 발전소 · 변전소 · 개폐소 또는 이에 준하는 곳의 소내용 변압기
(3) 특고압 전선로에 접속하는 변압기
(4) 사용전압이 35[kV] 이하인 변압기로서 그 특고압측 권선과 저압측 권선이 혼촉한 경우에 자동적으로 변압기
    를 전로로부터 차단하기 위한 장치를 설치한 것
(5) 사용전압이 100[kV] 이하인 변압기로서 그 특고압측 권선과 저압측 권선 사이에 접지공사(접지저항 값이 10
    [Ω] 이하)를 한 금속제의 혼촉방지판이 있는 것
(6) 교류식 전기철도용 신호회로에 전기를 공급하기 위한 변압기

3. 특고압용 기계기구의 시설(KEC 341.4)

(1) 고압 또는 특고압의 기계기구 · 모선 등을 옥외에 시설하는 발전소 · 변전소 · 개폐소 또는 이에 준하는 곳에는 취급자 이외의 일반인이 출입하지 않도록 다음 시설을 할 것
  ① 울타리 · 담 등을 시설할 것
  ② 출입구에는 출입금지의 표시를 할 것
  ③ 출입구에는 자물쇠장치 기타 적당한 장치를 할 것

(2) 기계기구의 주위에 울타리 · 담 등을 시설하는 경우
  ① 울타리 · 담 등의 높이는 2[m] 이상
  ② 지표면과 울타리 · 담 등의 하단 사이의 간격 : 0.15[m] 이하

(3) 기계기구를 지표상 5[m] 이상의 높이에 시설하고 충전부분의 지표상의 높이를 아래 "표"에서 정한 값 이상으로 하고 또한 사람이 접촉할 우려가 없도록 시설하는 경우

사용전압의 구분	울타리의 높이와 울타리로부터 충전부분까지의 거리의 합계 또는 지표상의 높이
35[kV] 이하	5[m]
35[kV] 초과 160 [kV] 이하	6[m]
160[kV] 초과	6[m]+단수×0.12[m] 이상

※ 단수 계산 = $\dfrac{\text{최대 사용전압[kV]} - 160[kV]}{10}$ → 소수점은 절상한 값을 적용함

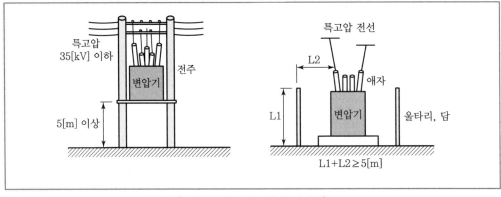

[그림 – 86. 특고압 기계기구의 시설]

⚡ 과년도 기출 및 예상문제

★★☆
01 특고압 전선로에 접속하는 배전용 변압기의 1차 및 2차 전압은?

① 1차 : 35[kV] 이하, 2차 : 저압 또는 고압　② 1차 : 50[kV] 이하, 2차 : 저압 또는 고압

③ 1차 : 35[kV] 이하, 2차 : 특고압 또는 고압　④ 1차 : 50[kV] 이하, 2차 : 특고압 또는 고압

> **해설** **특고압 배전용 변압기의 시설**(KEC 341.2)
> 　가. 1차 전압은 35[kV] 이하
> 　나. 2차측 저압 또는 고압

★★★
02 특고압 배전용 변압기의 특고압 측에 반드시 시설하는 기기는 어느 것인가?

① 개폐기 및 과전류차단기　　　　② 방전기를 설치하고 접지공사

③ 계기용 변류기　　　　　　　　④ 계기용 변압기

> **해설** **특고압 배전용 변압기의 시설**(KEC 341.2)
> 　→ 변압기의 특고압측에 : 개폐기 및 과전류차단기를 시설할 것

★☆☆
03 특고압을 직접 저압으로 변성하는 변압기의 시설기준으로 적합하지 않은 것은?

① 전기로 등 전류가 큰 전기를 소비하기 위한 변압기

② 광산에서 물을 양수하기 위한 양수기용 변압기

③ 발전소, 변전소에 사용되는 소내용 변압기

④ 교류식 전기철도용 신호 회로에 전기를 공급하기 위한 변압기

> **해설** **특고압을 직접 저압으로 변성하는 변압기의 시설**(KEC 341.3)
> 　가. 전기로 등 전류가 큰 전기를 소비하기 위한 변압기
> 　나. 발전소, 변전소, 개폐소 또는 이에 준하는 곳의 소내용 변압기
> 　다. 교류식 전기철도용 신호 회로에 전기를 공급하기 위한 변압기

★★☆
04 특고압의 기계기구 · 모선 등을 옥외에 시설하는 변전소의 구내에 취급자 이외의 자가 들어가지 못하도록 시설하는 울타리 · 담 등의 높이는 몇 [m] 이상으로 하여야 하는가?

① 1.8 ② 2.0
③ 2.2 ④ 3.0

해설 **특고압용 기계기구의 시설**(KEC 341.4)
기계기구의 주위에 울타리 · 담 등을 시설하는 경우
→ 울타리, 담 등의 높이는 2[m] 이상

★★★
05 154[kV] 변전소의 울타리 · 담 등의 높이와 울타리 · 담 등으로부터 충전 부분까지의 거리의 합계는 몇 [m] 이상이어야 하는가?

① 4.5 ② 5.0
③ 6.0 ④ 6.2

해설 **특고압용 기계기구의 시설**(KEC 341.4)

사용전압의 구분	울타리의 높이와 울타리로부터 충전부분까지의 거리의 합계 또는 지표상의 높이
35[kV] 초과 160[kV] 이하	6[m]

★★☆
06 345[kV]의 옥외 변전소에 있어서 울타리의 높이와 울타리에서 충전 부분까지 거리[m]의 합계는?

① 8.16 ② 8.28
③ 8.40 ④ 9.72

해설 **특고압용 기계기구의 시설**(KEC 341.4)

사용전압의 구분	울타리의 높이와 울타리로부터 충전부분까지의 거리의 합계 또는 지표상의 높이
160[kV] 초과	6[m]+단수×0.12[m] 이상

※ 단수 계산 $= \dfrac{\text{최대 사용전압}[kV] - 160[kV]}{10}$ → 소수점은 절상한 값을 적용함

• 단수 $= \dfrac{345-160}{10} = 18.5 \rightarrow 19$단

• 이격거리 $= 6[m] + 19 \times 0.12[m] = 8.28[m]$

★★☆

07 345[kV] 변전소의 충전 부분에서 5.98[m] 거리에 울타리를 설치하고자 한다. 울타리의 최소 높이는 몇 [m]인가?

① 2.1

② 2.3

③ 2.5

④ 2.7

해설 **특고압용 기계기구의 시설(KEC 341.4)**

사용전압의 구분	울타리의 높이와 울타리로부터 충전부분까지의 거리의 합계 또는 지표상의 높이
160[kV] 초과	6[m]+단수×0.12[m] 이상

※ 단수 계산 $= \dfrac{\text{최대 사용전압[kV]} - 160[kV]}{10}$ → 소수점은 절상한 값을 적용함

• 단수 $= \dfrac{345-160}{10} = 18.5 \rightarrow 19$단

• 이격거리 $= 6[m] + 19 \times 0.12[m] = 8.28[m]$

∴ $8.28 - 5.98 = 2.3[m]$

4. 고주파 이용 전기설비의 장해방지(KEC 341.5)

고주파 이용 전기설비에서 다른 고주파 이용 전기설비에 누설되는 고주파 전류의 허용 한도는 [그림 − 87]의 측정 장치 또는 이에 준하는 측정 장치로 2회 이상 연속하여 10분간 측정하였을 때에 각각 측정값의 최댓값에 대한 평균값이 −30[dB](1[mW]를 0[dB])일 것

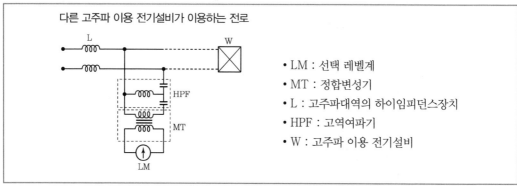

[그림−87. 고주파 이용 전기설비의 장해 판정을 위한 측정장치]

5. 아크를 발생하는 기구의 시설(KEC 341.7)

고압용 또는 특고압용의 개폐기 · 차단기 · 피뢰기 기타 이와 유사한 기구로서 동작 시에 아크가 생기는 것은 목재의 벽 또는 천장 기타의 가연성 물체로부터 아래의 이격거리 이상일 것

기구 등의 구분	이격거리
고압용의 것	1[m] 이상
특고압용의 것	2[m] 이상 (35[kV] 이하의 특고압용의 기구 동작시 발생 아크의 방향과 길이를 화재가 발생할 우려가 없도록 제한하는 경우 : 1[m] 이상)

6. 고압용 기계기구의 시설(KEC 341.8)

고압용 기계기구는 아래의 어느 하나에 해당하는 경우와 발전소 · 변전소 · 개폐소 또는 이에 준하는 곳에 시설하는 경우 이외는 시설하지 말 것

1) 기계기구의 주위에 울타리 · 담 등을 시설하는 경우

(1) 울타리 · 담 등의 높이 : 2[m] 이상
(2) 지표면과 울타리 · 담 등의 하단 사이의 간격 : 0.15[m] 이하

2) 기계기구(부속전선에 케이블, 또는 고압 인하용 절연전선사용)의 설치 높이

(1) 시가지 : 지표상 4.5[m] 이상의 높이에 시설
(2) 시가지 외 : 지표상 4[m] 이상의 높이에 시설하고, 또한 사람이 쉽게 접촉할 우려가 없도록 시설할 것

3) 공장 등의 구내에서 기계기구의 주위에 사람이 쉽게 접촉할 우려가 없도록 적당한 울타리를 설치하는 경우

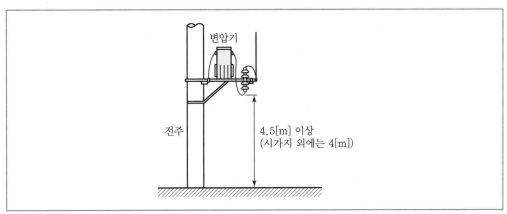

[그림-88. 고압용 기계기구의 설치 높이]

7. (고압 · 특고압) 개폐기의 시설(KEC 341.9)

(1) 전로 중에 개폐기 시설은 각 극에 설치할 것

(2) 그 작동에 따라 그 개폐상태를 표시하는 장치가 되어 있을 것

(3) 중력 등에 의하여 자연히 작동할 우려가 있는 것은 자물쇠장치 기타 이를 방지하는 장치를 시설할 것

(4) 부하전류를 차단하기 위한 것이 아닌 개폐기는 부하전류가 통하고 있을 경우에는 개로할 수 없도록 시설할 것. 다만 다음 사항에 대해서는 예외로 할 것

  ① 개폐기를 조작하는 곳의 보기 쉬운 위치에 부하전류의 유무를 표시한 장치 또는 전화기 기타의 지령 장치를 시설한 경우

  ② 터블렛 등을 사용함으로서 부하전류가 통하고 있을 때에 개로조작을 방지하기 위한 조치를 하는 경우

(5) 전로에 이상이 생겼을 때 자동적으로 전로를 개폐하는 장치를 시설하는 경우에는 그 개폐기의 자동개폐 기능에 장해가 생기지 않도록 시설할 것

8. 고압 및 특고압 전로 중의 과전류차단기의 시설(KEC 341.10)

(1) 고압전로에 사용하는 포장 퓨즈 및 비포장 퓨즈
퓨즈 이외의 과전류차단기와 조합하여 하나의 과전류차단기로 사용하는 것을 제외

퓨즈 종류	성능
포장 퓨즈	• 정격전류 1.3배의 전류에 견디는 것 • 2배의 전류로 120분 안에 용단되는 것
비포장 퓨즈	• 정격전류 1.25배의 전류에 견디는 것 • 2배의 전류로 2분 안에 용단되는 것

(2) 고압 또는 특고압의 전로에 단락이 생긴 경우에 동작하는 과전류차단기 : 통과하는 단락전류를 차단하는 능력을 가질 것

(3) 고압 또는 특고압의 과전류차단기 : 동작에 따라 그 개폐상태를 표시하는 장치가 되어 있을 것

9. 과전류차단기의 시설 제한(KEC 341.11)

과전류차단기를 시설하여서는 안 되는 곳
(1) 접지공사의 접지도체
(2) 다선식 전로의 중성선
(3) 전로의 일부에 접지공사를 한 저압 가공전선로의 접지측 전선

10. 지락차단장치 등의 시설(KEC 341.12)

(1) 특고압전로 또는 고압전로에 변압기에 의하여 결합되는 사용전압 400[V] 초과의 저압전로 또는 발전기에서 공급하는 사용전압 400[V] 초과의 저압전로에는 전로에 지락이 생겼을 때에 자동적으로 전로를 차단하는 장치를 시설할 것
(2) 고압 및 특고압 전로 중 전로에 지락이 생겼을 때에 자동적으로 전로를 차단하는 장치를 시설하는 경우는 다음과 같음
① 발전소 · 변전소 또는 이에 준하는 곳의 인출구
② 다른 전기사업자로부터 공급받는 수전점
③ 배전용변압기(단권변압기를 제외)의 시설 장소

⚡ 과년도 기출 및 예상문제

★☆☆
01 고주파 이용 설비에서 다른 고주파 이용 설비에 누설되는 고주파 전류의 허용값[dB]은? (단, 1[mW]를 0[dB]로 한다.)

① 20
② −20
③ −30
④ 30

> **해설** **고주파 이용 전기설비의 장해방지**(KEC 341.5)
> → 측정 장치로 2회 이상 연속하여 10분간 측정하였을 때에 각각 측정값의 최댓값에 대한 평균값이 −30[dB](1[mW]를 0[dB])일 것

★★★
02 고압용의 개폐기, 차단기, 피뢰기 기타 이와 유사한 기구로서 동작 시에 아크가 생기는 것을 목재의 벽 또는 천장, 기타의 가연성 물체로부터 몇 [m] 이상 떼어놓아야 하는가?

① 1
② 1.5
③ 2
④ 2.5

> **해설** **아크를 발생하는 기구의 시설**(KEC 341.7)
> 가. 고압용 : 1[m] 이상
> 나. 특고압용 : 2[m] 이상

★☆☆
03 다음에서 고압용 기계 기구를 시설하여서는 안 되는 경우는?

① 발전소, 변전소, 개폐소 또는 이에 준하는 곳에 시설하는 경우
② 시가지 외로서 지표상 3[m]인 경우
③ 공장 등의 구내에서 기계기구의 주위에 사람이 쉽게 접촉할 우려가 없도록 적당한 울타리를 설치하는 경우
④ 옥내에 설치한 기계기구를 취급자 이외의 사람이 출입할 수 없도록 설치한 곳에 시설하는 경우

> **해설** **고압용 기계기구의 시설**(KEC 341.8)
> → 시가지 외 : 지표상 4[m] 이상의 높이에 시설

정답 | **01** ③ **02** ① **03** ②

★★☆
04 변전소에 고압용 기계 기구를 시가지 내에 사람이 쉽게 접촉할 우려가 없도록 시설하는 경우 지표상 몇 [m] 이상의 높이에 시설하여야 하는가? (단, 고압용 기계 기구에 부속하는 전선으로는 케이블을 사용한다.)

① 4.0   ② 4.5

③ 5.0   ④ 5.5

> **해설** **고압용 기계기구의 시설**(KEC 341.8)
> → 시가지 : 지표상 4.5[m] 이상의 높이에 시설

★☆☆
05 고압용 또는 특고압용 개폐기의 시설에 있어서 법규상의 규정이 아닌 사항은?

① 그 동작에 따라 개폐 상태를 표시하는 장치를 가져야 한다.
② 중력 등에 의하여 자연히 작동할 우려가 있는 것은 자물쇠장치 등이 있어야 한다.
③ 고압용 또는 특고압용이라는 위험 표시를 하여야 한다.
④ 부하 전로를 차단하기 위한 것이 아닌 단로기 등은 부하 전류가 통하고 있을 경우에 개로될 수 없도록 시설한다.

> **해설** **개폐기의 시설**(KEC 341.9)
> 가. 그 작동에 따라 그 개폐 상태를 표시하는 장치가 되어 있을 것
> 나. 중력 등에 의하여 자연히 작동할 우려가 있는 것은 자물쇠장치를 시설할 것
> 다. 부하전류를 차단하기 위한 것이 아닌 개폐기는 부하전류가 통하고 있을 경우에는 개로할 수 없도록 시설할 것

★☆☆
06 고압용 또는 특고압용의 개폐기로 부하전류를 차단하기 위한 것이 아닌 개폐기는 부하전류가 있을 때 개로할 수 없도록 시설하여야 한다. 다만, 부하전류의 유무를 확인할 수 있으면 그러하지 않아도 되는데 부하전류의 유무를 확인할 수 있는 조치나 장치로 볼 수 없는 것은?

① 부하전류 계측장치 및 전자유도장해 경감장치
② 터블렛 등을 사용함으로써 부하전류가 통하고 있을 때에 개로 조작을 방지하기 위한 조치
③ 개폐기를 조작하는 곳의 보기 쉬운 위치에 부하전류의 유무를 표시한 장치
④ 전화기나 기타의 지령장치

> **해설** **개폐기의 시설**(KEC 341.9)
> 부하전류를 차단하기 위한 것이 아닌 개폐기는 부하전류가 통하고 있을 경우에는 개로할 수 없도록 시설할 것. 다만 다음 사항에 대해서는 예외로 할 것
> 가. 개폐기를 조작하는 곳의 보기 쉬운 위치에 부하전류의 유무를 표시한 장치 또는 전화기 기타의 지령 장치를 시설한 경우
> 나. 터블렛 등을 사용함으로서 부하전류가 통하고 있을 때에 개로조작을 방지하기 위한 조치를 하는 경우

정답 | 04 ②   05 ③   06 ①

★★☆
07 과전류차단기로 시설하는 퓨즈 중 고압 전로에 사용하는 포장 퓨즈는 정격전류의 몇 배의 전류에 견디어야 하는가?

① 1.1
② 1.3
③ 1.5
④ 2.0

> **해설** 고압 · 특고압 전로 중의 과전류차단기의 시설(KEC 341.10)

퓨즈 종류	성능
포장 퓨즈	• 정격전류 1.3배의 전류에 견디는 것일 것 • 2배의 전류로 120분 안에 용단되는 것일 것

★★☆
08 과전류차단기로 시설하는 퓨즈 중 고압 전로에 사용하는 비포장 퓨즈의 특성에 해당되는 것은?

① 정격전류의 1.25배의 전류에 견디고, 2배의 전류로 120분 안에 용단되는 것이어야 한다.
② 정격전류의 1.1배의 전류에 견디고, 2배의 전류로 120분 안에 용단되는 것이어야 한다.
③ 정격전류의 1.25배의 전류에 견디고, 2배의 전류로 2분 안에 용단되는 것이어야 한다.
④ 정격전류의 1.1배의 전류에 견디고, 2배의 전류로 2분 안에 용단되는 것이어야 한다.

> **해설** 고압 · 특고압 전로 중의 과전류차단기의 시설(KEC 341.10)

퓨즈 종류	성능
비포장 퓨즈	• 정격전류 1.25배의 전류에 견디는 것일 것 • 2배의 전류로 2분 안에 용단되는 것일 것

★★☆
09 과전류차단기를 설치하지 않아야 할 곳은?

① 수용가의 인입선 부분
② 고압 배전선로의 인출장소
③ 직접 접지계통에 설치한 변압기 접지선
④ 역률조정용 고압 병렬콘덴서 뱅크의 분기선

> **해설** 과전류차단기의 시설 제한(KEC 341.11)
> 가. 접지공사의 접지도체
> 나. 다선식 전로의 중성선
> 다. 전로의 일부에 접지공사를 한 저압 가공전선로의 접지측 전선

정답 | 07 ② 08 ③ 09 ③

★☆☆
10 고압 및 특고압 전로 중 전로에 지락이 생긴 경우에 자동적으로 전로를 차단하는 지락 차단장치를 하지 않아도 되는 곳은 다음 중 어느 곳인가?

① 발전소, 변전소 또는 이에 준하는 곳의 인출구
② 개폐소에 있어서 송전선로의 인출구
③ 다른 전기사업자로부터 공급을 받는 수전점
④ 배전용 변압기(단권변압기는 제외)의 시설장소

해설 **지락차단장치 등의 시설**(KEC 341.12)
고압 및 특고압 전로 중 전로에 지락이 생겼을 때에 자동적으로 전로를 차단하는 장치를 시설하는 경우
가. 발전소ㆍ변전소 또는 이에 준하는 곳의 인출구
나. 다른 전기사업자로부터 공급받는 수전점
다. 배전용 변압기(단권변압기는 제외)의 시설장소

정답 | 10 ②

11. 피뢰기의 시설(KEC 341.13)

고압 및 특고압의 전로의 피뢰기 시설장소는 다음과 같음

(1) 발전소 · 변전소 또는 이에 준하는 장소의 가공전선 인입구 및 인출구

(2) 특고압 가공전선로에 접속하는 배전용 변압기의 고압측 및 특고압측

(3) 고압 및 특고압 가공전선로로부터 공급을 받는 수용장소의 인입구

(4) 가공전선로와 지중전선로가 접속되는 곳

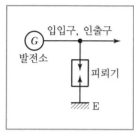 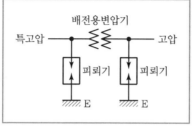 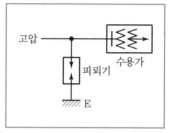

[그림-89. 발전소의 인출구]　[그림-90. 배전용변압기의 고압 및 특고압측]　[그림-91. 수용장소의 인입구]

12. 피뢰기의 접지(KEC 341.14)

(1) 고압 및 특고압의 전로에 시설하는 피뢰기 접지저항 값 : 10[Ω] 이하일 것

(2) 다만, 고압가공전선로에 시설하는 피뢰기의 접지도체가 그 접지공사 전용의 것인 경우 접지저항 값이 30[Ω] 이하까지 허용함

13. 압축공기계통(KEC 341.15)

(1) 압축공기장치의 시험압력 및 시간 : 발전소 · 변전소 · 개폐소 또는 이에 준하는 곳에서 개폐기 또는 차단기에 사용하는 압축공기장치의 시험압력 및 시간은 다음과 같다.

구분	시험 압력	시간
수압	최대사용압력 1.5배	10분
기압	최대사용압력 1.25배	

(2) 공기탱크

① 사용 압력에서 공기의 보급이 없는 상태로 개폐기 또는 차단기의 투입 및 차단을 연속하여 1회 이상 할 수 있는 용량을 가질 것

② 내식성을 가지지 않는 재료를 사용시 외면에 산화방지를 위한 도장을 할 것

③ 공기압축기 · 공기탱크 및 압축공기를 통하는 관용접에 의한 잔류응력이 생기거나 나사의 조임에 의하여 무리한 하중이 걸리지 않을 것

④ 주 공기탱크 또는 이에 근접한 곳에는 사용압력의 1.5배 이상 3배 이하의 최고 눈금이 있는 압력계를 시설할 것

14. 절연가스 취급설비(KEC 341.16)

100[kPa]를 초과하는 절연가스의 압력을 받는 부분으로써 외기에 접하는 부분은 아래의 시험압력 및 시간에 견디고 또한 새지 아니할 것

구분	시험 압력	시간
수압	최대사용압력 1.5배	10분
기압	최대사용압력 1.25배	

⚡ 과년도 기출 및 예상문제

★☆☆
01 고압 및 특고압 가공전선로로부터 공급을 받는 수용장소의 인입구에 반드시 시설하여야 하는 것은?

① 댐퍼   ② 아킹혼
③ 조상기   ④ 피뢰기

> **해설** **피뢰기의 시설**(KEC 341.13)
> → 고압 및 특고압 가공전선로로부터 공급을 받는 수용장소의 인입구

★★☆
02 피뢰기를 설치기준으로 옳지 않은 것은?

① 발전소 · 변전소 또는 이에 준하는 장소의 가공전선의 인입구 및 인출구
② 가공전선로와 특고압 전선로가 접속되는 곳
③ 가공전선로에 접속한 1차측 전압이 35[kV] 이하인 배전용변압기의 고압측 및 특고압측
④ 고압 및 특고압 가공전선로로부터 공급받는 수용장소의 인입구

> **해설** **피뢰기의 시설**(KEC 341.13)
> 가. 발전소, 변전소 또는 이에 준하는 장소의 가공전선 인입구 및 인출구
> 나. 특고압 가공전선로에 접속하는 배전용 변압기의 고압측 및 특고압측
> 다. 고압 및 특고압 가공전선로로부터 공급을 받는 수용장소의 인입구
> 라. 가공전선로와 지중전선로가 접속되는 곳

★☆☆
03 가공전선로와 지중전선로가 접속되는 곳에 시설하여야 하는 것은?

① 조상기   ② 분로리액터
③ 피뢰기   ④ 정류기

> **해설** **피뢰기의 시설**(KEC 341.13)
> → 가공전선로와 지중전선로가 접속되는 곳

정답 | 01 ④ 02 ② 03 ③

★☆☆
04 고압 가공전선로로부터 수전하는 수용가의 인입구에 시설하는 피뢰기의 접지 공사에 있어서 접지선이 피뢰기 접지공사 전용의 것이면 접지저항[Ω]은 얼마까지 허용되는가?

① 5
② 10
③ 30
④ 75

> **해설** **피뢰기의 접지**(KEC 341.14)
>   가. 고압 및 특고압의 전로에 시설하는 피뢰기 접지저항 값 : 10[Ω] 이하일 것
>   나. 다만, 고압가공전선로에 시설하는 피뢰기의 접지도체가 그 접지공사 전용의 것인 경우 접지저항 값이
>   30[Ω] 이하까지 허용함

★★★
05 발·변전소에서 차단기에 사용하는 압축공기장치의 공기압축기는 최고 사용압력의 몇 배의 수압을 계속하여 10분간 가하여 시험한 경우 이상이 없어야 하는가?

① 1.25
② 1.5
③ 1.75
④ 2

> **해설** **압축공기계통**(KEC 341.15)
> 압축공기장치의 시험압력 및 시간
>
> | 구분 | 시험 압력 | 시간 |
> |---|---|---|
> | 수압 | 최대사용압력 1.5배 | 10분 |
> | 기압 | 최대사용압력 1.25배 | |

★★☆
06 발전소, 변전소 등에 시설하는 가스압축기에 접속하여 사용하는 가스 절연기기는 100[kPa]를 넘는 절연가스의 압력을 받는 부분으로 외기에 접하는 부분은 최고사용압력의 몇 배의 수압을 연속하여 10분간 가하였을 때 이에 견디고 새지 아니하여야 하는가?

① 1.25
② 1.5
③ 1.75
④ 2

> **해설** **절연가스 취급설비**(KEC 341.16)
> 100[kPa]를 초과하는 절연가스의 압력을 받는 부분으로써 외기에 접하는 부분의 시험압력 및 시간
>
> | 구분 | 시험압력 | 시간 |
> |---|---|---|
> | 수압 | 최대사용압력 1.5배 | 10분 |
> | 기압 | 최대사용압력 1.25배 | |

정답 | 04 ③ 05 ② 06 ②

CHAPTER 09 고압 · 특고압 옥내 설비의 시설(KEC 342)

1. 고압 옥내배선 등의 시설(KEC 342.1)

1) 고압 옥내배선의 종류

(1) 애자사용배선(건조한 장소로서 전개된 장소에 적용)

(2) 케이블배선

(3) 케이블트레이배선

2) 애자사용배선에 의한 고압 옥내배선

(1) 사용전선

① 공칭단면적 : $6.0[\text{mm}^2]$ 이상의 연동선

② 동등 이상의 세기 및 굵기의 고압 절연전선이나 특고압 절연전선

③ 인하용 고압 절연전선일 것

(2) 이격거리

구분	이격거리
전선의 지지점 간의 거리 (다만, 전선을 조영재의 면을 따라 붙이는 경우)	6.0[m] 이하 (2.0[m] 이하)
전선 상호 간	0.08[m] 이상
전선과 조영재 간	0.05[m] 이상

(3) 애자 : 절연성, 난연성 및 내수성이 있을 것

(4) 고압 옥내배선 : 저압 옥내배선과 쉽게 식별되도록 시설할 것

(5) 전선이 조영재를 관통하는 경우 : 전선마다 각각 별개의 난연성 및 내수성이 있는 견고한 절연관에 넣을 것

3) 고압 옥내배선이 다른 고압 옥내배선, 저압 옥내전선, 관등회로의 배선, 약전류전선 등 또는 수관 · 가스관 이나 이와 유사한 것과 접근하거나 교차하는 경우

구분	이격거리
고압 옥내배선과 "다른 고압 옥내배선, 저압 옥내전선, 관등회로의 배선, 약전류 전선등 또는 수관, 가스관이나 이와 유사한 것" 사이	0.15[m] 이상
애자사용배선에 의하여 시설하는 저압 옥내전선이 나전선인 경우	0.3[m] 이상
가스계량기 및 가스관의 이음부와 전력량계 및 개폐기 사이	0.6[m] 이상

2. 옥내 고압용 이동전선의 시설(KEC 342.2)

(1) 사용 전선 : 고압용의 캡타이어케이블일 것

(2) 이동전선과 전기사용기계기구와는 볼트조임 기타의 방법에 의해 견고하게 접속할 것

(3) 이동전선에 전기를 공급하는 전로 시설

    ① 전용 개폐기 및 과전류차단기를 각극에 시설할 것(다선식 전로의 중성극은 제외함)

    ② 전로에 지락이 생겼을 때에 자동적으로 전로를 차단하는 장치를 시설할 것

3. 옥내에 시설하는 고압접촉전선 공사(KEC 342.3)

(1) 접촉전선(전차선을 제외)을 옥내에 시설하는 경우

    ① 전개된 장소 또는 점검할 수 있는 은폐된 장소에 애자 사용배선으로 시설할 것

    ② 사용전선

       가. 사람이 접촉할 우려가 없도록 시설할 것

       나. 지름 10[mm]의 경동선으로 단면적이 70[mm²] 이상인 구부리기 어려운 것일 것

    ③ 이격거리

구분	이격거리
전선 지지점 간의 거리	6.0[m] 이하
전선 상호 간의 간격 및 집전장치의 충전 부분 상호 간 및 집전장치의 충전 부분과 극성이 다른 전선 사이	0.3[m] 이상
전선과 조영재와의 이격거리 및 그 전선에 접촉하는 집전장치의 충전 부분과 조영재 사이	0.2[m] 이상

    ④ 애자는 절연성 · 난연성 및 내수성이 있는 것일 것

(2) 옥내에 시설하는 고압접촉전선이 다른 옥내 전선, 약전류 전선 등 또는 수관 · 가스관이나 이와 유사한 것과 접근 또는 교차하는 경우

구분	이격거리
상호 간	0.6[m] 이상
옥내에 시설하는 고압 접촉 전선과 다른 옥내 전선이나 약전류 전선 등 사이에 절연성 및 난연성이 있는 견고한 격벽을 설치하는 경우	0.3[m] 이상

(3) 옥내에 시설하는 고압접촉전선에 전기를 공급하기 의한 전로 : 전용 개폐기 및 과전류차단기를 시설할 것

(4) 옥내에 시설하는 고압접촉전선에 전기를 공급하기 의한 전로에 지락이 생겼을 때에 자동적으로 전로를 차단하는 장치를 시설할 것

4. 특고압 옥내 전기설비의 시설(KEC 342.4)

(1) 사용전압 : 100[kV] 이하일 것(케이블트레이배선 시설 시 : 35[kV] 이하일 것)

(2) 사용전선 : 케이블일 것

(3) 특고압 옥내배선이 저압 옥내전선 · 관등회로의 배선 · 고압 옥내전선, 약전류 전선 등 또는 수관 · 가스관이나 이와 유사한 것과 접근하거나 교차하는 경우

① 특고압 옥내배선과 저압 옥내전선 · 관등회로의 배선 또는 고압 옥내전선 사이의 이격거리는 0.6[m] 이상일 것

② 특고압 옥내배선과 약전류 전선 등 또는 수관 · 가스관이나 이와 유사한 것과 접촉하지 않도록 시설할 것

과년도 기출 및 예상문제

01 건조한 장소로서 전개된 장소에 고압 옥내배선을 할 수 있는 배선 공사방법은?

① 금속관공사   ② 금속덕트공사
③ 합성수지관공사   ④ 애자사용공사

> **해설** **고압 옥내배선의 시설(KEC 342.1)**
> 가. 애자사용배선(건조한 장소로서 전개된 장소에 한한다.)
> 나. 케이블배선
> 다. 케이블트레이배선

02 애자사용공사에 의한 고압 옥내배선의 시설에 사용되는 연동선의 단면적은 최소 몇 $[\text{mm}^2]$ 이상의 것을 사용하는가?

① 6   ② 10
③ 16   ④ 25

> **해설** **고압 옥내배선 등의 시설(KEC 342.1)**
> 애자사용배선에 의한 고압 옥내배선
> → 사용전선 : 공칭단면적 : 6.0[mm²] 이상의 연동선

03 애자사용공사에 대하여 시설한 고압 옥내배선을 할 때 전선의 지지점과의 거리는 몇 $[\text{m}]$ 이하로 하여야 하는가? (단, 전선은 조영재의 면을 따라 붙였다고 한다.)

① 2   ② 3
③ 4   ④ 5

> **해설** **고압 옥내배선의 시설(KEC 342.1)**
> 애자사용배선에 의한 고압 옥내배선의 이격거리
>
> | 구분 | 이격거리 |
> |---|---|
> | 전선의 지지점 간의 거리 (다만, 전선을 조영재의 면을 따라 붙이는 경우) | 6.0[m] 이하 (2.0[m] 이하) |

정답 | 01 ④ 02 ① 03 ①

04 애자사용공사에 의한 고압 옥내배선을 시설하고자 할 경우 전선과 조영재 사이의 이격거리는 몇 [cm] 이상인가?

① 3   ② 4

③ 5   ④ 6

해설 **고압 옥내배선 등의 시설(KEC 342.1)**

애자사용배선에 의한 고압 옥내배선의 전선과 조영재 사이의 이격거리

구분	이격거리
전선과 조영재 간	0.05[m] 이상

05 옥내에 시설하는 고압용 이동전선으로 옳은 것은?

① 6[mm] 연동선   ② 비닐외장케이블

③ 옥외용 비닐절연전선   ④ 고압용의 캡타이어케이블

해설 **옥내 고압용 이동전선의 시설(KEC 342.2)**

→ 사용 전선 : 고압용의 캡타이어케이블일 것

06 옥내 고압용 이동용 전선의 시설방법으로 옳은 것은?

① 전선을 MI 케이블을 사용하였다.

② 다선식 선로의 중성선에 과전류차단기를 시설하였다.

③ 이동전선과 전기사용기계 · 기구와는 해체가 쉽게 되도록 느슨하게 접속하였다.

④ 전로에 지락이 생겼을 때에 자동적으로 전로를 차단하는 장치를 시설하였다.

해설 **옥내 고압용 이동전선의 시설(KEC 342.2)**

→ 전로에 지락이 생겼을 때에 자동적으로 전로를 차단하는 장치를 시설할 것

정답 | 04 ③   05 ④   06 ④

★☆☆
07 특고압선을 옥내에 시설하는 경우 그 사용전압은 몇 [kV] 이하이어야 하는가? (단, 케이블트레이공사에 의하지 않으며, 위험의 우려가 없도록 시설한다.)

① 100   ② 170

③ 220   ④ 350

해설 **특고압 옥내 전기설비의 시설**(KEC 342.4)

→ 사용전압 : 100[kV] 이하일 것(케이블트레이배선 시설 시 : 35[kV] 이하일 것)

★☆☆
08 특고압 옥내배선과 저압 옥내전선·관등회로의 배선 또는 고압 옥내전선 사이의 이격거리는 일반적으로 몇 [cm] 이상이어야 하는가?

① 15   ② 30

③ 45   ④ 60

해설 **특고압 옥내 전기설비의 시설**(KEC 342.4)

특고압 옥내배선과 저압 옥내전선·관등회로의 배선 또는 고압 옥내전선 사이의 이격거리는 0.6[m] 이상일 것

정답 | 07 ①   08 ④

CHAPTER 10 발전소, 변전소, 개폐소 등의 전기설비(KEC 350)

1. 발전소 등의 울타리 · 담 등의 시설(KEC 351.1)

1) 울타리 · 담 등 시설기준

(1) 울타리 · 담 등의 높이 : 2[m] 이상

(2) 지표면과 울타리 · 담 등의 하단사이의 간격 : 0.15[m] 이하일 것

(3) 울타리 · 담 등과 고압 및 특고압의 충전 부분이 접근하는 경우에는 울타리 · 담 등의 높이와 울타리 · 담 등으로부터 충전부분까지 거리의 합계는 아래 표에서 정한 값 이상일 것

사용전압의 구분	울타리 · 담 등의 높이와 울타리 · 담 등으로부터 충전부분까지의 거리의 합계
35[kV] 이하	5[m] 이상
35[kV] 초과 160[kV] 이하	6[m] 이상
160[kV] 초과	6[m] + 단수 × 0.12[m]

※ 단수 계산 = $\dfrac{\text{최대 사용전압}[kV] - 160[kV]}{10}$ → 소수점은 절상한 값을 적용함

2. 특고압전로의 상 및 접속 상태의 표시(KEC 351.2)

(1) 보기 쉬운 곳에 상별(相別) 표시를 할 것

(2) 그 접속 상태를 모의모선(模擬母線)의 사용 기타의 방법에 의하여 표시할 것(다만, 특고압전선로의 회선수가 2 이하이고 또한 특고압의 모선이 단일모선인 경우에는 예외임)

3. 발전기 등의 보호장치(KEC 351.3)

1) 발전기를 자동적으로 전로로부터 차단하는 장치를 시설하는 경우

(1) 발전기에 과전류나 과전압이 생긴 경우

(2) 용량이 500[kVA] 이상의 발전기를 구동하는 수차의 압유 장치의 유압등의 전원전압이 현저히 저하한 경우

(3) 용량이 100[kVA] 이상의 발전기를 구동하는 풍차(風車)의 압유장치의 유압, 압축 공기장치의 공기압등의 전원전압이 현저히 저하한 경우

(4) 용량이 2,000[kVA] 이상인 수차 발전기의 스러스트 베어링의 온도가 현저히 상승한 경우

(5) 용량이 10,000[kVA] 이상인 발전기의 내부에 고장이 생긴 경우

(6) 정격출력이 10,000[kW]를 초과하는 증기터빈은 그 스러스트 베어링이 현저하게 마모되거나 그의 온도가 현저히 상승한 경우

2) 연료전지에 이상 발생시, 연료전지를 전로로부터 자동 차단함과 동시에 연료전지에 연료가스 공급을 자동 차단하는 장치를 시설하는 경우

(1) 연료전지에 과전류가 생긴 경우

(2) 발전요소의 발전전압에 이상이 생겼을 경우

(3) 연료가스 출구에서의 산소농도 또는 공기 출구에서의 연료가스 농도가 현저히 상승한 경우

(4) 연료전지의 온도가 현저하게 상승한 경우

4. 특고압용 변압기의 보호장치(KEC 351.4)

뱅크용량의 구분	동작조건	장치의 종류
5,000[kVA] 이상 10,000[kVA] 미만	변압기 내부고장	자동차단장치 또는 경보장치
10,000[kVA] 이상	변압기 내부고장	자동차단장치
타냉식변압기 (변압기의 권선 및 철심을 직접 냉각시키기 위하여 봉입한 냉매를 강제 순환시키는 냉각 방식)	냉각장치에 고장이 생긴 경우 또는 변압기의 온도가 현저히 상승한 경우	경보장치

5. 조상설비의 보호장치(KEC 351.5)

설비종별	뱅크용량의 구분	자동적으로 전로로부터 차단하는 장치
전력용 커패시터 및 분로리액터	500[kVA] 초과 15,000[kVA] 미만	내부에 고장이 생긴 경우에 동작하는 장치 또는 과전류가 생긴 경우에 동작하는 장치
	15,000[kVA] 이상	내부에 고장이 생긴 경우에 동작하는 장치 및 과전류가 생긴 경우에 동작하는 장치 또는 과전압이 생긴 경우에 동작하는 장치
조상기(調相機)	15,000[kVA] 이상	내부에 고장이 생긴 경우에 동작하는 장치

6. 계측장치(KEC 351.6)

1) 발전소에서는 다음 사항을 계측하는 장치를 시설할 것

(1) 발전기·연료전지 또는 태양전지 모듈의 전압 및 전류 또는 전력

(2) 발전기의 베어링(수중 메탈을 제외) 및 고정자(固定子)의 온도

(3) 정격출력이 10,000[kW]를 초과하는 증기터빈에 접속하는 발전기의 진동의 진폭

(4) 주요 변압기의 전압 및 전류 또는 전력

(5) 특고압용 변압기의 온도

2) 동기발전기를 시설하는 경우

동기검정장치를 시설할 것

3) 변전소 또는 이에 준하는 곳에는 다음의 사항을 계측하는 장치를 시설할 것

(1) 주요 변압기의 전압 및 전류 또는 전력

(2) 특고압용 변압기의 온도

4) 동기조상기를 시설하는 경우

다음의 사항을 계측하는 장치 및 동기검정장치를 시설할 것

(1) 동기조상기의 전압 및 전류 또는 전력

(2) 동기조상기의 베어링 및 고정자의 온도

7. 상주 감시를 하지 아니하는 변전소의 시설(KEC 351.9)

다음의 경우에는 변전제어소 또는 기술원이 상주하는 장소에 경보장치를 시설할 것

(1) 운전조작에 필요한 차단기가 자동적으로 차단한 경우(차단기가 재폐로한 경우를 제외함)

(2) 주요 변압기의 전원측 전로가 무전압으로 된 경우

(3) 제어 회로의 전압이 현저히 저하한 경우

(4) 옥내변전소에 화재가 발생한 경우

(5) 출력 3,000[kVA]를 초과하는 특고압용변압기는 그 온도가 현저히 상승한 경우

(6) 특고압용 타냉식변압기는 그 냉각장치가 고장난 경우

(7) 조상기는 내부에 고장이 생긴 경우

(8) 수소냉각식조상기는 그 조상기 안의 수소의 순도가 90[%] 이하로 저하한 경우, 수소의 압력이 현저히 변동한 경우 또는 수소의 온도가 현저히 상승한 경우

(9) 가스절연기기(압력의 저하에 의하여 절연파괴 등이 생길 우려가 없는 경우를 제외한다)의 절연가스의 압력이 현저히 저하한 경우

8. 수소냉각식 발전기 등의 시설(KEC 351.10)

(1) 발전기 또는 조상기는 기밀구조(氣密構造)의 것이고 또한 수소가 대기압에서 폭발하는 경우에 생기는 압력에 견디는 강도를 가지는 것일 것

(2) 발전기 축의 밀봉부에는 질소 가스를 봉입할 수 있는 장치 또는 발전기 축의 밀봉부로부터 누설된 수소 가스를 안전하게 외부에 방출할 수 있는 장치를 시설할 것

(3) 발전기 내부 또는 조상기 내부의 수소의 순도가 85[%] 이하로 저하한 경우에 이를 경보하는 장치를 시설할 것

(4) 발전기 내부 또는 조상기 내부의 수소의 압력을 계측하는 장치 및 그 압력이 현저히 변동한 경우에 이를 경보하는 장치를 시설할 것

(5) 발전기 내부 또는 조상기 내부의 수소의 온도를 계측하는 장치를 시설할 것

(6) 수소를 통하는 관은 동관 또는 이음매 없는 강판이어야 하며 또한 수소가 대기압에서 폭발하는 경우에 생기는 압력에 견디는 강도의 것일 것

(7) 수소를 통하는 관·밸브 등은 수소가 새지 아니하는 구조로 되어 있을 것

⚡ 과년도 기출 및 예상문제

★★☆
01 22,900/3,300[V]의 변압기를 지상에 설치하는 경우 울타리 · 담 등과 고압 및 특고압의 충전 부분이 접근하는 경우에 울타리 담 · 등의 높이와 울타리 · 담 등으로부터 충전부분까지의 거리의 합계는 최소 몇 [m] 이상이어야 하는가?

① 3 　　　　　　　　　　　　　　② 4
③ 5 　　　　　　　　　　　　　　④ 6

> **해설** **발전소 등의 울타리 · 담 등의 시설(KEC 351.1)**
> 울타리 · 담 등과 고압 및 특고압의 충전 부분이 접근하는 경우에는 울타리 · 담 등의 높이와 울타리 · 담 등으로부터 충전부분까지 거리의 합계

사용전압의 구분	울타리 · 담 등의 높이와 울타리 · 담 등으로부터 충전부분까지의 거리의 합계
35[kV] 이하	5[m] 이상

★★★
02 다음 내용의 ㉠, ㉡에 들어갈 내용으로 알맞은 것은?

> "고압 또는 특고압의 기계·기구, 모선 등을 옥외에 시설하는 발전소, 변전소, 개폐소 또는 이에 준하는 곳에 시설하는 울타리, 담 등의 높이는 (㉠)[m] 이상으로 하고, 지표면과 울타리, 담 등의 하단 사이의 간격은 (㉡)[cm] 이하로 하여야 한다."

① ㉠ 3, ㉡ 15 　　　　　　　② ㉠ 2, ㉡ 15
③ ㉠ 3, ㉡ 25 　　　　　　　④ ㉠ 2, ㉡ 25

> **해설** **발전소 등의 울타리 · 담 등의 시설(KEC 351.1)**
> 가. 울타리 · 담 등의 높이 : 2[m] 이상
> 나. 지표면과 울타리 · 담 등의 하단 사이의 간격 : 0.15[m] 이하

정답 | 01 ③　02 ②

★★☆

03 154[kV] 변전소의 울타리·담 등의 높이와 울타리·담 등으로부터 충전부분까지의 거리의 합계는 몇 [m] 이상이어야 하는가?

① 4.5 ② 5.0

③ 6.0 ④ 6.2

해설 **발전소 등의 울타리·담 등의 시설(KEC 351.1)**

사용전압의 구분	울타리·담 등의 높이와 울타리·담 등으로부터 충전부분까지의 거리의 합계
35[kV] 초과 160[kV] 이하	6[m] 이상

★★☆

04 345[kV]의 옥외 변전소에 있어서 울타리의 높이와 울타리에서 충전부분까지 거리[m]의 합계는?

① 6.48 ② 8.16

③ 8.40 ④ 8.28

해설 **발전소 등의 울타리·담 등의 시설(KEC 351.1)**

사용전압의 구분	울타리·담 등의 높이와 울타리·담 등으로부터 충전부분까지의 거리의 합계
160[kV] 초과	6[m]+단수×0.12[m] 이상

※ 단수 계산 $= \dfrac{\text{최대 사용전압}[kV] - 160[kV]}{10} \rightarrow$ 소수점은 절상한 값을 적용함

• 단수 $= \dfrac{345-160}{10} = 18.5 \rightarrow 19$단

• 이격거리 $= 6[m] + 19 \times 0.12[m] = 8.28[m]$

★☆☆

05 발전소·변전소 또는 이에 준하는 곳의 특고압전로에 대한 접속상태를 모의모선의 사용 또는 기타의 방법으로 표시하여야 하는데, 그 표시의 의무가 없는 것은?

① 전선로의 회선수가 3회선 이하로서 복모선

② 전선로의 회선수가 2회선 이하로서 복모선

③ 전선로의 회선수가 3회선 이하로서 단일모선

④ 전선로의 회선수가 2회선 이하로서 단일모선

해설 **특고압전로의 상 및 접속 상태의 표시(KEC 351.2)**

발전소·변전소 또는 이에 준하는 곳의 특고압전로에 그 접속 상태를 모의모선(模擬母線)의 사용 기타의 방법에 의하여 표시할 것. 단, 특고압전선로의 회선수가 2 이하이고 또한 특고압의 모선이 단일모선인 경우에는 예외임

★★★
06 발전기를 자동적으로 전로로부터 차단하는 장치를 반드시 시설하여야 하는 경우가 아닌 것은?

① 발전기에 과전류가 생긴 경우
② 용량 500[kVA]인 발전기를 구동하는 수차의 압유장치의 유압이 현저히 저하한 경우
③ 용량 2,000[kVA]인 수차 발전기의 스러스트 베어링의 온도가 현저히 상승하는 경우
④ 용량 5,000[kVA]인 발전기의 내부에 고장이 생긴 경우

> **해설** **발전기 등의 보호장치**(KEC 351.3)
> 발전기를 자동적으로 전로로부터 차단하는 장치를 시설하는 경우
> → 용량이 10,000[kVA] 이상인 발전기의 내부에 고장이 생긴 경우

★★★
07 발전기의 용량과 관계없이 자동적으로 이를 전로로부터 차단하는 장치를 시설하여야 하는 경우는?

① 베어링의 과열   ② 과전류 인입
③ 압유 제어장치의 전원전압   ④ 발전기 내부고장

> **해설** **발전기 등의 보호장치**(KEC 351.3)
> 발전기를 자동적으로 전로로부터 차단하는 장치를 시설하는 경우
> → 용량과 관계없이 보호해야 하는 경우는 발전기에 과전류나 과전압이 생긴 경우임

★★★
08 타냉식 특고압용 변압기의 송풍기가 고장이 생길 경우에 필요한 보호장치로 옳은 것은?

① 경보장치   ② 자동차단 장치
③ 전압 계전기   ④ 속도 조정 장치

> **해설** **특고압용 변압기의 보호장치**(KEC 351.4)

뱅크용량의 구분	동작조건	장치의 종류
타냉식변압기	냉각장치에 고장이 생긴 경우 또는 변압기의 온도가 현저히 상승한 경우	경보장치

★★☆
09 내부고장이 발생하는 경우를 대비하여 자동차단장치 또는 경보장치를 시설하여야 하는 특고압용 변압기의 뱅크 용량의 구분으로 알맞은 것은?

① 5,000[kVA] 미만   ② 5,000[kVA] 이상 10,000[kVA] 미만
③ 10,000[kVA] 이상   ④ 10,000[kVA] 이상 15,000[kVA] 미만

> **해설** **특고압용 변압기의 보호장치**(KEC 351.4)

뱅크용량의 구분	동작조건	장치의 종류
5,000[kVA] 이상 10,000[kVA] 미만	변압기 내부고장	자동차단장치 또는 경보장치

정답 | 06 ④ 07 ② 08 ① 09 ②

★★☆

10 특고압용 변압기로서 그 내부에 고장이 생긴 경우에 반드시 자동 차단되어야 하는 변압기의 뱅크 용량은 몇 [kVA] 이상인가?

① 5,000 　　　　　　　　　　　　　　② 10,000
③ 50,000 　　　　　　　　　　　　　　④ 100,000

> **해설** **특고압용 변압기의 보호장치**(KEC 351.4)

뱅크용량의 구분	동작조건	장치의 종류
10,000[kVA] 이상	변압기 내부고장	자동차단장치

★☆☆

11 뱅크 용량이 10,000[kVA] 이상인 특고압 변압기의 내부고장이 발생하면 어떤 보호장치를 설치하여야 하는가?

① 자동차단장치 　　　　　　　　　　② 경보장치
③ 표시장치 　　　　　　　　　　　　④ 경보 및 자동차단장치

> **해설** **특고압용 변압기의 보호장치**(KEC 351.4)

뱅크용량의 구분	동작조건	장치의 종류
10,000[kVA] 이상	변압기 내부고장	자동차단장치

★★★

12 조상설비의 조상기 내부에 고장이 생긴 경우, 조상기의 용량 몇 [kVA] 이상일 때 전로로부터 자동 차단하는 장치를 시설하여야 하는가?

① 5,000 　　　　　　　　　　　　　　② 10,000
③ 15,000 　　　　　　　　　　　　　　④ 20,000

> **해설** **조상설비의 보호장치**(KEC 351.5)

설비종별	뱅크용량의 구분	자동적으로 전로로부터 차단하는 장치
조상기(調相機)	15,000[kVA] 이상	내부에 고장이 생긴 경우에 동작하는 장치

정답 | 10 ② 　11 ① 　12 ③

★★★
13 뱅크용량이 20,000[kVA]인 전력용 커패시턴스에 자동적으로 전로로부터 차단하는 보호장치를 하려고 한다. 이때 반드시 시설하여야 할 보호장치가 아닌 것은?

① 내부에 고장이 생긴 경우에 동작하는 장치
② 절연유의 압력이 변화할 때 동작하는 장치
③ 과전류가 생긴 경우에 동작하는 장치
④ 과전압이 생긴 경우에 동작하는 장치

해설 **조상설비의 보호장치**(KEC 351.5)

설비종별	뱅크용량의 구분	자동적으로 전로로부터 차단하는 장치
전력용 커패시터 및 분로리액터	15,000[kVA] 이상	내부에 고장이 생긴 경우에 동작하는 장치 및 과전류가 생긴 경우에 동작하는 장치 또는 과전압이 생긴 경우에 동작하는 장치

★★★
14 발전소에는 필요한 계측장치를 시설해야 한다. 다음 중 시설을 생략해도 되는 계측장치는?

① 발전기의 전압 및 전류 계측장치
② 주요 변압기의 역률 계측장치
③ 발전기의 고정자 온도 계측장치
④ 특고압용 변압기의 온도 계측장치

해설 **계측장치**(KEC 351.6)
→ **발전소에서 계측 사항**
가. 발전기 · 연료전지 또는 태양전지 모듈의 전압 및 전류 또는 전력
나. 발전기의 베어링(수중 메탈을 제외) 및 고정자(固定子)의 온도
다. 정격출력이 10,000[kW]를 초과하는 증기터빈에 접속하는 발전기의 진동의 진폭
라. 주요 변압기의 전압 및 전류 또는 전력
마. 특고압용 변압기의 온도

★☆☆
15 동기발전기를 사용하는 전력계통에 시설하여야 하는 장치는?

① 비상조속기
② 동기검정장치
③ 분로리액터
④ 절연유 유출방지설비

해설 **계측장치**(KEC 351.6)
→ 동기발전기를 시설하는 경우 : 동기검정장치를 시설할 것

정답 | 13 ② 14 ② 15 ②

★★☆

16 일반 변전소 또는 이에 준하는 곳의 주요 변압기에 반드시 시설하지 않아도 되는 계측장치는?

① 주파수   ② 전압

③ 전력   ④ 전류

> **해설** **계측장치**(KEC 351.6)
> 변전소 또는 이에 준하는 곳에는 다음의 사항을 계측하는 장치를 시설할 것
> 가. 주요 변압기의 전압 및 전류 또는 전력
> 나. 특고압용 변압기의 온도

★★★

17 수소냉각식 발전기 안의 수소 순도가 몇 [%] 이하로 저하한 경우에 이를 경보하는 장치를 시설해야 하는가?

① 65   ② 75

③ 85   ④ 95

> **해설** **수소냉각식 발전기 등의 시설**(KEC 351.10)
> → 발전기 내부 또는 조상기 내부의 수소의 순도가 85[%] 이하로 저하한 경우에 이를 경보하는 장치를 시설할 것

정답 | 16 ①   17 ③

CHAPTER

11 전력보안통신설비(KEC 360)

전력보안통신설비의 시설(KEC 362)

1. 전력보안통신설비의 시설 요구사항(KEC 362.1)

1) 전력보안통신설비의 시설 장소

구분	개소별 전력보안통신설비의 시설 장소
송전선로	• 66[kV], 154[kV], 345[kV], 765[kV] 계통 송전선로 구간 및 안전상 특히 필요한 경우 • 고압 및 특고압 지중전선로가 시설되어 있는 전력구내에 안전상 특히 필요한 경우 • 직류 계통 송전선로 구간 및 안전상 특히 필요한 경우 • 송변전자동화 등 지능형전력망 구현을 위해 필요한 구간
배전선로	• 22.9[kV] 계통 배전선로 구간(가공, 지중, 해저) • 22.9[kV] 계통에 연결되는 분산전원형 발전소 • 폐회로 배전 등 신 배전방식 도입 개소 • 배전자동화, 원격검침, 부하감시 등 지능형전력망 구현을 위해 필요한 구간
발전소, 변전소 및 변환소	• 원격감시제어가 되지 아니하는 발전소 · 원격 감시제어가 되지 아니하는 변전소 · 개폐소, 전선로 및 이를 운용하는 급전소 및 급전분소 간 • 2개 이상의 급전소(분소) 상호 간과 이들을 통합 운용하는 급전소(분소) 간 • 수력설비 중 필요한 곳, 수력설비의 안전상 필요한 양수소(量水所) 및 강수량 관측소와 수력발전소 간 • 동일 수계에 속하고 안전상 긴급 연락의 필요가 있는 수력발전소 상호 간 • 동일 전력계통에 속하고 또한 안전상 긴급연락의 필요가 있는 발전소 · 변전소 및 개폐소 상호 간 • 발전소 · 변전소 및 개폐소와 기술원 주재소 간 • 발전소, 변전소, 개폐소, 급전소 및 기술원 주재소와 전기설비의 안전상 긴급 연락의 필요가 있는 기상대 · 측후소 · 소방서 및 방사선 감시계측 시설물 등의 사이

2) 전력보안통신선 시설기준

   (1) 통신선의 종류

      ① 광섬유케이블

      ② 동축케이블 및 차폐용 실드케이블(STP)

      ③ 또는 이와 동등 이상일 것

   (2) 통신선 시공

      ① 전력보안 가공통신선 시설기준

         가. 가공통신선은 반드시 조가선에 시설할 것

         나. 조가선의 시설기준은 조가선시설기준에 따를 것

② 가공 전선로의 지지물에 시설하는 가공 통신선에 직접 접속하는 통신선(옥내 시설 제외)은 절연전선, 일반통신용 케이블 이외의 케이블 또는 광섬유 케이블일 것

③ 전력구에 시설하는 경우는 통신선에 다음의 난연 조치를 할 것

　가. 불연성 또는 자소성이 있는 난연성의 피복을 가지는 통신선을 사용할 것

　나. 불연성 또는 자소성이 있는 난연성의 연소방지 테이프, 연소방지 시트, 연소방지 도료 그 외에 이들과 비슷한 것으로 통신선을 피복할 것

　다. 불연성 또는 자소성이 있는 난연성의 관 또는 트라프에 통신선을 수용하여 설치할 것

2. 전력보안통신선의 시설 높이와 이격거리(KEC 362.2)

1) 전력 보안 가공통신선의 높이[아래 2) 규정 이외]

	구분	높이[m]
①	도로 위에 시설(교통에 지장을 줄 우려가 없는 경우)	지표상 5[m] 이상 (4.5[m] 경감 가능)
②	철도 또는 궤도 횡단	레일면상 6.5[m] 이상
③	횡단보도교 위에 시설	노면상 3[m] 이상
④	①에서 ③까지 이외의 경우	지표상 3.5[m] 이상

2) 가공전선로의 지지물에 시설하는 통신선 또는 이에 직접 접속하는 가공통신선의 높이

	구분	높이[m]
①	도로 횡단(교통에 지장을 줄 우려가 없을 때)	지표상 6[m] 이상 (지표상 5[m]까지 경감)
②	철도 또는 궤도 횡단	레일면상 6.5[m] 이상
③	횡단보도교 위에 시설	노면상 5[m] 이상
④	①에서 ③까지 이외의 경우	지표상 5.0[m] 이상

3) 가공전선과 첨가 통신선과의 이격거리

(1) 통신선은 가공전선의 아래에 시설할 것

(2) 이격거리

	구분	이격거리
①	가. 통신선과 저압 가공전선 또는 특고압 가공전선로의 다중접지를 한 중성선 사이	0.6[m] 이상
	나. 저압 가공전선이 절연전선 또는 케이블인 경우에 통신선이 절연전선과 동등 이상의 절연성능이 있는 것인 경우	0.3[m] 이상
	다. 저압 가공전선이 인입선이고 또한 통신선이 첨가 통신용 제2종케이블 또는 광섬유 케이블일 경우	0.15[m] 이상
②	가. 통신선과 고압 가공전선 사이	0.6[m] 이상
	나. 고압 가공 전선이 케이블인 경우에 통신선이 절연전선과 동등 이상의 절연성능이 있는 것인 경우	0.3[m] 이상

③	가. 통신선과 특고압 가공전선 사이	1.2[m] 이상
	나. 특고압 가공전선이 케이블인 경우에 통신선이 절연전선과 동등 이상의 절연성능이 있는 것인 경우	0.3[m] 이상
	다. 통신선과 15[kV] 이하인 특고압 가공전선로 및 15[kV] 초과 25[kV] 이하인 특고압 가공전선로(중성점 다중접지 방식의 것으로 전로에 지락 발생 시 2초 이내 자동 차단장치 시설 시)	0.75[m] 이상

4) 특고압 가공전선로의 지지물에 시설하는 통신선 또는 이에 직접 접속하는 통신선이 도로 · 횡단보도교 · 철도의 레일 · 삭도 · 가공전선 · 다른 가공약전류 전선 등 또는 교류 전차선 등과 교차하는 경우

   (1) 통신선이 도로 · 횡단보도교 · 철도의 레일 또는 삭도와 교차하는 경우 통신선의 조건
      ① 연선인 경우 단면적 16[mm²](단선의 경우 지름 4[mm])의 절연전선과 동등 이상의 절연 효력이 있는 것
      ② 인장강도 8.01[kN] 이상의 것 또는 연선의 경우 단면적 25[mm²](단선의 경우 지름 5[mm]의 경동선일 것
   (2) 이격거리

구분	이격 거리
통신선과 삭도 또는 다른 가공약전류 전선 등 사이	0.8[m] 이상
	통신선이 케이블 또는 광섬유 케이블일 때는 0.4[m] 이상

   (3) 통신선의 교차

구분	설치위치
통신선이 저압 가공전선 또는 다른 가공약전류 전선 등과 교차	그 위에 시설
통신선이 다른 특고압 가공전선과 교차하는 경우	그 아래에 시설
통신선이 교류 전차선 등과 교차	고압가공전선의 규정에 준하여 시설

3. 조가선 시설기준(KEC 362.3)

   조가선은 단면적 38[mm²] 이상의 아연도 강연선을 사용할 것

과년도 기출 및 예상문제

★☆☆

01 다음 중 보안 통신용 전화 설비를 시설하여야 하는 곳은?

① 원격감시 제어가 되는 변전소

② 2 이상의 발전소 상호 간

③ 감시제어가 되는 발전소

④ 2 이상의 급전소 상호 간

해설 **전력보안통신설비의 시설 요구사항**(KEC 362.1)

발전소, 변전소 및 변환소의 경우

가. 원격감시제어가 되지 아니하는 발전소

나. 원격 감시제어가 되지 아니하는 변전소 · 개폐소, 전선로

다. 급전소 및 급전분소 간(2 이상의 급전소 상호 간)

★☆☆

02 전력보안 통신용 전화설비를 시설하지 않아도 되는 곳은?

① 수력설비의 관측소와 수력발전소 간

② 동일 수계에 속한 수력발전소 상호 간

③ 발전제어소와 기상대

④ 휴대용 전화설비를 갖춘 22.9[kV] 변전소와 기술원 주재소

해설 **전력보안통신설비의 시설 요구사항**(KEC 362.1)

발전소, 변전소 및 변환소의 경우

가. 수력설비 중 필요한 곳, 수력설비의 안전상 필요한 양수소(量水所) 및 강수량 관측소와 수력발전소 간

나. 동일 수계에 속하고 안전상 긴급 연락의 필요가 있는 수력발전소 상호 간

다. 발전소, 변전소, 개폐소, 급전소 및 기술원 주재소와 전기설비의 안전상 긴급연락의 필요가 있는 기상대 · 측후소 · 소방서 및 방사선 감시계측 시설물 등의 사이

정답 | 01 ④ 02 ④

★☆☆
03 전력보안 통신선 시설에서 가공전선로의 지지물에 시설하는 가공통신선에 직접 접속하는 통신선의 종류로 틀린 것은?

① 조가용선   ② 절연전선
③ 광섬유 케이블   ④ 일반통신용 케이블 이외의 케이블

> **해설** **전력보안통신설비의 시설 요구사항**(KEC 362.1)
> 전력보안통신선 시설기준의 통신선 시공에서
> → 가공전선로의 지지물에 시설하는 가공통신선에 직접 접속하는 통신선
> 가. 절연전선
> 나. 일반통신용 케이블 이외의 케이블
> 다. 광섬유 케이블

★★☆
04 저압 가공전선로의 지지물에 시설하는 통신선 또는 이에 직접 접속하는 가공통신선이 도로를 횡단하는 경우, 일반적으로 지표상 몇 [m] 이상의 높이로 시설하여야 하는?

① 6   ② 5
③ 4   ④ 3

> **해설** **전력보안통신선의 시설 높이와 이격거리**(KEC 362.2)
> 가공전선로의 지지물에 시설하는 통신선 또는 이에 직접 접속하는 가공통신선의 높이
>
> | 구분 | 높이[m] |
> | --- | --- |
> | 도로 횡단
(교통에 지장을 줄 우려가 없을 때) | 지표상 6[m] 이상
(지표상 5[m]까지 경감) |

★☆☆
05 전력보안가공통신선을 횡단보도교 위에 시설하는 경우 그 노면상 높이는 몇 [m] 이상인가? (단, 가공전선로의 지지물에 시설하는 통신선 또는 이에 직접 접속하는 가공통신선은 제외한다.)

① 3   ② 4
③ 5   ④ 6

> **해설** **전력보안통신선의 시설 높이와 이격거리**(KEC 362.2)
>
> | 구분 | 높이[m] |
> | --- | --- |
> | 횡단보도교 위에 시설 | 노면상 3[m] 이상 |

정답 | 03 ①   04 ①   05 ①

06 가공전선로와 첨가 통신선과의 시공 방법으로 틀린 것은?

① 통신선은 가공전선의 아래에 시설할 것
② 통신선과 고압 가공전선 사이의 이격거리는 60[cm] 이상일 것
③ 통신선과 특고압 가공전선로의 다중접지한 중성선 사이의 이격거리는 1.2[m] 이상일 것
④ 통신선과 특고압 가공전선로의 지지물에 시설하는 기계기구에 부속되는 전선과 접촉할 우려가 없도록 지지물 또는 완금류에 견고하게 시설할 것

해설 **전력보안통신선의 시설 높이와 이격거리**(KEC 362.2)
가공전선과 첨가 통신선과의 이격거리
가. 통신선은 가공전선의 아래에 시설할 것
나. 통신선과 저압 가공전선 또는 특고압 가공전선로의 다중접지를 한 중성선 사이의 이격거리는 0.6[m] 이상
다. 통신선과 고압 가공전선 사이의 이격거리 : 0.6[m] 이상

07 통신선과 저압 가공전선 또는 특고압 가공전선로의 다중접지를 한 중성선 사이의 이격거리는 몇 [cm] 이상인가?

① 15 　　　　　　　　② 30
③ 60 　　　　　　　　④ 90

해설 **전력보안통신선의 시설 높이와 이격거리**(KEC 362.2)
가공전선과 첨가 통신선과의 이격거리

구분	이격거리
통신선과 저압 가공전선 또는 특고압 가공전선로의 다중접지를 한 중성선 사이	0.6[m] 이상

08 3상 4선식 22.9[kV], 중성선 다중접지 방식의 특고압 가공전선 아래에 통신선을 첨가하고자 한다. 특고압 가공전선과 통신선과의 이격거리는 몇 [cm] 이상인가?

① 60 　　　　　　　　② 75
③ 100 　　　　　　　　④ 120

해설 **전력보안통신선의 시설 높이와 이격거리**(KEC 362.2)

구분	이격거리
통신선과 15[kV] 이하인 특고압 가공전선로 및 15[kV] 초과 25[kV] 이하인 특고압 가공전선로(중성점 다중접지 방식의 것으로 전로에 지락 발생 시 2초 이내 자동 차단장치 시설 시)	0.75[m] 이상

★★☆
09 시가지에 시설하는 통신선은 특고압 가공전선로의 지지물에 시설하여서는 아니 된다. 그러나 통신선이 지름 몇 [mm] 이상의 절연전선 또는 이와 동등 이상의 세기 및 절연 효력이 있는 것이면 시설이 가능한가?

① 4.0   ② 4.5

③ 5.0   ④ 5.5

해설 **전력보안통신선의 시설 높이와 이격거리**(KEC 362.2)
통신선이 도로 · 횡단보도교 · 철도의 레일 또는 삭도와 교차하는 경우 통신선은
→ 연선인 경우 단면적 16[mm²](단선의 경우 지름 4[mm])의 절연전선과 동등 이상의 절연 효력이 있는 것

★★☆
10 사용전압 22.9[kV]의 첨가 통신선과 철도가 교차하는 경우 경동선을 첨가 통신선으로 사용할 경우 그 최소 굵기[mm]는?

① 3.2   ② 4.0

③ 4.5   ④ 5.0

해설 **전력보안통신선의 시설 높이와 이격거리**(KEC 362.2)
통신선이 도로 · 횡단보도교 · 철도의 레일 또는 삭도와 교차하는 경우 통신선은
→ 인장강도 8.01[kN] 이상의 것 또는 연선의 경우 단면적 25[mm²](단선의 경우 지름 5[mm]의 경동선일 것)

정답 | 09 ①   10 ④

4. 전력유도의 방지(KEC 362.4)

(1) 전력보안통신설비는 가공전선로로부터의 정전유도작용 또는 전자유도작용에 의하여 사람에게 위험을 줄 우려가 없도록 시설할 것
(2) 방지조치를 해야 하는 값
　① 이상 시 유도위험전압 : 650[V](다만, 고장 시 전류제거시간이 0.1초 이상인 경우에는 430[V]로 함)
　② 상시 유도위험종전압 : 60[V]
　③ 기기 오동작 유도종전압 : 15[V]
　④ 잡음전압 : 0.5[mV]

5. 특고압 가공전선로 첨가설치 통신선의 시가지 인입 제한(KEC 362.5)

(1) 시가지에 시설하는 통신선은 특고압 가공전선로의 지지물에 시설할 수 없음
(2) 보안장치의 표준
　① 보안장치의 종류 : 급전전용 통신선용, 저압용, 고압용(1, 2종), 특고압용(1, 2종)
　② 급전전용 통신선용 보안장치

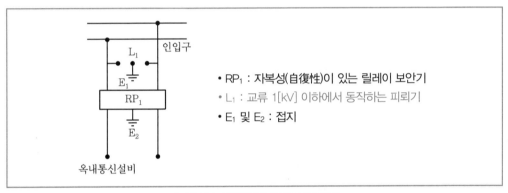

[그림 – 92. 급전전용통신선용 보안장치]

6. 25[kV] 이하인 특고압 가공전선로 첨가 통신선의 시설에 관한 특례(KEC 362.6)

(1) 통신선은 광섬유 케이블일 것
(2) 다만, 통신선은 광섬유 케이블 이외의 경우에는 특고압용 제2종 보안장치 또는 이에 준하는 보안장치를 시설할 때에는 예외임

7. 전력보안통신설비의 보안장치(KEC 362.10)

(1) 통신선(광섬유 케이블을 제외)에 직접 접속하는 옥내통신 설비를 시설하는 곳에는
　→ 보안장치 또는 이에 준하는 보안장치를 시설할 것
(2) 특고압 가공전선로의 지지물에 시설하는 통신선을 시설하는 곳에는
　→ 특고압용 제1종 보안장치, 특고압용 제2종 보안장치 또는 이에 준하는 보안장치를 시설할 것

8. 전력선 반송 통신용 결합장치의 보안장치(KEC 362.11)

전력선 반송통신용 결합 커패시터에 접속하는 회로에는 [그림 – 93]의 보안장치를 시설할 것

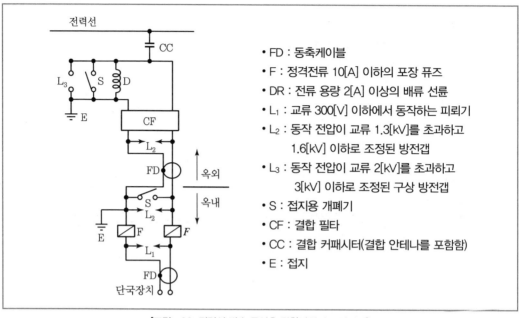

- FD : 동축케이블
- F : 정격전류 10[A] 이하의 포장 퓨즈
- DR : 전류 용량 2[A] 이상의 배류 선륜
- L_1 : 교류 300[V] 이하에서 동작하는 피뢰기
- L_2 : 동작 전압이 교류 1.3[kV]를 초과하고 1.6[kV] 이하로 조정된 방전갭
- L_3 : 동작 전압이 교류 2[kV]를 초과하고 3[kV] 이하로 조정된 구상 방전갭
- S : 접지용 개폐기
- CF : 결합 필타
- CC : 결합 커패시터(결합 안테나를 포함함)
- E : 접지

[그림 – 93. 전력선 반송 통신용 결합장치의 보안장치]

9. 가공통신 인입선 시설(KEC 362.12)

(1) 가공통신선의 지지물에서의 지지점 및 분기점 이외의 가공통신 인입선 부분의 높이
    ① 차량이 통행하는 노면상의 높이 : 4.5[m] 이상
    ② 조영물의 붙임점에서의 지표상의 높이 : 2.5[m] 이상

(2) 특고압 가공전선로의 지지물에 시설하는 통신선 또는 이에 직접 접속하는 가공통신선의 지지물에서의 지지점 및 분기점 이외의 가공 통신 인입선 부분의 높이 및 다른 가공 약전류 전선 등 사이의 이격거리
    ① 노면상의 높이 : 5[m] 이상
    ② 조영물의 붙임점에서의 지표상의 높이 : 3.5[m] 이상
    ③ 다른 가공약전류 전선 등 사이의 이격거리 : 0.6[m] 이상

⚡ 과년도 기출 및 예상문제

★★★
01 전력보안 통신설비는 가공전선로로부터의 어떤 작용에 의하여 사람에게 위험을 주지 않도록 시설해야 하는가?

① 정전유도 작용 또는 전자유도 작용
② 표피작용 또는 부식 작용
③ 부식 작용 또는 정전유도 작용
④ 전압강하 작용 또는 전자유도 작용

> **해설 | 전력유도의 방지**(KEC 362.4)
> 전력보안통신설비는 가공전선로로부터의 정전유도작용 또는 전자유도작용에 의하여 사람에게 위험을 줄 우려가 없도록 시설할 것

★☆☆
02 다음 그림에서 L_1은 어떤 크기로 동작하는 기기의 명칭인가?

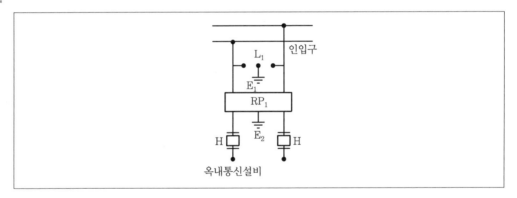

① 교류 1,000[V] 이하에서 동작하는 단로기
② 교류 1,000[V] 이하에서 동작하는 피뢰기
③ 교류 1,500[V] 이하에서 동작하는 단로기
④ 교류 1,500[V] 이하에서 동작하는 피뢰기

> **해설 | 특고압 가공전선로 첨가설치 통신선의 시가지 인입 제한**(KEC 362.5)
> 가. RP_1 : 자복성(自復性)이 있는 릴레이 보안기
> 나. L_1 : 교류 1[kV] 이하에서 동작하는 피뢰기
> 다. E_1 및 E_2 : 접지

정답 | 01 ① 02 ②

★☆☆
03 특고압용 제2종 보안장치 또는 이에 준하는 보안장치 등이 되어있지 않은 25[kV] 이하인 특고압 가공전선로의 지지물에 시설하는 통신선 또는 이에 직접 접속하는 통신선으로 사용할 수 있는 것은?

① 광섬유 케이블　　　　　　　　　　② CN/CV 케이블
③ 캡타이어 케이블　　　　　　　　　④ 지름 2.6[mm] 이상의 절연전선

해설 25[kV] 이하인 특고압 가공전선로 첨가 통신선의 시설에 관한 특례(KEC 362.6)
　　　→ 통신선은 광섬유 케이블일 것

★☆☆
04 그림은 전력선 반송 통신용 결합장치의 보안장치이다. 여기에서 CC는 어떤 콘덴서인가?

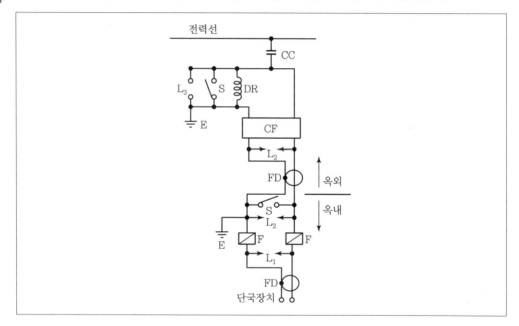

① 전력용 콘덴서　　　　　　　　　　② 정류용 콘덴서
③ 결합용 콘덴서　　　　　　　　　　④ 축전용 콘덴서

해설 전력선 반송 통신용 결합장치의 보안장치(KEC 362.11)
　　　→ CC는 결합 콘덴서(결합 안테나를 포함함)

정답 │ 03 ①　04 ③

CHAPTER 12 지중통신선로 설비(KEC 363)

1. 지중통신선로설비 시설(KEC 363.1)

(1) 통신선 : 지중 공가설비로 사용하는 광섬유 케이블 및 동축케이블은 지름 22[mm] 이하일 것

(2) 전력구 내 통신선의 시설

① 전력구 내에서 통신용 행거는 최상단에 시설할 것

② 전력구의 통신선은 반드시 내관 속에 시설하고 그 내관을 행거 위에 시설할 것

③ 전력구에 시설하는 비난연재질인 통신선 및 내관은 난연 조치할 것

④ 전력구에서는 통신선을 고정시키기 위해 매 행거마다 내관과 행거를 견고하게 고정할 것

⑤ 통신용으로 시설하는 행거의 표준은 그 전력구 전력용 행거의 표준을 초과하지 않을 것

⑥ 통신용 행거 끝에는 행거 안전캡(야광)을 씌울 것

⑦ 전력케이블이 시설된 행거에는 통신선을 시설하지 말 것

⑧ 전력구에 시설하는 통신용 관로구와 내관은 누수가 되지 않도록 철저히 방수처리할 것

CHAPTER

13 무선용 안테나(KEC 364)

1. 무선용 안테나 등을 지지하는 철탑 등의 시설(KEC 364.1)

    (1) 목주 : 풍압하중에 대한 안전율 : 1.5 이상일 것

    (2) 철주 · 철근 콘크리트주 또는 철탑의 기초 안전율 : 1.5 이상일 것

    (3) 철주 · 철근 콘크리트주 또는 철탑은 수직하중 및 수평하중의 3분의 2배의 하중에 견디는 강도를 가질 것

2. 무선용 안테나 등의 시설 제한(KEC 364.2)

    무선용 안테나 등은 전선로의 주위 상태를 감시하거나 배전자동화, 원격검침 등 지능형 전력망을 목적으로 시설하는 것 이외에는 가공전선로의 지지물에 시설할 수 없다.

⚡ 과년도 기출 및 예상문제

★☆☆

01 지중 공가설비로 사용하는 광섬유 케이블 및 동축케이블은 지름은 몇 [mm] 이하인가?

① 16 　　　　　　　　　　　　② 22
③ 28 　　　　　　　　　　　　④ 35

> **해설** **지중통신선로설비 시설(KEC 363.1)의 통신선**
> → 지중 공가설비로 사용하는 광섬유 케이블 및 동축케이블은 지름 22[mm] 이하일 것

★★★

02 전력 보안 통신 설비인 무선통신용 안테나 또는 반사판을 지지하는 철근 콘크리트주의 기초의 안전율은 얼마 이상이어야 하는가? (단, 무선통신용 안테나 또는 반사판이 전선로의 주위 상태를 감시할 목적으로 시설되는 것이 아닌 경우이다.)

① 1.0 　　　　　　　　　　　② 1.2
③ 1.5 　　　　　　　　　　　④ 2.0

> **해설** **무선용 안테나 등을 지지하는 철탑 등의 시설(KEC 364.1)**
> 철주 · 철근 콘크리트주 또는 철탑의 기초 안전율 : 1.5 이상일 것

★☆☆

03 전력보안 통신설비로 무선용 안테나 등의 시설에 관한 설명으로 옳은 것은?

① 항상 가공전선로의 지지물에 시설한다.
② 접지와 공용으로 사용할 수 있도록 시설한다.
③ 전선로의 주위 상태를 감시할 목적으로 시설한다.
④ 피뢰침 설비가 불가능한 개소에 시설한다.

> **해설** **무선용 안테나 등의 시설 제한(KEC 364.2)**
> → 무선용 안테나 등은 전선로의 주위 상태를 감시하거나 배전자동화, 원격검침 등 지능형전력망을 목적으로 시설하는 것 이외에는 가공전선로의 지지물에 시설할 수 없다.

정답 | 01 ② 　02 ③ 　03 ③

CHAPTER

14 통신설비의 식별(KEC 365)

1. 통신설비의 식별표시(KEC 365.1)

(1) 모든 통신기기에는 식별이 용이하도록 인식용 표찰을 부착할 것

(2) 통신사업자의 설비표시명판은 플라스틱 및 금속판 등 견고하고 가벼운 재질로 하고 글씨는 각인하거나 지워지지 않도록 제작된 것을 사용할 것

(3) 설비표시명판 시설기준

① 배전주에 시설하는 통신설비의 설비표시명판은 다음에 따른다.

　가. 직선주는 전주 5경간마다 시설할 것

　나. 분기주, 인류주는 매 전주에 시설할 것

② 지중설비에 시설하는 통신설비의 설비표시명판은 다음에 따른다.

　가. 관로는 맨홀마다 시설할 것

　나. 전력구 내 행거는 50[m] 간격으로 시설할 것

⚡ 과년도 기출 및 예상문제

★☆☆
01 통신설비의 식별표시에 대한 사항으로 알맞지 않은 것은?

① 모든 통신기기에는 식별이 용이하도록 인식용 표찰을 부착하여야 한다.

② 통신사업자의 설비표시명판은 플라스틱 및 금속판 등 견고하고 가벼운 재질로 하고 글씨는 각인하거나 지워지지 않도록 제작된 것을 사용하여야 한다.

③ 배전주에 시설하는 통신설비의 설비표시명판의 경우 직선주는 전주 10경간마다 시설할 것

④ 배전주에 시설하는 통신설비의 설비표시명판의 경우 분기주, 인류주는 매 전주에 시설할 것

> **해설** **통신설비의 식별표시(KEC 365.1)**
> 가. 모든 통신기기에는 식별이 용이하도록 인식용 표찰을 부착할 것
> 나. 통신사업자의 설비표시명판은 플라스틱 및 금속판 등 견고하고 가벼운 재질로 하고 글씨는 각인하거나 지워지지 않도록 제작된 것을 사용할 것
> 다. 설비표시명판 시설기준
> 　가) 직선주는 전주 5경간마다 시설할 것
> 　나) 분기주, 인류주는 매 전주에 시설할 것

정답 | 01 ③

전기기사 핵심완성 시리즈 - 5. 전기설비기술기준

CRAFTSMAN
ELECTRICITY

전기철도의 용어 정의(KEC 402)

용어	정의
(1) 전기철도설비	전기철도설비는 전철 변전설비, 급전설비, 부하설비로 구성
(2) 궤도	레일·침목 및 도상과 이들의 부속품으로 구성된 시설
(3) 차량	전동기가 있거나 또는 없는 모든 철도의 차량
(4) 열차	동력차에 객차, 화차 등을 연결하고 본선을 운전할 목적으로 조성된 차량
(5) 레일	철도에 있어서 차륜을 직접 지지하고 안내해서 차량을 안전하게 주행시키는 설비
(6) 전차선	전기철도차량의 집전장치와 접촉하여 전력을 공급하기 위한 전선
(7) 전차선로	전기철도차량에 전력을 공급하기 위하여 선로를 따라 설치한 시설물로서 전차선, 급전선, 귀선과 지지물 및 설비를 총괄할 것
(8) 급전선	전기철도차량에 사용할 전기를 변전소로부터 전차선에 공급하는 전선
(9) 급전선로	급전선 및 이를 지지하거나 수용하는 설비를 총괄한 것
(10) 급전방식	변전소에서 전기철도차량에 전력을 공급하는 방식을 말하며, 급전방식에 따라 직류식, 교류식으로 분류
(11) 조가선	전차선이 레일면상 일정한 높이를 유지하도록 행어이어, 드로퍼 등을 이용하여 전차선 상부에서 조가하여 주는 전선
(12) 가선방식	전기철도차량에 전력을 공급하는 전차선의 가선방식으로 가공방식, 강체방식, 제3레일방식으로 분류
(13) 전철변전소	외부로부터 공급된 전력을 구내에 시설한 변압기, 정류기 등 기타의 기계 기구를 통해 변성하여 전기철도차량 및 전기철도설비에 공급하는 장소
(14) 전차선 편위	팬터그래프 집전판의 편마모를 방지하기 위하여 전차선을 레일면 중심수직선으로부터 한쪽으로 치우친 정도의 치수
(15) 장기과전압	지속시간이 20[ms] 이상인 과전압

과년도 기출 및 예상문제

★☆☆
01 다음 중 전기철도설비의 구성에 해당되지 않은 것은 어느 것인가?

① 전철 변전설비　　　　　　　　② 급전설비
③ 부하설비　　　　　　　　　　④ 수전선로

> **해설** **전기철도의 용어 정의**(KEC 402)
> 전기철도설비 구성 : 전철 변전설비, 급전설비, 부하설비

★☆☆
02 전기철도차량에 전력를 공급하기 위하여 선로를 따라 설치한 시설물로서 전차선, 급전선, 귀선과 지지물 및 설비를 총괄한 것 무엇이라 하는가?

① 합성전차선　　　　　　　　② 전차선로
③ 전차선　　　　　　　　　　④ 급전선

> **해설** **전기철도의 용어 정의**(KEC 402)
> 전차선로 : 전기철도차량에 전력을 공급하기 위하여 선로를 따라 설치한 시설물서 전차선, 급전선, 귀선과 그 지지물 및 설비를 총괄한 것

★★☆
03 전기철도차량에 전력을 공급하는 전차선의 가선방식에 해당되지 않는 방식은?

① 가공방식　　　　　　　　② 강체방식
③ 제3레일방식　　　　　　④ 급전방식

> **해설** **전기철도의 용어 정의**(KEC 402)
> 전기철도차량에 전력을 공급하는 전차선의 가선방식으로 다음과 같이 분류
> 가. 가공방식
> 나. 강체방식
> 다. 제3레일방식

CHAPTER
02 전기철도의 전기방식(KEC 410)

1. 전력수급조건(KEC 411.1)

1) 공칭전압(수전전압)

공칭전압(수전전압)[kV]	교류 3상 22.9[kV], 154[kV], 345[kV]

2) **수전선로의 계통구성** : 3상 단락전류, 3상 단락용량, 전압강하, 전압불평형 및 전압왜형율, 플리커 등을 고려하여 시설할 것

3) **수전선로 시설** : 지형적 여건 등 시설조건에 따라 가공 또는 지중 방식으로 시설하며, 비상시를 대비하여 예비선로를 확보할 것

2. 전차선로의 전압(KEC 411.2)

1) **직류방식** : 사용전압과 각 전압별 최고, 최저전압은 아래의 표에 따라 선정할 것

구분	지속성 최저전압[V]	공칭전압[V]	지속성 최고전압[V]	비지속성 최고전압[V]	장기 과전압[V]
DC (평균값)	500	750	900	950[1]	1,269
	900	1,500	1,800	1,950	2,538

[1] 회생제동의 경우 1,000[V]의 비지속성 최고전압은 허용 가능하다.

2) **교류방식** : 사용전압과 각 전압별 최고, 최저전압은 아래 표에 따라 선정할 것

주파수 (실횻값)	비지속성 최저전압[V]	지속성 최저전압[V]	공칭전압[V][2]	지속성 최고전압[V]	비지속성 최고전압[V]	장기과전압[V]
60[Hz]	17,500	19,000	25,000	27,500	29,000	38,746
	35,000	38,000	50,000	55,000	58,000	77,492

[2] 급전선과 전차선 간의 공칭전압은 단상교류 50[kV](급전선과 레일 및 전차선과 레일 사이의 전압은 25[kV])를 표준으로 한다.

⚡ 과년도 기출 및 예상문제

★☆☆

01 전기철도의 수전전압에 해당하지 않는 공칭전압은 다음 중 어느 것인가?

① 교류 3상 22.9[kV] ② 교류 3상 66[kV]

③ 교류 3상 154[kV] ④ 교류 3상 345[kV]

해설 **전력수급조건**(KEC 411.1)

공칭전압(수전전압)

공칭전압(수전전압) [kV]	교류 3상 22.9[kV], 154[kV], 345[kV]

★☆☆

02 전기철도의 전력수급조건에서 수전선로 계통구성에 고려되지 않는 것은 어느 것인가?

① 3상 단락전류 ② 3상 단락용량

③ 전압불평형 및 전압왜형율 ④ 전자파 장해

해설 **전력수급조건**(KEC 411.1)

수전선로의 계통구성 시 고려사항

→ 3상 단락전류, 3상 단락용량, 전압강하, 전압불평형 및 전압왜형율, 플리커 등

★☆☆

03 전차선로의 전압을 직류방식으로 선정할 경우 지속성 최저전압은 몇 [V]인가?

① 직류 300[V] ② 직류 400[V]

③ 직류 500[V] ④ 직류 600[V]

해설 **전차선로의 전압**(KEC 411.2)

구분	지속성 최저전압[V]	공칭전압[V]	지속성 최고전압[V]	비지속성 최고전압[V]	장기 과전압[V]
DC (평균값)	500 900	750 1,500	900 1,800	950[1] 1,950	1,269 2,538

[1] 회생제품의 경우 1,000[V]의 비지속성 최고전압은 허용 가능하다.

정답 01 ② 02 ④ 03 ③

CHAPTER

03 전기철도의 변전방식(KEC 420)

1. 변전소의 용량(KEC 421.3)

1) 변전소의 용량

① 급전구간별 정상적인 열차부하조건에서 1시간 최대출력 또는 순시 최대출력을 기준으로 결정

② 연장급전 등 부하의 증가를 고려할 것

2) 변전소의 용량 산정 시 고려사항

현재의 부하와 장래의 수송수요 및 고장 등을 고려하여 변압기 뱅크를 구성할 것

2. 변전소의 설비(KEC 421.4)

1) 급전용변압기 선정

① 직류 전기철도의 경우 : 3상 정류기용 변압기

② 교류 전기철도의 경우 : 3상 스코드결선 변압기의 적용을 원칙으로 하고, 급전계통에 적합하게 선정할 것

2) 차단기 선정

① 계통의 장래계획을 감안하여 용량을 결정할 것

② 회로의 특성에 따라 기종과 동작책무 및 차단시간을 선정할 것

3) 개폐기 설치

① 선로 중 중요한 분기점, 고장발견이 필요한 장소, 빈번한 개폐를 필요로 하는 곳에 설치할 것

② 개폐상태의 표시, 쇄정장치 등을 설치할 것

4) 제어용 교류전원 : 상용과 예비의 2계통으로 구성할 것

5) 제어반 : 디지털계전기방식을 원칙으로 할 것

과년도 기출 및 예상문제

★☆☆
01 변전소의 용량은 급전구간별 정상적인 열차부하조건에서 몇 시간 최대출력 또는 순시 최대출력을 기준으로 결정하고, 연장급전 등 부하의 증가를 고려하여야 하는가?

① 1   ② 2

③ 3   ④ 4

> **해설** **변전소의 용량**(KEC 421.3)
>   → 급전구간별 정상적인 열차부하조건에서 1시간 최대출력 또는 순시 최대출력을 기준으로 결정

★☆☆
02 전기철도 변전소 설비 중 급전용변압기는 교류 전기철도의 경우 어떤 변압기의 적용을 원칙으로 하고, 급전계통에 적합하게 선정하여야 하는가?

① V 결선   ② 포크결선

③ 스코트 결선   ④ Y 결선

> **해설** **변전소의 설비**(KEC 421.4)
>   급전용변압기 선정
>   가. 직류 전기철도 : 3상 정류기용 변압기
>   나. 교류 전기철도 : 3상 스코트결선 변압기의 적용을 원칙

★☆☆
03 전기철도 변전소 설비에서 개폐기는 선로 중 어떤 곳에 시설하며, 개폐 상태의 표시, 쇄정장치 등을 설치하지 않아도 되는 곳은?

① 고장발견이 필요한 장소   ② 빈번한 개폐를 필요로 하는 곳

③ 전원측   ④ 분기점

> **해설** **변전소의 설비**(KEC 421.4)
>   개폐기 설치
>   가. 선로 중 중요한 분기점
>   나. 고장발견이 필요한 장소
>   다. 빈번한 개폐를 필요로 하는 곳에 설치

정답   01 ①   02 ③   03 ③

CHAPTER 04 전기철도의 전차선로(KEC 430)

1. 전차선 가선방식(KEC 431.1)

가공방식, 강체방식, 제3레일방식을 표준으로 할 것

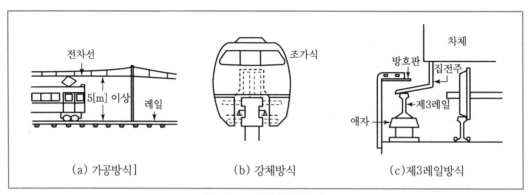

[그림-95. 전차선 가선방식]

2. 전차선로의 충전부와 건조물 간의 최소 절연이격거리(KEC 431.2)

시스템 종류	공칭전압(V)	동적(mm)		정적(mm)	
		비오염	오염	비오염	오염
직류	750	25 이상	25 이상	25 이상	25 이상
	1,500	100 이상	110 이상	150 이상	160 이상
단상교류	25,000	170 이상	220 이상	270 이상	320 이상

3. 전차선로의 충전부와 차량 간의 최소 절연이격거리(KEC 431.3)

시스템 종류	공칭전압(V)	동적(mm)	정적(mm)
직류	750	25	25
	1,500	100	150
단상교류	25,000	170	270

4. 급전선로(KEC 431.4)

① 급전선은 나전선을 적용하여 가공식으로 가설을 원칙으로 한다. 다만, 전기적 이격거리가 충분하지 않거나 지락, 섬락 등의 우려가 있을 경우에는 급전선을 케이블로 하여 안전하게 시공할 것

② 가공식은 전차선의 높이 이상으로 전차선로 지지물에 병가하며, 나전선의 접속은 직선접속을 원칙임
③ 신설 터널 내 급전선을 가공으로 설계할 경우 지지물의 취부는 C찬넬 또는 매입전을 이용하여 고정할 것
④ 선상승강장, 인도교, 과선교 또는 교량 하부등에 설치할 때에는 최소 절연이격거리 이상을 확보할 것

5. 귀선로(KEC 431.5)

① 귀선로 : 비절연보호도체, 매설접지도체, 레일 등으로 구성하여 단권변압기 중성점과 공통접지에 접속함
② 비절연보호도체의 위치 : 통신유도장해 및 레일전위의 상승의 경감을 고려하여 결정할 것
③ 귀선로는 사고 및 지락 시에도 충분한 허용전류용량을 갖도록 할 것

6. 전차선 및 급전선의 최소 높이(KEC 431.6)

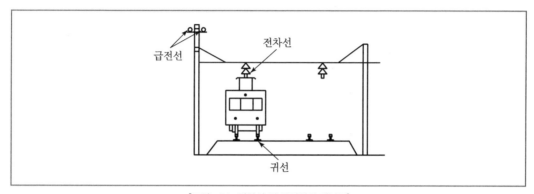

[그림-96. 전차선 및 급전선의 개념도]

시스템 종류	공칭전압(V)	동적(mm)	정적(mm)
직류	750	4,800 이상	4,400 이상
	1,500	4,800 이상	4,400 이상
단상교류	25,000	4,800 이상	4,570 이상

7. 전차선로 설비의 안전율(KEC 431.10)

하중을 지탱하는 전차선로 설비의 강도는 작용이 예상되는 하중의 최악 조건 조합에 대하여 다음의 최소 안전율이 곱해진 값을 견디어야 한다.

구분	최소 안전율
합금전차선의 경우	2.0 이상
경동선의 경우	2.2 이상
조가선 및 조가선 장력을 지탱하는 부품에 대하여	2.5 이상
복합체 자재(고분자 애자 포함)에 대하여	2.5 이상
지지물 기초에 대하여	2.0 이상
장력조정장치	2.0 이상
빔 및 브래킷은 소재 허용응력에 대하여	1.0 이상

철주는 소재 허용응력에 대하여		1.0 이상
브래킷의 애자는 최대 만곡하중에 대하여		2.5 이상
지선	선형일 경우	2.5 이상
	강봉형은 소재 허용응력에 대하여	1.0 이상

8. 전차선 등과 식물 사이의 이격거리(KEC 431.11)

교류 전차선 등 충전부와 식물 사이의 이격거리 : 5[m] 이상일 것

과년도 기출 및 예상문제

★☆☆

01 전차선 가선방식의 표준에 해당되지 않는 방식은 다음 중 어느 것인가?

① 가공방식 ② 강체방식

③ 제3레일방식 ④ 급전방식

> **해설** **전차선 가선방식**(KEC 431.1)
> 가. 가공방식
> 나. 강체방식
> 다. 제3레일방식을 표준으로 할 것

★☆☆

02 단상교류 공칭전압 25,000[V]의 전차선 및 급전선의 최소 높이는 몇 [mm]인가? (단, 동적상태이다.)

① 2,200 ② 3,400

③ 4,800 ④ 5,500

> **해설** **전차선 및 급전선의 최소 높이**(KEC 431.6)
>
> | 시스템 종류 | 공칭전압[V] | 동적[mm] | 정적[mm] |
> |---|---|---|---|
> | 단상교류 | 25,000 | 4,800 이상 | 4,570 이상 |

★★☆

03 전차선로의 귀선로 구성에 해당되지 않는 것은 다음 중 어느 것인가?

① 비절연보호도체 ② 매설접지도체

③ 레일 ④ 급전선

> **해설** **귀선로**(KEC 431.5) **구성**
> 가. 비절연보호도체
> 나. 매설접지도체
> 다. 레일 등

정답 | 01 ④ 02 ③ 03 ④

★☆☆
04 귀선로에 대한 설명으로 틀린 것은?

① 나전선을 적용하여 가공식으로 가설을 원칙으로 한다.
② 사고 및 지락 시에도 충분한 허용전류용량을 갖도록 하여야 한다.
③ 비절연보호도체의 위치는 통신유도장해 및 레일전위의 상승의 경감을 고려하여 결정하여야 한다.
④ 비절연보호도체, 매설접지도체, 레일 등으로 구성하여 단권변압기 중성점과 공통접지에 접속한다.

> **해설** **귀선로**(KEC 431.5)
> 가. 귀선로 : 비절연보호도체, 매설접지도체, 레일 등으로 구성하여 단권변압기 중성점과 공통접지에 접속함
> 나. 비절연보호도체의 위치 : 통신유도장해 및 레일전위의 상승의 경감을 고려하여 결정할 것
> 다. 귀선로는 사고 및 지락 시에도 충분한 허용전류용량을 갖도록 할 것

★☆☆
05 전차선로로 사용되는 경동선 최소 안전율은 얼마 이상인가?

① 1.0
② 2.2
③ 2.5
④ 3.0

> **해설** **전차선로 설비의 최소 안전율**(KEC 431.10)
> 가. 경동선의 경우 → 2.2 이상
> 나. 합금전차선의 경우→ 2.0 이상

★★★
06 교류 전차선 등의 충전부와 식물 사이의 이격거리는 몇 [m] 이상인가?

① 3[m]
② 4[m]
③ 5[m]
④ 6[m]

> **해설** **전차선 등과 식물 사이의 이격거리**(KEC 431.11)
> 교류 전차선 등 충전부와 식물 사이의 이격거리 → 5[m] 이상일 것

정답 | 04 ① 05 ② 06 ③

CHAPTER 05 전기철도의 전기철도차량 설비(KEC 440)

1. 절연구간(KEC 441.1)

전기철도차량의 교류 - 교류 절연구간을 통과하는 방식의 종류
(1) 역행 운전방식
(2) 타행 운전방식
(3) 변압기 무부하 전류방식
(4) 전력소비 없이 통과하는 방식

2. 전기철도차량의 역률(KEC 441.4)

(1) 전기철도 차량이 전차선로와 접촉한 상태에서 견인력을 끄고 보조전력을 가동한 상태에서 정지해 있는 경우,
가공 전차선로의 유효전력이 200[kW] 이상일 경우 → 총 역률은 0.8보다는 작아서는 안 됨
(2) 팬터그래프에서의 전기철도차량 순간전력 및 유도성 역률

팬터그래프에서의 전기철도차량 순간전력 P(MW)	전기철도차량의 유도성 역률[λ]
P>6	λ≥0.95
2≤P≤6	λ≥0.93

3. 회생제동(KEC 441.5)

전기철도차량에서 회생제동의 사용을 중단해야 하는 경우
(1) 전차선로에서 지락이 발생한 경우
(2) 전차선로에서 전력을 받을 수 없는 경우
(3) 전차선로의 전압에서 규정된 선로전압이 장기 과전압보다 높은 경우

4. 전기철도차량 전기설비의 전기위험방지를 위한 보호대책(KEC 441.6)

(1) 감전을 일으킬 수 있는 충전부 : 직접접촉에 대한 보호가 될 것
(2) 간접 접촉에 대한 보호대책
  ① 노출도전부는 고장 시 부근 충전부와 유도 및 접촉에 의한 감전이 방지될 것
  ② 간접접촉에 대한 보호 목적은 위험도가 노출도전부가 같은 전위가 되도록 보장하는 데 있음. 이는 보호
  용 본딩 또는 자동급전 차단등 적절한 방법을 통하여 달성 가능함
(3) 주행레일과 분리 또는 공동으로 되어있는 보호용 도체를 채택한 시스템에서 운행되는 모든 전기철도차량은 차
체와 고정설비의 보호용 도체 사이에는 최소 2개 이상의 보호용 본딩 연결로가 있어야 하며, 한쪽 경로에 고장
이 발생해도 감전 위험이 없어야 함

(4) 차체와 주행 레일과 같은 고정설비의 보호용 도체 간의 임피던스는 이들 사이에 위험 전압이 발생하지 않을 만큼 낮은 수준이어야 하며, 이 값은 적용전압이 50[V]를 초과하지 않는 곳에서 50[A]의 일정 전류로 측정할 것

[표. 전기철도 차량별 최대임피던스]

차량 종류	최대 임피던스[Ω]
기관차	0.05
객차	0.15

⚡ 과년도 기출 및 예상문제

★☆☆
01 전기철도차량의 교류 – 교류 절연구간을 통과하는 방식의 종류에 해당되지 않는 것은?

① 역행 운전방식

② 타행 운전방식

③ 변압기 무부하 전류방식

④ 순행 운전방식

> **해설** **절연구간**(KEC 441.1)
> 전기철도차량의 교류 – 교류 절연구간을 통과하는 방식의 종류
> 가. 역행 운전방식
> 나. 타행 운전방식
> 다. 변압기 무부하 전류방식
> 라. 전력 소비 없이 통과하는 방식

★☆☆
02 전차선로의 팬터그래프에서의 전기철도차량의 순간전력이 3[MW]인 경우 전기철도차량의 유도성 역률은 얼마 이상인가?

① 0.85

② 0.90

③ 0.93

④ 0.95

> **해설** **전기철도차량의 역률**(KEC 441.4)
> 팬터그래프에서의 전기철도차량 순간전력 및 유도성 역률
>
> | 팬터그래프에서의 전기철도차량 순간전력 P(MW) | 전기철도차량의 유도성 역률[λ] |
> | --- | --- |
> | P>6 | λ≥0.95 |
> | 2≤P≤6 | λ≥0.93 |

정답 | 01 ④　02 ③

★☆☆
03 전기철도차량에서 회생제동의 사용을 중단해야 하는 경우에 해당되지 않는 경우는?

① 전차선로에서 지락이 발생한 경우
② 전차선로에서 단락이 발생한 경우
③ 전차선로에서 전력을 받을 수 없는 경우
④ 전차선로의 전압에서 규정된 선로전압이 장기 과전압보다 높은 경우

해설 **회생제동**(KEC 441.5)
전기철도차량에서 회생제동의 사용을 중단해야 하는 경우
가. 전차선로에서 지락이 발생한 경우
나. 전차선로에서 전력을 받을 수 없는 경우
다. 전차선로의 전압에서 규정된 선로전압이 장기 과전압보다 높은 경우

★☆☆
04 전기철도차량 전기설비의 전기위험방지를 위한 보호대책에서 기관차의 최대 임피던스는 몇 [Ω]인가?

① 0.01
② 0.05
③ 0.15
④ 0.25

해설 **전기철도차량 전기설비의 전기위험방지를 위한 보호대책**(KEC 441.6)
전기철도차량별 최대 임피던스

차량 종류	최대 임피던스[Ω]
기관차	0.05
객차	0.15

CHAPTER

06 전기철도의 설비를 위한 보호(KEC 450)

1. 보호협조(KEC 451.1)

(1) 사고 또는 고장의 파급을 방지하기 위한 조치 사항
   ① 계통 내에서 발생한 사고전류를 검출할 것
   ② 차단장치에 의해서 신속하고 순차적으로 차단할 수 있는 보호시스템을 구성할 것
   ③ 설비계통 전반의 보호협조가 되도록 할 것

(2) 보호계전방식 : 신뢰성, 선택성, 협조성, 적절한 동작, 양호한 감도, 취급 및 보수 점검이 용이하도록 구성할 것

(3) 급전선로 : 안정도 향상, 자동복구, 정전시간 감소를 위하여 보호계전방식에 자동재폐로 기능을 구비할 것

(4) 전차선로용 애자 보호 : 섬락사고로부터 보호하고, 접지전위 상승을 억제하기 위하여 적정한 보호설비를 구비할 것

(5) 가공 선로측에서 발생한 지락 및 사고전류의 파급을 방지하기 위하여 피뢰기를 설치할 것

2. 피뢰기 설치장소(KEC 451.3)

(1) 변전소 인입측 및 급전선 인출측

(2) 가공전선과 직접 접속하는 지중케이블에서 낙뢰에 의해 절연파괴의 우려가 있는 케이블 단말

(3) 피뢰기는 가능한 한 보호하는 기기와 가깝게 시설하되 누설전류 측정이 용이하도록 지지대와 절연하여 설치함

3. 피뢰기의 선정 시 고려사항(KEC 451.4)

(1) 피뢰기 : 밀봉형을 사용

(2) 방전개시전압 및 제한전압이 낮은 것을 사용함

(3) 변전소 근처의 단락 전류가 큰 장소에는 속류차단능력이 크고 또한 차단성능이 회로조건의 영향을 받을 우려가 적은 것을 사용

🔅 과년도 기출 및 예상문제

★☆☆
01 전기철도 설비의 사고 또는 고장의 파급을 방지를 위한 보호협조 방법에 해당되지 않는 것은?

① 계통 내에서 발생한 사고전류를 검출한다.
② 차단장치에 의해서 신속하고 순차적으로 차단할 수 있는 보호시스템을 구성한다.
③ 설비계통 전반의 보호협조가 되도록 하여야 한다.
④ 고장계통을 단락시킨다.

> **해설** **보호협조**(KEC 451.1)
> 가. 계통 내에서 발생한 사고전류를 검출할 것
> 나. 차단장치에 의해서 신속하고 순차적으로 차단할 수 있는 보호시스템을 구성할 것
> 다. 설비계통 전반의 보호협조가 되도록 할 것

★★☆
02 전기철도차량에서 피뢰기 설치장소에 해당되지 않는 것은?

① 변전소 인입측
② 급전선 인출측
③ 흡상변압기 전원측
④ 가공전선과 직접 접속하는 지중케이블에서 낙뢰에 의해 절연파괴의 우려가 있는 케이블 단말

> **해설** **피뢰기 설치장소**(KEC 451.3)
> 가. 변전소 인입측 및 급전선 인출측
> 나. 가공전선과 직접 접속하는 지중케이블에서 낙뢰에 의해 절연파괴의 우려가 있는 케이블 단말

★☆☆
03 전기철도의 설비 보호를 위한 피뢰기 선정 시 고려사항에 해당되지 않는 것은?

① 피뢰기는 밀봉형은 사용하였다.
② 방전개시전압 및 제한전압이 낮은 것을 사용하였다.
③ 속류차단능력이 작은 것을 사용하였다.
④ 차단성능이 회로조건의 영향을 받을 우려가 적은 것을 사용하였다.

> **해설** **피뢰기의 선정 시 고려사항**(KEC 451.4)
> 가. 피뢰기 : 밀봉형을 사용
> 나. 방전개시전압 및 제한전압이 낮은 것을 사용함
> 다. 변전소 근처의 단락 전류가 큰 장소에는 속류차단능력이 크고 또한 차단성능이 회로조건의 영향을 받을 우려가 적은 것을 사용

정답	01 ④ 02 ③ 03 ③

CHAPTER 07

전기철도의 안전을 위한 보호(KEC 460)

1. 감전에 대한 보호조치(KEC 461.1)

(1) 공칭전압이 교류 1[kV] 또는 직류 1.5[kV] 이하인 경우 사람이 접근할 수 있는 보행표면의 경우

   ① 가공 전차선의 충전부, 전기철도차량 외부의 충전부와의 직접접촉 방지 공간거리 이상을 확보할 것

   ② 단, 제3레일방식에는 적용되지 않음

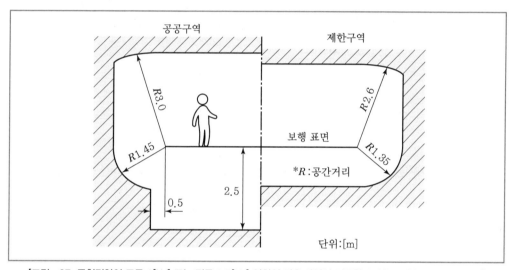

[그림 – 97. 공칭전압이 교류 1[kV] 또는 직류 1.5[kV] 이하인 경우 사람이 접근할 수 있는 보행표면의 공간거리]

(2) 제(1)항에 제시된 공간거리를 유지할 수 없는 경우

   ① 충전부와의 직접 접촉에 대한 보호를 위해 장애물을 설치할 것

   ② 충전부가 보행표면과 동일한 높이 또는 낮게 위치한 경우

     가. 장애물 높이는 장애물 상단으로부터 1.35[m]의 공간 거리를 유지

     나. 장애물과 충전부 사이의 공간거리는 최소한 0.3[m]로 함

(3) 공칭전압이 교류 1[kV] 초과 25[kV] 이하인 경우 또는 직류 1.5[kV] 초과 25[kV] 이하인 경우 사람이 접근할 수 있는 보행표면의 경우 : 가공 전차선의 충전부, 차량외부의 충전부와의 직접접촉을 방지 공간거리 이상을 확보할 것

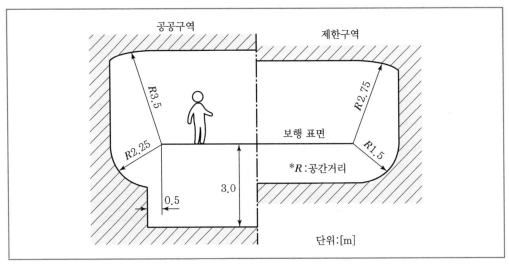

[그림-98. 공칭전압이 교류 1[kV] 초과 25[kV] 이하인 경우 또는 직류 1.5[kV] 초과 25[kV] 이하인 경우 사람이 접근할 수 있는 보행표면의 공간거리]

(4) 제(3)항에 제시된 공간거리를 유지할 수 없는 경우 : 충전부와의 직접 접촉에 대한 보호를 위해 장애물을 설치할 것

(5) 충전부가 보행표면과 동일한 높이 또는 낮게 위치한 경우
   ① 장애물 높이는 장애물 상단으로부터 1.5[m]의 공간 거리를 유지
   ② 장애물과 충전부 사이의 공간거리는 최소한 0.6[m]로 함

2. 레일 전위의 위험에 대한 보호(KEC 461.2)

(1) 교류 전기철도 급전시스템에서의 레일 전위의 최대 허용 접촉전압

시간 조건	최대 허용 접촉전압(실횻값)
순시조건(t≤0.5초)	670[V] 이하
일시적 조건(0.5초<t≤300초)	65[V] 이하
영구적 조건(t>300초)	60[V] 이하

(2) 직류 전기철도 급전시스템에서의 레일 전위의 최대 허용 접촉전압

시간 조건	최대 허용 접촉전압
순시조건(t≤0.5초)	535[V] 이하
일시적 조건(0.5초<t≤300초)	150[V] 이하
영구적 조건(t>300초)	120[V] 이하

3. 레일 전위의 접촉전압 감소 방법(KEC 461.3)

교류 전기철도 급전시스템의 접촉전압감소 방법	직류 전기철도 급전시스템의 접촉전압감소 방법
① 접지극 추가 사용 ② 등전위 본딩 ③ 전자기적 커플링을 고려한 귀선로의 강화 ④ 전압제한소자 적용 ⑤ 보행표면의 절연 ⑥ 단락전류를 중단시키는 데 필요한 트래핑 시간의 감소	① 고장조건에서 레일 전위를 감소시키기위해 전도성 구조물 접지의 보강 ② 전압제한소자 적용 ③ 귀선 도체의 보강 ④ 보행표면의 절연 ⑤ 단락전류를 중단시키는 데 필요한 트래핑 시간의 감소

4. 전식방지대책(KEC 461.4)

전기철도측의 전식방식 또는 전식예방을 위한 고려사항	매설금속체측의 누설전류에 의한 전식의 피해가 예상되는 곳의 고려사항
① 변전소 간 간격 축소 ② 레일본드의 양호한 시공 ③ 장대레일 채택 ④ 절연도상 및 레일과 침목 사이에 절연층 설치	① 배류장치 설치 ② 절연코팅 ③ 매설금속체 접속부 절연 ④ 저준위 금속체를 접속 ⑤ 궤도와의 이격거리 증대 ⑥ 금속판 등의 도체로 차폐

5. 전자파 장해의 방지(KEC 461.6)

전차선로는 무선설비의 기능에 계속적이고 또한 중대한 장해를 주는 전자파가 생길 우려가 있는 경우에는 이를 방지하도록 시설할 것

6. 통신상의 유도 장해방지 시설(KEC 461.7)

교류식 전기철도용 전차선로는 기설 가공약전류 전선로에 대하여 유도작용에 의한 통신상의 장해가 생기지 않도록 시설할 것

⚡ 과년도 기출 및 예상문제

★☆☆
01 공칭전압이 교류 1[kV]인 전기철도 설비에서 감전에 대한 보호조치로 공간거리를 유지할 수 없는 경우 충전부와의 직접접촉에 대한 보호를 위해 장애물을 설치해야 하는데, 충전부가 보행표면과 동일한 높이 또는 낮게 위치한 경우 장애물 높이는 장애물 상단으로부터 몇 [m]의 공간거리를 유지하여야 하는가?

① 0.3   ② 1.0

③ 1.35   ④ 2.0

> **해설** **감전에 대한 보호조치**(KEC 461.1)
> 공간거리를 유지할 수 없는 경우
> → 충전부가 보행표면과 동일한 높이 또는 낮게 위치한 경우 : 장애물 높이는 장애물 상단으로부터 1.35[m]

★☆☆
02 교류 전기철도 급전시스템에서의 레일 전위의 최대 허용 접촉전압은 순시조건 (t≤0.5초)일 경우 최대 허용 접촉전압(실횻값)은 몇 [V] 이하인가?

① 630[V]   ② 650[V]

③ 670[V]   ④ 700[V]

> **해설** **레일 전위의 위험에 대한 보호**(KEC 461.2)
> 교류 전기철도 급전시스템에서의 레일 전위의 최대 허용 접촉전압
>
> | 시간 조건 | 최대 허용 접촉전압(실횻값) |
> |---|---|
> | 순시조건(t≤0.5초) | 670[V] 이하 |

★☆☆
03 직류전기철도 급전시스템에서 레일 전위의 접촉전압을 감소시키는 방법으로 알맞지 않은 것은?

① 전압제한소자 적용   ② 귀선 도체의 보강

③ 보행 표면의 절연   ④ 등전위 본딩

> **해설** **레일 전위의 접촉전압 감소 방법**(KEC 461.3)
> 가. 고장조건에서 레일 전위를 감소시키기 위해 전도성 구조물 접지의 보강
> 나. 전압제한소자 적용
> 다. 귀선 도체의 보강
> 라. 보행 표면의 절연

정답 | 01 ③   02 ③   03 ④

★☆☆

04 전기철도 측의 전식방식 또는 전식예방을 위한 방법을 고려해야 한다. 이때 고려방법으로 적당하지 않은 것은?

① 변전소 간 간격 축소　　　　　② 레일본드의 양호한 시공
③ 장대레일 채택　　　　　　　　④ 배류장치 설치

> **해설** **전식방지대책**(KEC 461.4)
> 전기철도측의 전식방식 또는 전식예방을 위한 고려사항
> 가. 변전소 간 간격 축소
> 나. 레일본드의 양호한 시공
> 다. 장대레일 채택
> 라. 절연도상 및 레일과 침목 사이에 절연층의 설치

★☆☆

05 전식방식 대책으로 매설금속체측의 누설전류에 의한 전식의 피해가 예상되는 곳에 고려하여야 하는 방법으로 틀린 것은?

① 배류장치 설치　　　　　　　　② 변전소 간 간격 축소
③ 절연코팅　　　　　　　　　　④ 저준위 금속체를 접속

> **해설** **전식방지대책**(KEC 461.4)
> 매설금속체측의 누설전류에 의한 전식의 피해가 예상되는 곳의 고려사항
> 가. 배류장치 설치
> 나. 절연코팅
> 다. 매설금속체 접속부 절연
> 라. 저준위 금속체를 접속

정답　04 ④　05 ②

05

분산형전원설비

전기기사 핵심완성 시리즈 - 5. 전기설비기술기준

CRAFTSMAN
ELECTRICITY

CHAPTER
01 통칙(KEC 500)

1. 분산형전원 계통 연계설비의 시설(KEC 503)

1) 전기 공급방식 등(KEC 503.2.1)

(1) 분산형전원설비의 전기 공급방식 : 전력계통과 연계되는 전기 공급방식과 동일할 것
(2) 분산형전원설비 사업자의 한 사업장의 설비 용량 합계가 250[kVA] 이상일 경우 송 · 전계통과 연계지점의 연결 상태를 감시 또는 유효전력, 무효전력 및 전압을 측정할 수 있는 장치를 시설할 것

2) 저압계통 연계 시 직류유출방지 변압기의 시설(KEC 503.2.2)

(1) 분산형전원설비를 인버터를 이용하여 전기판매사업자의 저압 전력계통에 연계 시 인버터로부터 직류가 계통으로 유출되는 것을 방지하기 위하여 접속점과 인버터 사이에 상용주파수 변압기(단권변압기를 제외함)를 시설할 것
(2) 예외규정
① 인버터의 직류 측 회로가 비접지인 경우 또는 고주파 변압기를 사용하는 경우
② 인버터의 교류출력 측에 직류 검출기를 구비하고, 직류 검출 시에 교류출력을 정지하는 기능을 갖춘 경우

3) 단락전류 제한장치의 시설(KEC 503.2.3)

(1) 분산형전원을 계통 연계하는 경우 : 전력계통의 단락용량이 다른 자의 차단기의 차단용량 또는 전선의 순시허용전류 등을 상회할 우려가 있을 때에는 그 분산형전원 설치자가 전류제한리액터 등 단락전류를 제한하는 장치를 시설할 것
(2) 이러한 장치로도 대응할 수 없는 경우 : 그 밖에 단락전류를 제한하는 대책을 강구할 것

4) 계통 연계용 보호장치의 시설(KEC 503.2.4)

(1) 분산형전원설비를 전력계통으로부터 분리하기 위한 장치 시설 및 해당 계통과의 보호협조를 실시하는 고장형태
① 분산형전원설비의 이상 또는 고장
② 연계한 전력계통의 이상 또는 고장
③ 단독운전 상태
(2) 연계한 전력계통의 이상 또는 고장 발생 시 분산형전원의 분리시점 : 해당 계통의 재폐로 시점 이전일 것
(3) 단순 병렬운전 분산형전원설비의 경우에는 역전력 계전기를 설치함(단, 동일 전기사용장소에서 전기를 생산하는 합계 용량이 50[kW] 이하의 소규모 분산형전원으로서 단독운전 방지기능을 가진 것을 단순 병렬로 연계하는 경우에는 역전력계전기 설치 생략 가능)

⚡ 과년도 기출 및 예상문제

★☆☆

01 계통연계하는 분산형전원을 설치하는 경우에 이상 또는 고장 발생 시 자동적으로 분산형전원을 전력계통으로부터 분리하기 위한 장치를 시설해야 하는 경우가 아닌 것은?

① 역률 저하 상태
② 단독운전 상태
③ 분산형전원의 이상 또는 고장
④ 연계한 전력계통의 이상 또는 고장

해설 **계통 연계용 보호장치의 시설**(KEC 503.2.4)
분산형전원설비를 전력계통으로부터 분리하기 위한 장치 시설 및 해당 계통과의 보호협조를 실시하는 고장형태
가. 분산형전원설비의 이상 또는 고장
나. 연계한 전력계통의 이상 또는 고장
다. 단독운전 상태

★☆☆

02 분산형전원 계통 연계설비의 시설에서 유효전력, 무효전력 및 전압을 측정할 수 있는 장치를 시설하는 경우는 분산형전원설비 사업자의 한 사업장의 설비 용량 합계가 몇 [kVA] 이상일 경우인 경우인가?

① 150
② 200
③ 250
④ 300

해설 **전기 공급방식 등**(KEC 503.2.1)
→ 분산형전원설비 사업자의 한 사업장의 설비 용량 합계가 250[kVA] 이상일 경우 송·배전계통과 연계지점의 연결 상태를 감시 또는 유효전력, 무효전력 및 전압을 측정할 수 있는 장치를 시설할 것

★★☆

03 분산형전원설비를 인버터를 이용하여 전력판매사업자의 저압 전력계통에 연계하는 경우 인버터로부터 직류가 계통으로 유출되는 것을 방지하기 위하여 접속점과 인버터 사이에 무엇을 설치하여야 하는가?

① 컨버터
② 단권 변압기
③ 상용주파수 변압기
④ 쵸퍼

해설 **저압계통 연계 시 직류유출방지 변압기의 시설**(KEC 503.2.2)
분산형전원설비를 인버터를 이용하여 전기판매사업자의 저압 전력계통에 연계 시
→ 인버터로부터 직류가 계통으로 유출되는 것을 방지하기 위하여 접속점과 인버터 사이에 상용주파수 변압기(단권변압기를 제외함)를 시설할 것

정답 | 01 ① 02 ③ 03 ③

CHAPTER 02 전기저장장치(KEC 510)

1. 전기저장장치(ESS)

전기저장장치(ESS, Energy Storage System)는 배터리(셀, 모듈, 팩), PCS, EMS, BMS 등으로 이루어진다.

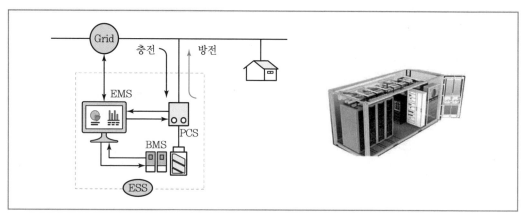

[그림 - 99. 전기저장장치 개념도]

1) 전력변환장치(PCS, Power Conditioning System)

(1) 교류와 직류를 자유자재로 전환하는 역할을 한다.

(2) 배터리와 외부의 교류 부하를 양방향으로 이어주는 역할을 한다.

2) 에너지관리시스템(EMS, Energy Management System)

(1) PCS와 BMS의 상태를 비롯한 ESS의 전반적인 정보를 수집하고 모니터링하는 역할을 한다.

3) 배터리관리시스템(BMS, Battery Management System)

(1) 배터리의 상태에 따라 제어하는 역할을 한다.

(2) 모듈의 셀 간 충 · 방전 정도를 동일하게 유지하도록 하며, 과충전을 방지시킨다.

(3) EMS와의 통신을 통해 배터리 관련 정보를 전달하는 역할을 한다.

2. 옥내전로의 대지전압 제한(KEC 511.1.3)

주택에 시설하는 전기저장장치는 이차전지에서 전력변환장치에 이르는 옥내 직류 전로를 다음에 따라 시설하는 경우 옥내전로의 대지전압은 직류 600[V]까지 적용할 수 있다.
(1) 전로에 지락이 생겼을 때 자동적으로 전로를 차단하는 장치를 시설할 것
(2) 사람이 접촉할 우려가 없는 은폐된 장소에 합성수지관배선, 금속관배선 및 케이블배선에 의하여 시설하거나, 사람이 접촉할 우려가 없도록 케이블배선에 의하여 시설하고 전선에 적당한 방호장치를 시설할 것

3. 전기저장장치의 시설(KEC 511.2)

1) 전기배선(KEC 511.2.1)

(1) 전선 : 공칭단면적 2.5[mm^2] 이상 연동선 또는 이와 동등 이상의 세기 및 굵기일 것
(2) 배선설비공사를 옥내에 시설하는 경우 : 합성수지관공사, 금속관공사, 가요 전선관공사, 케이블공사에 준하여 시설할 것
(3) 옥측 또는 옥외에 시설하는 경우 : 합성수지관공사, 금속관공사, 가요 전선관공사, 케이블공사에 준하여 시설할 것

2) 제어 및 보호장치의 시설(KEC 511.2.7)

(1) 전기저장장치의 접속점에는 전용의 개폐기를 시설할 것
(2) 전기저장장치의 이차전지를 자동으로 전로로부터 차단하는 장치를 시설하는 경우
　① 과전압 또는 과전류가 발생한 경우
　② 제어장치에 이상이 발생한 경우
　③ 이차전지 모듈의 내부 온도가 급격히 상승할 경우
(3) 직류 전로에 과전류차단기를 설치하는 경우 : 직류 단락전류를 차단하는 능력을 가지는 것이어야 하고 "직류용" 표시를 할 것
(4) 직류 전로에는 지락이 생겼을 때에 자동적으로 전로를 차단하는 장치를 시설할 것
(5) 발전소 또는 변전소 혹은 이에 준하는 장소에 전기저장장치를 시설하는 경우 전로가 차단되었을 때에 경보 장치를 시설할 것

3) 계측장치(KEC 511.2.10)

(1) 이차전지 출력 단자의 전압, 전류, 전력 및 충방전 상태
(2) 주요 변압기의 전압, 전류 및 전력

4. 이차전지 용량 및 종류에 따른 시설(KEC 512)

1) 적용범위(KEC 512.1.1)

20[kWh]를 초과하는 리튬계 · 나트륨계의 이차전지를 사용한 전기저장장치에 적용함

2) 제어, 감시 및 보호장치 등(KEC 512.1.4)

(1) 낙뢰 및 서지 등 과도과전압으로부터 주요 설비를 보호하기 위해 직류 전로에 직류서지보호장치(SPD)를 설치할 것

(2) 제조사가 정하는 정격 이상의 과충전, 과방전, 과전압, 과전류, 지락전류 및 온도 상승, 냉각장치 고장, 통신 불량 등 긴급상황이 발생한 경우

① 관리자에게 경보

② 즉시 전기저장장치를 자동 및 수동으로 정지시킬 수 있는 비상정지장치를 설치하여야 하며 자동 비상 정지는 5초 이내로 동작할 것

③ 수동 조작을 위한 비상정지장치는 신속한 접근 및 조작이 가능한 장소에 설치할 것

3) 전용건물에 시설하는 경우(KEC 512.1.5)

구분	시설기준
바닥, 천장, 벽면 재료	불연재료일 것
시설장소	• 지표면 기준 : 높이 22[m] 이내로 하고, 해당 장소의 출구가 있는 바닥면 기준 : 깊이 9[m] 이내 • 주변 시설(도로, 건물, 가연물질 등)로부터 1.5[m] 이상 이격하고 다른 건물의 출입구나 피난계단 등 이와 유사한 장소로부터는 3[m] 이상 이격할 것
이차전지를 전력변환장치(PCS) 등의 다른 전기설비와 분리된 격실에 시설한 경우	• 이차전지실의 벽면 재료 및 단열재 → 불연재료일 것 • 이차전지는 벽면으로부터 1[m] 이상 이격하여 설치할 것 • 물리적으로 인접 설치하는 제어장치 및 보조설비(공조설비 및 조명설비 등)는 이차전지실 내에 설치할 수 있음 • 이차전지실 내부에는 가연성 물질을 두지 않을 것
인화성 또는 유독성가스가 축적되지 않는 근거를 제조사에서 제공하는 경우	환기시설을 생략 가능
차량에 의해 충격을 받을 우려가 있는 장소에 시설하는 경우	충돌방지장치 등을 설치할 것

4) 전용건물 이외의 장소에 시설하는 경우(KEC 512.1.6)

(1) 전기저장장치 시설장소 : 내화구조일 것

(2) 이차전지모듈의 직렬 연결체 용량은 50[kWh] 이하로 하고 건물 내 시설 가능한 이차전지의 총 용량은 600[kWh] 이하일 것

(3) 이차전지랙과 랙 사이 및 랙과 벽면 사이 : 각각 1[m] 이상 이격할 것

(4) 이차전지실 : 건물 내 다른 시설(수전설비, 가연물질 등)로부터 1.5[m] 이상 이격하고 각 실의 출입구나 피난계단 등 이와 유사한 장소로부터 3[m] 이상 이격할 것

(5) 배선설비가 이차전지실 벽면을 관통하는 경우 관통부는 해당 구획부재의 내화성능을 저하시키지 않도록 충전(充塡)할 것

(⚡) 과년도 기출 및 예상문제

★☆☆
01 전기저장장치의 전기배선에 사용되는 전선의 공칭단면적은 몇 [mm²] 이상의 연동선이어야 하는가?

① 1.5   ② 2.5

③ 4.0   ④ 6.0

> **해설** **전기저장장치의 시설**(KEC 511.2)**의 전기배선**(KEC 511.2.1)
> → 전선 : 공칭단면적 2.5[mm²] 이상 연동선

★☆☆
02 전기저장장치의 배선설비공사를 옥내에 시설하는 경우 적용할 수 없는 배선설비공사는?

① 합성수지관공사   ② 금속관공사

③ 가요전선관공사   ④ 금속덕트공사

> **해설** **전기저장장치의 시설**(KEC 511.2)**의 전기배선**(KEC 511.2.1)
> 배선설비공사를 옥내에 시설하는 경우
> → 합성수지관공사, 금속관공사, 가요전선관공사, 케이블공사에 준하여 시설할 것

★★☆
03 전기저장장치의 이차전지를 자동으로 전로로부터 차단하는 장치를 시설하는 경우에 해당되지 않는 것은?

① 과전압 또는 과전류가 발생한 경우

② 제어장치에 이상이 발생한 경우

③ 부족전압이 발생한 경우

④ 이차전지 모듈의 내부 온도가 급격히 상승할 경우

> **해설** **제어 및 보호장치**(KEC 511.2.7)
> 전기저장장치의 이차전지를 자동으로 전로로부터 차단하는 장치를 시설하는 경우
> 가. 과전압 또는 과전류가 발생한 경우
> 나. 제어장치에 이상이 발생한 경우
> 다. 이차전지 모듈의 내부 온도가 급격히 상승할 경우

정답 | 01 ②   02 ④   03 ③

★★☆

04 전기저장장치의 계측장치의 종류에 해당되지 않는 것은?

① 축전지 출력 단자의 전압, 전류　　　② 주요 변압기의 전압, 전류 및 전력
③ 축전지 충·방전 상태　　　　　　　④ 변압기의 역률

> **해설** **전기저장장치의 계측장치**(KEC 511.2.10)
> 　　가. 축전지(이차전지) 출력 단자의 전압, 전류, 전력 및 충·방전 상태
> 　　나. 주요 변압기의 전압, 전류 및 전력
> 　　※ 축전지 → 개정된 KEC에 이차전지로 개정됨

★☆☆

05 이차전지 용량 및 종류에 따른 시설에서 리튬·나트륨계의 이차전지는 몇 [kWh]를 초과하는 시설장소에 적용되는가?

① 10　　　　　　　　　　　　　　② 20
③ 30　　　　　　　　　　　　　　④ 40

> **해설** **적용범위**(KEC 512.1.1)
> 　　→ 20[kWh]를 초과하는 리튬계·나트륨계의 이차전지를 사용한 전기저장장치를 설치하는 장소를 대상으로 함

★☆☆

06 리튬계·나트륨계의 이차전지를 사용한 전기저장장치를 전용의 건물에 시설하는 경우 시설기준에 적합하지 않은 것은?

① 바닥, 천장, 벽면 재료를 불연재료로 사용하였다.
② 시설장소로 지표면 기준 높이 20[m] 이내에 설치하였다.
③ 이차전지를 전력변환장치(PCS) 등의 다른 전기설비와 분리된 격실에 시설하고 이차전지실 내부에는 가연성 물질을 설치하지 않았다.
④ 시설장소로 주변 시설(도로, 건물, 가연물질 등)로부터 1.5[m] 이상 이격설치하였다.

> **해설** **전용건물에 시설하는 경우**(KEC 512.1.5)
> 　　→ 시설장소는 지표면 기준 : 높이 22[m] 이내

★★☆

07 전기저장장치 설비를 낙뢰 및 서지 등 과도과전압으로부터 보호하기 위해 직류 전로에 설치하는 장치는?

① 교류서지보호장치　　　　　　　　② 직류서지보호장치
③ 교류 과전압 보호장치　　　　　　④ 직류 과전압 보호장치

> **해설** **제어, 감시 및 보호장치 등**(KEC 512.1.4)
> 　　→ 낙뢰 및 서지 등 과도과전압으로부터 주요 설비를 보호하기 위해 직류 전로에 직류서지보호장치(SPD)를 설치할 것

정답	04 ④　05 ②　06 ②　07 ②

CHAPTER

03 태양광발전설비(KEC 520)

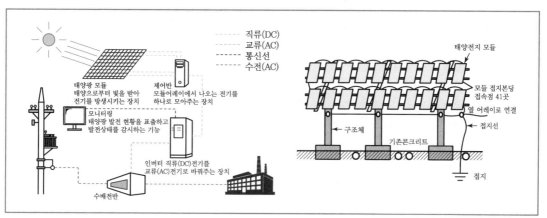

[그림 – 100. 태양광발전설비 개념도]

1. 설비의 안전 요구사항(KEC 521.2)

(1) 태양전지 모듈, 전선, 개폐기 및 기타 기구는 충전부분이 노출되지 않도록 시설할 것
(2) 모든 접속함에는 내부의 충전부가 인버터로부터 분리된 후에도 여전히 충전상태일 수 있음을 나타내는 경고가 붙어 있을 것
(3) 태양광설비의 고장이나 외부 환경요인으로 인하여 계통연계에 문제가 있을 경우 회로분리를 위한 안전시스템이 있을 것

2. 옥내전로의 대지전압 제한(KEC 521.3)

주택의 태양전지모듈에 접속하는 부하측 옥내배선의 대지전압 제한은 직류 600[V]까지 적용할 수 있다.

3. 태양광설비의 시설(KEC 522)

1) 전기배선(KEC 522.1.1)

(1) 모듈 및 기타 기구에 전선을 접속하는 경우는 나사로 조이고, 기타 이와 동등 이상의 효력이 있는 방법으로 기계적 · 전기적으로 안전하게 접속하고, 접속점에 장력이 가해지지 않도록 할 것
(2) 배선시스템은 바람, 결빙, 온도, 태양방사와 같이 예상되는 외부 영향을 견딜 것
(3) 모듈의 출력배선은 극성별로 확인할 수 있도록 표시할 것
(4) 직렬 연결된 태양전지모듈의 배선은 과도과전압의 유도에 의한 영향을 줄이기 위하여 스트링 양극 간의 배선간격이 최소가 되도록 배치할 것

(5) 기타사항

① 전선 : 공칭단면적 2.5[mm²] 이상의 연동선 또는 이와 동등 이상의 세기 및 굵기일 것

② 배선설비공사를 옥내에 시설하는 경우 : 합성수지관공사, 금속관공사, 가요 전선관공사, 케이블공사에 준하여 시설할 것

③ 옥측 또는 옥외에 시설하는 경우 : 합성수지관공사, 금속관공사, 가요 전선관공사, 케이블공사에 준하여 시설할 것

2) 태양광설비의 시설기준(KEC 522.2)

(1) 태양전지 모듈의 시설(KEC 522.2.1)

① 모듈은 자중, 적설, 풍압, 지진 및 기타의 진동과 충격에 대하여 탈락하지 아니하도록 지지물에 의하여 견고하게 설치할 것

② 모듈의 각 직렬군은 동일한 단락전류를 가진 모듈로 구성하여야 하며 1대의 인버터에 연결된 모듈 직렬군이 2병렬 이상일 경우에 각 직렬군의 출력전압 및 출력전류가 동일하게 형성되도록 배열할 것

(2) 전력변환장치의 시설(KEC 522.2.2)

① 인버터는 실내 · 실외용을 구분할 것

② 각 직렬군의 태양전지 개방전압은 인버터 입력전압 범위 이내일 것

③ 옥외에 시설하는 경우 방수등급은 IPX4 이상일 것

(3) 모듈을 지지하는 구조물(KEC 522.2.3)

① 자중, 적재하중, 적설 또는 풍압, 지진 및 기타의 진동과 충격에 대하여 안전한 구조일 것

② 부식환경에 의하여 부식되지 아니하도록 다음의 재질로 제작할 것

　가. 용융아연 또는 용융아연 – 알루미늄 – 마그네슘합금 도금된 형강

　나. 스테인리스 스틸(STS)

　다. 알루미늄합금

　라. 상기와 동등 이상의 성능(인장강도, 항복강도, 압축강도, 내구성 등)을 가지는 재질로서 KS제품 또는 동등 이상의 성능의 제품일 것

③ 모듈 지지대와 그 연결부재의 경우 : 용융아연도금처리 또는 녹방지 처리를 하고, 절단가공 및 용접부위는 방식처리를 할 것

④ 설치 시에는 다음에 따라 진행할 것

　가. 건축물의 방수 등에 문제가 없도록 설치할 것

　나. 볼트조립은 헐거움이 없이 단단히 조립할 것

　다. 모듈 – 지지대의 고정 볼트에는 스프링 와셔 또는 풀림방지너트 등으로 체결할 것

4. 제어 및 보호장치 등(KEC 522.3)

1) 어레이 출력 개폐기(KEC 522.3.1)

(1) 태양전지 모듈에 접속하는 부하측의 태양전지 어레이에서 전력변환장치에 이르는 전로에는 그 접속점에 근접하여 개폐기 기타 이와 유사한 기구를 시설할 것

(2) 어레이 출력개폐기는 점검이나 조작이 가능한 곳에 시설할 것

2) 과전류 및 지락 보호장치(KEC 522.3.2)

(1) 모듈을 병렬로 접속하는 전로에는 그 전로에 단락전류가 발생할 경우에 전로를 보호하는 과전류차 단기 또는 기타 기구를 시설하여야 함

(2) 태양전지 발전설비의 직류 전로에 지락 발생 시 자동적으로 전로를 차단하는 장치를 시설할 것

3) 태양광설비의 계측장치(KEC 522.3.6)

태양광설비에는 전압과 전류 또는 전압과 전력을 계측하는 장치를 시설할 것

⚡ 과년도 기출 및 예상문제

★★☆
01 태양전지 발전소에 시설하는 태양전지 모듈, 전선 및 개폐기의 시설에 대한 설명으로 잘못된 것은?

① 태양전지 모듈에 접속하는 부하측 전로에는 개폐기를 시설할 것
② 옥측에 시설하는 경우 금속관공사, 합성수지관공사, 애자사용공사로 배선할 것
③ 태양전지 모듈을 병렬로 접속하는 전로에 과전류차단기를 시설할 것
④ 전선은 공칭단면적 2.5[mm²] 이상의 연동선을 사용할 것

> **해설** **전기배선(KEC 522.1.1) 옥측 또는 옥외에 시설하는 경우**
> → 합성수지관공사, 금속관공사, 가요전선관공사, 케이블공사에 준하여 시설할 것

★★☆
02 태양전지모듈에 사용하는 연동선의 최소 단면적[mm²]은?

① 1.5
② 2.5
③ 4.0
④ 6.0

> **해설** **전기배선(KEC 522.1.1)**
> → 전선 : 공칭단면적 2.5[mm²] 이상의 연동선

★★☆
03 태양전지 모듈의 시설에 대한 설명으로 옳은 것은?

① 충전부분은 노출하여 시설할 것
② 출력배선은 극성별로 확인 가능토록 표시할 것
③ 전선은 공칭단면적 1.5[mm²] 이상의 연동선을 사용할 것
④ 전선을 옥내에 시설할 경우에는 애자사용 공사에 준하여 시설할 것

> **해설** **전기배선(KEC 522.1.1)**
> 가. 모듈의 출력배선은 극성별로 확인할 수 있도록 표시할 것
> 나. 전선 : 공칭단면적 2.5[mm²] 이상의 연동선
> 다. 배선설비공사를 옥내시설 : 합성수지관공사, 금속관공사, 가요전선관공사, 케이블공사

정답 | 01 ② 02 ② 03 ②

★☆☆

04 주택의 태양전지모듈에 접속하는 부하측 옥내배선의 대지전압 제한은 직류 몇 [V] 이하인가?

① 300   ② 400

③ 500   ④ 600

해설 **옥내전로의 대지전압 제한**(KEC 521.3)

→ 주택의 태양전지모듈에 접속하는 부하측 옥내배선의 대지전압 제한은 직류 600[V]까지 적용할 수 있다.

★★☆

05 태양광설비에 시설하여야 하는 계측기의 계측대상에 해당하는 것은?

① 전압과 전류   ② 전력과 역률

③ 전류와 역률   ④ 역류와 주파수

해설 **태양광설비의 계측장치**(KEC 522.3.6)

→ 태양광설비에는 가. 전압과 전류 또는 나. 전압과 전력을 계측하는 장치를 시설할 것

CHAPTER 04 풍력발전설비(KEC 530)

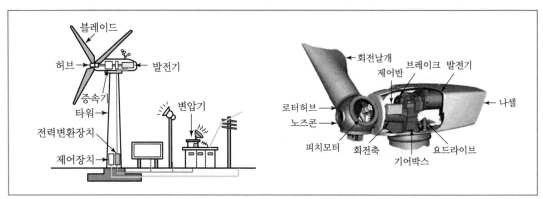

[그림 – 101. 풍력발전설비 개념도]

1. 일반사항(KEC 531)

1) 항공장애 표시등 시설(KEC 531.2)

발전용 풍력설비의 항공장애 등 및 주간장애표지는 「항공법」 제83조(항공장애 표시등의 설치 등)의 규정에 따라 시설할 것

2) 화재방호설비 시설(KEC 531.3)

500[kW] 이상의 풍력터빈은 나셀 내부의 화재 발생 시, 이를 자동으로 소화할 수 있는 화재방호설비를 시설할 것

2. 풍력설비의 시설(KEC 532)

1) 간선의 시설기준(KEC 532.1)

(1) 풍력발전기에서 출력배선에 쓰이는 전선
　① CV선 또는 TFR – CV선을 사용하거나 동등 이상의 성능을 가진 제품을 사용할 것
　② 전선이 지면을 통과하는 경우에는 피복이 손상되지 않도록 별도의 조치를 취할 것
　③ 전기배선
　　가. 전선 : 공칭단면적 2.5[mm^2] 이상의 연동선 또는 이와 동등 이상의 세기 및 굵기일 것
　　나. 배선설비공사를 옥내에 시설하는 경우 : 합성수지관공사, 금속관공사, 가요 전선관공사, 케이블공사에 준하여 시설할 것
　　다. 옥측 또는 옥외에 시설하는 경우 : 합성수지관공사, 금속관공사, 가요 전선관공사, 케이블공사에 준하여 시설할 것

2) 제어 및 보호장치 등(KEC 532.3)

(1) 제어 및 보호장치 시설의 일반 요구사항(KEC 532.3.1)

제어장치 기능	보호장치의 보호조건
• 풍속에 따른 출력 조절 • 출력제한 • 회전속도제어 • 계통과의 연계 • 기동 및 정지 • 계통 정전 또는 부하의 손실에 의한 정지 • 요잉에 의한 케이블 꼬임 제한	• 과풍속 • 발전기의 과출력 또는 고장 • 이상진동 • 계통 정전 또는 사고 • 케이블의 꼬임 한계

(2) 주전원 개폐장치(KEC 532.3.2)
풍력터빈은 작업자의 안전을 위하여 유지, 보수 및 점검 시 전원 차단을 위해 풍력터빈 타워의 기저부에 개폐장치를 시설할 것

(3) 접지설비(KEC 532.3.4)
① 접지설비는 풍력발전설비 타워기초를 이용한 **통합접지공사를 하여야 함**
② 설비 사이의 전위차가 없도록 등전위본딩을 할 것
③ 기타 접지시설은 접지시스템의 규정에 따름

(4) 피뢰설비(KEC 532.3.5)
① 피뢰설비는 **피뢰구역(Lightning Protection Zones)에 적합하여야 하며, 다만** 별도의 언급이 없다면 피뢰레벨(LPL, Lightning Protection Level)은 Ⅰ등급을 적용할 것
② 풍력터빈의 피뢰설비 시설
  가. 수뢰부를 풍력터빈 선단부분 및 가장자리 부분에 배치하되 뇌격전류에 의한 발열에 용손(溶損)되지 않도록 재질, 크기, 두께 및 형상 등을 고려할 것
  나. 풍력터빈에 설치하는 인하도선은 쉽게 부식되지 않는 금속선으로서 뇌격전류를 안전하게 흘릴 수 있는 충분한 굵기여야 하며, 가능한 직선으로 시설할 것
  다. 풍력터빈 내부의 계측 센서용 케이블은 금속관 또는 차폐케이블 등을 사용하여 뇌유도과전압으로부터 보호할 것
  라. 풍력터빈에 설치한 피뢰설비(리셉터, 인하도선 등)의 기능 저하로 인해 다른 기능에 영향을 미치지 않을 것
③ 풍향 · 풍속계가 보호범위에 들도록 나셀 상부에 피뢰침을 시설하고 피뢰도선은 나셀프레임에 접속할 것
④ 전력기기 · 제어기기 등의 피뢰설비 시설
  가. 전력기기는 금속시스케이블, 내뢰변압기 및 서지보호장치(SPD)를 적용할 것
  나. 제어기기는 광케이블 및 포토커플러를 적용할 것

(5) 풍력터빈 정지장치의 시설(KEC 532.3.6)

① 풍력터빈 자동정지장치

이상상태	자동정지장치	비고
풍력터빈의 회전속도가 비정상적으로 상승	○	
풍력터빈의 컷 아웃 풍속	○	
풍력터빈의 베어링 온도가 과도하게 상승	○	정격 출력이 500[kW] 이상인 원동기(풍력터빈은 시가지 등 인가가 밀집해 있는 지역에 시설된 경우 100[kW] 이상)
풍력터빈 운전 중 나셀진동이 과도하게 증가	○	시가지 등 인가가 밀집해 있는 지역에 시설된 것으로 정격출력 10[kW] 이상의 풍력 터빈
제어용 압유장치의 유압이 과도하게 저하된 경우	○	용량 100[kVA] 이상의 풍력발전소를 대상으로 함
압축공기장치의 공기압이 과도하게 저하된 경우	○	
전동식 제어장치의 전원전압이 과도하게 저하된 경우	○	

② 계측장치의 시설(KEC 532.3.7)

풍력터빈에는 설비의 손상 방지를 위하여 운전 상태를 계측하는 다음의 계측장치를 시설할 것

가. 회전속도계

나. 나셀(nacelle) 내의 진동을 감시하기 위한 진동계

다. 풍속계

라. 압력계

마. 온도계

⚡ 과년도 기출 및 예상문제

★☆☆
01 풍력발전기의 풍력터빈이 용량이 몇 [kW] 이상인 경우 나셀 내부의 화재 발생 시, 이를 자동으로 소화할 수 있는 화재방호설비를 시설하여야 하는가?

① 500 　　　　　　　　　　　　② 750
③ 1,000 　　　　　　　　　　　④ 1,500

> **해설** **화재방호설비 시설(KEC 531.3)**
> → 500[kW] 이상의 풍력터빈은 나셀 내부의 화재 발생 시, 이를 자동으로 소화할 수 있는 화재방호설비를 시설할 것

★☆☆
02 풍력발전설비에 적용되는 간선 시설기준에 적합하지 않은 것은?

① CV선 또는 TFR - CV선을 사용하거나 동등 이상의 성능을 가진 제품을 사용하였다.
② 전선은 공칭단면적 2.5[mm²] 이상의 연동선을 사용하였다.
③ 옥측배선으로 합성수지관공사, 금속관공사, 가요전선관공사, 애자배선을 시설하였다.
④ 전선이 지면을 통과하는 경우 피복이 손상되지 않도록 별도의 조처를 한다.

> **해설** **간선의 시설기준(KEC 532.1)**
> 옥측 또는 옥외에 시설하는 경우
> 가. 합성수지관공사
> 나. 금속관공사
> 다. 가요전선관공사
> 라. 케이블공사에 준하여 시설

★☆☆
03 풍력발전설비의 시설 규정에 적합하지 않은 것은?

① 접지설비는 풍력발전설비 타워기초를 이용한 통합접지공사를 하였다.
② 설비 사이의 전위차가 없도록 등전위본딩을 하였다.
③ 피뢰설비는 별도의 언급이 없어 피뢰레벨(LPL)은 Ⅱ등급을 적용하였다.
④ 기타 접지시설은 접지시스템의 규정에 따라 설치하였다.

> **해설** **피뢰설비(KEC 532.3.5)**
> → 피뢰설비는 피뢰구역(Lightning Protection Zones)에 적합하여야 하며, 다만 별도의 언급이 없다면 피뢰레벨(LPL, Lightning Protection Level)은 I등급을 적용할 것

정답 | 01 ① 02 ③ 03 ③

★★☆
04 풍력터빈에는 설비의 손상을 방지하기 위하여 시설하는 운전상태를 계측하는 계측장치로 틀린 것은?

① 조도계 ② 압력계
③ 온도계 ④ 풍속계

> 해설 **계측장치의 시설**(KEC 532.3.7)
> 　가. 회전속도계
> 　나. 나셀(nacelle) 내의 진동을 감시하기 위한 진동계
> 　다. 풍속계
> 　라. 압력계
> 　마. 온도계

★☆☆
05 풍력터빈의 이상 상태 시에 자동으로 정지하는 장치를 시설하여야 한다. 이에 해당되지 않는 것은?

① 회전속도가 비정상적으로 상승
② 풍력터빈의 컷 아웃 풍속
③ 베어링 온도가 과도하게 상승
④ 압축공기장치의 공기압이 과도하게 증가된 경우

> 해설 **풍력터빈 정지장치의 시설**(KEC 532.3.6)
> **풍력디빈의 이상 상태**
> 　가. 풍력터빈의 회전속도가 비정상적으로 상승
> 　나. 풍력터빈의 컷 아웃 풍속
> 　다. 풍력터빈의 베어링 온도가 과도하게 상승
> 　라. 압축공기장치의 공기압이 과도하게 저하된 경우

CHAPTER 05 연료전지설비(KEC 540)

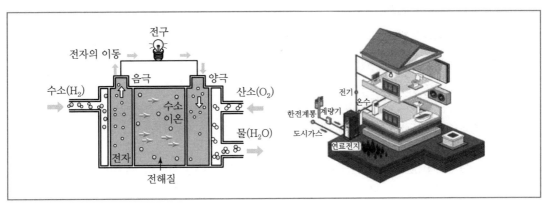

[그림 – 102. 연료전지 개념도]

1. 연료전지설비의 시설(KEC 542)

1) 시설기준(KEC 542.1)

(1) 전기배선(KEC 542.1.1)

① 전기배선은 열적 영향이 적은 방법으로 시설할 것

② 전기배선

　가. 전선 : 공칭단면적 2.5[mm²] 이상의 연동선 또는 이와 동등 이상의 세기 및 굵기일 것

　나. 배선설비공사를 옥내에 시설하는 경우 : 합성수지관공사, 금속관공사, 가요 전선관공사, 케이블공사에 준하여 시설할 것

　다. 옥측 또는 옥외에 시설하는 경우 : 합성수지관공사, 금속관공사, 가요 전선관공사, 케이블공사에 준하여 시설할 것

(2) 연료전지설비의 구조(KEC 542.1.3)

① 용기 및 관은 내압 및 기밀과 관련되는 성능을 가질 것

② 내압 부분 중 최고 사용압력이 0.1[MPa] 이상의 부분의 내압, 기밀 시험

내압시험	기밀시험
최고 사용압력의 1.5배의 수압을 **가압하여** 압력이 안정된 후 최소 10분간 유지하는 시험을 실시하였을 때 이것에 견디고 누설이 없을 것(단, 수압 시험 실시 곤란 시 최고 사용압력의 1.25배의 기압을 10분간 실시)	액체 연료 또는 연료가스 혹은 이것을 포함한 가스를 통하는 부분의 기밀시험은 최고 사용압력의 1.1배의 기압으로 시험을 실시하였을 때 누설이 없을 것

(3) 안전밸브의 분출압력(KEC 542.1.4)

  ① 안전밸브가 1개인 경우

    가. 그 배관의 최고사용압력 이하의 압력일 것

    나. 배관의 최고사용압력 이하의 압력에서 자동적으로 가스의 유입을 정지하는 장치가 있는 경우에는 최고사용압력의 1.03배 이하의 압력일 것

  ② 안전밸브가 2개 이상인 경우

    가. 1개의 안전밸브는 통상의 상태에서 최고사용압력을 초과하는 압력에 준하는 압력으로 함

    나. 그 이외의 밸브는 그 배관의 최고사용압력의 1.03배 이하의 압력일 것

2) 제어 및 보호장치 등(KEC 542.2)

(1) 연료전지설비의 보호장치(KEC 542.2.1)

  다음의 경우에 자동적으로 연료전지를 전로에서 차단하고 연료전지에 연료가스 공급을 자동적으로 차단하며 연료전지 내의 연료가스를 자동적으로 배기하는 장치를 시설할 것

  ① 연료전지에 과전류가 생긴 경우

  ② 발전요소(發電要素)의 발전전압에 이상이 생겼을 경우 또는 연료가스 출구에서의 산소농도 또는 공기 출구에서의 연료가스 농도가 현저히 상승한 경우

  ③ 연료전지의 온도가 현저하게 상승한 경우

  ④ 개질기를 사용하는 연료전지에서 개질기 버너에 이상이 발생한 경우

  ⑤ 연료전지의 화재나 폭발 방지를 위한 환기장치에 이상이 발생한 경우

(2) 연료전지설비의 계측장치(KEC 542.2.2)

  ① 연료전지설비에는 전압과 전류 또는 전압과 전력을 계측하는 장치를 시설할 것

  ② 온도계 및 연료가스 유량 또는 압력을 계측하는 장치

(3) 연료전지설비의 비상정지장치가 작동하는 경우(KEC 542.2.3)

  ① 연료 계통 설비 내의 연료가스의 압력 또는 온도가 현저하게 상승하는 경우

  ② 증기계통 설비 내의 증기의 압력 또는 온도가 현저하게 상승하는 경우

  ③ 실내에 설치되는 것에서는 연료가스가 누설하는 경우

(4) 접지설비(KEC 542.2.5)

  ① 전로의 보호장치의 확실한 동작 확보 또는 대지전압 저하를 위한 접지공사 방법

구분	시설방법
접지극	고장 시 그 근처의 대지 사이에 생기는 전위차에 의하여 사람이나 가축 또는 다른 시설물에 위험을 줄 우려가 없도록 시설할 것
접지도체	• 공칭단면적 16[mm^2] 이상의 연동선 또는 이와 동등 이상의 세기 및 굵기의 쉽게 부식하지 아니하는 금속선으로서 고장 시 흐르는 전류가 안전하게 통할 수 있는 것을 사용 • 손상을 받을 우려가 없도록 시설할 것
접지도체에 접속하는 저항기, 리액터 등	고장 시 흐르는 전류를 안전하게 통할 수 있는 것을 사용할 것
접지도체, 저항기, 리액터 등	취급자 이외의 자가 출입하지 아니하도록 설비한 곳에 시설하는 경우 이외에는 사람이 접촉할 우려가 없도록 시설할 것

  ② 기타 사항은 접지시스템 규정을 적용

전기기사 핵심완성 시리즈

⚡ 과년도 기출 및 예상문제

★★☆

01 연료전지 설비의 내압 부분 중 최고 사용압력이 0.1[MPa] 이상의 부분의 내압시험은 최고사용 압력의 몇배의 수압으로 최소 몇 분간 유지하는 시설을 실시하는가?

① 1.5배, 10분　　　　　　　　② 2배, 10분
③ 1.5배, 20분　　　　　　　　④ 2배, 20분

> **해설** **연료전지설비의 구조**(KEC 542.1.3)
> 내압 부분 중 최고 사용압력이 0.1[MPa] 이상의 부분의 내압시험
> → 최고 사용압력의 1.5배의 수압을 가압하여 압력이 안정된 후 최소 10분간 유지하는 시험을 실시하였을 때 이것을 견디고 누설이 없을 것

★★☆

02 연료전지설비를 전로에서 차단하고 연료전지에 연료가스 공급을 자동적으로 차단하는 경우에 해당되지 않는 것은?

① 연료전지에 과전류가 생긴 경우
② 발전요소(發電要素)의 발전전압에 이상이 생겼을 경우 또는 연료가스 출구에서의 산소농도 또는 공기 출구에서의 연료가스 농도가 현저히 상승한 경우
③ 연료전지의 온도가 현저하게 상승한 경우
④ 연료전지에 현저한 과전압이 발생한 경우

> **해설** **연료전지설비의 보호장치**(KEC 542.2.1)
> 가. 연료전지에 과전류가 생긴 경우
> 나. 발전요소(發電要素)의 발전전압에 이상이 생겼을 경우 또는 연료가스 출구에서의 산소농도 또는 공기 출구에서의 연료가스 농도가 현저히 상승한 경우
> 다. 연료전지의 온도가 현저하게 상승한 경우

정답 | 01 ① 02 ④

CHAPTER 05 연료전지설비(KEC 540) **361**

★☆☆
03 연료전지의 접지도체 종류 및 굵기에 대해 적합한 것은?

① 공칭단면적 10[mm²] 이상의 경동선
② 공칭단면적 16[mm²] 이상의 경동선
③ 공칭단면적 16[mm²] 이상의 연동선
④ 공칭단면적 25[mm²] 이상의 연동선

> **해설** **접지설비**(KEC 542.2.5)
> 접지도체는 공칭단면적 16[mm²] 이상의 연동선

★☆☆
04 연료전지설비의 계측장치에 해당되지 않는 것은?

① 전압과 전류 계측장치
② 전압과 전력 계측장치
③ 온도계 및 연료가스 유량 계측장치
④ 압력계 및 압력 계측장치

> **해설** **연료전지설비의 계측장치**(KEC 542.2.2)
> 가. 전압과 전류 또는 전압과 전력을 계측하는 장치를 시설할 것
> 나. 온도계 및 연료가스 유량 또는 압력을 계측하는 장치

정답 | 03 ③ 04 ④

과년도 기출문제

※ 2022년 2회 이후 CBT로 출제된 기출문제는 개정된 출제기준과
   해당 회차의 기출 키워드 등을 분석하여 복원하였습니다.

2020년 제1·2회 과년도 기출문제

01 지중 전선로를 직접 매설식에 의하여 시설할 때, 중량물의 압력을 받을 우려가 있는 장소에 저압 또는 고압의 지중전선을 견고한 트라프 기타 방호물에 넣지 않고도 부설할 수 있는 케이블은?

① PVC 외장 케이블
② 콤바인덕트 케이블
③ 염화비닐 절연 케이블
④ 폴리에틸렌 외장 케이블

> **해설** **지중전선로의 시설**(KEC 334.1)
> 지중전선을 견고한 트라프 기타 방호물에 넣지 않아도 되는 경우 → 저압 또는 고압의 지중전선에 콤바인덕트 케이블 또는 개장(鎧裝)한 케이블을 사용하여 시설하는 경우

02 수소냉각식 발전기 등의 시설기준으로 틀린 것은?

① 발전기 안 또는 조상기 안의 수소의 온도를 계측하는 장치를 시설할 것
② 발전기 축의 밀봉부로부터 수소가 누설될 때 누설된 수소를 외부로 방출하지 않을 것
③ 발전기 안 또는 조상기 안의 수소의 순도가 85[%] 이하로 저하한 경우에 이를 경보하는 장치를 시설할 것
④ 발전기 또는 조상기는 수소가 대기압에서 폭발하는 경우에 생기는 압력에 견디는 강도를 가지는 것일 것

> **해설** **수소냉각식 발전기 등의 시설**(KEC 351.10)
> 가. 발전기 또는 조상기는 기밀구조의 것이고 또한 수소가 대기압에서 폭발하는 경우에 생기는 압력에 견디는 강도를 가지는 것일 것
> 나. 발전기 축의 밀봉부에는 질소 가스를 봉입할 수 있는 장치 또는 발전기 축의 밀봉부로부터 누설된 수소 가스를 안전하게 외부에 방출할 수 있는 장치를 시설할 것
> 다. 발전기 내부 또는 조상기 내부의 수소의 순도가 85[%] 이하로 저하한 경우에 이를 경보하는 장치를 시설할 것
> 라. 발전기 내부 또는 조상기 내부의 수소의 온도를 계측하는 장치를 시설할 것

정답	01 ② 02 ②

03 저압전로에서 그 전로에 지락이 생긴 경우 0.5초 이내에 자동적으로 전로를 차단하는 장치를 시설하는 경우에는 특별 제3종 접지공사의 접지저항 값은 자동 차단기의 정격감도 전류가 30[mA] 이하일 때 몇 [Ω] 이하로 하여야 하는가? [KEC 규정에 따라 삭제]

① 75

② 150

③ 300

④ 500

해설 **(구) 전기설비기술기준 및 판단기준 제18조(접지공사의 종류)**

저압전로에서 그 전로에 지락이 생겼을 경우에 0.5초 이내에 자동적으로 전로를 차단하는 장치를 시설하는 경우에는 제3종 접지공사와 특별 제3종 접지공사의 접지저항 값은 자동 차단기의 정격감도전류에 따라 다음 표에서 정한 값 이하로 할 것

정격감도전류(mA)	접지저항 값(Ω)	
	물기 있는 장소, 전기적 위험도가 높은 장소	그 외 다른 장소
30 이하	500	500
50	300	500
100	150	500
200	75	250
300	50	166
500	30	100

04 어느 유원지의 어린이 놀이기구인 유희용 전차에 전기를 공급하는 전로의 사용전압은 교류인 경우 몇 [V] 이하이어야 하는가?

① 20

② 40

③ 60

④ 100

해설 **유희용 전차의 전원장치**(KEC 241.8.2)

전원장치의 2차측 단자의 최대사용전압
가. 직류의 경우 60[V] 이하
나. 교류의 경우 40[V] 이하

05 연료전지 및 태양전지 모듈의 절연내력시험을 하는 경우 충전부분과 대지 사이에 인가하는 시험전압은 얼마인가? (단, 연속하여 10분간 가하여 견디는 것이어야 한다.)

① 최대사용전압의 1.25배의 직류전압 또는 1배의 교류전압(500[V] 미만으로 되는 경우에는 500[V])
② 최대사용전압의 1.25배의 직류전압 또는 1.25배의 교류전압(500[V] 미만으로 되는 경우에는 500[V])
③ 최대사용전압의 1.5배의 직류전압 또는 1배의 교류전압(500[V] 미만으로 되는 경우에는 500[V])
④ 최대사용전압의 1.5배의 직류전압 또는 1.25배의 교류전압(500[V] 미만으로 되는 경우에는 500[V])

> **해설** **연료전지 및 태양전지 모듈의 절연내력시험**(KEC 134)

사용전압	시험 전압	시험방법	시험시간
직류	최대사용전압×1.5배	충전부분과 대지 사이 (최저전압 : 500[V])	10분
교류	최대사용전압×1배		

06 전개된 장소에서 저압 옥상전선로의 시설기준으로 적합하지 않은 것은?

① 전선은 절연전선을 사용하였다.
② 전선 지지점 간의 거리를 20[m]로 하였다.
③ 전선은 지름 2.6[mm]의 경동선을 사용하였다.
④ 저압 절연전선과 그 저압 옥상전선로를 시설하는 조영재와의 이격거리를 2[m]로 하였다.

> **해설** **옥상전선로**(KEC 221.3)
> 저압 옥상전선로 시설기준(전개된 장소 및 위험의 우려가 없도록 시설할 것)
> 가. 전선의 인장강도 : 2.30[kN] 이상의 것 또는 지름 : 2.6[mm] 이상의 경동선 사용
> 나. 전선의 종류 : 절연전선(OW 전선 포함)
> 다. 전선지지 : 그 지지점 간의 거리 → 15[m] 이하일 것
> 라. 전선과 그 저압 옥상전선로를 시설하는 조영재와의 이격거리 : 2[m] 이상일 것

07 교류 전차선 등과 삭도 또는 그 지주 사이의 이격거리를 몇 [m] 이상 이격하여야 하는가? [KEC 규정에 따라 삭제]

① 1
② 2
③ 3
④ 4

> **해설** **(구) 전기설비기술기준 및 판단기준 제270조(전차선 등과 건조물 기타의 시설물과의 접근 또는 교차)**
> 가. 교류 전차선 등과 건조물과의 이격거리 : 3[m] 이상일 것
> 나. 교류 전차선 등과 삭도 또는 그 지주 사이의 이격거리는 2[m] 이상일 것

08 고압 가공전선을 시가지 외에 시설할 때 사용되는 경동선의 굵기는 지름 몇 [mm] 이상인가?

① 2.6

② 3.2

③ 4.0

④ 5.0

해설 **고압 가공전선의 굵기 및 종류**(KEC 332.3)

굵기(경동선 기준)

사용전압	시설장소	경동선의 굵기	
		인장하중[kN]	지름[mm]
400[V] 미만	시가지	3.43	3.2
	시가지 이외	2.3	2.6
400[V] 이상 저압, 고압	시가지	8.01	5.0
	시가지 이외	5.26	4.0

09 저압 수상전선로에 사용되는 전선은?

① 옥외 비닐케이블

② 600[V] 비닐절연전선

③ 600[V] 고무절연전선

④ 클로로프렌 캡타이어 케이블

해설 **수상전선로의 시설**(KEC 335.3)

사용전선

구분	종류
저압 전선	클로로프렌 캡타이어 케이블
고압 전선	캡타이어 케이블

10 440[V] 옥내 배선에 연결된 전동기 회로의 절연저항 최솟값은 몇 [MΩ]인가? [KEC 규정에 따라 삭제]

① 0.1

② 0.2

③ 0.4

④ 1

해설 **(구) 전기설비기술기준 52조(저압전로의 절연성능)**

저압전로의 절연저항 값	
대지 전압이 150[V] 이하인 경우	0.1[MΩ] 이상
대지 전압이 150[V]을 넘고 300[V] 이하인 경우	0.2[MΩ] 이상
사용 전압이 300[V]을 넘고 400[V] 미만인 경우	0.3[MΩ] 이상
사용 전압이 400[V] 이상인 경우	0.4[MΩ] 이상

11 케이블 트레이 공사에 사용하는 케이블 트레이에 적합하지 않은 것은?

① 비금속제 케이블 트레이는 난연성 재료가 아니어도 된다.
② 금속재의 것은 적절한 방식처리를 한 것이거나 내식성 재료의 것이어야 한다.
③ 금속제 케이블 트레이 계통은 기계적 및 전기적으로 완전하게 접속하여야 한다.
④ 케이블 트레이가 방화구획의 벽 등을 관통하는 경우에 관통부는 불연성의 물질로 충전하여야 한다.

> **해설** **케이블트레이의 선정**(KEC 232.41.2)
> 가. 지지대는 트레이 자체 하중과 케이블 하중을 충분히 견디는 강도일 것
> 나. 금속재의 것은 적절한 방식처리 및 내식성 재료일 것
> 다. 비금속제 케이블 트레이는 난연성 재료의 것일 것
> 라. 금속제 케이블트레이시스템은 기계적 및 전기적으로 완전하게 접속할 것
> 마. 케이블트레이가 방화구획의 벽, 마루, 천장 등을 관통하는 경우에 관통부는 불연성의 물질로 충전할 것

12 전개된 건조한 장소에서 400[V] 이상의 저압 옥내배선을 할 때 특별히 정해진 경우를 제외하고는 시공할 수 없는 공사는? [KEC 규정에 따라 삭제]

① 애자사용 공사
② 금속덕트 공사
③ 버스덕트 공사
④ 합성수지몰드 공사

> **해설** **(구) 전기설비기술기준 및 판단기준 제180조(저압 옥내배선의 시설장소별 공사의 종류)**
>
> | 시설장소 | 사용전압 | 400[V] 미만 | 400[V] 이상 |
> |---|---|---|---|
> | 전개된 장소 | 건조한 장소 | 애자사용공사, 합성수지몰드공사, 금속몰드공사, 금속덕트공사, 버스덕트공사 또는 라이팅 덕트공사 | 애자사용공사, 금속덕트공사 또는 버스덕트공사 |
> | | 기타 장소 | 애자사용공사, 버스덕트공사 | 애자사용공사 |

13 가공전선로의 지지물의 강도계산에 적용하는 풍압하중은 빙설이 많은 지방 이외의 지방에서 저온계절에는 어떤 풍압하중을 적용하는가? (단, 인가가 연접되어 있지 않다고 한다.)

① 갑종 풍압하중
② 을종 풍압하중
③ 병종 풍압하중
④ 을종과 병종 풍압하중을 혼용

> **해설** **풍압하중의 종별과 적용**(KEC 331.6)
> 지역에 따른 풍압하중의 적용(선정 방법)
>
> | 지역 | | 고온계절 | 저온계절 |
> |---|---|---|---|
> | 빙설이 많은 지방 이외의 지방 | | 갑종 | 병종 |
> | 빙설이 많은 지방 | 일반지역 | 갑종 | 을종 |
> | | 해안지방 기타 저온계절에 최대풍압이 생기는 지방 | 갑종 | 갑종 풍압하중과 을종 풍압하중 중 큰 것 |
> | 인가가 많이 연접되어 있는 장소 | | 병종 | 병종 |

정답 | 11 ① 12 ④ 13 ③

14 백열전등 또는 방전등에 전기를 공급하는 옥내 전로의 대지 전압은 몇 [V] 이하이어야 하는가? (단, 백열전등 또는 방전등 및 이에 부속하는 전선은 사람이 접촉할 우려가 없도록 시설한 경우이다.)

① 60
② 110
③ 220
④ 300

해설 **옥내 전로의 대지 전압의 제한**(KEC 231.6)
　　백열전등 또는 방전등용 옥내 전로 대지 전압 : 300[V] 이하

15 특고압 가공전선로의 지지물에 첨가하는 통신선 보안장치에 사용되는 피뢰기의 동작전압은 교류 몇 [V] 이하인가?

① 300
② 600
③ 1,000
④ 1,500

해설 **특고압 가공전선로 첨가설치 통신선의 시가지 인입 제한**(KEC 362.5)
　　급전전용 통신선용 보안장치

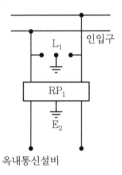

옥내통신설비

RP₁ : 자복성(自復性)이 있는 릴레이 보안기
L₁ : 교류 1[kV] 이하에서 동작하는 피뢰기

16 태양전지 발전소에 시설하는 태양전지 모듈, 전선 및 개폐기 기타 기구의 시설기준에 관한 내용으로 틀린 것은?

① 충전부분은 노출되지 아니하도록 시설하여야 한다.
② 옥내에 시설하는 경우에는 전선을 케이블 공사로 시설할 수 있다.
③ 태양전지 모듈의 프레임은 지지물과 전기적으로 완전하게 접속하여야 한다.
④ 태양전지 모듈을 병렬로 접속하는 전로에는 과전류 차단기를 시설하지 않아도 된다.

해설 가. 설비의 안전 요구사항(KEC 521.2) : 태양전지 모듈, 전선, 개폐기 및 기타 기구는 **충전부분이 노출되지 않도록 시설할 것**
　　나. 전기배선(KEC 522.1.1) : 배선설비공사를 옥내에 시설하는 경우 합성수지관공사, 금속관공사, 가요 전선관공사, 케이블공사에 준하여 시설할 것
　　다. 과전류 및 지락 보호장치(KEC 522.3.2) : 모듈을 병렬로 접속하는 전로에는 그 전로에 단락전류가 발생할 경우에 전로를 보호하는 과전류차단기 또는 기타 기구를 시설할 것

정답　14 ④　15 ③　16 ④

17 가공전선로의 지지물에 시설하는 지선으로 연선을 사용할 경우 소선은 최소 몇 가닥 이상이어야 하는가?

① 3

② 5

③ 7

④ 9

> **해설** **지선의 시설**(KEC 331.11)
>
> 가공전선로의 지지물에 시설하는 지선 시설 시 연선을 사용할 경우 → 소선수 : 3가닥 이상의 연선일 것

18 저압 가공전선로 또는 고압 가공전선로와 기설 가공 약전류 전선로가 병행하는 경우에는 유도작용에 의한 통신상의 장해가 생기지 아니하도록 전선과 기설 약전류 전선 간의 이격거리는 몇 [m] 이상이어야 하는가? (단, 전기철도용 급전선로는 제외한다.)

① 2

② 4

③ 6

④ 8

> **해설** **가공약전류전선로의 유도장해 방지**(KEC 332.1)
>
> 저압·고압 가공전선로와 기설 가공약전류전선로가 병행 시 → 전선과 기설 약전류전선 간의 이격거리 : 2[m] 이상일 것

19 출퇴표시등 회로에 전기를 공급하기 위한 변압기는 1차측 전로의 대지 전압이 300[V] 이하, 2차측 진로의 사용전압은 몇 [V] 이하인 절연변압기이어야 하는가?

① 60

② 80

③ 100

④ 150

> **해설** **소세력 회로**(小勢力回路)(KEC 241.14)
>
> 가. 전자 개폐기의 조작회로 또는 초인벨·경보벨 등에 접속하는 전로로서 최대 사용전압이 60[V] 이하인 것은 다음에 따라 시설하여야 한다.
>
> 나. 소세력 회로에 전기공급을 위한 절연변압기의 사용전압 : 대지 전압 300[V] 이하

20 중성점 직접 접지식 전로에 접속되는 최대사용전압 161[kV]인 3상 변압기 권선(성형결선)의 절연내력 시험을 할 때 접지시켜서는 안 되는 것은?

① 철심 및 외함

② 시험되는 변압기의 부싱

③ 시험되는 권선의 중성점 단자

④ 시험되지 않는 각 권선(다른 권선이 2개 이상 있는 경우에는 각 권선)의 임의의 1단자

> **해설** **변압기전로의 절연내력**
>
> 가. 최대 사용전압이 60[kV]를 초과하는 권선으로서 중성점 직접접지식전로에 접속하는 것
>
> 나. 시험되는 권선의 중성점 단자, 다른 권선(다른 권선이 2개 이상 있는 경우에는 각 권선)의 임의의 1단자, 철심 및 외함을 접지하고 시험되는 권선의 중성점 단자 이외의 임의의 1단자와 대지 사이에 시험전압을 연속하여 10분간 가함

정답 | 17 ① 18 ① 19 ① 20 ②

CHAPTER 02 2020년 제3회 과년도 기출문제

01 345[kV] 송전선을 사람이 쉽게 들어가지 않는 산지에 시설할 때 전선의 지표상 높이는 몇 [m] 이상으로 하여야 하는가?

① 7.28
② 7.56
③ 8.28
④ 8.56

해설 **특고압 가공전선의 높이**(KEC 333.7)

사용전압	구분	지표상의 높이
160[kV] 초과	일반장소	6.0[m]+단수×0.12[m] 이상
	철도 또는 궤도 횡단	6.5[m]+단수×0.12[m] 이상
	산지 등에서 사람이 쉽게 들어갈 수 없는 장소	5.0[m]+단수×0.12[m] 이상

※ 단수 계산 = $\dfrac{160[kV] \text{ 초과전압} - 160[kV]}{10}$ → 소수점은 절상한 값을 적용함

- 단수 = $\dfrac{345-160}{10} = 18.5 → 19$단
- 이격거리 = $5[m] + 19 \times 0.12[m] = 7.28[m]$

02 변전소에서 오접속을 방지하기 위하여 특고압 전로의 보기 쉬운 곳에 반드시 표시해야 하는 것은?

① 상별표시
② 위험표시
③ 최대전류
④ 정격전압

해설 **특고압전로의 상 및 접속 상태의 표시**(KEC 351.2)
가. 보기 쉬운 곳에 상별(相別) 표시를 할 것
나. 그 접속 상태를 모의모선(模擬母線)의 사용 기타의 방법에 의하여 표시할 것(다만, 특고압전선로의 회선 수가 2 이하이고 또한 특고압의 모선이 단일모선인 경우에는 예외임)

03 전력 보안 가공통신선의 시설 높이에 대한 기준으로 옳은 것은?

① 철도의 궤도를 횡단하는 경우에는 레일면상 5[m] 이상

② 횡단보도교 위에 시설하는 경우에는 그 노면상 3[m] 이상

③ 도로(차도와 도로의 구별이 있는 도로는 차도) 위에 시설하는 경우에는 지표상 2[m] 이상

④ 교통에 지장을 줄 우려가 없도록 도로(차도와 도로의 구별이 있는 도로는 차도) 위에 시설하는 경우에는 지표상 2[m]까지로 감할 수 있다.

> **해설** 전력보안통신선의 시설 높이와 이격거리(KEC 362.2)
>
> | 구분 | 높이[m] |
> | --- | --- |
> | 가. 도로 위에 시설(교통에 지장을 줄 우려가 없는 경우) | 지표상 5[m] 이상 (4.5[m] 경감 가능) |
> | 나. 철도 또는 궤도 횡단 | 레일면상 6.5[m] 이상 |
> | 다. 횡단보도교 위에 시설 | 노면상 3[m] 이상 |
> | 라. "가"에서 "다"까지 이외의 경우 | 지표상 3.5[m] 이상 |

04 가반형의 용접전극을 사용하는 아크용접장치의 용접변압기의 1차측 전로의 대지 전압은 몇 [V] 이하이어야 하는가?

① 60

② 150

③ 300

④ 400

> **해설** 아크 용접기(KEC 241.10)
>
> 가. 용접변압기 : 절연변압기일 것
> 나. 용접변압기의 1차측 전로의 대지 전압 : 300[V] 이하일 것

05 전기온상용 발열선은 그 온도가 몇 [℃]를 넘지 않도록 시설하여야 하는가?

① 50

② 60

③ 80

④ 100

> **해설** 전기온상 등의 발열선의 시설(KEC 241.5.2)
>
> 가. 전선 : 전기온상선일 것
> 나. 발열선 온도 : 80[℃]를 넘지 않도록 시설할 것

06 사용전압이 154[kV]인 가공전선로를 제1종 특고압 보안공사로 시설할 때 사용되는 경동연선의 단면적은 몇 [mm^2] 이상이어야 하는가?

① 55
② 100
③ 150
④ 200

해설 **특고압 보안공사**(KEC 333.22)

제1종 특고압 보안공사의 전선이 케이블인 경우 이외

사용전압	전선
100[kV] 미만	단면적 55[mm^2] 이상의 경동연선
100[kV] 이상 300[kV] 미만	단면적 150[mm^2] 이상의 경동연선
300[kV] 이상	단면적 200[mm^2] 이상의 경동연선

---

07 고압용 기계기구를 시가지에 시설할 때 지표상 몇 [m] 이상의 높이에 시설하고, 또한 사람이 쉽게 접촉할 우려가 없도록 하여야 하는가?

① 4.0
② 4.5
③ 5.0
④ 5.5

해설 **고압용 기계기구의 시설**(KEC 341.8)

기계기구(부속전선에 케이블, 또는 고압 인하용 절연전선사용)의 설치 높이

가. 시가지 : 지표상 4.5[m] 이상의 높이에 시설
나. 시가지 외 : 지표상 4[m] 이상의 높이에 시설

---

08 발전기, 전동기, 조상기, 기타 회전기(회전변류기 제외)의 절연내력시험전압은 어느 곳에 가하는가?

① 권선과 대지 사이
② 외함과 권선 사이
③ 외함과 대지 사이
④ 회전자와 고정자 사이

해설 **회전기 및 정류기의 절연내력**(KEC 133)

종류(최대사용전압)			시험전압	시험방법
회전기	발전기, 전동기, 조상기, 기타 회전기 (회전변류기 제외)	7[kV] 이하	최대사용-전압×1.5배 (최저전압 : 500[V])	권선과 대지 사이에 연속하여 10분간 가한다.
		7[kV] 초과	최대사용-전압×1.25배 (최저전압 : 10.5[kV])	
	회전변류기		직류측 최대사용-전압×1배 교류전압(최저전압 : 500[V])	

---

09 특고압 지중전선이 지중 약전류전선 등과 접근하거나 교차하는 경우에 상호 간의 이격거리가 몇 [cm] 이하일 때에는 두 전선이 직접 접촉하지 아니하도록 하여야 하는가?

① 15

② 20

③ 30

④ 60

해설 **지중전선과 지중약전류전선 등 또는 관과의 접근 또는 교차**(KEC 334.6)

다음의 이격거리 이하인 경우 견고한 내화성 격벽을 시설해야 한다.

구분	이격 거리
저압 또는 고압의 지중전선과 지중약전류 전선 간	0.3[m] 이하
특고압 지중전선과 지중약전류 전선 간	0.6[m] 이하
특고압 지중전선이 가연성이나 유독성의 유체를 내포하는 관과 접근 · 교차	1.0[m] 이하

10 고압 옥내배선의 공사방법으로 틀린 것은?

① 케이블공사

② 합성수지관공사

③ 케이블트레이공사

④ 애자사용공사(건조한 장소로서 전개된 장소에 한한다)

해설 **고압 옥내배선 등의 시설**(KEC 342.1)

고압 옥내배선의 종류

가. 애자사용배선(건조한 장소로서 전개된 장소에 적용)

나. 케이블배선

다. 케이블트레이배선

11 조상설비에 내부고장, 과전류 또는 과전압이 생긴 경우 자동적으로 차단되는 장치를 해야 하는 전력용 커패시터의 최소 뱅크용량은 몇 [kVA]인가?

① 10,000

② 12,000

③ 13,000

④ 15,000

해설 **조상설비의 보호장치**(KEC 351.5)

설비종별	뱅크용량의 구분	자동적으로 전로로부터 차단하는 장치
전력용 커패시터 및 분로리액터	500[kVA] 초과 15,000[kVA] 미만	내부에 고장이 생긴 경우에 동작하는 장치 또는 과전류가 생긴 경우에 동작하는 장치
	15,000[kVA] 이상	내부에 고장이 생긴 경우에 동작하는 장치 및 과전류가 생긴 경우에 동작하는 장치 또는 과전압이 생긴 경우에 동작하는 장치

정답 | 09 ④ 10 ② 11 ④

12 사용전압이 440[V]인 이동기중기용 접촉전선을 애자사용공사에 의하여 옥내의 전개된 장소에 시설하는 경우 사용하는 전선으로 옳은 것은?

① 인장강도가 3.44[kN] 이상인 것 또는 지름 2.6[mm]의 경동선으로 단면적이 8[mm²] 이상인 것
② 인장강도가 3.44[kN] 이상인 것 또는 지름 3.2[mm]의 경동선으로 단면적이 18[mm²] 이상인 것
③ 인장강도가 11.2[kN] 이상인 것 또는 지름 6[mm]의 경동선으로 단면적이 28[mm²] 이상인 것
④ 인장강도가 11.2[kN] 이상인 것 또는 지름 8[mm]의 경동선으로 단면적이 18[mm²] 이상인 것

해설 옥내에 시설하는 저압 접촉전선 배선(KEC 232.81)
저압 접촉전선을 애자공사에 의하여 옥내의 전개된 장소에 시설하는 경우

구분	규격
400[V] 초과	가. 인장강도 : 11.2[kN] 이상 나. 지름 6[mm]의 경동선으로, 단면적 28[mm²] 이상
400[V] 이하	가. 인장강도 : 3.44[kN] 이상 나. 지름 3.2[mm] 이상의 경동선으로, 단면적이 8[mm²] 이상

13 옥내에 시설하는 사용전압이 400[V] 초과, 1,000[V] 이하인 전개된 장소로서 건조한 장소가 아닌 기타 장소의 관등회로 배선공사로서 적합한 것은?

① 애자사용공사
② 금속몰드공사
③ 금속덕트공사
④ 합성수지몰드공사

해설 관등회로의 배선(KEC 234.12.3)
→ 관등회로의 배선은 애자공사로 다음과 같이 시설할 것
가. 전선 : 네온관용 전선을 사용할 것
나. 배선은 외상을 받을 우려가 없고 사람이 접촉될 우려가 없는 노출장소에 시설할 것
다. 전선은 애자로 견고하게 지지하여 조영재의 아랫면 또는 옆면에 부착함

14 가공 직류 절연 귀선은 특별한 경우를 제외하고 어느 전선에 준하여 시설하여야 하는가?

① 저압가공전선
② 고압가공전선
③ 특고압가공전선
④ 가공 약전류 전선

해설 (구) 전기설비기술기준의 판단기준 제260조(가공 직류 절연귀선의 시설)
가공 직류 절연 귀선은 저압 가공 전선에 준하여 시설하여야 한다.

정답 | 12 ③ 13 ① 14 ①

15 저압가공전선으로 사용할 수 없는 것은?

① 케이블   ② 절연전선

③ 다심형 전선   ④ 나동복 강선

> **해설** **저압 가공전선의 굵기 및 종류**(KEC 222.5)
> 가. 나전선(중성선 또는 다중접지된 접지측 전선으로 사용하는 전선에 한함)
> 나. 절연전선
> 다. 다심형 전선 또는 케이블

16 가공전선로의 지지물에 시설하는 지선의 시설기준으로 틀린 것은?

① 지선의 안전율을 2.5 이상으로 할 것
② 소선은 최소 5가닥 이상의 강심 알루미늄연선을 사용할 것
③ 도로를 횡단하여 시설하는 지선의 높이는 지표상 5[m] 이상으로 할 것
④ 지중부분 및 지표상 30[cm]까지의 부분에는 내식성이 있는 것을 사용할 것

> **해설** **지선의 시설**(KEC 331.11)
> 가. 지선의 안전율 : 2.5 이상일 것(이 경우에 허용 인장하중의 최저는 4.31[kN])
> 나. 지선에 연선을 사용할 경우
>   가) 소선 : 3가닥 이상의 연선일 것
>   나) 소선의 지름 : 2.6[mm] 이상의 금속선일 것
>   다) 지중부분 및 지표상 0.3[m]까지의 부분에는 내식성이 있는 것 또는 아연 도금을 한 철봉을 사용하고, 쉽게 부식되지 않는 근가에 견고하게 붙일 것
> 다. 도로를 횡단하여 시설하는 지선의 높이 → 지표상 : 5[m] 이상일 것

17 특고압 가공전선로 중 지지물로서 직선형의 철탑을 연속하여 10기 이상 사용하는 부분에는 몇 기 이하마다 내장 애자장치가 되어 있는 철탑 또는 이와 동등 이상의 강도를 가지는 철탑 1기를 시설하여야 하는가?

① 3   ② 5

③ 7   ④ 10

> **해설** **특고압 가공전선로의 내장형 등의 지지물 시설**(KEC 333.16)
> 지지물로서 직선형의 철탑을 연속하여 10기 이상 사용하는 부분
> 가. 10기 이하마다 장력에 견디는 애자장치가 되어 있는 철탑
> 나. 또는 이와 동등 이상의 강도를 가지는 철탑 1기를 시설할 것

정답 | 15 ④   16 ②   17 ④

18 제1종 또는 제2종 접지공사에 사용하는 접지선을 사람이 접촉할 우려가 있는 곳에 시설하는 경우, 「전기용품 및 생활용품 안전관리법」을 적용받는 합성수지관(두께 2[mm] 미만의 합성수지제 전선관 및 난연성이 없는 콤바인덕트관을 제외한다.)으로 덮어야 하는 범위로 옳은 것은? [KEC 규정에 따라 삭제]

① 접지선의 지하 30[cm]로부터 지표상 1[m]까지의 부분
② 접지선의 지하 50[cm]로부터 지표상 1.2[m]까지의 부분
③ 접지선의 지하 60[cm]로부터 지표상 1.8[m]까지의 부분
④ 접지선의 지하 75[cm]로부터 지표상 2[m]까지의 부분

해설 **(구) 전기설비기술기준의 판단기준 제19조(각종 접지공사의 세목)**
접지선의 지하 75[cm]로부터 지표상 2[m]까지의 부분은 「전기용품 및 생활용품 안전관리법」의 적용을 받는 합성수지관 또는 이와 동등 이상의 절연효력 및 강도를 가지는 몰드로 덮을 것

19 사용전압이 400[V] 이하인 저압가공전선은 케이블인 경우를 제외하고는 지름이 몇 [mm] 이상이어야 하는가? (단, 절연전선은 제외한다.)

① 3.2
② 3.6
③ 4.0
④ 5.0

해설 **저압 가공전선의 굵기 및 종류(KEC 222.5)**
인장강도 및 지름

사용전압		저압 가공전선	인장강도	지름
400[V] 이하		케이블 제외	3.43[kN] 이상	3.2[mm] 이상
		절연전선	2.3[kN] 이상	2.6[mm] 이상의 경동선
400[V] 초과	케이블인 경우 이외	시가지 시설	8.01[kN] 이상	5[mm] 이상의 경동선
		시가지 외에 시설	5.26[kN] 이상	4[mm] 이상의 경동선

20 수용장소의 인입구 부근에 대지 사이의 전기저항값이 3[Ω] 이하인 값을 유지하는 건물의 철골을 접지극으로 사용하여 제2종 접지공사를 한 저압전로의 접지 측 전선에 추가 접지 시 사용하는 접지선을 사람이 접촉할 우려가 있는 곳에 시설할 때는 어떤 공사방법으로 시설하는가?

① 금속관공사
② 케이블공사
③ 금속몰드공사
④ 합성수지관공사

해설 **(구) 전기설비기술기준의 판단기준 제22조(수용장소의 인입구의 접지)**
가. 수용장소의 인입구 부근에서 다음 각 호의 것을 접지극으로 사용하여 이를 제2종 접지 공사를 한 저압전선로의 중성선 또는 접지측 전선에 추가로 접지공사를 할 수 있다.
　가) 금속제 수도관로가 있는 경우
　나) 대지 사이의 전기저항 값이 3[Ω] 이하인 값을 유지하는 건물의 철골이 있는 경우
　다) TN-C-S 접지계통으로 시설하는 저압수용장소의 접지극
나. 이 경우에 접지선을 사람이 접촉할 우려가 있는 곳에 시설할 때에는 접지선은 케이블공사에 의한 저압옥내배선의 규정에 준하여 시설하여야 한다.

정답 | **18** ④ **19** ① **20** ②

CHAPTER 03

2020년 제4회 과년도 기출문제

01 과전류차단기로 시설하는 퓨즈 중 고압전로에 사용하는 비포장 퓨즈는 정격전류 2배 전류 시 몇 분 안에 용단되어야 하는가?

① 1분   ② 2분

③ 5분   ④ 10분

> **해설** **고압 및 특고압 전로 중의 과전류차단기의 시설(KEC 341.10)**
> 고압전로에 사용하는 포장 퓨즈 및 비포장 퓨즈

퓨즈 종류	성능
포장 퓨즈	가. 정격전류 1.3배의 전류에 견딜 것 나. 2배의 전류로 120분 안에 용단되는 것
비포장 퓨즈	가. 정격전류 1.25배의 전류에 견딜 것 나. 2배의 전류로 2분 안에 용단되는 것

02 옥내에 시설하는 저압전선에 나전선을 사용할 수 있는 경우는?

① 버스덕트공사에 의하여 시설하는 경우

② 금속덕트공사에 의하여 시설하는 경우

③ 합성수지관 공사에 의하여 시설하는 경우

④ 후강전선관 공사에 의하여 시설하는 경우

> **해설** **나전선의 사용 제한(KEC 231.4)**
> 가. 옥내 시설하는 저압전선 : 나전선을 사용할 수 없다.
> 나. 예외규정(나전선 사용 가능한 경우)
>   가) 애자공사에 의하여 전개된 곳에 다음의 전선을 시설하는 경우
>   ⓐ 전기로용 전선
>   ⓑ 전선의 피복 절연물이 부식하는 장소에 시설하는 전선
>   ⓒ 취급자 이외의 자가 출입할 수 없도록 설비한 장소에 시설하는 전선
>   나) 버스덕트공사에 의하여 시설하는 경우
>   다) 라이팅덕트공사에 의하여 시설하는 경우
>   라) 접촉 전선을 시설하는 경우

정답 | 01 ②   02 ①

03 고압 가공전선로에 사용하는 가공지선은 지름 몇 [mm] 이상의 나경동선을 사용하여야 하는가?

① 2.6   ② 3.0

③ 4.0   ④ 5.0

> **해설** **고압 가공전선로의 가공지선**(KEC 332.6)
> 가. 인장강도 : 5.26[kN] 이상의 것
> 나. 지름 : 4[mm] 이상의 나경동선

04 사용전압이 35,000[V] 이하인 특고압 가공전선과 가공약전류 전선을 동일 지지물에 시설하는 경우, 특고압 가공전선로의 보안공사로 적합한 것은?

① 고압 보안공사   ② 제1종 특고압 보안공사

③ 제2종 특고압 보안공사   ④ 제3종 특고압 보안공사

> **해설** **특고압 가공전선과 가공약전류전선 등의 공용(공가)설치**(KEC 333.19)
> 35[kV] 이하인 특고압 가공전선과 가공약전류전선의 공가 → 특고압 가공전선로 : 제2종 특고압 보안공사일 것

05 그림은 전력선 반송통신용 결합장치의 보안장치이다. 여기에서 CC는 어떤 커패시터인가?

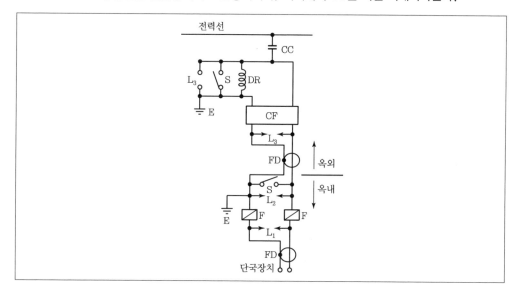

① 결합 커패시터   ② 전력용 커패시터

③ 정류용 커패시터   ④ 축전용 커패시터

> **해설** **전력선 반송 통신용 결합장치의 보안장치**(KEC 362.11)
> CC : 결합 커패시터(결합 안테나를 포함함)

정답 | 03 ③   04 ③   05 ①

06 수소냉각식 발전기 및 이에 부속하는 수소냉각장치의 시설에 대한 설명으로 틀린 것은?

① 발전기 안의 수소의 밀도를 계측하는 장치를 시설할 것
② 발전기 안의 수소의 순도가 85[%] 이하로 저하한 경우에 이를 경보하는 장치를 시설할 것
③ 발전기 안의 수소의 압력을 계측하는 장치 및 그 압력이 현저히 변동한 경우에 이를 경보하는 장치를 시설할 것
④ 발전기는 기밀구조의 것이고 또한 수소가 대기압에서 폭발하는 경우에 생기는 압력에 견디는 강도를 가지는 것일 것

> **해설** **수소냉각식 발전기 등의 시설**(KEC 351.10)
> 가. 발전기 또는 조상기는 기밀구조(氣密構造)의 것이고 또한 수소가 대기압에서 폭발하는 경우에 생기는 압력에 견디는 강도를 가지는 것일 것
> 나. 발전기 축의 밀봉부에는 질소 가스를 봉입할 수 있는 장치 또는 발전기 축의 밀봉부로부터 누설된 수소 가스를 안전하게 외부에 방출할 수 있는 장치를 시설할 것
> 다. 발전기 내부 또는 조상기 내부의 수소의 순도가 85[%] 이하로 저하한 경우에 이를 경보하는 장치를 시설할 것
> 라. 발전기 내부 또는 조상기 내부의 수소의 압력을 계측하는 장치 및 그 압력이 현저히 변동한 경우에 이를 경보하는 장치를 시설할 것
> 마. 발전기 내부 또는 조상기 내부의 수소의 온도를 계측하는 장치를 시설할 것

07 제2종 특고압 보안공사 시 지지물로 사용하는 철탑의 경간을 400[m] 초과로 하려면 몇 [mm²] 이상의 경동연선을 사용하여야 하는가?

① 38   ② 55
③ 82   ④ 95

> **해설** **특고압 보안공사**(KEC 333.22)
> 제2종 특고압 보안공사의 경간 제한
>
> | 지지물의 종류 | 경간 |
> |---|---|
> | 목주 · A종 철주 또는 A종 철근 콘크리트주 | 100[m] 이하 |
> | B종 철주 또는 B종 철근 콘크리트주 | 200[m] 이하 |
> | 철탑 | 400[m] 이하
(단주인 경우 : 300[m] 이하) |
>
> ※ 단면적이 **95[mm²]** 이상인 **경동연선**을 사용하고 지지물에 B종 철주, B종 철근 콘크리트주 또는 철탑을 사용하는 경우에는 그러하지 아니하다.

정답 | 06 ① 07 ④

08 목장에서 가축의 탈출을 방지하기 위하여 전기울타리를 시설하는 경우 전선은 인장강도가 몇 [kN] 이상의 것이어야 하는가?

① 1.38

② 2.78

③ 4.43

④ 5.93

> 해설 **전기울타리의 시설**(KEC 241.1.3)
>
> 전선은 인장강도 1.38[kN] 이상의 것 또는 지름 2[mm] 이상의 경동선일 것

09 다음 (　　　)에 들어갈 내용으로 옳은 것은?

> 전차선로는 무선설비의 기능에 계속적이고 또한 중대한 장해를 주는 (　　　)이/가 생길 우려가 있는 경우에는 이를 방지하도록 시설하여야 한다.

① 전파

② 혼촉

③ 단락

④ 정전기

> 해설 **전자파 장해의 방지**(KEC 461.6)
>
> 전차선로는 무선설비의 기능에 계속적이고 또한 중대한 장해를 주는 전자파가 생길 우려가 있는 경우에는 이를 방지하도록 시설할 것

10 최대사용전압이 7[kV]를 초과하는 회전기의 절연내력 시험은 최대사용전압의 몇 배의 전압(10,500[V] 미만으로 되는 경우에는 10,500[V])에서 10분간 견디어야 하는가?

① 0.92

② 1

③ 1.1

④ 1.25

> 해설 **회전기 및 정류기의 절연내력**(KEC 133)
>
> | 종류(최대사용전압) | | | 시험전압 | 시험방법 |
> |---|---|---|---|---|
> | 회전기 | 발전기, 전동기, 조상기, 기타 회전기(회전변류기 제외) | 7[kV] 이하 | 최대사용전압×1.5배 (최저전압 : 500[V]) | 권선과 대지 사이에 연속하여 10분간 가한다. |
> | | | 7[kV] 초과 | 최대사용전압×1.25배 (최저전압 : 10.5[kV]) | |
> | | 회전변류기 | | 직류측 최대사용전압×1배 교류전압(최저전압 : 500[V]) | |

11 버스덕트공사에 의한 저압 옥내배선 시설공사에 대한 설명으로 틀린 것은?

① 덕트(환기형의 것을 제외)의 끝부분은 막지 말 것
② 사용전압이 400[V] 미만인 경우에는 덕트에 제3종 접지공사를 할 것
③ 덕트(환기형의 것을 제외)의 내부에 먼지가 침입하지 아니하도록 할 것
④ 사람이 접촉할 우려가 있고, 사용전압이 400[V] 이상인 경우에는 덕트에 특별 제3종 접지공사를 할 것

> 해설 **버스덕트공사의 시설조건(KEC 232.61.1)**
> 가. 덕트의 지지점 간의 거리(덕트를 조영재에 붙이는 경우)
>   가) 3[m] 이하
>   나) 취급자 이외의 자가 출입할 수 없도록 설비한 곳에서 수직 부착 시 : 6[m] 이하
> 나. 덕트(환기형의 것 제외)의 끝부분은 막을 것
> 다. 덕트(환기형의 것 제외)의 내부에 먼지가 침입하지 않도록 할 것
> 라. 덕트는 접지공사를 할 것

12 교량의 윗면에 시설하는 고압 전선로는 전선의 높이를 교량의 노면상 몇 [m] 이상으로 하여야 하는가?

① 3
② 4
③ 5
④ 6

> 해설 **교량에 시설하는 전선로(KEC 335.6)**
> 고압전선로 시설(교량의 윗면에 시설하는 경우)
> → 전선의 높이를 교량의 노면상 5[m] 이상으로 할 것

13 저압의 전선로 중 절연부분의 전선과 대지 간의 절연저항은 사용전압에 대한 누설전류가 최대공급전류의 얼마를 넘지 않도록 유지하여야 하는가?

① $\dfrac{1}{1,000}$
② $\dfrac{1}{2,000}$
③ $\dfrac{1}{3,000}$
④ $\dfrac{1}{4,000}$

> 해설 **누설전류의 제한(전기설비기술기준 제27조)**
> 저압전선로 중 절연 부분의 전선과 대지 사이 및 전선의 심선 상호 간의 절연저항은 사용전압에 대한 누설전류가
> 최대 공급전류의 $\dfrac{1}{2,000}$ 을 넘지 않도록 할 것

정답 | 11 ① 12 ③ 13 ②

14 사용전압이 특고압인 전기집진장치에 전원을 공급하기 위해 케이블을 사람이 접촉할 우려가 없도록 시설하는 경우 방식 케이블 이외의 케이블의 피복에 사용하는 금속체에는 몇 종 접지공사로 할 수 있는가? [KEC 규정에 따라 삭제]

① 제1종 접지공사

② 제2종 접지공사

③ 제3종 접지공사

④ 특별 제3종 접지공사

해설 **(구) 전기설비기술기준의 판단기준 제246조(전기집진장치 등의 시설)**
케이블을 넣는 방호장치의 금속제 부분 및 방식 케이블 이외의 케이블의 피복에 사용하는 금속체에는 제1종 접지공사를 할 것. 다만, 사람이 접촉할 우려가 없도록 시설하는 경우에는 제3종 접지공사에 의할 수 있다.

15 지중전선로에 사용하는 지중함의 시설기준으로 틀린 것은?

① 지중함은 견고하고 차량 기타 중량물의 압력에 견디는 구조일 것

② 지중함은 그 안의 고인 물을 제거할 수 있는 구조로 되어있을 것

③ 지중함의 뚜껑은 시설자 이외의 자가 쉽게 열 수 없도록 시설할 것

④ 폭발성의 가스가 침입할 우려가 있는 것에 시설하는 지중함으로써 그 크기가 0.5[m³] 이상인 것에는 통풍장치 기타 가스를 방산시키기 위한 적당한 장치를 시설할 것

해설 **지중함의 시설(KEC 334.2)**
가. 지중함 구조
　가) 견고하고 차량 기타 중량물의 압력에 견디는 구조일 것
　나) 그 안의 고인 물을 제거할 수 있는 구조로 일 것
나. 폭발성 또는 연소성의 가스가 침입할 우려가 있는 것에 시설하는 지중함 : 그 크기가 1[m³] 이상인 것에는 통풍장치 기타 가스를 방산 장치를 시설할 것
다. 지중함의 뚜껑
　가) 시설자 이외의 자가 쉽게 열 수 없도록 시설할 것
　나) 저압지중함 : 절연성능이 있는 고무판을 주철(강)재의 뚜껑 아래에 설치할 것

16 사람이 상시 통행하는 터널 안의 배선(전기기계기구 안의 배선, 관등회로의 배선, 소세력 회로의 전선 및 출퇴 표시등회로의 전선은 제외)의 시설기준에 적합하지 않은 것은? (단, 사용전압이 저압의 것에 한한다.)

① 합성수지관 공사로 시설하였다.

② 공칭단면적 2.5[mm²]의 연동선을 사용하였다.

③ 애자사용공사 시 전선의 높이는 노면상 2[m]로 시설하였다.

④ 전로에는 터널의 입구 가까운 곳에 전용개폐기를 시설하였다.

해설 **터널 안 전선로의 시설**(KEC 335.1)

사람이 상시 통행하는 터널 안의 전선로 시설방법

가. 애자사용배선에 의하여 시설할 것

사용전선	인장강도 2.30[kN] 이상의 절연전선 또는 지름 2.6[mm] 이상의 경동선의 절연전선
레일면상 또는 노면상 높이	2.5[m] 이상의 높이로 유지

나. 합성수지관공사, 금속관공사, 금속제 가요전선관공사, 케이블공사의 규정에 준하는 케이블배선에 의하여 시설할 것

17 발전소에서 계측하는 장치를 시설하여야 하는 사항에 해당하지 않는 것은?

① 특고압용 변압기의 온도
② 발전기의 회전수 및 주파수
③ 발전기의 전압 및 전류 또는 전력
④ 발전기의 베어링(수중 메탈을 제외한다) 및 고정자의 온도

해설 **계측장치**(KEC 351.6)

발전소에서는 다음 사항을 계측하는 장치를 시설할 것

가. 발전기 · 연료전지 또는 태양전지 모듈의 전압 및 전류 또는 전력
나. 발전기의 베어링(수중 메탈을 제외) 및 고정자(固定子)의 온도
다. 주요 변압기의 전압 및 전류 또는 전력
라. 특고압용 변압기의 온도

18 가공전선로의 지지물에 하중이 가하여지는 경우에 그 하중을 받는 지지물의 기초안전율은 얼마 이상이어야 하는가? (단, 이상 시 상정하중은 무관하다.)

① 1.5
② 2.0
③ 2.5
④ 3.0

해설 **가공전선로 지지물의 기초의 안전율**(KEC 331.7)

가공전선로의 지지물의 기초의 안전율 : 2 이상일 것(이상 시 상정하중에 대한 철탑의 기초 안전율 : 1.33)

19 금속제 외함을 가진 저압의 기계기구로서 사람이 쉽게 접촉될 우려가 있는 곳에 시설하는 경우 전기를 공급받는 전로에 지락이 생겼을 때 자동적으로 전로를 차단하는 장치를 설치하여야 하는 기계기구의 사용전압이 몇 [V]를 초과하는 경우인가?

① 30
② 50
③ 100
④ 150

해설 **누전차단기의 시설**(KEC 211.2.4)

금속제 외함을 가지는 사용전압이 50[V]를 초과하는 저압의 기계기구로서 사람이 쉽게 접촉할 우려가 있는 곳

정답	17 ② 18 ② 19 ②

20 케이블 트레이공사에 사용하는 케이블 트레이에 대한 기준으로 틀린 것은?

① 안전율은 1.5 이상으로 하여야 한다.

② 비금속제 케이블 트레이는 수밀성 재료의 것이어야 한다.

③ 금속제 케이블 트레이 계통은 기계적 및 전기적으로 완전하게 접속하여야 한다.

④ 저압 옥내배선의 사용전압이 400[V] 이상인 경우에는 금속제 트레이에 특별 제3종 접지공사를 하여야 한다.

해설 **케이블트레이의 선정**(KEC 232.41.2)

    가. 안전율은 1.5 이상일 것

    나. 금속재의 것은 적절한 방식처리 및 내식성 재료일 것

    다. 비금속제 케이블 트레이는 난연성 재료일 것

    라. 금속제 케이블 트레이 시스템은 기계적 및 전기적으로 완전하게 접속할 것

    마. 금속제 트레이는 접지공사를 할 것

정답 | 20 ②

01 사용전압이 22.9[kV]인 가공전선로의 다중접지한 중성선과 첨가 통신선의 이격거리는 몇 [cm] 이상이어야 하는가? (단, 특고압 가공전선로는 중성선 다중접지식의 것으로 전로에 지락이 생긴 경우 2초 이내에 자동적으로 이를 전로로부터 차단하는 장치가 되어 있는 것으로 한다.)

① 60 ② 75
③ 100 ④ 120

> **해설** **전력보안통신선의 시설 높이와 이격거리**(KEC 362.2)
>
> 가공전선과 첨가 통신선과의 이격거리
> 가. 통신선은 가공전선의 아래에 시설할 것
> 나. 이격거리

구분	이격거리
가) 통신선과 저압 가공전선 또는 특고압 가공전선로의 다중접지를 한 중성선 사이	0.6[m] 이상
나) 통신선과 [15[kV] 이하인 특고압 가공전선로 및 15[kV] 초과 25[kV] 이하인 특고압 가공전선로(중성점 다중접지 방식의 것으로 전로에 지락 발생 시 2초 이내 자동 차단장치 시설 시)]	0.75[m] 이상

02 다음 ( )에 들어갈 내용으로 옳은 것은?

> 지중전선로는 기설 지중약전류 전선로에 대하여 (ⓐ) 또는 (ⓑ)에 의하여 통신상의 장해를 주지 않도록 기설약전류 전선로로부터 충분히 이격시키거나 기타 적당한 방법으로 시설하여야 한다.

① ⓐ 누설전류, ⓑ 유도작용 ② ⓐ 단락전류, ⓑ 유도작용
③ ⓐ 단락전류, ⓑ 정전작용 ④ ⓐ 누설전류, ⓑ 정전작용

> **해설** **지중약전류전선의 유도장해 방지**(KEC 334.5)
>
> 지중전선로는 기설 지중약전류전선로에 대한 누설전류 또는 유도작용에 의한 통신상 장해 방지를 위해 기설 약전류전선로로부터 충분히 이격 및 적당한 방호장치를 시설할 것

정답 | 01 ② 02 ①

03 전격살충기의 전격격자는 지표 또는 바닥에서 몇 [m] 이상의 높은 곳에 시설하여야 하는가?

① 1.5

② 2

③ 2.8

④ 3.5

> **해설** **전격살충기의 시설**(KEC 241.7.1)
>
> 전격격자 높이 : 지표 또는 바닥에서 3.5[m] 이상의 높이에 시설할 것

04 사용전압이 154[kV]인 모선에 접속되는 전력용 커패시터에 울타리를 시설하는 경우 울타리의 높이와 울타리로부터 충전부분까지 거리의 합계는 몇 [m] 이상 되어야 하는가?

① 2

② 3

③ 5

④ 6

> **해설** **발전소 등의 울타리 · 담 등의 시설**(KEC 351.1)
>
> 울타리 · 담 등과 고압 및 특고압의 충전 부분이 접근하는 경우에는 울타리 · 담 등의 높이 와 높이와 울타리 · 담 등으로부터 충전부분까지 거리의 합계는 다음 표에서 정한 값 이상일 것
>
> | 사용전압의 구분 | 울타리 · 담 등의 높이와 울타리 · 담 등으로부터 충전부분까지의 거리의 합계 |
> |---|---|
> | 35[kV] 이하 | 5[m] 이상 |
> | 35[kV] 초과 160[kV] 이하 | 6[m] 이상 |
> | 160[kV] 초과 | 6[m]＋단수×0.12[m] 이상 |
>
> ※ 단수 계산＝$\dfrac{\text{최대 사용전압[kV]}-160\text{[kV]}}{10}$ → 소수점은 절상한 값을 적용함

05 사용전압이 22.9[kV]인 가공전선이 삭도와 제1차 접근상태로 시설되는 경우, 가공전선과 삭도 또는 삭도용 지주 사이의 이격거리는 몇 [m] 이상으로 하여야 하는가? (단, 전선으로는 특고압 절연전선을 사용한다.)

① 0.5

② 1

③ 2

④ 2.12

> **해설** **특고압 가공전선과 삭도의 접근 또는 교차**(KEC 333.25)
>
> 특고압 가공전선과 삭도 또는 삭도용 지주 사이의 이격거리(제1차 접근상태)는 다음 표 값 이상일 것
>
> | 사용전압의 구분 | 이격거리 |
> |---|---|
> | 35[kV] 이하 | 2[m]
(전선이 특고압 절연전선인 경우는 1[m], 케이블인 경우는 0.5[m]) |
> | 35[kV] 초과 60[kV] 이하 | 2[m] |
> | 60[kV] 초과 | 2[m]에 사용전압이 60[kV]를 초과하는 10[kV] 또는 그 단수마다 0.12[m]를 더한 값 |

정답 | 03 ④ 04 ④ 05 ②

06 사용전압이 22.9[kV]인 가공전선로를 시가지에 시설하는 경우 전선의 지표상 높이는 몇 [m] 이상인가? (단, 전선은 특고압 절연전선을 사용한다.)

① 6
② 7
③ 8
④ 10

해설 **시가지 등에서 특고압 가공전선로의 시설(KEC 333.1)**

전선의 지표상의 높이

사용전압의 구분	지표상의 높이
35[kV] 이하	10[m] 이상 (특고압 절연전선 : 8[m] 이상)
35[kV] 초과	10[m]+단수×0.12[m] 이상

※ 단수 계산 = $\dfrac{\text{최대 사용전압[kV]}-160[\text{kV}]}{10}$ → 소수점은 절상한 값을 적용함

07 저압 옥내배선에 사용하는 연동선의 최소 굵기는 몇 [mm²]인가?

① 1.5
② 2.5
③ 4.0
④ 6.0

해설 **저압 옥내배선의 사용전선(KEC 231.3.1)**

전선 : 단면적 2.5[mm²] 이상의 연동선

08 "리플프리(Ripple – free) 직류"란 교류를 직류로 변환할 때 리플성분의 실횻값이 몇 [%] 이하로 포함된 직류를 말하는가?

① 3
② 5
③ 10
④ 15

해설 **용어 정의(KEC 112)**

"리플프리(Ripple – free) 직류"란 교류를 직류로 변환할 때 리플성분의 실횻값이 10[%] 이하로 포함된 직류를 말한다.

09 저압전로에서 정전이 어려운 경우 등 절연저항 측정이 곤란한 경우 저항성분의 누설전류가 몇 [mA] 이하이면 그 전로의 절연성능은 적합한 것으로 보는가?

① 1
② 2
③ 3
④ 4

해설 **전로의 절연저항 및 절연내력(KEC 132)**

정전이 어려운 경우 등 절연저항 측정이 곤란한 경우에는 저항성분의 누설전류가 1[mA] 이하이면 그 전로의 절연성능은 적합한 것으로 본다.

정답 | 06 ③ 07 ② 08 ③ 09 ①

10 수소냉각식 발전기 및 이에 부속하는 수소냉각장치에 대한 시설기준으로 틀린 것은?

① 발전기 내부의 수소의 온도를 계측하는 장치를 시설할 것
② 발전기 내부의 수소의 순도가 70[%] 이하로 저하한 경우에 경보를 하는 장치를 시설할 것
③ 발전기는 기밀구조의 것이고 또한 수소가 대기압에서 폭발하는 경우에 생기는 압력에 견디는 강도를 가지는 것일 것
④ 발전기 내부의 수소의 압력을 계측하는 장치 및 그 압력이 현저히 변동한 경우에 이를 경보하는 장치를 시설할 것

> **해설** **수소냉각식 발전기 등의 시설(KEC 351.10)**
> 가. 발전기 또는 조상기는 기밀구조(氣密構造)의 것이고 또한 수소가 대기압에서 폭발하는 경우에 생기는 압력에 견디는 강도를 가지는 것일 것
> 나. 발전기축의 밀봉부에는 질소 가스를 봉입할 수 있는 장치 또는 발전기 축의 밀봉부터 누설된 수소 가스를 안전하게 외부에 방출할 수 있는 장치를 시설할 것
> 다. 발전기 내부 또는 조상기 내부의 수소의 순도가 85[%] 이하로 저하한 경우에 이를 경보하는 장치를 시설할 것
> 라. 발전기 내부 또는 조상기 내부의 수소의 압력을 계측하는 장치 및 그 압력이 현저히 변동한 경우에 이를 경보하는 장치를 시설할 것
> 마. 발전기 내부 또는 조상기 내부의 수소의 온도를 계측하는 장치를 시설할 것

11 저압 절연전선으로 「전기용품 및 생활용품 안전관리법」의 적용을 받는 것 이외에 KS에 적합한 것으로서 사용할 수 없는 것은?

① 450/750[V] 고무절연전선
② 450/750[V] 비닐절연전선
③ 450/750[V] 알루미늄절연전선
④ 450/750[V] 저독성 난연 폴리올레핀절연전선

> **해설** **절연전선(KEC 122.1)**
>
> | 저압 절연전선 | 가. 「전기용품 및 생활용품 안전관리법」의 적용을 받는 것
나. KS에 적합한 것
  가) 450/750[V] 비닐절연전선
  나) 450/750[V] 저독성 난연 폴리올레핀절연전선
  다) 450/750[V] 저독성 난연 가교폴리올레핀절연전선
  라) 450/750[V] 고무절연전선 |
> | --- | --- |

12 전기철도차량에 전력을 공급하는 전차선의 가선방식에 포함되지 않는 것은?

① 가공방식 ② 강체방식
③ 제3레일 방식 ④ 지중조가선 방식

> **해설** **전차선 가선방식(KEC 431.1)**
> 가공방식, 강체방식, 제3레일 방식을 표준으로 할 것

정답 | 10 ② 11 ③ 12 ④

13 금속제 가요전선관 공사에 의한 저압 옥내배선의 시설기준으로 틀린 것은?

① 가요전선관 안에는 전선에 접속점이 없도록 한다.
② 옥외용 비닐절연전선을 제외한 절연전선을 사용한다.
③ 점검할 수 없는 은폐된 장소에는 1종 가요전선관을 사용할 수 있다.
④ 2종 금속제 가요전선관을 사용하는 경우에 습기 많은 장소에 시설하는 때에는 비닐피복 2종 가요전선관으로 한다.

> **해설** **시설조건**(KEC 232.13.1)
>   가. 전선 : 절연전선(옥외용 비닐절연전선은 제외)일 것
>   나. 전선 : 연선일 것{단면적 10[mm²](알루미늄선은 단면적 16[mm²]) 이하는 예외}
>   다. 가요전선관 안에는 전선에 접속점이 없도록 할 것
>   라. 가요전선관은 2종 금속제 가요전선관일 것
>   마. 1종 가요전선관 사용장소
>   가) 전개된 장소 또는 점검할 수 있는 은폐된 장소
>   나) 습기가 많은 장소 또는 물기가 많은 장소 : 비닐피복 1종 가요전선관

14 터널 안의 전선로의 저압전선이 그 터널 안의 다른 저압전선(관등회로의 배선은 제외)·약전류전선 등 또는 수관·가스관이나 이와 유사한 것과 접근하거나 교차하는 경우, 저압전선을 애자공사에 의하여 시설하는 때에는 이격거리가 몇 [cm] 이상이어야 하는가? (단, 전선이 나전선이 아닌 경우이다.)

① 10   ② 15
③ 20   ④ 25

> **해설** **터널 안 전선로의 전선과 약전류전선 등 또는 관 사이의 이격거리**(KEC 335.2)
>   터널 안의 전선로의 저압전선이 그 터널 안의 다른 저압전선(관등회로의 배선은 제외)·약전류전선 등 또는 수관·가스관이나 이와 유사한 것과 접근하거나 교차하는 경우에는 이격거리는 0.1[m](전선이 나전선인 경우에 0.3[m]) 이상일 것

15 전기철도의 설비를 보호하기 위해 시설하는 피뢰기의 시설기준으로 틀린 것은?

① 피뢰기는 변전소 인입 측 및 급전선 인출 측에 설치하여야 한다.
② 피뢰기는 가능한 한 보호하는 기기와 가깝게 시설하되 누설전류 측정이 용이하도록 지지대와 절연하여 설치한다.
③ 피뢰기는 개방형을 사용하고 유효 보호거리를 증가시키기 위하여 방전개시전압 및 제한전압이 낮은 것을 사용한다.
④ 피뢰기는 가공전선과 직접 접속하는 지중케이블에서 낙뢰에 의해 절연파괴의 우려가 있는 케이블 단말에 설치하여야 한다.

> **해설** 가. 피뢰기 설치장소(KEC 451.3)
>   가) 변전소 인입측 및 급전선 인출측
>   나) 가공전선과 직접 접속하는 지중케이블에서 낙뢰에 의해 절연파괴의 우려가 있는 케이블 단말

정답   13 ③   14 ①   15 ③

다) 피뢰기는 가능한 한 보호하는 기기와 가깝게 시설하되 누설전류 측정이 용이하도록 지지대와 절연하여 설치함

나. 피뢰기의 선정 시 고려사항(KEC 451.4)

가) 피뢰기 : 밀봉형을 사용

나) 방전개시전압 및 제한전압이 낮은 것을 사용

다) 변전소 근처의 단락 전류가 큰 장소에는 속류차단능력이 크고 또한 차단성능이 회로조건의 영향을 받을 우려가 적은 것을 사용

16 전선의 단면적이 38[mm²]인 경동연선을 사용하고 지지물로는 B종 철주 또는 B종 철근 콘크리트주를 사용하는 특고압 가공전선로를 제3종 특고압 보안공사에 의하여 시설하는 경우 경간은 몇 [m] 이하이어야 하는가?

① 100
② 150
③ 200
④ 250

해설 **특고압 보안공사**(KEC 333.22)

제3종 특고압 보안공사

지지물 종류	경간
목주·A종 철주 또는 A종 철근 콘크리트주	100[m] 이하 (단면적이 38[mm²] 이상 경동연선 사용 : 150[m] 이하)
B종 철주 또는 B종 철근 콘크리트주	200[m] 이하 (단면적이 55[mm²] 이상 경동연선 사용 : 250[m] 이하)
철탑	400[m] 이하 (단면적이 55[mm²] 이상 경동연선 사용 : 600[m] 이하)

17 태양광설비에 시설하여야 하는 계측기의 계측대상에 해당하는 것은?

① 전압과 전류
② 전력과 역률
③ 전류와 역률
④ 역률과 주파수

해설 **태양광설비의 계측장치**(KEC 522.3.6)

태양광설비에는 전압과 전류 또는 전압과 전력을 계측하는 장치를 시설할 것

18 교통신호등 회로의 사용전압이 몇 [V]를 넘는 경우는 전로에 지락이 생겼을 경우 자동적으로 전로를 차단하는 누전차단기를 시설하는가?

① 60
② 150
③ 300
④ 450

해설 **누전차단기**(KEC 234.15.6)

교통신호등 회로의 사용전압이 150[V]를 넘는 경우는 전로에 지락이 생겼을 경우 자동적으로 전로를 차단하는 누전차단기를 시설할 것

정답 | 16 ③ 17 ① 18 ②

19 가공전선로의 지지물에 시설하는 지선으로 연선을 사용할 경우, 소선(素線)은 몇 가닥 이상이어야 하는가?

① 2　　　　　　　　　　　　　② 3
③ 5　　　　　　　　　　　　　④ 9

> **해설** **지선의 시설**(KEC 331.11)
> 지선에 연선을 사용할 경우 → 소선 : 3가닥 이상의 연선일 것

20 저압전로의 보호도체 및 중선선의 접속방식에 따른 접지계통의 분류가 아닌 것은?

① IT 계통　　　　　　　　　　② TN 계통
③ TT 계통　　　　　　　　　　④ TC 계통

> **해설** **계통접지 구성**(KEC 203.1)
> 저압전로의 보호도체 및 중성선의 접속 방식에 따른 접지계통 분류
> 가. TN 계통
> 나. TT 계통
> 다. IT 계통

05 2021년 제2회 과년도 기출문제

01 지중 전선로를 직접 매설식에 의하여 차량, 기타 중량물의 압력을 받을 우려가 있는 장소에 시설하는 경우 매설 깊이는 몇 [m] 이상으로 하여야 하는가?

① 0.6   ② 1

③ 1.5   ④ 2

> **해설** **지중전선로의 시설**(KEC 334.1)
> 직접 매설식 매설 깊이
> 차량 기타 중량물의 압력을 받을 우려가 있는 장소 : 1.0[m] 이상

02 돌침, 수평도체, 메시도체의 요소 중 한 가지 또는 이를 조합한 형식으로 시설하는 것은?

① 접지극시스템   ② 수뢰부시스템

③ 내부피뢰시스템   ④ 인하도선시스템

> **해설** **수뢰부시스템**(KEC 152.1)
> 수뢰부시스템의 선정 : 돌침, 수평도체, 메시도체의 요소 중 한 가지 또는 이를 조합한 형식

03 지중 전선로에 사용하는 지중함의 시설기준으로 틀린 것은?

① 조명 및 세척이 가능한 장치를 하도록 할 것

② 견고하고 차량, 기타 중량물의 압력에 견디는 구조일 것

③ 그 안의 고인 물을 제거할 수 있는 구조로 되어 있을 것

④ 뚜껑은 시설자 이외의 자가 쉽게 열 수 없도록 시설할 것

> **해설** **지중함의 시설**(KEC 334.2)
> 가. 지중함 구조
>   가) 견고하고 차량 기타 중량물의 압력에 견디는 구조일 것
>   나) 그 안의 고인 물을 제거할 수 있는 구조로 일 것
> 나. 폭발성 또는 연소성의 가스가 침입할 우려가 있는 것에 시설하는 지중함 : 그 크기가 1[m³] 이상인 것에는 통풍 장치 기타 가스를 방산 장치를 시설할 것
> 다. 지중함의 뚜껑
>   가) 시설자 이외의 자가 쉽게 열 수 없도록 시설할 것
>   나) 저압지중함 : 절연성능이 있는 고무판을 주철(강)재의 뚜껑 아래에 설치할 것

정답 | 01 ② 02 ② 03 ①

04 전식 방지대책에서 매설금속체 측의 누설전류에 의한 전식의 피해가 예상되는 곳에 고려하여야 하는 방법으로 틀린 것은?

① 절연코팅
② 배류장치 설치
③ 변전소 간 간격 축소
④ 저준위 금속체를 접속

해설 **전식방지대책**(KEC 461.4)

전기철도측의 전식방식 또는 전식예방을 위한 고려사항	매설금속체측의 누설전류에 의한 전식의 피해가 예상되는 곳의 고려사항
가. 변전소 간 간격 축소 나. 레일본드의 양호한 시공 다. 장대레일 채택 라. 절연도상 및 레일과 침목 사이에 절연층의 설치	가. 배류장치 설치 나. 절연코팅 다. 매설금속체 접속부 절연 라. 저준위 금속체를 접속 마. 궤도와의 이격거리 증대 바. 금속판 등의 도체로 차폐

05 일반 주택의 저압 옥내배선을 점검하였더니 다음과 같이 시설되어 있었을 경우 시설기준에 적합하지 않은 것은?

① 합성수지관의 지지점 간의 거리를 2[m]로 하였다.
② 합성수지관 안에서 전선의 접속점이 없도록 하였다.
③ 금속관공사에 옥외용 비닐절연전선을 제외한 절연전선을 사용하였다.
④ 인입구에 가까운 곳으로서 쉽게 개폐할 수 있는 곳에 개폐기를 각 극에 시설하였다.

해설 **합성수지관 및 부속품의 시설**(KEC 232.11.3)
관의 지지점 간의 거리 : 1.5[m] 이하

06 하나 또는 복합하여 시설하여야 하는 접지극의 방법으로 틀린 것은?

① 지중 금속구조물
② 토양에 매설된 기초 접지극
③ 케이블의 금속외장 및 그 밖에 금속피복
④ 대지에 매설된 강화콘크리트의 용접된 금속 보강재

해설 **접지극의 시설 및 접지저항**(KEC 142.2)
접지극 시설 방법(아래의 하나 또는 복합)
가. 콘크리트에 매입 된 기초 접지극
나. 토양에 매설된 기초 접지극
다. 토양에 수직 또는 수평으로 직접 매설된 금속전극(봉, 전선, 테이프, 배관, 판 등)
라. 케이블의 금속외장 및 그 밖에 금속피복
마. 지중 금속구조물

정답 | 04 ③ 05 ① 06 ④

07 사용전압이 154[kV]인 전선로를 제1종 특고압 보안공사로 시설할 때 경동연선의 굵기는 몇 [mm²] 이상이어야 하는가?

① 55
② 100
③ 150
④ 200

해설 **특고압 보안공사**(KEC 333.22)
제1종 특고압 보안공사

사용전압	전선
100[kV] 미만	단면적 55[mm²] 이상의 경동연선
100[kV] 이상 300[kV] 미만	단면적 150[mm²] 이상의 경동연선
300[kV] 이상	단면적 200[mm²] 이상의 경동연선

08 다음 (   )에 들어갈 내용으로 옳은 것은?

> "동일 지지물에 저압 가공전선(다중접지된 중성선은 제외한다.)과 고압 가공전선을 시설하는 경우 고압 가공전선을 저압 가공전선의 (㉠)로 하고, 별개의 완금류에 시설해야 하며, 고압 가공전선과 저압 가공전선 사이의 이격거리는 (㉡)[m] 이상으로 한다."

① ㉠ 아래, ㉡ 0.5
② ㉠ 아래, ㉡ 1
③ ㉠ 위, ㉡ 0.5
④ ㉠ 위, ㉡ 1

해설 **고압 가공전선 등의 병행설치**(KEC 332.8)
저압 가공전선과 고압 가공전선을 동일 지지물에 시설하는 경우
가. 저압 가공전선을 고압 가공전선의 아래로 하고 별개의 완금류에 시설할 것
나. 저압 가공전선과 고압 가공전선 사이의 이격거리는 0.5[m] 이상일 것

09 전기설비기술기준에서 정하는 안전원칙에 대한 내용으로 틀린 것은?

① 전기설비는 감전, 화재 그 밖에 사람에게 위해를 주거나 물건에 손상을 줄 우려가 없도록 시설하여야 한다.
② 전기설비는 다른 전기설비, 그 외 물건의 기능에 전기적 또는 자기적인 장해를 주지 않도록 시설하여야 한다.
③ 전기설비는 경쟁과 새로운 기술 및 사업의 도입을 촉진함으로써 전기사업의 건전한 발전을 도모하도록 시설하여야 한다.
④ 전기설비는 사용목적에 적절하고 안전하게 작동하여야 하며, 그 손상으로 인하여 전기공급에 지장을 주지 않도록 시설하여야 한다.

정답 | 07 ③ 08 ③ 09 ③

해설 「전기설비기술기준」 제2조(안전 원칙)

① 전기설비는 감전, 화재 및 그 밖에 사람에게 위해(危害)를 주거나 물건에 손상을 줄 우려가 없도록 시설하여야 한다.

② 전기설비는 사용목적에 적절하고 안전하게 작동하여야 하며, 그 손상으로 인하여 전기 공급에 지장을 주지 않도록 시설하여야 한다.

③ 전기설비는 다른 전기설비, 그 밖의 물건의 기능에 전기적 또는 자기적 장해를 주지 않도록 시설하여야 한다.

10 플로어덕트공사에 의한 저압 옥내배선에서 연선을 사용하지 않아도 되는 전선(동선)의 단면적은 최대 몇 [mm²]인가?

① 2
② 4
③ 6
④ 10

해설 **플로어덕트공사의 시설조건(KEC 232.32.1)**

가. 전선 : 절연전선(옥외용 비닐절연전선은 제외)일 것

나. 전선 : 연선일 것{단면적 10[mm²](알루미늄선은 단면적 16[mm²]) 이하인 것은 예외}

11 풍력터빈에 설비의 손상을 방지하기 위하여 시설하는 운전상태를 계측하는 계측장치로 틀린 것은?

① 조도계
② 압력계
③ 온도계
④ 풍속계

해설 **계측장치의 시설(KEC 532.3.7)**

풍력터빈에는 설비의 손상 방지를 위하여 운전 상태를 계측하는 다음의 계측장치를 시설할 것

가. 회전속도계

나. 나셀(nacelle) 내의 진동을 감시하기 위한 진동계

다. 풍속계

라. 압력계

마. 온도계

12 전압의 종별에서 교류 600[V]는 무엇으로 분류하는가?

① 저압
② 고압
③ 특고압
④ 초고압

해설 **적용 범위(KEC 111.1)**

구분	교류	직류
저압	1[kV] 이하	1.5[kV] 이하
고압	1[kV] 초과 7[kV] 이하	1.5[kV] 초과 7[kV] 이하
특고압	7[kV] 초과	

정답 | 10 ④ 11 ① 12 ①

13 옥내 배선공사 중 반드시 절연전선을 사용하지 않아도 되는 공사방법은? (단, 옥외용 비닐절연전선은 제외한다.)

① 금속관공사
② 버스덕트공사
③ 합성수지관공사
④ 플로어덕트공사

해설 **나전선의 사용 제한**(KEC 231.4)

가. 옥내 시설하는 저압전선 : 나전선을 사용할 수 없음
나. 예외규정(나전선 사용 가능한 경우)
　가) 애자공사에 의하여 전개된 곳에 다음의 전선을 시설하는 경우
　　ⓐ 전기로용 전선
　　ⓑ 전선의 피복 절연물이 부식하는 장소에 시설하는 전선
　　ⓒ 취급자 이외의 자가 출입할 수 없도록 설비한 장소에 시설하는 전선
　나) 버스덕트공사에 의하여 시설하는 경우
　다) 라이팅덕트공사에 의하여 시설하는 경우
　라) 접촉 전선을 시설하는 경우

14 시가지에 시설하는 사용전압 170[kV] 이하인 특고압 가공전선로의 지지물이 철탑이고 전선이 수평으로 2 이상 있는 경우에 전선 상호 간의 간격이 4[m] 미만인 때에는 특고압 가공전선로의 경간은 몇 [m] 이하이어야 하는가?

① 100
② 150
③ 200
④ 250

해설 **시가지 등에서 특고압 가공전선로의 시설**(KEC 333.1)

시가지등에서 170[kV] 이하 특고압 가공전선로의 경간제한

지지물의 종류	경간
A종 철주 또는 A종 철근 콘크리트주	75[m] 이하
B종 철주 또는 B종 철근 콘크리트주	150[m] 이하
철탑	400[m] 이하 (단주인 경우 : 300[m] 이하) ※ 다만, 전선이 수평으로 2 이상이 있는 경우에 전선 상호 간의 간격이 4[m] 미만일 때는 250[m] 이하

15 사용전압이 170[kV] 이하의 변압기를 시설하는 변전소로서 기술원이 상주하여 감시하지는 않으나 수시로 순회하는 경우, 기술원이 상주하는 장소에 경보장치를 시설하지 않아도 되는 경우는?

① 옥내변전소에 화재가 발생한 경우
② 제어 회로의 전압이 현저히 저하한 경우
③ 운전조작에 필요한 차단기가 자동적으로 차단한 후 재폐로한 경우
④ 수소냉각식조상기는 그 조상기 안의 수소의 순도가 90[%] 이하로 저하한 경우

정답 | 13 ② 14 ④ 15 ③

해설 **상주 감시를 하지 아니하는 변전소의 시설(KEC 351.9)**

다음의 경우에는 변전제어소 또는 기술원이 상주하는 장소에 경보장치를 시설할 것

가. 운전조작에 필요한 차단기가 자동적으로 차단한 경우(차단기가 재폐로한 경우를 제외한다)

나. 주요 변압기의 전원측 전로가 무전압으로 된 경우

다. 제어 회로의 전압이 현저히 저하한 경우

라. 옥내변전소에 화재가 발생한 경우

마. 수소냉각식조상기는 그 조상기 안의 수소의 순도가 90[%] 이하로 저하한 경우, 수소의 압력이 현저히 변동한 경우 또는 수소의 온도가 현저히 상승한 경우

16 특고압용 타냉식 변압기의 냉각장치에 고장이 생긴 경우를 대비하여 어떤 보호장치를 하여야 하는가?

① 경보장치   ② 속도조정장치

③ 온도시험장치   ④ 냉매흐름장치

해설 **특고압용 변압기의 보호장치(KEC 351.4)**

뱅크용량의 구분	동작조건	장치의 종류
5,000[kVA] 이상 10,000[kVA] 미만	변압기 내부고장	자동차단장치 또는 경보장치
10,000[kVA] 이상	변압기 내부고장	자동차단장치
타냉식변압기 (변압기의 권선 및 철심을 직접 냉각시키기 위하여 봉입한 냉매를 강제 순환시키는 냉각 방식)	냉각장치에 고장이 생긴 경우 또는 변압기의 온도가 현저히 상승한 경우	경보장치

17 특고압 가공전선로의 지지물로 사용하는 B종 철주, B종 철근콘크리트주 또는 철탑의 종류에서 전선로의 지지물 양쪽의 경간의 차가 큰 곳에 사용하는 것은?

① 각도형   ② 인류형

③ 내장형   ④ 보강형

해설 **특고압 가공전선로 철주·(B종 철근, B종)철근 콘크리트주 또는 철탑의 종류(KEC 333.11)**

종류	내용
직선형	전선로의 직선부분(3[°] 이하인 수평각도를 이루는 곳 포함)에 사용하는 것. 다만, 내장형 및 보강형에 속하는 것을 제외함
각도형	전선로 중 3[°]를 초과하는 수평각도를 이루는 곳에 사용하는 것
인류형	전가섭선을 인류하는 곳에 사용하는 것
내장형	전선로의 지지물 양쪽의 경간의 차가 큰 곳에 사용하는 것
보강형	전선로의 직선부분에 그 보강을 위하여 사용하는 것

정답 | 16 ①   17 ③

18 아파트 세대 욕실에 "비데용 콘센트"를 시설하고자 한다. 다음의 시설방법 중 적합하지 않은 것은?

① 콘센트는 접지극이 없는 것을 사용한다.
② 습기가 많은 장소에 시설하는 콘센트는 방습 장치를 하여야 한다.
③ 콘센트를 시설하는 경우에는 절연변압기(정격용량 3[kVA] 이하인 것에 한한다)로 보호된 전로에 접속하여야 한다.
④ 콘센트를 시설하는 경우에는 인체감전보호용 누전차단기(정격감도전류 15[mA] 이하, 동작시간 0.03초 이하의 전류동작형의 것에 한한다)로 보호된 전로에 접속하여야 한다.

해설 **콘센트의 시설**(KEC 234.5)

구분	시설방법
콘센트를 바닥에 시설하는 경우	방수구조의 플로어박스에 설치
욕조나 샤워시설이 있는 욕실 또는 화장실	가. 인체감전보호용 누전차단기(정격감도전류 15[mA] 이하, 동작시간 0.03초 이하의 전류동작형)로 보호된 전로에 접속함 나. 절연변압기(정격용량 3[kVA] 이하)로 보호된 전로에 접속함 다. 인체감전보호용 누전차단기가 부착된 콘센트를 시설함 라. 접지극이 있는 방적형 콘센트를 사용하여 접지할 것
습기가 많은 장소 또는 수분이 있는 장소	접지용 단자가 있는 것을 사용하여 접지하고 방습 장치를 할 것

19 고압 가공전선로의 가공지선에 나경동선을 사용하려면 지름 몇 [mm] 이상의 것을 사용하여야 하는가?

① 2.0
② 3.0
③ 4.0
④ 5.0

해설 **고압 가공전선로의 가공지선**(KEC 332.6)
가. 인장강도 : 5.26[kN] 이상의 것
나. 지름 : 4[mm] 이상의 나경동선

20 변전소의 주요 변압기에 계측장치를 시설하여 측정하여야 하는 것이 아닌 것은?

① 역률
② 전압
③ 전력
④ 전류

해설 **계측장치**(KEC 351.6)
변전소 또는 이에 준하는 곳에는 다음의 사항을 계측하는 장치를 시설할 것
가. 주요 변압기의 전압 및 전류 또는 전력
나. 특고압용 변압기의 온도

정답 | 18 ① 19 ③ 20 ①

01 뱅크용량이 몇 [kVA] 이상인 조상기에는 그 내부에 고장이 생긴 경우에 자동적으로 이를 전로로부터 차단하는 보호장치를 하여야 하는가?

① 10,000

② 15,000

③ 20,000

④ 25,000

해설 **조상설비의 보호장치**(KEC 351.5)

설비종별	뱅크용량의 구분	자동적으로 전로로부터 차단하는 장치
조상기(調相機)	15,000[kVA] 이상	내부에 고장이 생긴 경우에 동작하는 장치

02 시가지에 시설하는 154[kV] 가공전선로를 도로와 제1차 접근상태로 시설하는 경우, 전선과 도로와의 이격거리는 몇 [m] 이상이어야 하는가?

① 4.4

② 4.8

③ 5.2

④ 5.6

해설 **특고압 가공전선과 도로 등의 접근 또는 교차**(KEC 333.24)

가. 특고압 가공전선이 도로 · 횡단보도교 · 철도 등과 제1차 접근상태로 시설

나. 특고압 가공전선과 도로 등 사이의 이격거리

사용전압의 구분	이격거리
35[kV] 이하	3[m] 이상
35[kV] 초과	3[m]+단수×0.15[m] 이상

※ 단수 계산 $= \dfrac{\text{최대 사용전압[kV]} - 35[\text{kV}]}{10}$ → 소수점은 절상한 값을 적용함

• 단수 $= \dfrac{154-35}{10} = 11.9 \rightarrow 12$단

• 이격거리 $= 3[\text{m}] + 12 \times 0.15[\text{m}] = 4.8[\text{m}]$

정답 | 01 ② 02 ②

03 가공전선로의 지지물로 볼 수 없는 것은?

① 철주

② 지선

③ 철탑

④ 철근콘크리트주

> **해설** **풍압하중의 종별과 적용**(KEC 331.6)
> 지지물의 종류 : 목주, 철주, 철근콘크리트주, 철탑

04 전주 외등의 시설 시 사용하는 공사방법으로 틀린 것은?

① 애자공사

② 케이블공사

③ 금속관공사

④ 합성수지관공사

> **해설** **전주 외등 배선**(KEC 234.10.3)
> 공사방법
> 가. 케이블공사
> 나. 합성수지관공사
> 다. 금속관공사

05 점멸기의 시설에서 센서등(타임스위치 포함)을 시설하여야 하는 곳은?

① 공장

② 상점

③ 사무실

④ 아파트 현관

> **해설** **점멸기의 시설**(KEC 234.6)
> 센서등(타임스위치 포함) 시설 대상 및 기준
> 가. 관광숙박업 또는 숙박업(여인숙업 제외)에 이용되는 객실의 입구등은 1분 이내에 소등되는 것
> 나. 일반주택 및 아파트 각 호실의 현관등은 3분 이내에 소등되는 것

06 최대사용전압이 1차 22,000[V], 2차 6,600[V]의 권선으로서 중성점 비접지식 전로에 접속하는 변압기의 특고압 측 절연내력 시험전압은?

① 24,000[V]

② 27,500[V]

③ 33,000[V]

④ 44,000[V]

> **해설** **변압기 전로의 절연내력**(KEC 135)
>
> | 전로의 종류(최대사용전압) | 시험전압 | 최저시험전압 |
> | --- | --- | --- |
> | 7[kV] 초과 60[kV] 이하 중성점 비접지식 | 최대사용전압×1.25배 | 10.5[kV] |
>
> → 22,000[V]×1.25배＝27,500[V]

정답 | 03 ② 04 ① 05 ④ 06 ②

07 순시조건($t \leq 0.5$초)에서 교류 전기철도 급전시스템에서의 레일 전위의 최대 허용 접촉전압(실횻값)으로 옳은 것은?

① 60[V]
② 65[V]
③ 440[V]
④ 670[V]

해설 **레일 전위의 위험에 대한 보호**(KEC 461.2)

교류 전기철도 급전시스템에서의 레일 전위의 최대 허용 접촉전압

시간 조건	최대 허용 접촉전압(실횻값)
순시조건($t \leq 0.5$초)	670[V] 이하
일시적 조건(0.5초$< t \leq 300$초)	65[V] 이하
영구적 조건($t > 300$초)	60[V] 이하

08 전기저장장치의 이차전지에 자동으로 전로로부터 차단하는 장치를 시설하여야 하는 경우로 틀린 것은?

① 과저항이 발생한 경우
② 과전압이 발생한 경우
③ 제어장치에 이상이 발생한 경우
④ 이차전지 모듈의 내부 온도가 급격히 상승할 경우

해설 **제어 및 보호장치**(KEC 512.2.2)

전기저장장치의 이차전지를 자동으로 전로로부터 차단하는 장치를 시설하는 경우
가. 과전압 또는 과전류가 발생한 경우
나. 제어장치에 이상이 발생한 경우
다. 이차전지 모듈의 내부 온도가 급격히 상승할 경우

09 이동형의 용접 전극을 사용하는 아크용접장치의 시설기준으로 틀린 것은?

① 용접변압기는 절연변압기일 것
② 용접변압기의 1차측 전로의 대지 전압은 300[V] 이하일 것
③ 용접변압기의 2차측 전로에는 용접변압기에 가까운 곳에 쉽게 개폐할 수 있는 개폐기를 시설할 것
④ 용접변압기의 2차측 전로 중 용접변압기로부터 용접전극에 이르는 부분의 전로는 용접 시 흐르는 전류를 안전하게 통할 수 있는 것일 것

해설 **아크 용접기**(KEC 241.10)

가. 용접변압기 : 절연변압기일 것
나. 용접변압기의 1차측 전로의 대지 전압 : 300[V] 이하일 것
다. 용접변압기의 1차측 전로 : 개폐기를 시설할 것
라. 용접변압기의 2차측 전로 중 용접변압기로부터 용접 전극에 이르는 부분 및 용접변압기로부터 피용접재에 이르는 부분의 전로는 용접 시 흐르는 전류를 안전하게 통할 수 있는 것일 것
마. 용접기 외함 및 피용접재, 받침대·정반 등의 금속체는 접지공사를 할 것

정답 | 07 ④ 08 ① 09 ③

10 귀선로에 대한 설명으로 틀린 것은?

① 나전선을 적용하여 가공식으로 가설을 원칙으로 한다.
② 사고 및 지락 시에도 충분한 허용전류용량을 갖도록 하여야 한다.
③ 비절연보호도체, 매설접지도체, 레일 등으로 구성하여 단권변압기 중성점과 공통접지에 접속한다.
④ 비절연보호도체의 위치는 통신유도장해 및 레일전위의 상승의 경감을 고려하여 결정하여야 한다.

해설 **귀선로**(KEC 431.5)
　　가. 귀선로 : 비절연보호도체, 매설접지도체, 레일 등으로 구성하여 단권변압기 중성점과 공통접지에 접속함
　　나. 비절연보호도체의 위치 : 통신유도장해 및 레일전위의 상승의 경감을 고려하여 결정할 것
　　다. 귀선로는 사고 및 지락 시에도 충분한 허용전류용량을 갖도록 할 것

11 단면적 50[mm²]인 경동연선을 사용하는 특고압 가공전선로의 지지물로 장력에 견디는 형태의 B종 철근콘크리트주를 사용하는 경우, 허용 최대 경간은 몇 [m]인가?

① 150
② 250
③ 300
④ 500

해설 **특고압 가공전선로의 경간 제한**(KEC 333.21)

지지물의 종류	경간
목주 · A종 철주 또는 A종 철근 콘크리트주	150[m] 이하
B종 철주 또는 B종 철근 콘크리트주	250[m] 이하
철탑	600[m] 이하 (단주인 경우 : 400[m] 이하)

※ 특고압 가공전선로의 전선 단면적이 50[mm²] 이상인 경동연선을 사용하는 경우의 경간제한

　　가. 목주 · A종 철주 또는 A종 철근 콘크리트주를 사용하는 경우에는 300[m] 이하
　　나. B종 철주 또는 B종 철근 콘크리트주를 사용하는 경우에는 500[m] 이하일 것

12 저압 옥상전선로의 시설기준으로 틀린 것은?

① 전개된 장소에 위험의 우려가 없도록 시설할 것
② 전선은 지름 2.6[mm] 이상의 경동선을 사용할 것
③ 전선은 절연전선(옥외용 비닐절연전선은 제외)을 사용할 것
④ 전선은 상시 부는 바람 등에 의하여 식물에 접촉하지 아니하도록 시설할 것

해설 **옥상전선로**(KEC 221.3)
　　가. 저압 옥상전선로 시설기준(전개된 장소 및 위험의 우려가 없도록 시설할 것)
　　나. 전선의 인장강도 : 2.30[kN] 이상의 것 또는 지름 : 2.6[mm] 이상의 경동선 사용
　　다. 전선의 종류
　　　　가) 절연전선(OW 전선 포함)
　　　　나) 동등 이상의 절연성능이 있을 것
　　라. 저압 옥상전선로의 전선 : 식물에 접촉하지 않을 것

정답	10 ① 11 ④ 12 ③

13 저압 옥측전선로에서 목조의 조영물에 시설할 수 있는 공사방법은?

① 금속관공사

② 버스덕트공사

③ 합성수지관공사

④ 케이블공사[무기물절연(MI) 케이블을 사용하는 경우]

해설 **옥측전선로(KEC 221.2)의 저압 옥측전선로 공사방법**

　　가. 애자공사(전개된 장소에 한함)

　　나. 합성수지관공사(목조 조영물에 시설)

　　다. 금속관공사(목조 이외의 조영물에 시설하는 경우에 한함)

　　라. 버스덕트공사(목조 이외의 조영물에 시설하는 경우에 한함)

　　마. 케이블공사(연피케이블. 알루미늄 케이블 또는 무기물절연(MI) 케이블을 사용하는 경우에는 목조 이외
　　　　의 조영물에 시설하는 경우에 한함)

14 특고압 가공전선로에서 발생하는 극저주파 전계는 지표상 1[m]에서 몇 [kV/m] 이하이어야 하는가?

① 2.0 　　　　　　　　　　　　② 2.5

③ 3.0 　　　　　　　　　　　　④ 3.5

해설 **전기설비기술기준 제17조(유도장해 방지)**

교류 특고압 가공전선로에서 발생하는 극저주파 전자계는 지표상 1[m]에서 전계가 3.5[kV/m] 이하, 사계가
83.3[μT] 이하가 되도록 시설

15 케이블 트레이 공사에 사용할 수 없는 케이블은?

① 연피케이블 　　　　　　　　　② 난연성 케이블

③ 캡타이어 케이블 　　　　　　　④ 알루미늄피 케이블

해설 **케이블트레이공사의 시설 조건(KEC 232.41.1)**

전선의 종류

　　가. 연피케이블, 알루미늄피 케이블 등 난연성 케이블

　　나. 기타 케이블[적당한 간격으로 연소(延燒) 방지 조치를 한 것]

　　다. 금속관 혹은 합성수지관 등에 넣은 절연전선

정답	13 ③　14 ④　15 ③

16 농사용 저압 가공전선로의 지지점 간 거리는 몇 [m] 이하이어야 하는가?

① 30   ② 50

③ 60   ④ 100

> **해설** **농사용 저압 가공전선로의 시설**(KEC 222.22)
> 가. 저압 가공전선
>   가) 인장강도 : 1.38[kN] 이상
>   나) 지름 : 2[mm] 이상의 경동선일 것
> 나. 저압 가공전선의 지표상의 높이 : 3.5[m] 이상일 것
> 다. 목주의 굵기 : 말구 지름이 0.09[m] 이상일 것
> 라. 전선로의 지지점 간 거리 : 30[m] 이하일 것

17 변전소에 울타리·담 등을 시설할 때, 사용전압이 345[kV]이면 울타리·담 등의 높이와 울타리·담 등으로부터 충전부분까지의 거리의 합계는 몇 [m] 이상으로 하여야 하는가?

① 8.16   ② 8.28

③ 8.40   ④ 9.72

> **해설** **발전소 등의 울타리·담 등의 시설**(KEC 351.1)
>
> | 사용전압의 구분 | 울타리·담 등의 높이와 울타리·담 등으로부터 충전부분까지의 거리의 합계 |
> |---|---|
> | 35[kV] 이하 | 5[m] 이상 |
> | 35[kV] 초과 160[kV] 이하 | 6[m] 이상 |
> | 160[kV] 초과 | 6[m] + 단수 × 0.12[m] 이상 |
>
> ※ 단수 계산 = $\dfrac{\text{최대 사용전압[kV]} - 160[kV]}{10}$ → 소수점은 절상한 값을 적용함
>
> • 단수 = $\dfrac{345 - 160}{10} = 18.5 \rightarrow 19$단
>
> • 이격거리 = 6[m] + 19 × 0.12[m] = 8.28[m]

18 전력보안 가공통신선을 횡단보도교 위에 시설하는 경우 그 노면상 높이는 몇 [m] 이상인가? (단, 가공전선로의 지지물에 시설하는 통신선 또는 이에 직접 접속하는 가공통신선은 제외한다.)

① 3   ② 4

③ 5   ④ 6

정답	16 ① 17 ② 18 ①

해설 **전력보안통신선의 시설 높이와 이격거리**(KEC 362.2)

전력 보안 가공통신선의 높이

구분	높이[m]
가. 도로 위에 시설(교통에 지장을 줄 우려가 없는 경우)	지표상 5[m] 이상 (4.5[m] 경감 가능)
나. 철도 또는 궤도 횡단	레일면상 6.5[m] 이상
다. 횡단보도교 위에 시설	노면상 3[m] 이상
라. "가"에서 "다"까지 이외의 경우	지표상 3.5[m] 이상

19 큰 고장전류가 구리 소재의 접지도체를 통하여 흐르지 않을 경우 접지도체의 최소단면적은 몇 [mm^2] 이상이어야 하는가? (단, 접지도체에 피뢰시스템이 접속되지 않는 경우이다.)

① 0.75

② 2.5

③ 6

④ 16

해설 **접지도체**(KEC 142.3.1)

접지도체의 단면적은 보호도체의 최소단면적에 의하며 접지도체의 최소단면적은 다음과 같다.

구분	도체 종류	최소단면적
큰 고장전류가 접지도체를 통하여 흐르지 않을 경우	구리(Cu)	6[mm^2] 이상
	철제(Fe)	50[mm^2] 이상
접지도체에 피뢰시스템이 접속되는 경우	구리(Cu)	16[mm^2] 이상
	철제(Fe)	50[mm^2] 이상

20 사용전압이 15[kV] 초과 25[kV] 이하인 특고압 가공전선로가 상호 간 접근 또는 교차하는 경우 사용전선이 양쪽 모두 나전선이라면 이격거리는 몇 [m] 이상이어야 하는가? (단, 중성선 다중접지 방식의 것으로서 전로에 지락이 생겼을 때에 2초 이내에 자동적으로 이를 전로로부터 차단하는 장치가 되어 있다.)

① 1.0

② 1.2

③ 1.5

④ 1.75

해설 **25[kV] 이하인 특고압 가공전선로의 시설**(KEC 333.32)

특고압 가공전선로가 상호 간 접근 또는 교차하는 경우 특고압 가공전선로 이격거리

사용전선의 종류	이격거리
어느 한쪽 또는 양쪽이 나전선인 경우	1.5[m] 이상
양쪽이 특고압 절연전선인 경우	1.0[m] 이상
한쪽이 케이블이고 다른 한쪽이 케이블이거나 특고압 절연전선인 경우	0.5[m] 이상

2022년 제1회 과년도 기출문제

01 저압가공전선이 안테나와 접근상태로 시설될 때 상호 간의 이격거리는 몇 [cm] 이상이어야 하는가?
(단, 전선이 고압절연전선, 특고압절연전선 또는 케이블이 아닌 경우이다.)

① 60 　　　　　　　　　　　② 80
③ 100 　　　　　　　　　　 ④ 120

해설 **저압 가공전선과 안테나의 접근 또는 교차(KEC 222.14)**

구분		이격거리
가공전선과 안테나	저압	가. 0.6[m] 이상 나. 고압 · 특고압 절연전선 또는 케이블 : 0.3[m] 이상
	고압	가. 0.8[m] 이상 나. 전선이 케이블 : 0.4[m] 이상

02 고압가공전선으로 사용한 경동선은 안전율이 얼마 이상인 이도(弛度)로 시설하여야 하는가?

① 2.0 　　　　　　　　　　② 2.2
③ 2.5 　　　　　　　　　　④ 3.0

해설 **고압 가공전선의 안전율(KEC 332.4)**
고압가공전선이 케이블인 경우 이외에는
가. 경동선 또는 내열 동합금선의 안전율 : 2.2 이상
나. 그 밖의 전선 : 2.5 이상이 되는 이도(弛度)로 시설할 것

03 사용전압이 22.9[kV]인 특고압가공전선과 그 지지물 · 완금류 · 지주 또는 지선 사이의 이격거리는 몇 [cm] 이상이어야 하는가?

① 15 　　　　　　　　　　② 20
③ 25 　　　　　　　　　　④ 30

해설 **특고압 가공전선과 지지물 등의 이격거리(KEC 333.5)**
특고압가공전선과 그 지지물 · 완금류 · 지주 또는 지선 사이의 이격거리

사용전압	이격거리[m]
15[kV] 이상 25[kV] 미만	0.2 이상
130[kV] 이상 160[kV] 미만	0.9 이상

정답 | **01** ① **02** ② **03** ②

04 급전선에 대한 설명으로 틀린 것은?

① 급전선은 비절연보호도체, 매설접지도체, 레일 등으로 구성하여 단권변압기 중성점과 공통접지에 접속한다.

② 가공식은 전차선의 높이 이상으로 전차선로 지지물에 병가하며, 나전선의 접속은 직선접속을 원칙으로 한다.

③ 선상승강장, 인도교, 과선교 또는 교량 하부 등에 설치할 때에는 최소절연이격거리 이상을 확보하여야 한다.

④ 신설 터널 내 급전선을 가공으로 설계할 경우 지지물의 취부는 C찬넬 또는 매입전을 이용하여 고정하여야 한다.

> **해설** 급전선로(KEC 431.4)
> 가. 급전선은 나전선을 적용하여 가공식으로 가설을 원칙으로 한다. 다만, 전기적 이격거리가 충분하지 않거나 지락, 섬락 등의 우려가 있을 경우에는 급전선을 케이블로 하여 안전하게 시공하여야 한다.
> 나. 가공식은 전차선의 높이 이상으로 전차선로 지지물에 병가하며, 나전선의 접속은 직선접속을 원칙으로 한다.
> 다. 신설 터널 내 급전선을 가공으로 설계할 경우 지지물의 취부는 C찬넬 또는 매입전을 이용하여 고정하여야 한다.
> 라. 선상승강장, 인도교, 과선교 또는 교량 하부 등에 설치할 때에는 최소 절연이격거리 이상을 확보하여야 한다.

05 진열장 내의 배선으로 사용전압 400[V] 이하에 사용하는 코드 또는 캡타이어케이블의 전선단면적은 몇 [mm^2]인가?

① 1.25　　　　　　　　　② 1.0
③ 0.75　　　　　　　　　④ 0.5

> **해설** 진열장 또는 이와 유사한 것의 내부 배선(KEC 234.8)
> 가. 사용전압 : 400[V] 이하
> 나. 사용전선 : 코드, 캡타이어케이블
> 다. 전선 단면적 : 0.75[mm^2] 이상

06 최대사용전압이 23,000[V]인 중성점 비접지식 전로의 절연내력 시험전압은 몇 [V]인가?

① 16,560　　　　　　　② 21,160
③ 25,300　　　　　　　④ 28,750

> **해설** 전로의 절연저항 및 절연내력(KEC 132)
> 절연내력 시험전압(최대사용전압의 배수)
>
> | 전로의 종류(최대사용전압) | 시험전압 |
> |---|---|
> | 7[kV] 초과 60[kV] 이하인 중성점 비접지식 | 최대사용전압×1.25배
(10.5[kV] 미만으로 되는 경우 10.5[kV]) |
>
> → 23,000[V]×1.25배＝28,750[V]

정답 | 04 ① 05 ③ 06 ④

07 지중전선로를 직접 매설식에 의하여 시설할 때, 차량 기타 중량물의 압력을 받을 우려가 있는 장소인 경우 매설깊이는 몇 [m] 이상으로 시설하여야 하는가?

① 0.6
② 1.0
③ 1.2
④ 1.5

해설 **지중전선로의 시설(KEC 334.1)의 직접 매설식 매설 깊이**
　가. 차량 기타 중량물의 압력을 받을 우려가 있는 장소 : 1.0[m] 이상
　나. 기타 장소 : 0.6[m] 이상으로 하고 또한 지중 전선을 견고한 트라프 기타 방호물에 넣어 시설할 것

08 플로어덕트 공사에 의한 저압옥내배선 공사 시 시설기준으로 틀린 것은?

① 덕트의 끝부분은 막을 것
② 옥외용 비닐절연전선을 사용할 것
③ 덕트 안에는 전선에 접속점이 없도록 할 것
④ 덕트 및 박스 기타의 부속품은 물이 고이는 부분이 없도록 시설할 것

해설 　가. 플로어덕트공사 시설조건(KEC 232.32.1)
　　　가) 전선 : 절연전선(옥외용 비닐절연전선은 제외)일 것
　　　나) 플로어덕트 안에는 전선에 접속점이 없도록 할 것
　　나. 플로어덕트 및 부속품의 시설(KEC 232.32.3)
　　　가) 덕트 및 박스 기타의 부속품은 물이 고이는 부분이 없도록 시설할 것
　　　나) 박스 및 인출구는 마루 위로 돌출하지 않고, 물이 스며들지 않도록 밀봉할 것
　　　다) 덕트의 끝부분은 막을 것
　　　라) 덕트는 접지공사를 할 것

09 중앙급전전원과 구분되는 것으로서 전력소비지역 부근에 분산하여 배치 가능한 신·재생에너지 발전설비 등의 전원으로 정의되는 용어는?

① 임시전력원
② 분전반전원
③ 분산형 전원
④ 계통연계전원

해설 **용어 정의(KEC 112)**
　분산형 전원
　가. 중앙급전 전원과 구분되는 것으로서 전력소비지역 부근에 분산하여 배치 가능한 전원
　나. 상용전원의 정전 시에만 사용하는 비상용 예비전원은 제외하며, 신·재생에너지 발전설비, 전기저장장치 등을 포함함

정답 | 07 ② 08 ② 09 ③

10 애자공사에 의한 저압 옥측전선로는 사람이 쉽게 접촉될 우려가 없도록 시설하고, 전선의 지지점 간의 거리는 몇 [m] 이하이어야 하는가?

① 1   ② 1.5

③ 2   ④ 3

> **해설** **옥측전선로(KEC 221.2)의 애자공사에 의한 저압 옥측전선로 시설**
> 전선의 지지점간 거리 : 2[m] 이하일 것

11 저압가공전선로의 지지물이 목주인 경우 풍압하중의 몇 배의 하중에 견디는 강도를 가지는 것이어야 하는가?

① 1.2   ② 1.5

③ 2   ④ 3

> **해설** **저압 가공전선로의 지지물의 강도(KEC 222.8)**
> 목주인 경우 : 풍압하중의 1.2배의 하중적용

12 교류전차선 등 충전부와 식물 사이의 이격거리는 몇 [m] 이상이어야 하는가? (단, 현장여건을 고려한 방호벽 등의 안전조치를 하지 않은 경우이다.)

① 1   ② 3

③ 5   ④ 10

> **해설** **전차선 등과 식물 사이의 이격거리(KEC 431.11)**
> 교류 전차선 등 충전부와 식물 사이의 이격거리 : 5[m] 이상일 것

13 조상기에 내부 고장이 생긴 경우, 조상기의 뱅크용량이 몇 [kVA] 이상일 때 전로로부터 자동차단하는 장치를 시설하여야 하는가?

① 5,000   ② 10,000

③ 15,000   ④ 20,000

> **해설** **조상설비의 보호장치(KEC 351.5)**

설비종별	뱅크용량의 구분	자동적으로 전로로부터 차단하는 장치
조상기(調相機)	15,000[kVA] 이상	내부에 고장이 생긴 경우에 동작하는 장치

14 고장보호에 대한 설명으로 틀린 것은?

① 고장보호는 일반적으로 직접접촉을 방지하는 것이다.
② 고장보호는 인축의 몸을 통해 고장전류가 흐르는 것을 방지하여야 한다.
③ 고장보호는 인축의 몸에 흐르는 고장전류를 위험하지 않은 값 이하로 제한하여야 한다.
④ 고장보호는 인축의 몸에 흐르는 고장전류의 지속시간을 위험하지 않은 시간까지로 제한하여야 한다.

해설 **감전에 대한 보호**(KEC 113.2)
고장보호는 일반적으로 기본절연의 고장에 의한 간접접촉을 방지하는 것이다.

15 네온방전등의 관등회로의 전선을 애자공사에 의해 자기 또는 유리제 등의 애자로 견고하게 지지하여 조영재의 아랫면 또는 옆면에 부착한 경우 전선 상호 간의 이격거리는 몇 [mm] 이상이어야 하는가?

① 30
② 60
③ 80
④ 100

해설 **관등회로의 배선**(KEC 234.12.3)
가. 전선은 애자로 견고하게 지지하여 조영재의 아랫면 또는 옆면에 부착
나. 전선 상호 간의 이격거리 : 60[mm] 이상일 것

16 수소냉각식 발전기에서 사용하는 수소냉각장치에 대한 시설기준으로 틀린 것은?

① 수소를 통하는 관으로 동관을 사용할 수 있다.
② 수소를 통하는 관은 이음매가 있는 강판이어야 한다.
③ 발전기 내부의 수소의 온도를 계측하는 장치를 시설하여야 한다.
④ 발전기 내부의 수소의 순도가 85[%] 이하로 저하한 경우에 이를 경보하는 장치를 시설하여야 한다.

해설 **수소냉각식 발전기 등의 시설**(KEC 351.10)
가. 발전기 내부 또는 조상기 내부의 수소의 순도가 85[%] 이하로 저하한 경우에 이를 경보하는 장치를 시설할 것
나. 발전기 내부 또는 조상기 내부의 수소의 압력을 계측하는 장치 및 그 압력이 현저히 변동한 경우에 이를 경보하는 장치를 시설할 것
다. 발전기 내부 또는 조상기 내부의 수소의 온도를 계측하는 장치를 시설할 것
라. 수소를 통하는 관은 동관 또는 **이음매 없는 강판**이어야 하며 또한 수소가 대기압에서 폭발하는 경우에 생기는 압력에 견디는 강도의 것일 것

정답 | 14 ① 15 ② 16 ②

17 전력보안통신설비인 무선통신용 안테나 등을 지지하는 철주의 기초안전율은 얼마 이상이어야 하는가? (단, 무선용 안테나 등이 전선로의 주위상태를 감시할 목적으로 시설되는 것이 아닌 경우이다.)

① 1.3　　　　　　　　　　　　　② 1.5
③ 1.8　　　　　　　　　　　　　④ 2.0

> **해설** **무선용 안테나 등을 지지하는 철탑 등의 시설**(KEC 364.1)
> 　가. 목주 : 풍압하중에 대한 안전율 : 1.5 이상일 것
> 　나. 철주 · 철근 콘크리트주 또는 철탑의 기초 안전율 : 1.5 이상일 것

18 특고압가공전선로의 지지물 양측의 경간의 차가 큰 곳에 사용하는 철탑의 종류는?

① 내장형　　　　　　　　　　　② 보강형
③ 직선형　　　　　　　　　　　④ 인류형

> **해설** **특고압 가공전선로 철주(B종 철근, B종 철근 콘크리트주) 또는 철탑의 종류**(KEC 333.11)

종류	내용
직선형	전선로의 직선부분(3[°] 이하인 수평각도를 이루는 곳 포함)에 사용하는 것. 다만, 내장형 및 보강형에 속하는 것을 제외한다.
각도형	전선로 중 3[°]를 초과하는 수평각도를 이루는 곳에 사용하는 것
인류형	전가섭선을 인류하는 곳에 사용하는 것
내상형	전선로의 지지물 양쪽의 경간의 차가 큰 곳에 사용하는 것

19 사무실 건물의 조명설비에 사용되는 백열전등 또는 방전등에 전기를 공급하는 옥내 전로의 대지 전압은 몇 [V] 이하인가?

① 250　　　　　　　　　　　　　② 300
③ 350　　　　　　　　　　　　　④ 400

> **해설** **옥내 전로의 대지 전압의 제한**(KEC 231.6)
> 백열전등 또는 방전등용에 전기를 공급하는 옥내 전로 대지 전압 : 300[V] 이하

정답 | **17** ②　**18** ①　**19** ②

20 전기저장장치를 전용건물에 시설하는 경우에 대한 설명이다. 다음 ( )에 들어갈 내용으로 옳은 것은?

> 전기저장장치 시설장소는 주변시설(도로, 건물, 가연물질 등)으로부터 (㉠)[m] 이상 이격하고 다른 건물의 출입구나 피난계단 등 이와 유사한 장소로부터는 (㉡)[m] 이상 이격하여야 한다.

① ㉠ 3, ㉡ 1   ② ㉠ 2, ㉡ 1.5

③ ㉠ 1, ㉡ 2   ④ ㉠ 1.5, ㉡ 3

해설 **특정 기술을 이용한 전기저장장치의 시설**(KEC 515)

전용건물에 시설하는 경우(KEC 515.2.1)

구분	시설기준
시설장소	• 지표면 기준 : 높이 22[m] 이내로 하고, 해당 장소의 출구가 있는 바닥면 기준 : 깊이 9[m] 이내 • 주변 시설(도로, 건물, 가연물질 등)으로부터 1.5[m] 이상 이격하고 다른 건물의 출입구나 피난계단 등 이와 유사한 장소로부터는 3[m] 이상 이격할 것

정답 | 20 ④

01 풍력터빈의 피뢰설비 시설기준에 대한 설명으로 틀린 것은?

① 풍력터빈에 설치한 피뢰설비(리셉터, 인하도선 등)의 기능저하로 인해 다른 기능에 영향을 미치지 않을 것
② 풍력터빈 내부의 계측센서용 케이블은 금속관 또는 차폐케이블 등을 사용하여 뇌유도과전압으로부터 보호할 것
③ 풍력터빈에 설치하는 인하도선은 쉽게 부식되지 않는 금속선으로서 뇌격전류를 안전하게 흘릴 수 있는 충분한 굵기여야 하며, 가능한 직선으로 시설할 것
④ 수뢰부를 풍력터빈 중앙 부분에 배치하되 뇌격전류에 의한 발열에 용손(溶損)되지 않도록 재질, 크기, 두께 및 형상 등을 고려할 것

해설 **피뢰설비**(KEC 532.3.5)

풍력터빈의 피뢰설비 시설
가. 수뢰부를 풍력터빈 선단부분 및 가장자리 부분에 배치하되 뇌격전류에 의한 발열에 용손(溶損)되지 않도록 재질, 크기, 두께 및 형상 등을 고려할 것
나. 풍력터빈에 설치하는 인하도선은 쉽게 부식되지 않는 금속선으로서 뇌격전류를 안전하게 흘릴 수 있는 충분한 굵기여야 하며, 가능한 직선으로 시설할 것
다. 풍력터빈 내부의 계측 센서용 케이블은 금속관 또는 차폐케이블 등을 사용하여 뇌유도과전압으로부터 보호할 것
라. 풍력터빈에 설치한 피뢰설비(리셉터, 인하도선 등)의 기능저하로 인해 다른 기능에 영향을 미치지 않을 것

02 샤워시설이 있는 욕실 등 인체가 물에 젖어 있는 상태에서 전기를 사용하는 장소에 콘센트를 시설할 경우 인체감전보호용 누전차단기의 정격감도전류는 몇 [mA] 이하인가?

① 5
② 10
③ 15
④ 30

해설 **콘센트의 시설**(KEC 234.5)

구분	시설방법
욕조나 샤워시설이 있는 욕실 또는 화장실	인체감전보호용 누전차단기(정격감도전류 15[mA] 이하, 동작시간 0.03초 이하의 전류동작형)로 보호된 전로에 접속함

정답 | 01 ④ 02 ③

03 강관으로 구성된 철탑의 갑종 풍압하중은 수직투영면적 $1[m^2]$에 대한 풍압을 기초로 하여 계산한 값이 몇 $[Pa]$인가? (단, 단주는 제외한다.)

① 1,255
② 1,412
③ 1,627
④ 2,157

해설 **풍압하중의 종별과 적용**(KEC 331.6)

갑종 풍압하중(구성재의 수직 투영면적 $1[m^2]$에 대한 풍압을 기초)

풍압을 받는 구분			구성재의 수직 투영면적 $1[m^2]$에 대한 풍압
지지물	철탑	단주(완철류는 제외함) 원형의 것	588[Pa]
		단주(완철류는 제외함) 기타의 것	1,117[Pa]
		강관으로 구성되는 것(단주는 제외함)	1,255[Pa]
		기타의 것	2,157[Pa]

04 한국전기설비규정에 따른 용어의 정의에서 감전에 대한 보호 등 안전을 위해 제공되는 도체를 말하는 것은?

① 접지도체
② 보호도체
③ 수평도체
④ 접지극도체

해설 **용어 정의**(KEC 112)

보호도체(PE, Protective Conductor) : 감전에 대한 보호 등 안전을 위해 제공되는 도체

05 통신상의 유도 장해방지 시설에 대한 설명이다. 다음 (   )에 들어갈 내용으로 옳은 것은?

교류식 전기철도용 전차선로는 기설 가공약전류 전선로에 대하여 (   )에 의한 통신상의 장해가 생기지 않도록 시설하여야 한다.

① 정전작용
② 유도작용
③ 가열작용
④ 산화작용

해설 **통신상의 유도 장해방지 시설**(KEC 461.7)

교류식 전기철도용 전차선로는 기설 가공약전류 전선로에 대하여 유도작용에 의한 통신상의 장해가 생기지 않도록 시설할 것

정답 | 03 ① 04 ② 05 ②

06 주택의 전기저장장치의 축전지에 접속하는 부하 측 옥내배선을 사람이 접촉할 우려가 없도록 케이블배선에 의하여 시설하고 전선에 적당한 방호장치를 시설한 경우 주택의 옥내 전로의 대지 전압은 직류 몇 [V]까지 적용할 수 있는가? (단, 전로에 지락이 생겼을 때 자동적으로 전로를 차단하는 장치를 시설한 경우이다.)

① 150　　　　　　　　　　　　　　② 300
③ 400　　　　　　　　　　　　　　④ 600

> **해설** **옥내 전로의 대지 전압 제한**(KEC 511.3)
> 주택의 전기저장장치의 축전지에 접속하는 부하 측 옥내배선을 다음에 따라 시설하는 경우에 주택의 옥내 전로의 대지 전압은 직류 600[V]까지 적용할 수 있다.
> 가. 전로에 지락이 생겼을 때 자동적으로 전로를 차단하는 장치를 시설할 것
> 나. 사람이 접촉할 우려가 없는 은폐된 장소에 합성수지관배선, 금속관배선 및 케이블배선에 의하여 시설하거나, 사람이 접촉할 우려가 없도록 케이블배선에 의하여 시설하고 전선에 적당한 방호장치를 시설할 것

07 전압의 구분에 대한 설명으로 옳은 것은?

① 직류에서의 저압은 1,000[V] 이하의 전압을 말한다.
② 교류에서의 저압은 1,500[V] 이하의 전압을 말한다.
③ 직류에서의 고압은 3,500[V]를 초과하고 7,000[V] 이하인 전압을 말한다.
④ 특고압은 7,000[V]를 초과하는 전압을 말한다.

> **해설** **적용 범위**(KEC 111.1)
>
> | 구분 | 교류 | 직류 |
> |------|------|------|
> | 저압 | 1[kV] 이하 | 1.5[kV] 이하 |
> | 고압 | 1[kV] 초과 7[kV] 이하 | 1.5[kV] 초과 7[kV] 이하 |
> | 특고압 | 7[kV] 초과 ||

08 고압가공전선로의 가공지선으로 나경동선을 사용할 때의 최소 굵기는 지름 몇 [mm] 이상인가?

① 3.2　　　　　　　　　　　　　　② 3.5
③ 4.0　　　　　　　　　　　　　　④ 5.0

> **해설** **고압 가공전선로의 가공지선**(KEC 332.6)
> 가. 인장강도 : 5.26[kN] 이상의 것
> 나. 지름 : 4[mm] 이상의 나경동선

정답 | 06 ④　07 ④　08 ③

09 특고압용 변압기의 내부에 고장이 생겼을 경우에 자동차단장치 또는 경보장치를 하여야 하는 최소뱅크 용량은 몇 [kVA]인가?

① 1,000　　　　　　　　　　　② 3,000

③ 5,000　　　　　　　　　　　④ 10,000

해설　**특고압용 변압기의 보호장치**(KEC 351.4)

뱅크용량의 구분	동작조건	장치의 종류
5,000[kVA] 이상 10,000[kVA] 미만	변압기 내부고장	자동차단장치 또는 경보장치
10,000[kVA] 이상	변압기 내부고장	자동차단장치
타냉식변압기 (변압기의 권선 및 철심을 직접 냉각시키기 위하여 봉입한 냉매를 강제 순환시키는 냉각 방식)	냉각장치에 고장이 생긴 경우 또는 변압기의 온도가 현저히 상승한 경우	경보장치

10 합성수지관 및 부속품의 시설에 대한 설명으로 틀린 것은?

① 관의 지지점 간의 거리는 1.5[m] 이하로 할 것
② 합성수지제 가요전선관 상호 간은 직접 접속할 것
③ 접착제를 사용하여 관 상호 간을 삽입하는 깊이는 관의 바깥지름의 0.8배 이상으로 할 것
④ 접착제를 사용하지 않고 관 상호 간을 삽입하는 깊이는 관의 바깥지름의 1.2배 이상으로 할 것

해설　**합성수지관 및 부속품의 시설**(KEC 232.11.3)
　　가. 관 상호 간 및 박스와 관 삽입 깊이
　　　　가) 관의 바깥지름의 1.2배 이상
　　　　나) 접착제 사용 시 : 관의 바깥지름의 0.8배 이상일 것
　　나. 관의 지지점 간의 거리 : 1.5[m] 이하
　　다. 습기가 많은 장소 또는 물기가 있는 장소 : 방습 장치를 할 것
　　라. 콤바인 덕트관은 직접 콘크리트에 매입(埋入)하여 시설하거나 옥내 전개된 장소에 시설하는 경우 이외에
　　　　는 불연성 마감재 내부, 전용의 불연성 관 또는 덕트에 넣어 시설할 것
　　마. 합성수지제 휨(가요) 전선관 상호 간은 직접 접속하지 말 것

정답 │ 09 ③　10 ②

11 사용전압이 22.9[kV]인 가공전선이 철도를 횡단하는 경우, 전선의 레일면상의 높이는 몇 [m] 이상인가?

① 5
② 5.5
③ 6
④ 6.5

해설 **특고압 가공전선의 높이**(KEC 333.7)

사용전압	구분	지표상의 높이
35[kV] 이하	일반장소	5.0[m] 이상
	철도 또는 궤도 횡단	6.5[m] 이상
	도로를 횡단	6.0[m] 이상
	횡단보도교 위에 시설 (전선이 특고압 절연전선 또는 케이블인 경우)	4.0[m] 이상

12 가공전선로의 지지물에 시설하는 통신선 또는 이에 직접 접속하는 가공통신선이 철도 또는 궤도를 횡단하는 경우 그 높이는 레일면상 몇 [m] 이상으로 하여야 하는가?

① 3
② 3.5
③ 5
④ 6.5

해설 **전력보안통신선의 시설 높이와 이격거리**(KEC 362.2)
가공전선로의 지지물에 시설하는 통신선 또는 이에 직접 접속하는 가공통신선의 높이

구분	높이[m]
가. 도로 횡단(교통에 지장을 줄 우려가 없을 때)	지표상 6[m] 이상 (지표상 5[m]까지 경감)
나. 철도 또는 궤도 횡단	레일면상 6.5[m] 이상
다. 횡단보도교 위에 시설	노면상 5[m] 이상
라. "가"에서 "라"까지 이외의 경우	지표상 5.0[m] 이상

13 전력보안통신설비의 조가선은 단면적 몇 [mm²] 이상의 아연도강연선을 사용하여야 하는가?

① 16
② 38
③ 50
④ 55

해설 **조가선 시설기준**(KEC 362.3)
조가선은 단면적 38[mm²] 이상의 아연도강연선을 사용할 것

14 가요전선관 및 부속품의 시설에 대한 내용이다. 다음 (   )에 들어갈 내용으로 옳은 것은?

> 1종 금속제 가요전선관에는 단면적 (   )[mm²] 이상의 나연동선을 전체 길이에 걸쳐 삽입 또
> 는 첨가하여 그 나연동선과 1종 금속제 가요전선관을 양쪽 끝에서 전기적으로 완전하게 접속할 것. 다
> 만, 관의 길이가 4[m] 이하인 것을 시설하는 경우에는 그러하지 아니하다.

① 0.75　　　　　　　　　　　　　　　② 1.5

③ 2.5　　　　　　　　　　　　　　　④ 4

해설 **가요전선관 및 부속품의 시설**(KEC 232.13.3)

　　1종 금속제 가요전선관에는 단면적 2.5[mm²] 이상의 나연동선을 전체 길이에 걸쳐 삽입 또는 첨가하여 그 나
　　연동선과 1종 금속제 가요전선관을 양쪽 끝에서 전기적으로 완전하게 접속할 것(관의 길이가 4[m] 이하인
　　것을 시설하는 경우에는 예외임)

15 사용전압이 154[kV]인 전선로를 제1종 특고압 보안공사로 시설할 경우, 여기에 사용되는 경동연선의
단면적은 몇 [mm²] 이상이어야 하는가?

① 100　　　　　　　　　　　　　　　② 125

③ 150　　　　　　　　　　　　　　　④ 200

해설 **특고압 보안공사**(KEC 333.22)

　　제1종 특고압 보안공사 시 전선의 단면적(전선 : 케이블인 경우 이외)

사용전압	전선
100[kV] 미만	단면적 55[mm²] 이상의 경동연선
100[kV] 이상 300[kV] 미만	단면적 150[mm²] 이상의 경동연선
300[kV] 이상	단면적 200[mm²] 이상의 경동연선

16 사용전압이 400[V] 이하인 저압 옥측전선로를 애자공사에 의해 시설하는 경우 전선 상호 간의 간격은
몇 [m] 이상이어야 하는가? (단, 비나 이슬에 젖지 않는 장소에 사람이 쉽게 접촉될 우려가 없도록 시설
한 경우이다.)

① 0.025　　　　　　　　　　　　　　② 0.045

③ 0.06　　　　　　　　　　　　　　④ 0.12

해설 **옥측전선로**(KEC 221.2)

　　애자공사에 의한 저압 옥측전선로의 전선 상호간 이격거리

시설 장소	전선 상호 간의 간격	
	사용전압 400[V] 이하	사용전압 400[V] 초과
비나 이슬에 젖지 않는 장소	0.06[m] 이상	0.06[m] 이상
비나 이슬에 젖는 장소	0.06[m] 이상	0.12[m] 이상

정답 | 14 ③　15 ③　16 ③

17 지중전선로는 기설 지중약전류전선로에 대하여 통신상의 장해를 주지 않도록 기설 약전류전선로로부터 충분히 이격시키거나 기타 적당한 방법으로 시설하여야 한다. 이때 통신상의 장해가 발생하는 원인으로 옳은 것은?

① 충전전류 또는 표피작용
② 충전전류 또는 유도작용
③ 누설전류 또는 표피작용
④ 누설전류 또는 유도작용

해설 **지중약전류전선의 유도장해 방지**(KEC 334.5)
　지중전선로는 기설 지중약전류전선로에 대한 누설전류 또는 유도작용에 의한 통신상 장해 방지를 위해 기설 약전류전선로로부터 충분히 이격 및 적당한 방호장치를 시설할 것

18 최대사용전압이 10.5[kV]를 초과하는 교류의 회전기 절연내력을 시험하고자 한다. 이때 시험전압은 최대사용전압의 몇 배의 전압으로 하여야 하는가? (단, 회전변류기는 제외한다.)

① 1
② 1.1
③ 1.25
④ 1.5

해설 **회전기 및 정류기의 절연내력**(KEC 133)

종류(최대사용전압)			시험전압	시험방법
회전기	발전기, 전동기, 조상기, 기타 회전기(회전변류기 제외)	7[kV] 이하	최대사용전압×1.5배 (최저전압 : 500[V])	권선과 대지 사이에 연속하여 10분간 가한다.
		7[kV] 초과	최대사용전압×1.25배 (최저전압 : 10.5[kV])	
	회전변류기		직류측 최대사용전압×1배 교류전압(최저전압 : 500[V])	

19 폭연성 분진 또는 화약류의 분말에 전기설비가 발화원이 되어 폭발할 우려가 있는 곳에 시설하는 저압옥 내배선의 공사방법으로 옳은 것은? (단, 사용전압이 400[V] 초과인 방전등을 제외한 경우이다.)

① 금속관 공사
② 애자사용 공사
③ 합성수지관 공사
④ 캡타이어케이블 공사

해설 **폭연성 분진 위험장소**(KEC 242.2.1)
　저압 옥내배선, 저압 관등회로 배선 및 소세력 회로의 전선 공사방법
　가. 금속관공사
　나. 케이블공사(캡타이어케이블 제외)

정답 | 17 ④　18 ③　19 ①

20 과전류차단기로 저압전로에 사용하는 범용의 퓨즈(「전기용품 및 생활용품 안전관리법」에서 규정하는 것을 제외한다)의 정격전류가 16[A]인 경우 용단전류는 정격전류의 몇 배인가? (단, 퓨즈[gG]인 경우 이다.)

① 1.25

② 1.5

③ 1.6

④ 1.9

해설 **보호장치의 특성**(KEC 212.3.4)

과전류차단기로 저압전로에 사용하는 범용의 퓨즈는 아래에 적합한 것일 것

정격전류의 구분	시간	정격전류의 배수	
		불용단전류	용단전류
4[A] 이하	60분	1.5배	2.1배
4[A] 초과 16[A] 미만	60분	1.5배	1.9배
16[A] 이상 63[A] 이하	60분	1.25배	1.6배
63[A] 초과 160[A] 이하	120분	1.25배	1.6배
160[A] 초과 400[A] 이하	180분	1.25배	1.6배
400[A] 초과	240분	1.25배	1.6배

정답 **20** ③

CHAPTER

09

2022년 제3회 과년도 기출문제

01 1차측 3,300[V], 2차측 200[V]의 비접지식 변압기 내압시험은 어느 것에서 10분간 견디어야 하는가?

① 1차측 4,500[V], 2차측 300[V]

② 1차측 4,950[V], 2차측 500[V]

③ 1차측 4,500[V], 2차측 400[V]

④ 1차측 3,300[V], 2차측 200[V]

> **해설** **변압기 전로의 절연내력**(KEC 135)
>
> | 전로의 종류(최대사용전압) | 시험전압 | 최저시험전압 |
> |---|---|---|
> | 7[kV] 이하 | 최대사용전압×1.5배 | 500[V] |
>
> 가. 1차측 : 3,300[V]×1.5배=4,950[V]
> 나. 2차측 : 200[V]×1.5배=300[V]이나, 최저시험전압은 500[V]

02 고압가공전선로의 가공약전류전선로가 병행하는 경우, 유도작용에 의하여 통신상의 장해가 미치지 아니하도록 하기 위한 최소이격거리[m]는?

① 0.5

② 1.0

③ 1.5

④ 2.0

> **해설** **가공약전류전선로의 유도장해 방지**(KEC 332.1)
>
> 저압 가공전선로 또는 고압 가공전선로와 기설 약전류전선로가 병행하는 경우 유도작용에 의하여 통신상의 장해가 생기지 않도록 전선과 기설 약전류전선 간의 이격거리는 2[m] 이상일 것

03 건축물·구조물과 분리되지 않은 피뢰시스템인 경우 병렬인하도선의 최대간격은 피뢰시스템 등급에 따라 Ⅰ·Ⅱ등급은 몇 [m]인가?

① 10

② 15

③ 20

④ 30

> **해설** **인하도선시스템**(KEC 152.2)
>
> 건축물·구조물과 분리되지 않은 피뢰시스템인 경우 병렬인하도선의 최대간격
>
> | 피뢰시스템 등급 | 최대간격[m] |
> |---|---|
> | Ⅰ·Ⅱ등급 | 10[m] |
> | Ⅲ등급 | 15[m] |
> | Ⅳ등급 | 20[m] |

정답 | **01** ② **02** ④ **03** ①

04 저압옥내배선에서 합성수지관을 넣을 수 있는 전선의 최대굵기[mm²]는?

① 2.5[mm²]

② 4.0[mm²]

③ 10[mm²]

④ 16[mm²]

> **해설** **합성수지관공사의 시설조건**(KEC 232.11.1)
> 전선은 단면적 10[mm²](알루미늄선은 단면적 16[mm²]) 이하의 것

05 저압옥측전선로에서 목조의 조영물에 시설할 수 있는 공사방법은?

① 금속관공사

② 버스덕트공사

③ 합성수지관공사

④ 연피 또는 알루미늄케이블공사

> **해설** **옥측전선로**(KEC 221.2)**의 저압 옥측전선로 공사방법**
> 가. 애자공사(전개된 장소에 한함)
> 나. 합성수지관공사(목조 조영물에 시설)
> 다. 금속관공사(목조 이외의 조영물에 시설하는 경우에 한함)
> 라. 버스덕트공사(목조 이외의 조영물에 시설하는 경우에 한함)
> 마. 케이블공사(연피케이블, 알루미늄 케이블 또는 무기물절연(MI) 케이블을 사용하는 경우에는 목조 이외의 조영물에 시설하는 경우에 한함)

06 일반 주택 및 아파트 각 호실의 현관에 조명용 백열전등을 설치할 때 사용하는 타임스위치는 몇 [분] 이내에 소등되는 것으로 시설하여야 하는가?

① 1분

② 3분

③ 10분

④ 20분

> **해설** **점멸기의 시설**(KEC 234.6)
> 센서등(타임스위치 포함) 시설 대상 및 기준
> 가. 관광숙박업 또는 숙박업(여인숙업 제외)에 이용되는 객실의 입구등은 1[분] 이내에 소등되는 것
> 나. 일반주택 및 아파트 각 호실의 현관등은 3[분] 이내에 소등되는 것

07 백열전등 또는 방전등 및 이에 부속하는 전선은 사람이 접촉할 우려가 없는 경우 대지전압은 최대 몇 [V]인가?

① 100

② 150

③ 300

④ 450

> **해설** **옥내전로의 대지 전압의 제한**(KEC 231.6)
> 백열전등 또는 방전등용에 전기를 공급하는 옥내 전로 대지전압 : 300[V] 이하여야 하며 백열전등 또는 방전등 및 이에 부속하는 전선은 사람이 접촉할 우려가 없도록 시설하여야 한다.

정답 | **04** ③ **05** ③ **06** ② **07** ③

08 흥행장의 시설하는 저압전기설비로서 무대, 무대마루 밑, 오케스트라 박스, 영사실 기타 사람이나 무대 도구가 접촉할 우려가 있는 곳에 시설하는 저압옥내배선 전구선 또는 이동용 전선은 사용전압이 몇 [V] 이하이어야 하는가?

① 300   ② 600

③ 200   ④ 400

> **해설** **전시회, 쇼 및 공연장의 전기설비의 사용전압**(KEC 242.6.2)
> 무대 · 무대마루 밑 · 오케스트라 박스 · 영사실 기타 사람이나 무대 도구가 접촉할 우려가 있는 곳에 시설하는 저압 옥내배선, 전구선 또는 이동전선은 사용전압이 400[V] 이하일 것

09 가공전선로의 지지물로 사용하는 철주 또는 철근 콘크리트주는 지선을 사용하지 않는 상태에서 몇 이상의 풍압하중에 견디는 강도를 가지는 경우 이외에는 지선을 사용하여 그 강도를 분담시켜서는 안 되는가?

① 1/3   ② 1/5

③ 1/10   ④ 1/2

> **해설** **지선의 시설**(KEC 331.11)
> 철주 또는 철근 콘크리트주는 지선을 사용하지 않는 상태에서 2분의 1 이상의 풍압하중에 견디는 강도를 가지는 경우 이외에는 지선을 사용하여 그 강도를 분담시킬 수 없다.

10 내부 고장이 발생하는 경우를 대비하여 자동차단장치 또는 경보장치를 시설하여야 하는 특고압용 변압기의 뱅크용량 구분으로 알맞은 것은?

① 5,000[kVA] 미만

② 5,000[kVA] 이상 10,000[kVA] 미만

③ 10,000[kVA] 미만

④ 10,000[kVA] 이상 15,000[kVA] 미만

> **해설** **특고압용 변압기의 보호장치**(KEC 351.4)

뱅크용량의 구분	동작조건	장치의 종류
5,000[kVA] 이상 10,000[kVA] 미만	변압기 내부고장	자동차단장치 또는 경보장치
10,000[kVA] 이상	변압기 내부고장	자동차단장치

정답 | 08 ④   09 ④   10 ②

11 옥내에 시설하는 저압전선으로 나전선을 절대로 사용할 수 없는 경우는?

① 애자사용공사에 의하여 전개된 곳에 시설하는 전기로용 전선
② 이동기중기에 전기를 공급하기 위하여 사용하는 접촉 전선
③ 합성수지몰드공사에 의하여 시설하는 경우
④ 버스덕트공사에 의하여 시설하는 경우

> **해설** **나전선의 사용 제한**(KEC 231.4)
>
> 가. 옥내 시설하는 저압전선 : 나전선을 사용할 수 없다.
> 나. 예외규정(나전선 사용 가능한 경우)
> 　가) 애자공사에 의하여 전개된 곳에 다음의 전선을 시설하는 경우
> 　　ⓐ 전기로용 전선
> 　　ⓑ 전선의 피복 절연물이 부식하는 장소에 시설하는 전선
> 　　ⓒ 취급자 이외의 자가 출입할 수 없도록 설비한 장소에 시설하는 전선
> 　나) 버스덕트공사에 의하여 시설하는 경우
> 　다) 라이팅덕트공사에 의하여 시설하는 경우
> 　라) 접촉 전선을 시설하는 경우

12 제1종 특고압 보안공사를 필요로 하는 가공전선로의 지지물로 사용할 수 있는 것은?

① A종 철근 콘크리트주
② 목주
③ A종 철주
④ 철탑

> **해설** **특고압 보안공사**(KEC 333.22)
>
> 제1종 특고압 보안공사의 전선로의 지지물은 B종 철주 · B종 철근 콘크리트주 또는 철탑을 사용할 것(단, 목주 · A종은 사용불가)

13 통신설비의 식별표시에 대한 사항으로 알맞지 않은 것은?

① 모든 통신기기에는 식별이 용이하도록 인식용 표찰을 부착하여야 한다.
② 통신사업자의 설비표시명판은 플라스틱 및 금속판 등 견고하고 가벼운 재질로 하고 글씨는 각인하거나 지워지지 않도록 제작된 것을 사용하여야 한다.
③ 배전주에 시설하는 통신설비의 설비표시명판의 경우 직선주는 전주 10경간마다 시설할 것
④ 배전주에 시설하는 통신설비의 설비표시명판의 경우 분기주, 인류주는 매 전주에 시설할 것

> **해설** **통신설비의 식별표시**(KEC 365.1)
>
> 가. 모든 통신기기에는 식별이 용이하도록 인식용 표찰을 부착할 것
> 나. 통신사업자의 설비표시명판은 플라스틱 및 금속판 등 견고하고 가벼운 재질로 하고 글씨는 각인하거나 지워지지 않도록 제작된 것을 사용할 것
> 다. 설비표시명판 시설기준
> 　가) 직선주는 전주 5경간마다 시설할 것
> 　나) 분기주, 인류주는 매 전주에 시설할 것

정답 | 11 ③　12 ④　13 ③

14 고압절연전선을 사용한 고압가공전선이 가공약전류전선과 접근하는 경우의 고압가공전선과 가공약전류전선과의 이격거리는 전선이 케이블인 경우 몇 [cm] 이상이어야 하는가?

① 20[cm]
② 30[cm]
③ 40[cm]
④ 50[cm]

해설 **고압 가공전선과 가공약전류전선 등의 접근 또는 교차(KEC 332.13)**

구분	이격거리
고압 가공전선이 가공약전류전선등과 접근	0.8[m] 이상
전선이 케이블인 경우	0.4[m] 이상

15 25[kV] 이하인 특고압가공전선로(중성선 다중접지방식의 것으로서 전로에 지락이 생겼을 때에 2초 이내에 자동적으로 이를 전로로부터 차단하는 장치가 되어 있는 것)의 접지도체는 공칭단면적 몇 [mm²] 이상의 연동선 또는 이와 동등 이상의 세기 및 굵기에 쉽게 부식되지 않는 금속선으로서 고장 시에 흐르는 전류가 안전하게 통할 수 있는 것을 사용하는가?

① 2.5
② 6
③ 10
④ 16

해설 **접지도체(KEC 142.3.1)**
고장 시 흐르는 전류를 안전 통전 시 접지도체의 최소단면적

구분	도체 종류	최소단면적
중성점 접지용 접지도체	연동선	16[mm²] 이상
	다음의 경우 연동선 6[mm²] 이상일 것 • 7[kV] 이하의 전로 • 사용전압이 25[kV] 이하인 특고압 가공전선로 (단, 중성선 다중접지방식 방식의 것으로서 전로에 지락 시 2[초] 이내에 자동전로차단 장치가 되어 있는 것)	6[mm²] 이상

16 직류전차선의 시설방법이 아닌 것은?

① 가공방식
② 강체복선식
③ 제3레일방식
④ 지중조가선방식

해설 **전차선 가선방식(KEC 431.1)**
가공방식, 강체방식, 제3레일방식을 표준으로 할 것

정답 | 14 ③ 15 ② 16 ④

17 전기저장장치에 계측장치를 설치하는 것과 관계없는 것은?

① 축전지온도계
② 축전지 출력단자의 전압, 전류, 전력
③ 축전지 충 · 방전상태
④ 주요 변압기의 전압, 전류 및 전력

> **해설** **전기저장장치의 계측장치**(KEC 512.2.3)
> 가. 축전지 출력 단자의 전압, 전류, 전력 및 충방전 상태
> 나. 주요 변압기의 전압, 전류 및 전력

18 사용전압이 25[kV] 이하인 다중접지방식 지중전선로를 관로식 또는 직접매설식으로 시설하는 경우, 그 이격거리가 몇 [m] 이상이 되도록 시설하여야 하는가?

① 0.1
② 0.3
③ 0.6
④ 1.0

> **해설** **지중전선 상호 간의 접근 또는 교차**(KEC 334.7)
> 사용전압이 25[kV] 이하인 다중접지방식 지중전선로를 관로식 또는 직접매설식으로 시설하는 경우, 그 이격거리가 0.1[m] 이상이 되도록 시설할 것

19 저압 및 고압가공전선이 도로를 횡단할 때 지표상 높이의 최저값은 얼마인가?

① 4[m]
② 5[m]
③ 6[m]
④ 7[m]

> **해설** **고압 가공전선의 높이**(KEC 332.5)
>
> | 구분 | 높이[m] |
> | --- | --- |
> | 가. 도로 횡단 | 지표상 6[m] 이상 |
> | 나. 철도 또는 궤도 횡단 | 레일면상 6.5[m] 이상 |
> | 다. 횡단보도교의 위에 시설 | 그 노면상 3.5[m] 이상 |
> | 라. "가"에서 "다"까지 이외의 경우 | 지표상 5[m] 이상 |

20 전기저장장치의 시설기준으로 잘못된 것은?

① 전선은 공칭단면적 $2.5[\text{mm}^2]$ 이상의 연동선 또는 이와 동등 이상의 세기 및 굵기의 것이어야 한다.
② 단자를 체결 또는 잠글 때 너트나 나사는 풀림방지 기능이 있는 것을 사용하여야 한다.
③ 외부터미널과 접속하기 위해 필요한 접점의 압력이 사용기간 동안 유지되어야 한다.
④ 옥측 또는 옥외에 시설할 경우에는 애자사용공사로 시설한다.

> **해설** **전기저장장치의 시설**(KEC 512)
> 가. 전기배선(KEC 512.1.1)
> 가) 전선 : 공칭단면적 $2.5[\text{mm}^2]$ 이상 연동선 또는 이와 동등 이상의 세기 및 굵기일 것

정답 | 17 ① 18 ① 19 ③ 20 ④

나) 옥측 또는 옥외에 시설하는 경우 합성수지관공사, 금속관공사, 가요 전선관공사, 케이블공사에 준하여 시설할 것

나. 단자와 접속(KEC 511.2.2)

가) 단자의 접속은 기계적, 전기적 안전성을 확보하도록 할 것

나) 단자를 체결 또는 잠글 때 너트나 나사는 풀림방지 기능이 있는 것을 사용할 것

다) 외부터미널과 접속하기 위해 필요한 접점의 압력이 사용기간 동안 유지될 것

라) 단자는 도체에 손상을 주지 않고 금속표면과 안전하게 체결될 것

01 최대사용전압이 1차 22,000[V], 2차 6,600[V]의 권선으로서 중성점 비접지식 전로에 접속하는 변압기의 특고압 측 절연내력 시험전압은?

① 24,000[V]

② 27,500[V]

③ 33,000[V]

④ 44,000[V]

> 해설 **변압기 전로의 절연내력**(KEC 135)
>
> | 전로의 종류(최대사용전압) | 시험전압 | 최저시험전압 |
> |---|---|---|
> | 7[kV] 초과 60[kV] 이하 중성점 비접지식 | 최대사용전압×1.25배 | 10.5[kV] |
>
> → 22,000[V]×1.25배 = 27,500[V]

02 고압 가공전선로의 가공지선에 나경동선을 사용하려면 지름 몇 [mm] 이상의 것을 사용하여야 하는가?

① 2.0

② 3.0

③ 4.0

④ 5.0

> 해설 **고압 가공전선로의 가공지선**(KEC 332.6)
>
> 가. 인장강도 : 5.26[kN] 이상의 것
> 나. 지름 : 4[mm] 이상의 나경동선

03 폭발성 또는 연소성의 가스가 침입할 우려가 있는 곳에 시설하는 지중함으로서 그 크기가 몇 [m³] 이상인 것에는 통풍장치 기타 가스를 방산시키기 위한 적당한 장치를 시설하여야 하는가?

① 0.5

② 0.75

③ 1.0

④ 2.0

> 해설 **지중함의 시설**(KEC 334.2)
>
> 폭발성 또는 연소성의 가스가 침입할 우려가 있는 곳에 시설하는 지중함으로서 그 크기가 1[m³] 이상인 것은 통풍 장치 기타 가스를 방산시키기 위한 장치를 시설할 것

정답 | 01 ② 02 ③ 03 ③

04 전자 개폐기의 조작 회로, 벨, 경보기 등의 전로로서 60[V] 이하의 소세력 회로용으로 사용하는 변압기의 1차 대지 전압[V]의 최대 크기는?

① 100
② 150
③ 300
④ 600

> **해설** **소세력 회로의 사용전압**(KEC 241.14.1)
> 소세력 회로에 전기공급을 위한 절연변압기의 사용전압 : 대지전압 300[V] 이하

05 사용전압 22.9[kV]인 가공전선로의 중성선 다중접지식에 사용되는 접지선의 굵기는 지름 몇 [mm²]의 연동선 또는 이와 동등이상의 굵기로서 고장전류를 안전하게 통할 수 있는 것이어야 하는가? (단, 전로에 지기가 생긴 경우 2초 안에 전로로부터 자동 차단하는 장치를 하였다.)

① 2.5
② 4
③ 6
④ 10

> **해설** **25[kV] 이하인 특고압 가공전선로의 시설**(KEC 333.32)
> 사용전압이 15[kV]를 초과하고 25[kV] 이하인 특고압 가공전선로 시설
> → 특고압 가공전선로의 중성선의 다중접지 시설의 접지도체 : 공칭단면적 6[mm²] 이상의 연동선

06 저압 옥내배선에 사용하는 연동선의 최소 굵기는 몇 [mm²]인가?

① 1.5
② 2.5
③ 4.0
④ 6.0

> **해설** **저압 옥내배선의 사용전선**(KEC 231.3.1)
> 전선 : 단면적 2.5[mm²] 이상의 연동선

07 금속제 외함을 가진 저압의 기계기구로서 사람이 쉽게 접촉될 우려가 있는 곳에 시설하는 경우 전기를 공급받는 전로에 지락이 생겼을 때 자동적으로 전로를 차단하는 장치를 설치하여야 하는 기계기구의 사용전압이 몇 [V]를 초과하는 경우인가?

① 30
② 50
③ 100
④ 150

> **해설** **누전차단기의 시설**(KEC 211.2.4)
> 금속제 외함을 가지는 사용전압이 50[V]를 초과하는 저압의 기계기구로서 사람이 쉽게 접촉할 우려가 있는 곳

정답 | 04 ③   05 ③   06 ②   07 ②

08 전기온상용 발열선은 그 온도가 몇 [℃]를 넘지 않도록 시설하여야 하는가?

① 50
② 60
③ 80
④ 100

해설 **전기온상 등의 발열선의 시설**(KEC 241.5.2)
가. 전선 : 전기온상선일 것
나. 발열선 온도 : 80[℃]를 넘지 않도록 시설할 것

09 "리플프리(ripple-free)직류"란 교류를 직류로 변환할 때 리플성분의 실횻값이 몇 [%] 이하로 포함된 직류를 말하는가?

① 3
② 5
③ 10
④ 15

해설 **용어 정의**(KEC 112)
"리플프리(Ripple-free)직류"란 교류를 직류로 변환할 때 리플성분의 **실횻값**이 10[%] 이하로 포함된 직류

10 전기울타리의 시설에 사용되는 전선은 지름 몇 [mm] 이상의 경동선인가?

① 2.0
② 2.6
③ 3.2
④ 4.0

해설 **전기울타리의 시설**(KEC 241.1.3)
전선은 인장강도 1.38[kN] 이상의 것 또는 지름 2[mm] 이상의 경동선일 것

11 가공전선로의 지지물에 하중이 가하여지는 경우에 그 하중을 받는 지지물의 기초안전율은 얼마 이상이어야 하는가? (단, 이상 시 상정하중은 무관하다.)

① 1.5
② 2.0
③ 2.5
④ 3.0

해설 **가공전선로 지지물의 기초의 안전율**(KEC 331.7)
가공전선로의 지지물의 기초의 안전율 : 2 이상일 것(이상 시 상정하중에 대한 철탑의 기초 안전율 : 1.33)

정답 | 08 ③ 09 ③ 10 ① 11 ②

12 농사용 저압 가공전선로의 지지점 간 거리는 몇 [m] 이하이어야 하는가?

① 30   ② 50

③ 60   ④ 100

> **해설** **농사용 저압 가공전선로의 시설**(KEC 222.22)
> 가. 저압 가공전선
>   가) 인장강도 : 1.38[kN] 이상
>   나) 지름 : 2[mm] 이상의 경동선 일 것
> 나. 저압 가공전선의 지표상의 높이 : 3.5[m] 이상일 것
> 다. 목주의 굵기 : 말구 지름이 0.09[m] 이상일 것
> 라. 전선로의 지지점 간 거리 : 30[m] 이하일 것

13 지중 전선로의 시설에 관한 사항으로 옳은 것은?

① 전선은 케이블을 사용하고 관로식, 암거식 또는 직접 매설식에 의하여 시설한다.
② 전선은 절연전선을 사용하고 관로식, 암거식 또는 직접 매설식에 의하여 시설한다.
③ 전선은 케이블을 사용하고 내화성능이 있는 비닐관에 인입하여 시설한다.
④ 전선은 절연전선을 사용하고 내화성능이 있는 비닐관에 인입하여 시설한다.

> **해설** **지중전선로의 시설**(KEC 334.1)
> 가. 사용 전선 : 케이블
> 나. 시설방법 : 관로식, 암거식(暗渠式), 직접 매설식

14 전차선로로 사용되는 경동선 최소 안전율은 얼마 이상인가?

① 1.0   ② 2.2

③ 2.5   ④ 3.0

> **해설** **전차선로 설비의 최소 안전율**(KEC 431.10)
> 가. 경동선의 경우 → 2.2 이상
> 나. 합금전차선의 경우 → 2.0 이상

15 분산형전원 계통 연계설비의 시설에서 유효전력, 무효전력 및 전압을 측정할 수 있는 장치를 시설하는 경우는 분산형전원설비 사업자의 한 사업장의 설비 용량 합계가 몇 [kVA] 이상일 경우인 경우인가?

① 150   ② 200

③ 250   ④ 300

> **해설** **전기 공급방식 등**(KEC 503.2.1)
> 분산형전원설비 사업자의 한 사업장의 설비 용량 합계가 250[kVA] 이상일 경우 송·배전계통과 연계지점의 연결 상태를 감시 또는 유효전력, 무효전력 및 전압을 측정할 수 있는 장치를 시설할 것

정답 | 12 ①   13 ①   14 ②   15 ③

16 저압가공전선으로 사용할 수 없는 것은?

① 케이블

② 절연전선

③ 다심형 전선

④ 나동복 강선

> 해설 **저압 가공전선의 굵기 및 종류**(KEC 222.5)
> 가. 나전선(중성선 또는 다중접지된 접지측 전선으로 사용하는 전선에 한함)
> 나. 절연전선
> 다. 다심형 전선 또는 케이블

17 특고압가공전선로의 지지물 양측의 경간의 차가 큰 곳에 사용하는 철탑의 종류는?

① 내장형

② 보강형

③ 직선형

④ 인류형

> 해설 **특고압 가공전선로 철주(B종 철근, B종)철근 콘크리트주 또는 철탑의 종류**(KEC 333.11)

종류	내용
직선형	전선로의 직선부분(3[°] 이하인 수평각도를 이루는 곳 포함)에 사용하는 것. 다만, 내장형 및 보강형에 속하는 것은 제외함
각도형	전선로 중 3[°]를 초과하는 수평각도를 이루는 곳에 사용하는 것
인류형	전가섭선을 인류하는 곳에 사용하는 것
내장형	전선로의 지지물 양쪽의 경간의 차가 큰 곳에 사용하는 것

18 가공전선로의 지지물의 강도계산에 적용하는 풍압하중은 빙설이 많은 지방 이외의 지방에서 저온계절에는 어떤 풍압하중을 적용하는가? (단, 인가가 연접되어 있지 않다고 한다.)

① 갑종 풍압하중

② 을종 풍압하중

③ 병종 풍압하중

④ 을종과 병종 풍압하중을 혼용

> 해설 **풍압하중의 종별과 적용**(KEC 331.6)
> 지역마다 풍압하중의 적용(선정 방법)

지역		고온계절	저온계절
빙설이 많은 지방 이외의 지방		갑종	병종
빙설이 많은 지방	일반지역	갑종	을종
	해안지방 기타 저온계절에 최대풍압이 생기는 지방	갑종	갑종 풍압하중과 을종 풍압하중 중 큰 것
인가가 많이 연접되어 있는 장소		병종	병종

정답 | 16 ④ 17 ① 18 ③

19 가공전선로의 지지물로 사용하는 철주 또는 철근 콘크리트주는 지선을 사용하지 않는 상태에서 몇 이상의 풍압하중에 견디는 강도를 가지는 경우 이외에는 지선을 사용하여 그 강도를 분담시켜서는 안 되는가?

① 1/3

② 1/5

③ 1/10

④ 1/2

[해설] **지선의 시설**(KEC 331.11)

철주 또는 철근 콘크리트주는 지선을 사용하지 않는 상태에서 2분의 1 이상의 풍압하중에 견디는 강도를 가지는 경우 이외에는 지선을 사용하여 그 강도를 분담시킬 수 없다.

20 가공전선로의 지지물로 볼 수 없는 것은?

① 철주

② 지선

③ 철탑

④ 철근 콘크리트주

[해설] **풍압하중의 종별과 적용**(KEC 331.6)

지지물의 종류 : 목주, 철주, 철근 콘크리트주, 철탑

2023년 제2회 과년도 기출문제

01 진열장 내의 배선으로 사용전압 400[V] 이하에 사용하는 코드 또는 캡타이어케이블의 전선단면적은 최소 몇 [mm²]인가?

① 1.25

② 1.0

③ 0.75

④ 0.5

해설 **진열장 또는 이와 유사한 것의 내부 배선(KEC 234.8)**

가. 사용전압 : 400[V] 이하

나. 사용전선 : 코드, 캡타이어케이블

다. 전선 단면적 : 0.75[mm²] 이상

02 터널 안의 전선로의 저압전선이 그 터널 안의 다른 저압전선(관등회로의 배선은 제외한다.) · 약전류전선 등 또는 수관 · 가스관이나 이와 유사한 것과 접근하거나 교차하는 경우, 저압전선을 애자공사에 의하여 시설하는 때에는 이격거리가 몇 [cm] 이상이어야 하는가? (단, 전선이 나전선이 아닌 경우이다.)

① 10

② 15

③ 20

④ 25

해설 **터널 안 전선로의 전선과 약전류전선 등 또는 관 사이의 이격거리(KEC 335.2)**

터널 안의 전선로의 저압전선이 그 터널 안의 다른 저압전선(관등회로의 배선은 제외) · 약전류전선 등 또는 수관 · 가스관이나 이와 유사한 것과 접근하거나 교차하는 경우에는 이격거리는 0.1[m](전선이 나전선인 경우에 0.3[m]) 이상일 것

03 고압 가공전선을 시가지 외에 시설할 때 사용되는 경동선의 굵기는 지름 몇 [mm] 이상인가?

① 2.6

② 3.2

③ 4.0

④ 5.0

해설 **고압 가공전선의 굵기 및 종류(KEC 332.3)**

고압 가공전선의 굵기(경동선 기준)

사용전압	시설장소	경동선의 굵기	
		인장하중[kN]	지름[mm]
400[V] 미만	시가지	3.43	3.2
	시가지 이외	2.3	2.6
400[V] 이상저압, 고압	시가지	8.01	5.0
	시가지 이외	5.26	4.0

정답 **01** ③ **02** ① **03** ③

04 점멸기의 시설에서 센서등(타임스위치 포함)을 시설하여야 하는 곳은?

① 공장
② 상점
③ 사무실
④ 아파트 현관

> 해설 **점멸기의 시설**(KEC 234.6)
> 센서등(타임스위치 포함) 시설 대상 및 기준
> 가. 관광숙박업 또는 숙박업(여인숙업 제외)에 이용되는 객실의 입구등은 1분 이내에 소등되는 것
> 나. 일반주택 및 아파트 각 호실의 현관등은 3분 이내에 소등되는 것

05 전기저장장치의 배선설비공사를 옥내에 시설하는 경우 적용할 수 없는 배선설비공사는?

① 합성수지관공사
② 금속관공사
③ 가요 전선관공사
④ 금속덕트공사

> 해설 **전기저장장치의 시설**(KEC 512)의 **전기배선**(KEC 512.1.1)
> 배선설비공사를 옥내에 시설하는 경우
> → 합성수지관공사, 금속관공사, 가요 전선관공사, 케이블공사에 준하여 시설할 것

06 애자공사에 의한 저압옥측전선로는 사람이 쉽게 접촉될 우려가 없도록 시설하고, 전선의 지지점 간의 거리는 몇 [m] 이하이어야 하는가?

① 1
② 1.5
③ 2
④ 3

> 해설 **옥측전선로**(KEC 221.2)의 **애자공사에 의한 저압 옥측전선로 시설**
> → 전선의 지지점 간의 거리 : 2[m] 이하일 것

07 사람이 상시 통행하는 터널 안의 배선시설에서 애자공사에 의한 시설할 경우 전선의 노면상의 높이는 몇 [m] 이상인가?

① 2.0
② 2.5
③ 3.0
④ 3.5

> 해설 **터널, 갱도 기타 이와 유사한 장소사람이 상시 통행하는 터널 안의 배선의 시설**(KEC 242.7.1)**의 공사방법**
> 가. 애자사용 공사
> 나. 전선의 높이 : 노면상 2.5[m] 이상의 높이로 할 것

정답 | **04** ④ **05** ④ **06** ③ **07** ②

08 교량 위에 시설하는 조명용 저압 가공전선로에 사용되는 경동선의 최소 굵기는 몇 [mm]인가?

① 1.6
② 2.0
③ 2.6
④ 3.2

> **해설** **교량에 시설하는 전선로**(KEC 335.6)
> 저압전선로 시설(교량의 윗면에 시설하는 경우)
> → 지름 2.6[mm] 이상의 경동선의 절연전선일 것

09 돌침, 수평도체, 메시도체의 요소 중 한 가지 또는 이를 조합한 형식으로 시설하는 것은?

① 접지극시스템
② 수뢰부시스템
③ 내부피뢰시스템
④ 인하도선시스템

> **해설** **수뢰부시스템**(KEC 152.1)
> 수뢰부시스템의 선정
> → 돌침, 수평도체, 메시도체의 요소 중 한 가지 또는 이를 조합한 형식

10 강관으로 구성된 철탑의 갑종 풍압하중은 수직투영면적 $1[m^2]$에 대한 풍압을 기초로 하여 계산한 값이 몇 [Pa]인가? (단, 단주는 제외한다.)

① 1,255
② 1,412
③ 1,627
④ 2,157

> **해설** **풍압하중의 종별과 적용**(KEC 331.6)
> 갑종 풍압하중(구성재의 수직 투영면적 $1[m^2]$에 대한 풍압을 기초)
>
> | 풍압을 받는 구분 | | | 구성재의 수직 투영면적 $1[m^2]$에 대한 풍압 |
> |---|---|---|---|
> | 지지물 | 철탑 | 단주(완철류는 제외함) 원형의 것 | 588[Pa] |
> | | | 단주(완철류는 제외함) 기타의 것 | 1,117[Pa] |
> | | | 강관으로 구성되는 것(단주는 제외함) | 1,255[Pa] |
> | | | 기타의 것 | 2,157[Pa] |

11 백열전등 또는 방전등에 전기를 공급하는 옥내전로의 대지전압은 몇 [V] 이하이어야 하는가? (단, 백열전등 또는 방전등 및 이에 부속하는 전선은 사람이 접촉할 우려가 없도록 시설한 경우이다.)

① 60
② 110
③ 220
④ 300

> **해설** **옥내전로의 대지 전압의 제한**(KEC 231.6)
> 백열전등 또는 방전등용 옥내 전로 대지전압 : 300[V] 이하

정답 **08** ③ **09** ② **10** ① **11** ④

12 전격살충기의 전격격자는 지표 또는 바닥에서 몇 [m] 이상의 높은 곳에 시설하여야 하는가?

① 1.5   ② 2

③ 2.8   ④ 3.5

> **해설** **전격살충기의 시설(KEC 241.7.1)**
> 전격격자 높이 : 지표 또는 바닥에서 3.5[m] 이상의 높이에 시설할 것

13 케이블 트레이 공사에 사용할 수 없는 케이블은?

① 연피 케이블   ② 난연성 케이블

③ 캡타이어 케이블   ④ 알루미늄피 케이블

> **해설** **케이블트레이공사의 시설 조건(KEC 232.41.1)**
> 전선의 종류
> 가. 연피케이블, 알루미늄피 케이블 등 난연성 케이블
> 나. 기타 케이블(적당한 간격으로 연소(延燒)방지 조치를 한 것)
> 다. 금속관 혹은 합성수지관 등에 넣은 절연전선

14 제1종 특고압 보안공사를 필요로 하는 가공전선로의 지지물로 사용할 수 있는 것은?

① A종 철근 콘크리트주   ② 목주

③ A종 철주   ④ 철탑

> **해설** **특고압 보안공사(KEC 333.22)**
> 제1종 특고압 보안공사의 전선로의 지지물은 B종 철주 · B종 철근 콘크리트주 또는 철탑을 사용할 것(단, 목주 · A종은 사용불가)

15 고압 가공전선로의 가공 약전류 전선로가 병행하는 경우 유도작용에 의하여 통신상의 장해가 미치지 아니하도록 하기 위한 최소 이격거리[m]는?

① 0.5   ② 1.0

③ 1.5   ④ 2.0

> **해설** **가공약전류전선로의 유도장해 방지(KEC 332.1)**
> 저압 가공전선로 또는 고압 가공전선로와 기설 약전류전선로가 병행하는 경우 유도작용에 의하여 통신상의 장해가 생기지 않도록 전선과 기설 약전류전선 간의 이격거리는 2[m] 이상일 것

정답 | **12** ④   **13** ③   **14** ④   **15** ④

16 플로어덕트공사에 의한 저압 옥내배선에서 연선을 사용하지 않아도 되는 전선(동선)의 단면적은 최대 몇 $[\text{mm}^2]$인가?

① 2   ② 4
③ 6   ④ 10

> **해설** **플로어덕트공사의 시설조건**(KEC 232.32.1)
> 가. 전선 : 절연전선(옥외용 비닐절연전선은 제외)일 것.
> 나. 전선 : 연선일 것{단면적 10$[\text{mm}^2]$(알루미늄선은 단면적 16$[\text{mm}^2]$) 이하인 것은 예외}

17 전차선로의 귀선로 구성에 해당되지 않는 것은 다음 중 어느 것인가?

① 비절연보호도체   ② 매설접지도체
③ 레일   ④ 급전선

> **해설** **귀선로**(KEC 431.5)
> 가. 비절연보호도체
> 나. 매설접지도체
> 다. 레일 등으로 구성

18 가공전선로의 지지물에 시설하는 지선의 시설기준으로 틀린 것은?

① 지선의 안전율을 2.5 이상으로 할 것
② 소선은 최소 5가닥 이상의 강심 알루미늄연선을 사용할 것
③ 도로를 횡단하여 시설하는 지선의 높이는 지표상 5$[\text{m}]$ 이상으로 할 것
④ 지중부분 및 지표상 30$[\text{cm}]$까지의 부분에는 내식성이 있는 것을 사용할 것

> **해설** **지선의 시설**(KEC 331.11)
> 가. 지선의 안전율 : 2.5 이상일 것(이 경우에 허용 인장하중의 최저는 4.31$[\text{kN}]$)
> 나. 지선에 연선을 사용할 경우
>   가) 소선 : 3가닥 이상의 연선일 것
>   나) 소선의 지름 : 2.6$[\text{mm}]$ 이상의 금속선일 것
>   다) 지중부분 및 지표상 0.3$[\text{m}]$까지의 부분에는 내식성이 있는 것 또는 아연도금을 한 철봉을 사용하고, 쉽게 부식되지 않는 근가에 견고하게 붙일 것
> 다. 도로를 횡단하여 시설하는 지선의 높이 → 지표상 : 5$[\text{m}]$ 이상일 것

정답 | **16** ④   **17** ④   **18** ②

19 변전소의 주요 변압기에 계측장치를 시설하여 측정하여야 하는 것이 아닌 것은?

① 역률   ② 전압
③ 전력   ④ 전류

> **해설** **계측장치**(KEC 351.6)
>
> 변전소 또는 이에 준하는 곳에는 다음의 사항을 계측하는 장치를 시설할 것
> 가. 주요 변압기의 전압 및 전류 또는 전력
> 나. 특고압용 변압기의 온도

20 전기저장장치의 이차전지를 자동으로 전로로부터 차단하는 장치를 시설하는 경우에 해당되지 않는 것은?

① 과전압 또는 과전류가 발생한 경우
② 제어장치에 이상이 발생한 경우
③ 부족전압이 발생한 경우
④ 이차전지 모듈의 내부 온도가 급격히 상승할 경우

> **해설** **제어 및 보호장치**(KEC 512.2.2)
>
> 전기저장장치의 이차전지를 자동으로 전로로부터 차단하는 장치를 시설하는 경우
> 가. 과전압 또는 과전류가 발생한 경우
> 나. 제어장치에 이상이 발생한 경우
> 다. 이차전지 모듈의 내부 온도가 급격히 상승할 경우

정답 | 19 ①   20 ③

01 저압 수상전선로에 사용되는 전선은?

① 옥외 비닐케이블   ② 600[V] 비닐절연전선

③ 600[V] 고무절연전선   ④ 클로로프렌 캡타이어 케이블

> **해설** **수상전선로의 시설**(KEC 335.3)
>
> 사용전선
>
> | 구분 | 종류 |
> | --- | --- |
> | 저압 전선 | 클로로프렌 캡타이어 케이블 |
> | 고압 전선 | 캡타이어 케이블 |

02 전기철도 변전소 설비 중 급전용변압기는 교류 전기철도의 경우 어떤 변압기의 적용을 원칙으로 하고, 급전 계통에 적합하게 선정하여야 하는가?

① V 결선   ② 포크결선

③ 스코트 결선   ④ Y 결선

> **해설** **변전소의 설비**(KEC 421.4)
>
> 급전용변압기 선정
> 가. 직류 전기철도 : 3상 정류기용 변압기
> 나. 교류 전기철도 : 3상 스코트결선 변압기의 적용을 원칙

03 최대 사용전압 360[kV] 가공전선이 교량과 제1차 접근 상태로 시설되는 경우에 전선과 교량과의 최소 이격거리는 몇 [m]인가?

① 5.96   ② 6.96

③ 7.95   ④ 8.95

> **해설** **특고압 가공전선과 도로 등의 접근 또는 교차**(KEC 333.24)
>
> 특고압 가공전선과 도로 등 사이의 이격거리
>
> | 사용전압의 구분 | 이격거리 |
> | --- | --- |
> | 35[kV] 초과 | 3.0[m]＋단수×0.15[m] 이상 |
>
> ※ 단수 계산＝$\dfrac{\text{최대 사용전압[kV]}-35\text{[kV]}}{10}$ → 소수점은 절상한 값을 적용함
>
> • 단수＝$\dfrac{360-35}{10}=32.5 \rightarrow 33$단
>
> • 이격거리＝$3\text{[m]}+33\times0.15\text{[m]}=7.95\text{[m]}$

정답	01 ④ 02 ③ 03 ③

04 케이블덕팅공사에 해당되지 않는 공사방법은 무엇인가?

① 플로어덕트공사
② 금속몰드공사
③ 셀룰러덕트공사
④ 금속덕트공사

해설 **배선설비 공사의 종류**(KEC 232.2)

종류	공사방법
전선관시스템	합성수지관공사, 금속관공사, 가요전선관공사
케이블트렁킹시스템	합성수지몰드공사, 금속몰드공사, 금속트렁킹공사
케이블덕팅시스템	플로어덕트공사, 셀룰러덕트공사, 금속덕트공사

05 고압 가공전선을 ACSR선으로 쓸 때 안전율은 몇 이상의 이도로 시설하여야 하는가?

① 2.9
② 2.2
③ 2.5
④ 3.9

해설 **고압 가공전선의 안전율**(KEC 332.4)

고압가공전선이 케이블인 경우 이외에는 그 밖의 전선은 2.5 이상이 되는 이도(弛度)로 시설할 것

06 지중전선로를 직접 매설식에 의하여 시설할 때, 차량 기타 중량물의 압력을 받을 우려가 있는 장소인 경우 매설 깊이는 몇 [m] 이상으로 시설하여야 하는가?

① 0.6
② 1.0
③ 1.2
④ 1.5

해설 **지중전선로의 시설**(KEC 334.1)**의 직접 매설식 매설 깊이**

가. 차량 기타 중량물의 압력을 받을 우려가 있는 장소 : 1.0[m] 이상
나. 기타 장소 : 0.6[m] 이상으로 하고 또한 지중 전선을 견고한 트라프 기타 방호물에 넣어 시설할 것

07 통신상의 유도장해방지시설에 대한 설명이다. 다음 (   )에 들어갈 내용으로 옳은 것은?

교류식 전기철도용 전차선로는 기설 가공약전류 전선로에 대하여 (   )에 의한 통신상의 장해가 생기지 않도록 시설하여야 한다.

① 정전작용
② 유도작용
③ 가열작용
④ 산화작용

해설 **통신상의 유도 장해방지 시설**(KEC 461.7)

교류식 전기철도용 전차선로는 기설 가공약전류 전선로에 대하여 유도작용에 의한 통신상의 장해가 생기지 않도록 시설할 것

정답 | 04 ② 05 ③ 06 ② 07 ②

08 저압 가공전선과 고압 가공전선을 동일 지지물에 시설하는 경우 이격거리는 몇 [cm] 이상이어야 하는가?

① 50   ② 60
③ 70   ④ 80

> **해설** **고압 가공전선 등의 병행설치**(KEC 332.8)
> 저압 가공전선과 고압 가공전선을 동일 지지물에 시설하는 경우 저압 가공전선과 고압 가공전선 사이의 이격거리는 0.5[m] 이상일 것

09 터널 내에 교류 220[V]의 애자사용공사를 시설하려 한다. 노면으로부터 몇 [m] 이상의 높이에 전선을 시설해야 하는가?

① 2.0   ② 2.5
③ 3.0   ④ 4.0

> **해설** **터널 안 전선로의 시설**(KEC 335.1)
> 철도·궤도 또는 자동차도 전용터널 안의 전선로 시설방법
> 저압 전선은 다음에 의하여 시설할 것
> 가. 인장강도 2.30[kN] 이상의 절연전선 또는 지름 2.6[mm] 이상의 경동선의 절연전선을 사용할 것
> 나. 애자사용공사에 의하여 시설할 것
> 다. 레일면상 또는 노면상 2.5[m] 이상의 높이로 유지할 것

10 사용전압이 154[kV]인 전선로를 제1종 특고압보안공사로 시설할 경우, 여기에 사용되는 경동연선의 단면적은 몇 [mm²] 이상이어야 하는가?

① 100   ② 125
③ 150   ④ 200

> **해설** **특고압 보안공사**(KEC 333.22)
> 제1종 특고압 보안공사 시 전선의 단면적(전선 : 케이블인 경우 이외)
>
> | 사용전압 | 전선 |
> |---|---|
> | 100[kV] 미만 | 단면적 55[mm²] 이상의 경동연선 |
> | 100[kV] 이상 300[kV] 미만 | 단면적 150[mm²] 이상의 경동연선 |
> | 300[kV] 이상 | 단면적 200[mm²] 이상의 경동연선 |

11 사용전압이 35,000[V] 이하인 특고압 가공전선과 가공약전류 전선을 동일 지지물에 시설하는 경우, 특고압 가공전선로의 보안공사로 적합한 것은?

① 고압 보안공사
② 제1종 특고압 보안공사
③ 제2종 특고압 보안공사
④ 제3종 특고압 보안공사

> **해설** **특고압 가공전선과 가공약전류전선 등의 공용(공가) 설치**(KEC 333.19)
> 35[kV] 이하인 특고압 가공전선과 가공약전류전선의 공가
> → 특고압 가공전선로 : 제2종 특고압 보안공사일 것

12 뱅크용량이 몇 [kVA] 이상인 조상기에는 그 내부에 고장이 생긴 경우에 자동적으로 이를 전로로부터 차단하는 보호장치를 하여야 하는가?

① 10,000
② 15,000
③ 20,000
④ 25,000

> **해설** **조상설비의 보호장치**(KEC 351.5)

설비종별	뱅크용량의 구분	자동적으로 전로로부터 차단하는 장치
조상기(調相機)	15,000[kVA] 이상	내부에 고장이 생긴 경우에 동작하는 장치

13 감전에 대한 보호를 위해 SELV와 PELV를 적용한 특별저압에 의한 보호에서 전압의 교류, 직류 전압값의 한도는?

① 교류 50[V], 직류 50[V]
② 교류 50[V], 직류 120[V]
③ 교류 120[V], 직류 50[V]
④ 교류 120[V], 직류 120[V]

> **해설** SELV와 PELV를 적용한 특별저압에 의한 보호(KEC 211.5)
> → 특별저압 계통의 전압한계는 교류 50[V] 이하, 직류 120[V] 이하일 것

14 버스 덕트 공사에 의한 덕트를 조영재에 붙이는 경우 지지점 간의 거리는 몇 [m] 이하로 하는가?

① 2[m] 이하
② 3[m] 이하
③ 4[m] 이하
④ 5[m] 이하

> **해설** **버스 덕트 공사 시설조건**(KEC 232.61.1)
> 덕트의 지지점 간의 거리(덕트를 조영재에 붙이는 경우) → 3[m] 이하

15 전기저장장치의 계측장치의 종류에 해당되지 않는 것은?

① 축전지 출력단자의 전압, 전류 　　② 주요 변압기의 전압, 전류 및 전력
③ 축전지 충·방전 상태 　　　　　　④ 변압기의 역률

> **해설** **전기저장장치의 계측장치**(KEC 512.2.3)
> 　가. 축전지 출력 단자의 전압, 전류, 전력 및 충방전 상태
> 　나. 주요 변압기의 전압, 전류 및 전력

16 저압 옥상전선로의 시설기준으로 틀린 것은?

① 전개된 장소에 위험의 우려가 없도록 시설할 것
② 전선은 지름 2.6[mm] 이상의 경동선을 사용할 것
③ 전선은 절연전선(옥외용 비닐절연전선은 제외)을 사용할 것
④ 전선은 상시 부는 바람 등에 의하여 식물에 접촉하지 아니하도록 시설하여야 한다.

> **해설** **옥상전선로**(KEC 221.3)
> 　가. 저압 옥상전선로 시설기준(진개된 장소 및 위험의 우려가 없도록 시설할 것)
> 　나. 전선의 인장강도 : 2.30[kN] 이상의 것 또는 지름 : 2.6[mm] 이상의 경동선 사용
> 　다. 전선의 종류
> 　　가) 절연전선(OW 전선 포함)
> 　　나) 동등 이상의 절연성능이 있을 것
> 　라. 저압 옥상전선로의 전선 : 식물에 접촉하지 않을 것

17 전차선로로 사용되는 경동선 최소 안전율은 얼마 이상인가?

① 1.0 　　　　　　　　　　　② 2.2
③ 2.5 　　　　　　　　　　　④ 3.0

> **해설** **전차선로 설비의 최소 안전율**(KEC 431.10)
> 　가. 경동선의 경우 → 2.2 이상
> 　나. 합금전차선의 경우→ 2.0 이상

18 저압 연접 인입선이 횡단할 수 있는 최대의 도로 폭[m]은?

① 3.5 　　　　　　　　　　　② 4.0
③ 5.0 　　　　　　　　　　　④ 5.5

> **해설** **연접 인입선의 시설**(KEC 221.1.2)
> 　저압 연접 인입선은 폭 5[m]를 초과하는 도로를 횡단하지 아니할 것

19 전압의 구분에 대한 설명으로 옳은 것은?

① 직류에서의 저압은 1,000[V] 이하의 전압을 말한다.

② 교류에서의 저압은 1,500[V] 이하의 전압을 말한다.

③ 직류에서의 고압은 3,500[V]를 초과하고 7,000[V] 이하인 전압을 말한다.

④ 특고압은 7,000[V]를 초과하는 전압을 말한다.

해설 **적용 범위**(KEC 111.1)

구분	교류	직류
저압	1[kV] 이하	1.5[kV] 이하
고압	1[kV] 초과 7[kV] 이하	1.5[kV] 초과 7[kV] 이하
특고압	7[kV] 초과	

20 네온방전등의 관등회로의 전선을 애자 공사에 의해 자기 또는 유리제 등의 애자로 견고하게 지지하여 조영재의 아랫면 또는 옆면에 부착한 경우 전선 상호 간의 이격거리는 몇 [mm] 이상이어야 하는가?

① 30

② 60

③ 80

④ 100

해설 **관등회로의 배선**(KEC 234.12.3)

전선은 애자로 견고하게 지지하여 조영재의 아랫면 또는 옆면에 부착하고 전선 상호 간의 이격거리 : 60[mm] 이상일 것

정답 | 19 ④ 20 ②

전기기사 핵심완성 시리즈
5. 전기설비기술기준

———

초 판 발 행	2024년 2월 5일
편 저	조성환
발 행 인	정용수
발 행 처	예문사
주 소	경기도 파주시 직지길 460(출판도시) 도서출판 예문사
T E L	031) 955 – 0550
F A X	031) 955 – 0660
등 록 번 호	11 – 76호
정 가	22,000원

• 이 책의 어느 부분도 저작권자나 발행인의 승인 없이 무단 복제하여 이용
  할 수 없습니다.
• 파본 및 낙장은 구입하신 서점에서 교환하여 드립니다.

홈페이지 http://www.yeamoonsa.com

ISBN   978 – 89 – 274 – 5301 – 7   [13560]